萧山歷代登科錄

政协杭州市萧山区文史和教文卫体委员会
杭州市萧山区档案馆 编

钟妙明 著

西泠印社出版社

图书在版编目（CIP）数据

萧山历代登科录 / 杭州市萧山区档案馆，政协杭州市萧山区文史和教文卫体委员会编 ；钟妙明著. -- 杭州：西泠印社出版社，2023.12
ISBN 978-7-5508-4387-5

Ⅰ. ①萧… Ⅱ. ①杭… ②政… ③钟… Ⅲ. ①科举考试－人名录－萧山区－古代 Ⅳ. ①K820.855.4

中国国家版本馆CIP数据核字(2023)第246637号

题签：高 翔

萧山历代登科录

杭州市萧山区档案馆
政协杭州市萧山区文史和教文卫体委员会 编
钟妙明 著

责任编辑 陶铁其
责任出版 冯斌强
责任校对 应俏婷
装帧设计 杭州真凯文化艺术有限公司
出版发行 西泠印社出版社
（杭州市西湖文化广场32号5楼 邮政编码 310014）
经 销 全国新华书店
制 版 杭州真凯文化艺术有限公司
印 刷 浙江海虹彩色印务有限公司
开 本 787mm×1092mm 1/16
字 数 650千
印 张 39
印 数 0001—2000
书 号 ISBN 978-7-5508-4387-5
版 次 2023年12月第1版 第1次印刷
定 价 380.00元

西泠印社出版社发行部联系方式：（0571）87243079

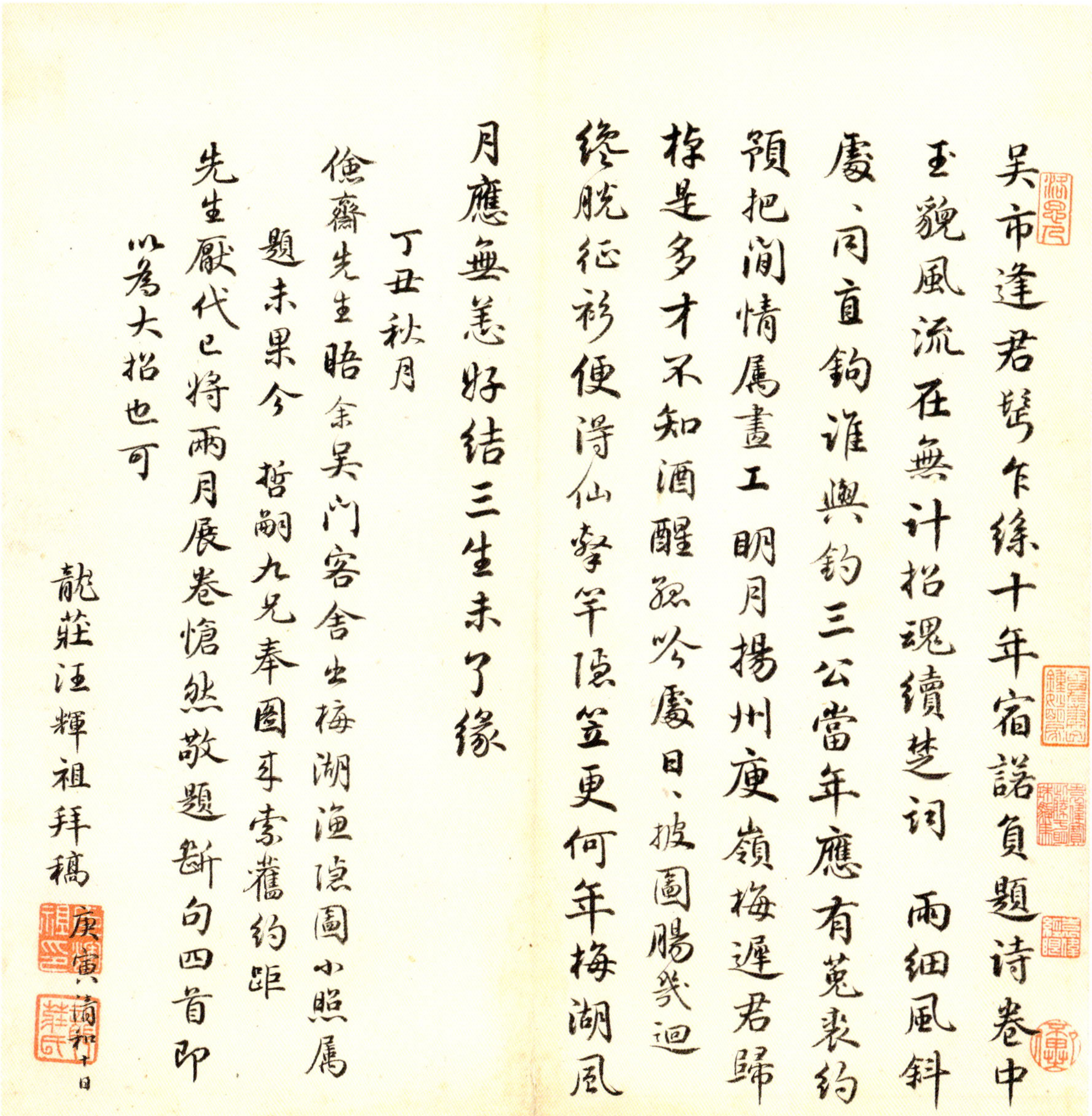
吳市逢君髩乍絲十年宿諾負題詩卷中
玉貌風流在無計招魂續楚詞　雨細風斜
處處同直鉤誰與釣三公當年應有蒐裘約
頹把閒情屬畫工明月揚州庾嶺梅遲君歸
棹是多才不知酒醒孤吟處日日披圖腸幾迴
終脫征衫便得仙拏竿恨笠更何年梅湖風
月應無恙好結三生未了緣
丁丑秋月
儉齋先生昭余吳門客舍出梅湖漁隱圖小照屬
題未果今　哲嗣九兄奉圖來索舊約距
先生厭代已將兩月展卷愴然敬題斷句四首即
以為大招也可
龍莊汪輝祖拜稿　庚寅清和十日

乾隆四十年（1775）乙未科汪辉祖　册页

何謂也對曰有是也蓋君子之不親教其子也詩有諷刺之詞禮有嫌疑之誡書有悖亂之事春秋有褻僻之譏易有備物之象皆非父子之可通言故不親授耳

齊朝有一士大夫嘗謂吾曰我有一兒年已十七頗曉書疏教其鮮卑語及彈琵琶稍欲通解以此伏事公卿無不寵愛亦要事也吾時俛而不荅異哉此人之教子也若由此業自致卿相亦不願汝曹為之

嘉慶壬申十月九日

恭甫二姪省覲入閩俶裝待發出素紙索書為錄顏氏家訓六則病後神思不佳不能端謹也

晚聞居士宗炎寫於十萬卷樓

食運為恣其所欲宜誡反奬應訶反笑至有識知謂法當爾
驕慢已習方復制之捶撻交下而無威忿怒日隆而增怨逮於
成長終為敗德孔子云少成若天性習慣成自然是也俗諺曰
教婦初來教子嬰孩誠哉斯語

凡人不能教子女者亦非欲陷其罪惡但重於訶怒傷其顏
色不忍楚撻慘其肌膚耳當以疾病為諭安得不用湯藥鍼
艾救之哉又宜思勤督訓者可願苛虐於骨肉乎誠不得已也
父子之嚴不可以狎骨肉之愛不可以簡簡則慈孝不接狎
則怠慢生焉由命士以上父子異宮此不狎之道也抑搔癢痛
懸衾篋枕此不簡之教也或問曰陳亢喜聞君子之遠其子

乾隆四十五年（1780）庚子恩科王宗炎　手稿

嘉庆四年（1799）己未科汤金钊　对联

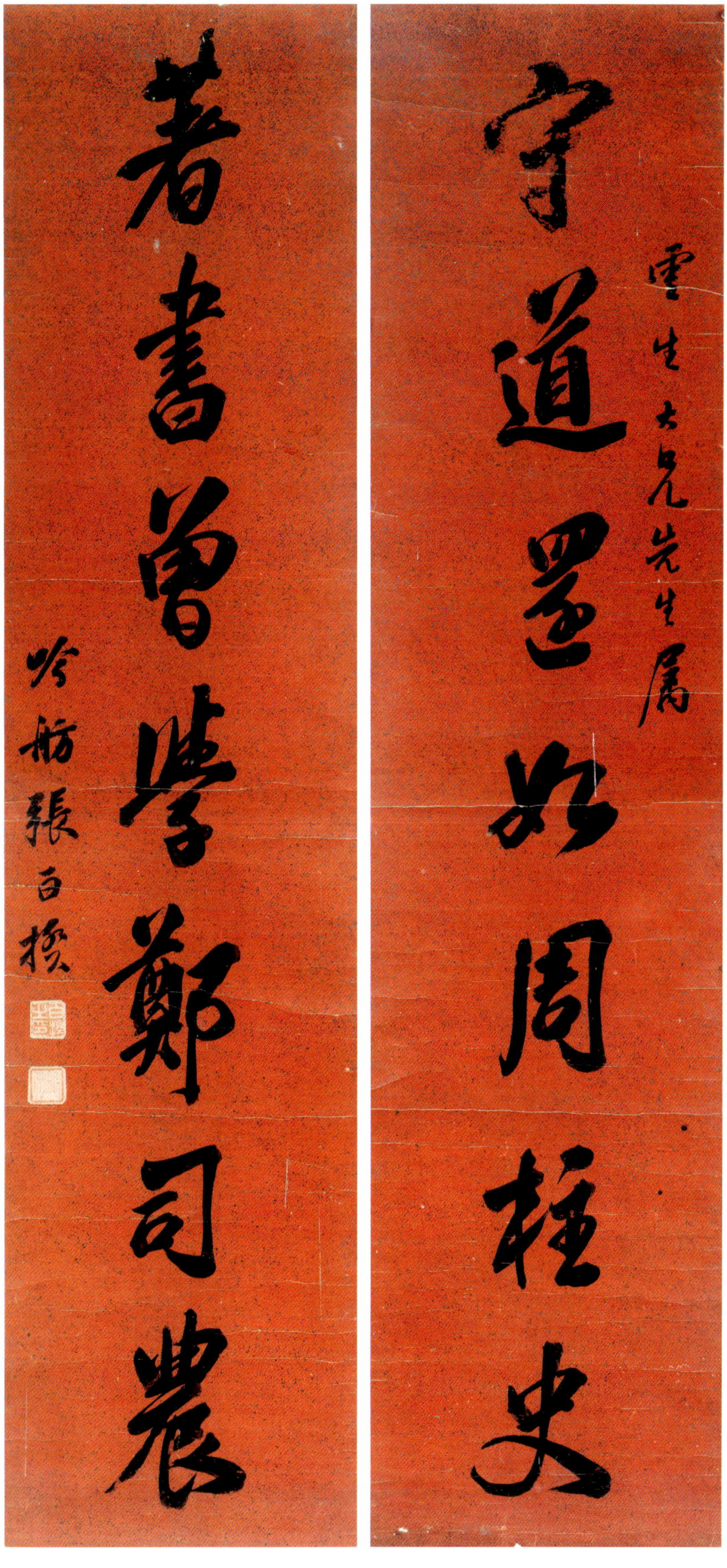

道光二十年（1840）庚子科张百揆　对联

浙江鄉試硃卷第拾壹房

中式第四十六名舉人鍾寶華紹興府蕭山縣學附生民籍

同考試官紹興府會稽縣知縣翟　閱

嚴州府建德縣知縣魯　薦

大主考翰林院編修王　批

又　批　取

章妥句適局整機圓

大主考刑部左侍郎周　批　中

又　批

志和音雅體貴言醇

硃卷

道光丙午科

批

道光二十六年（1846）丙午科钟宝华　乡试朱卷

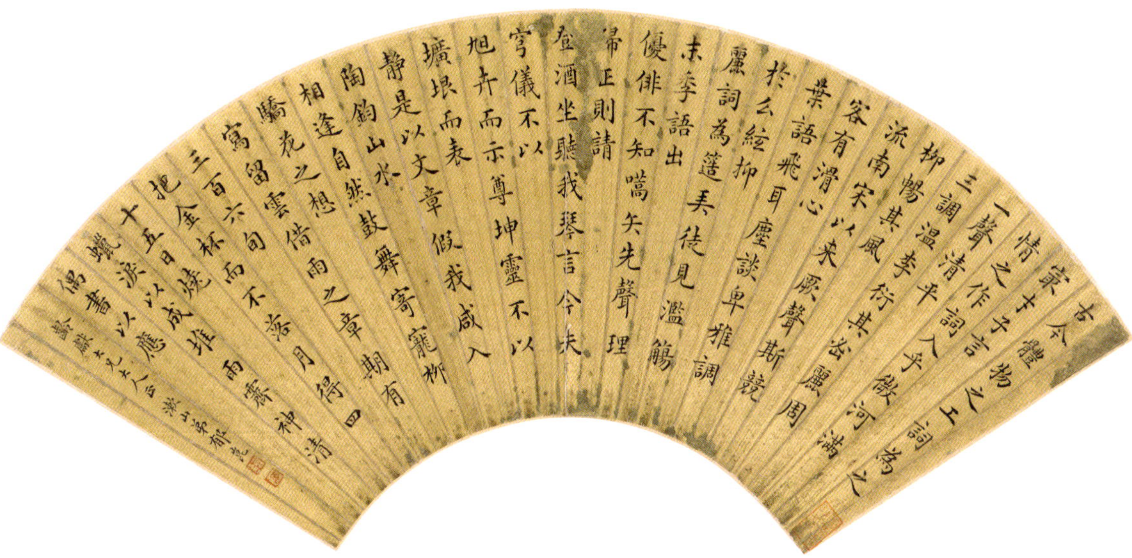

同治十年（1871）辛未科郁崑　扇面

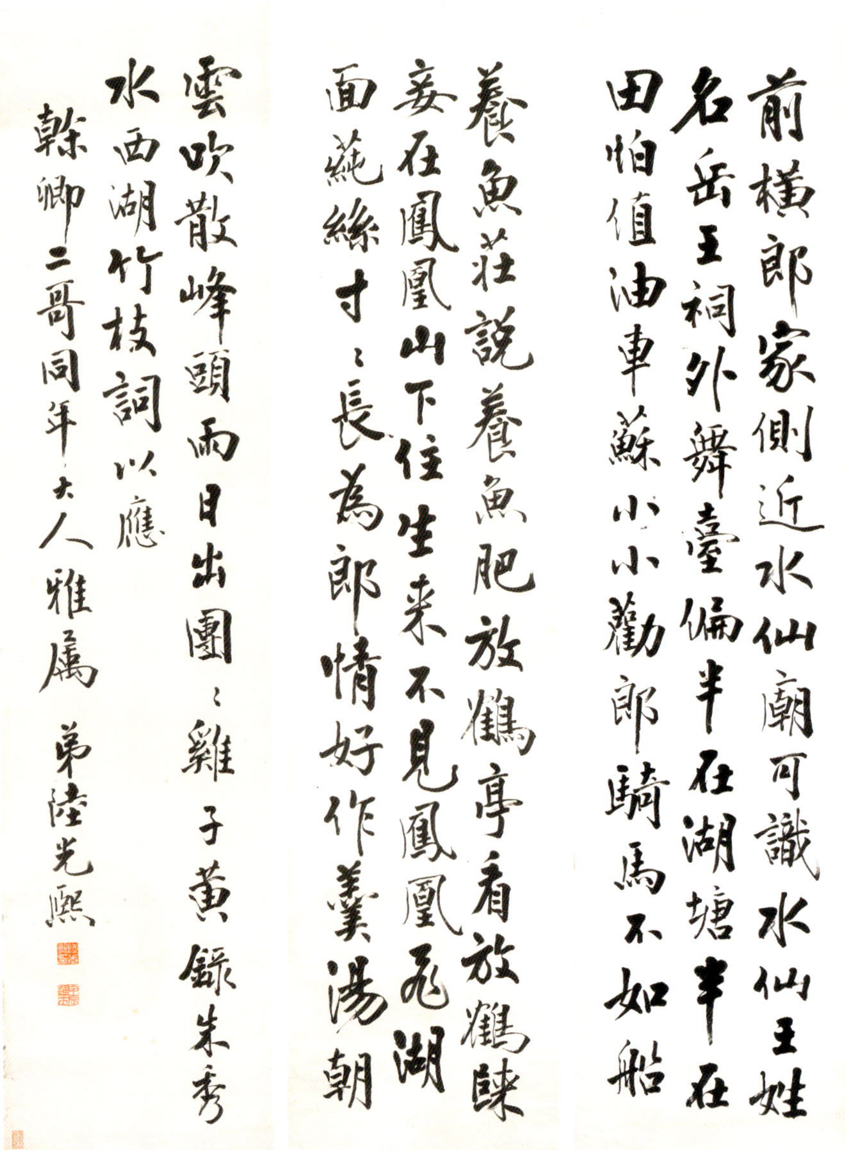

光绪三十年（1904）甲辰恩科陆光熙　四条屏

前　言

中国的科举制度历史悠久，产生了深远的影响。萧山地处浙江，科举兴盛，历代文人辈出，传世文献也十分丰富，关于萧山科举史的研究著作《萧山传胪钟宝华》《清代萧山朱卷汇编》就是在此基础上成书的。但是，从唐有制科开始，到光绪三十年（1904）科举结束，萧山到底出了多少进士和举人，仍然不是特别明确。本书的目的就是要解决这一问题，然后对这些科举人物进行深入分析，相信会对当时萧山、绍兴的文化史（包括人文教育）乃至政治史、经济史的研究做出有益的贡献。

在编撰的时候我首先考虑的是这本登科录的传略该怎么写。一是生卒年和字号，要根据同年齿录、家谱资料尽量将其考证清楚；二是哪里人，寄籍哪里；三是中举（贡生）年份、名次；四是中进士年份和名次；五是乡试或者会试（殿试）的试题；六是简单传略和官职；七是还需要搞清楚他有无著作，有则尽量录入。在实际编撰中，我还加入了家谱里收录的传记。

第二个问题是怎么定义萧山的范围，现在的萧山区，包括了原萧山县、山阴县、诸暨县、海宁县一部分，由于历史的变革，1950年10月，绍兴县进化区所属青化、进化、城山等15个乡及临浦镇原属绍兴县部分划归萧山县。萧山县钱清镇划归绍兴县。1956年2月，绍兴县安昌区所属东湾、夹灶、塘北等11个乡划归萧山县，萧山县进化区的莲东、莲西、夏履3个乡划归绍兴县；萧山县河上区的安山、桃源、径游3个乡和尖山乡的谢家、新河口2个村划归诸暨县（1957年3月又划归萧山）；诸暨县岳驻乡的小山头、方山前、兰头角、岳驻4个村和莫家的半个村划归萧山县。1996年5月，萧山市浦沿、长河、西兴三镇划归杭州市西湖区（后单独建为滨江区）。西兴镇的东湖、杜湖、湖头陈3个村仍归萧山市，属城厢镇。所以本书中的萧山包括了清代的萧山县和山阴县、海宁县的一部分，如此可以完整反映现在萧山范围内的科举情况。

第三个问题，怎么定义萧山人。自明代景泰之后，为解决各个地区科举竞争力不平衡的问题，实施了解额制度，本省人只能参加本省乡试。但由于政治、经济或者出于科举作弊等原因而造成的户籍变动，不可避免地出现单纯的冒籍现象。国子监独立于地方官学，监生可以在顺天或者回原籍参加科举，诸多原因使得“萧山”士子成分复杂，既有本地人参加本省乡试中举，也有外地人参加本省乡试中举，还有本地人在顺天或者外省中式。因此，本书中收录的萧山人，主要可以分为以下几种情况：一是从外地迁入萧山、山阴（进化、所前）两县寄居或迁入后改入萧山、山阴（进化、所前）籍的；二是在萧山、山阴（进化、所前）两县之内迁徙的；三是从萧山、山阴（进化、所前）迁出后在外地寄居或改入外籍；四是虽然迁出萧山，但其高祖的籍贯是萧山、山阴（进化、所前）两县者，也列入。从中国传统“五服”的理念考虑，即以自己为本位，上推至四世高祖，下推至四世玄孙，皆为五代；旁及亲，则横推至二从兄弟。特别是萧山黄阁河朱家，为反映其家庭科举的全貌，尽数列入。需要说明的是，有的士子出现不同姓名，或改姓，或改名，甚至姓名皆改，其原因复杂，多因父亲或本人过继、父亲或本人入赘，或者因音同而误等诸多原因。特别是士子籍贯，乡试与会试不同者有之。

研究科举，首当对其科考制度有较为全面的了解。从现有史料来看，萧山的科举文化乃自唐代始，可知的第一位科举人物乃是大诗人贺知章。他是证圣元年（695）登超拔群类科第一名进士，官太常博士。唐开元初擢秘书监，开元十三年（725）迁礼部侍郎，后升尚书集贤殿学士。诰封通议大夫，晋赠资政大夫。徐松《登科记考》卷四：“中宗嗣圣，贺知章，永兴人，太子宾客，秘书监。《旧书·文苑传》载：贺知章，会稽永兴人，举进士。《唐才子传》：贺知章，字季真，证圣初擢进士，超拔群类科。《新书》《唐才子传》皆言知章以证圣年出举进士，超拔群类科。证圣惟一年，是此年有是科。”乾隆《绍兴府志》卷三十一载：“嗣圣中，贺知章，永兴人，太子宾客，秘书监，有传。”此外，《新唐书》、乾隆《绍兴府志》、民国《萧山县志稿》都有相关记载。萧山著名学者毛奇龄则曾撰《萧山县志刊误》：“贺知章在唐擢进士超拔群类科，此是制科，非进士科。惟制科始有名目，如博学鸿词、超拔群类之类，而进士无之。然又称进士者，以古重制科，制科可称进士，进士不可称制科也。”

无论如何，这位大诗人为萧山的科举文化做了一个很好的榜样。此后历代，萧山科考人物不绝，每一朝均有杰出人物。但说到科举，则以明清为盛，而清承明制，几大科举人物均在清代出现，几大科举家族也在清代人才辈出，故此以下先将当时科考制度略作一说明，读者亦可以此窥见科考之艰难，从而体会当时先辈之难。

在科举系统的层层考试中，乡试的影响最大，故当以此说起。虽然它是各省分开进行的，但总体来看，其时间、步调乃至考题都相同或相近（考题尽管各异，却毕竟遵照同一范畴），事实上完全可说是全国统一组织的考试，近乎现在的高考。故而，以乡试为代表的科举制一度对萧山的文教产生巨大影响，进而渗透到风俗、民心等诸多方面，幽微而深远。

乡试也是科考程序里竞争最为激烈的一项，尤其在清代中后期，竞争极为激烈，录取比例一度达到了八十选一乃至百里挑一的地步。当然，所争必是为所图，倘若士子一旦取得举人科名，便意味着身份大有转变，从白丁一跃而成享有高尚声望的乡绅名士，为自己乃至家庭带来极高的荣耀，同时也获得诸多生活的便利。所以，面对丰厚的回报，诸生蜂拥而至，争相踏上乡试的独木桥，其难度也就可想而知。对此，清代文士顾公燮有“乡试难而会试易。乡试定额，科举三十名中一人，不过二三千人入场，其得于宾兴者，其途宽矣。故俗有‘金举人银进士’之谣”之言，此言不虚。

乡试还与各区域的政治和文化密切相关。举人的定额是按照各地人口多少和文风高低来分派的。浙江经济繁荣，文风鼎盛，向来是科举大省，乡试录取的举人定额一直比其他省份多，但省内各县之间却并无举额分配制度，完全是公开竞争。所以，每三年一次的乡试便成为浙江全省各府各县秀才学问较量的平台。鉴于机会难得，人数众多，因而这一考试极受关注，上至官府士人，下至学子亲友，无不瞩目。

由于地方志对举人、进士的记载已较为全面，现存科举录也以乡试录为多，这为研究萧山的科举人物提供了较为完善的条件。与此同时，笔者近年还在萧山科举人物的搜罗与考证上又费了一番功夫，增补、订正了部分科举人物的信息，自忖有助于使这项研究更为全面。而通过研究萧山的这些人物，则能够得知当时萧山学子的文化水平以及了解科举对萧山整个社会的具体影响。

清代科举袭明制，分童生、乡试、会试、殿试四个阶段。分别而言，童生考试分为县试、府试、院试三个阶段。所谓“童生”，即不论年龄大小，但凡曾取得县、府学生员身份者皆是。童生参加县试一般在二月，考试之前要向所属县署报名，包括具写姓名、年龄、籍贯以及上三代之内入仕与否等相关信息。这些履历的真实性还要同考生中的五人互相保结，或者也可凭本县之廪生来保结，身家清白，并无冒籍、匿丧、顶替等不良记录的方准其科考。县试的考官由本县县官担任，考试一般设五场，有时也设四场或六七场。通常，第一场为正场，考四书文二篇、五言六韵试帖诗一首，字数不得超过七百字；第二场则考四书文一篇、性理论或孝经论一篇，默写《圣谕广训》约百字；第三场考四书文或五经文一篇，且兼律赋一篇、五言八韵试帖诗一首，并默写《圣谕广训》首二句；第四、五两场则安排连考，考试内容或为时文，或为诗赋，或为经论，或为骈文，往往不拘一格。第三阶段的童生考试为府试，时间一般设在四月，考官改为知府、直隶州的知州或直隶厅的同知。与县试一样，府试第一场也为正场，取录者可直达院试；第二场后，各场全凭自愿。此外，试子考试报名填写履历并须五童互结、弥封等与县试全然相同。各府、州、县均设教官，府学为教授，州学为学正，县学为教谕。童生第三阶段的考试是院试，由各省的学政主持。院试一般分两场，正场考试前须先考经古一场，内容主要是经解、史论、诗赋等内容；正场考试四书文二篇、五言六韵试帖诗一首。

正场之后有复试一场，题目为四书文一篇、经文一篇、五言六韵试帖诗一首，默写《圣谕广训》一二百字。到了光绪末年，改为四书、五经义各一篇。通过院试而被取录的为生员，就是我们常说的秀才。由此看来，童生的三个阶段考试并不容易，此后通过院试还须参加岁试和科试，才获得参加乡试的通行证。岁试在主管一省科教的提督学政到任第一年举办，次年举行科考，按规定，凡属府、州、县之附学生员、增广生员和廪膳生员均须参加岁试、科试。岁、科两试的考试题目初为四书文二篇、经文一篇，后经调整，改为除考试书经、政策之外，另须考五言八韵试帖诗一首及默写经书一段、《圣谕广训》一二百字。岁试按成绩共分六等，用以安排试子进退。

六等如下：文理平通者列为一等；文理亦通者列为二等；文理略通者列为三等；文理有疵者列为四等；文理荒谬者列为五等；文理不通者列为六等。一、二等与三等者有赏，四等以下者有罚甚至黜革。自道光始，此制稍稍放宽，名次往往只列一、二、三等，列四等以下者极少。该规向来极为具体并且严密，因而有“六等黜陟法，视明为繁密”一说。科试指选拔生员参加乡试的考试，取录者即可参加乡试，这个人数也正是前面所说的乡试定额。“科举大省”浙江“准其每举人一名，录送科举八十名”，即限录为八十选其一。自顺治三年（1646）乡试首开，沿用明朝乡试解额107名，到了顺治十七年（1660），浙江乡试定额降为54名，康熙朝依旧沿用此数。直到康熙三十五年

（1696）丙子科乡试，在原基础上加额17人，故该科共取士71名。康熙四十四年（1705），此科恩加10人，又规定五经中试额数3名，共取中者96名。此后，人数基本维持在100名左右。除定额外，还有广额，即朝中各大庆典之时，再增录举人数。而广额又分一次广额和永久广额。浙江清代112科乡试中，取录举人人数最多的两次，分别在同治四年（1865）与六年（1867），此为并科，故定额均是188人，一次广额30人和26人，捐饷加定额分别是12人和20人，最后两科取录举人数分别为230人和234人。

乡试在各省会城市举行。三年一举，逢子、午、卯、酉年为正科，在八月初九、十二、十五3天举行；逢皇帝登基或万寿大庆则开恩科。乡试内容，据《清史稿·选举志》记载，为"首场四书三题，五经各四题……三场经史、时务策五道……首场试八股文"。还有"四书主朱子《集注》；《易》主程《传》、朱子《本义》;《书》主蔡《传》;《诗》主朱子《集传》;《春秋》主胡安国《传》；《礼记》主陈澔《集说》；其后《春秋》不用胡《传》，以《左传》本事为文，参用《公羊》《穀梁》"。八股文作为写作要求，四书一类儒家经典则为出题之源。会试在乡试之后次年举行，由六部之一的礼部主持，逢辰、戌、丑、未年举行，往往在二三月举办，即春闱。会试也分三场，首场为初九日，二场为十二日，三场为十五日。会试不设定额，据史料看来，雍正八年（1730）庚戌科最多，达400人；乾隆五十年（1785）己酉科最少，不足100人。此试考中者叫作贡士。

顺治三年（1646），会试取录400人，但因27人未参与殿试，故是科进士为73人，较雍正八年（1730）庚戌科的进士少了26人。后来会试录取人数往往约为200人，到了同治十年（1871）则超过300人，会试常科之情况大约如此。从康熙五十二年（1713）首开癸巳恩科到光绪二年（1876）丙子恩科，清代共举办恩科会试22次，取录进士4519人，均算之下每科205人。另外尚有制科，专门补充完善科举学科，此自康熙十八年（1679）始，主要有博学鸿词科、经济特科、孝廉方正科、经学科、召试科等。

殿试则是科举考试的最高级别，由皇帝亲自主持，故而中试者有“天子门生”一说，荣耀极高。清初，殿试多在二月举行，后改为四月。据载，殿试内容为试策一道，策题二三百字，探讨民政、经济、惩弊等各项时务。殿试命题之规定，则在《钦定科场条例》一书中有详细记载。殿廷策试后，由阅卷官评定，将所选之前十卷送呈皇帝，皇帝亲自分配名次。名次按三甲排序，一甲三人，依次为状元、榜眼、探花，即进士及第；二甲和三甲若干人，二甲赐进士出身，三甲赐同进士出身，二甲头名有“传胪”之称。一甲状元授翰林院修撰，为正六品；榜眼和探花授翰林院编修。雍正五年（1727）起，二、三甲进士须再行通过朝考之后授官，朝考一等第一名者即“朝元”，经朝考选取为庶吉士者，入翰林院学习三年，未选庶吉士者则归班吏部，再经选取而分任六部主事、国子监学官、地方州县官等职务。

据研究，受乡贯、籍贯、冒籍及充任顺天乡试等诸多因素影响，过去研究成果中科考人物的人数并不确切。为此，笔者以黄安绶《国朝两浙科名录》、历代题名碑录为主要材料，参考地方志、明清实录、朱卷等文献对进士、举人的情况进行重新梳理。

本书着重对萧山科考最为杰出的几大人物和家族进行研究，使萧山科举的主体面貌得以呈现。需要说明的是，本书对萧山境域的定义按当时当地的区划而言，比如长河一带，今属滨江区，而旧时为萧山县境，则其地之科考自当纳入。而有冒籍与充任顺天乡试者，亦按实际录入，如资料间有出入，则诸说并存，或以案语注明。

萧山科举之鼎盛，则与旧时当地诸多书香门第、文墨世家密不可分，其中最当引起瞩目的则为长河来氏家族、长巷沈氏家族、萧山（因其遍布萧山全境）朱氏家族、埭上黄氏家族、大桥瞿氏家族等。此几家“产出”之举人、进士，可谓萧山之最。以埭上黄氏为例，旧有“十里埭上黄，旗杆多如讨饭棒”之俗语，虽不无夸张，却说明当地科举人物之众，以至于象征科考荣耀的旗杆“遍地皆是”，足可见彼时盛况。

此登科录包含萧山科考之乡试、会试人物，然而尚未包含萧山县试、府试之科考人物。读者可借本书了解萧山的科举文化，文史研究和爱好者则可凭此发掘人物间的内在联系，了解萧山文教的方方面面。如此，则苦劳亦有微功，笔者之幸也。

凡　例

一、本书编撰以史志记载为依据，力求全面、系统、真实收录萧山历代参与科举考试并获进士（举人）功名士子的姓名、生卒年、字号、籍贯、中进士（举人）年份与名次、传略、官位、著作等。

二、本书收录自科举制度设立至废除期间所有萧山籍进士、举人，并分进士、举人篇，其中因武试相关史料较不完全，故以附录形式补入。

三、本书收录人物籍贯为萧山历史所属区域，如原山阴地区不属萧山而现属萧山，故山阴籍士子均予收录；如现滨江区一带原属萧山而现不属萧山者，亦予收录。

四、本书人物条目以取得功名之榜年先后排序，其中榜年、主考、试题有缺失不可考者，均予空缺，不作增添、备注。

五、人物之生卒年，凡志书履历与宗谱相冲突者，以宗谱为准；姓名、字号，凡志书履历与宗谱相冲突者，以“字某某，一字某某”的形式注明。以上均不另作注明。

六、人物生平履历因史料记载多少不同，故各人详略不等，不妄删，不妄添，仅据史而书，且进士在相应举人条目中，仅注明“见进士条”。

七、人物传略引自史料，尽量展现原文，多地志书均有记载者，分条列出，互为印证。

八、本书以民国《萧山县志稿》为参考基础，其中人物名与历科登科录、《缙绅全书》相左者，依次以历科登科录、《缙绅全书》为准，并以按、注、存疑等方式进行简要说明。

目 录

唐 代

证圣元年（695）乙未超拔群类科

【贺知章】（659—744）

字季真，越州永兴（今萧山区）人。证圣元年（695）登超拔群类科第一名进士，官太常博士。唐开元初擢秘书监，开元十三年（725）迁礼部侍郎，兼集贤殿学士。诰封通议大夫，晋赠资政大夫。公性故旷，自号“四明狂客”。天宝初请为道士，诏赐镜湖剡川一曲。肃宗乾元初，以雅旧赠礼部尚书。

《登科记考》卷四：贺知章。《旧书·文苑传》：贺知章，会稽永兴人，举进士。《唐才子传》：贺知章，字季真，证圣初擢进士，超拔群类科。《新书》《唐才子传》皆言知章以证圣年出举进士，超拔群类科，证圣惟一年，是此年有是科。

雍正《浙江通志》卷一百二十三：中宗嗣圣，贺知章，永兴人，太子宾客，秘书监。

乾隆《绍兴府志》卷三十一：嗣圣中，贺知章，永兴人，太子宾客，秘书监，有传。

民国《萧山县志稿》卷十三：贺知章。《新唐书》：越州永兴人。证圣初擢进士超拔群类科，太子宾客，秘书监。按乾隆《志》首列“制科”，《绍兴府志》列入“进士”。

案：毛奇龄《萧山县志刊误》载，贺知章在唐擢进士超拔群类科，此是制科，非进士科。惟制科始有名目，如博学鸿词、超拔群类之类，而进士无之。然又称进士者，以古重制科，制科可称进士，进士不可称制科也。

又案：民国《萧山县志稿》有裴懿，查《李义山文集》等可证其非萧山人，故删。

宋　元

太平兴国八年（983）癸未科

【冯锴】

越州萧山县人，太平兴国八年（983）癸未科中式进士。

嘉靖《萧山县志》卷四：太平兴国八年王世则榜　冯锴。

雍正《浙江通志》卷一百二十三：太平兴国八年癸未王世则榜　冯锴，萧山人。

乾隆《绍兴府志》卷三十三：太平兴国八年王世则榜　冯锴，萧山人。

大中祥符八年（1015）乙卯科

【王丝】（989—1049）

字敦素，萧山临浦镇人。大中祥符八年（1015）乙卯科中式进士。历任大理寺丞、通判衢州、殿中侍御史等职。庆历四年（1044），为荆湖南路体量安抚使。因镇压衡、郴、连、贺、韶州及桂阳监一带瑶族部落有功，擢为侍御史、广南东路转运按察使兼本路安抚。官至兵部员外郎、权三司盐铁判官。（《范文正公集》卷十四有其墓表，万历《绍兴府志》、民国《萧山县志稿》、《两浙名贤录》有其传）

范仲淹《范文正公集》卷十四《权三司盐铁判官尚书兵部员外郎王君（丝）墓表》：君讳丝，字敦素，会稽人也……世居萧山……游学京师，大中祥符八年春，擢进士第。释褐，除兴国军司理参军……迁兵部员外郎、知通州……召权三司盐铁判官。以皇祐元年四月疾终于京师，年六十一。

宝庆《会稽续志》卷六：大中祥符八年蔡齐榜　王丝。

万历《绍兴府志》卷三十三：大中祥符八年蔡齐榜　王丝，盐铁判官。

万历《广东通志》卷十二：王丝，绍兴人，庆历中以侍御史为广南东路转运使兼市舶提举。

康熙《新修广州府志》卷十八：王丝，庆历四年十二月（转运副使）。

雍正《浙江通志》卷一二三：大中祥符八年乙卯蔡齐榜　王丝，萧山人，兵部员外郎。

民国《萧山县志稿》卷十三：真宗大中祥符八年乙卯科　王丝，蔡齐榜，盐铁判官。《浙江通志》：兵部员外郎。

民国《衢县志》卷十：王丝，萧山人，通判，有惠政。

天圣二年（1024）甲子科

【卜伸】

字大用，越州萧山县长山镇（今属萧山河上镇）人。天圣二年（1024）甲子科中式进士。嘉祐中，历官职方员外郎，迁屯田郎中。（宋王安石《临川先生文集》卷五十有《职方员外郎卜伸可屯田郎中制》）

《永乐大典》卷一三四九八：薛仲简可屯田员外郎，蒋秘、卜伸并可太常博士，马仲旦可殿中丞制。

万历《绍兴府志》卷三三《选举志·进士·宋》：仁宗天圣二年宋郊榜　卜伸。

雍正《浙江通志》卷一二三《选举·宋进士》：天圣二年甲子宋郊榜　卜伸，萧山人。

清文渊阁四库全书本《通志》卷二十八《氏族略》第四：宋有尚书郎卜伸，会稽人。民国《萧山县志稿》卷十三：仁宗天圣二年甲子科　卜伸，宋郊榜。

景祐元年（1034）甲戌科

【沈衡】（1007—1074）

字公持，越州萧山县昭东凤仪乡（今属萧山瓜沥镇）人。景祐元年（1034）甲戌科中式进士，初授知台州临海、明州鄞县、杭州钱塘三县事，寻转通判，历判泉潍淄婺州，改充提举司，仕至职方郎中、知润州。为人严整守法，尤精吏治。（光绪《长巷沈氏宗谱》有任之专撰《宋兵部尚书职方郎沈公传》、苏颂撰《职方郎中沈君墓表》、苏轼撰《长巷始祖沈公持公赞》，《宋史翼》卷十八有其传）

《宋史翼》卷十八：沈衡，字公持，越州萧山人。景祐进士，知台州临海、明州鄞、杭州钱塘三县通判。

宋苏颂《苏魏公文集》卷五五《职方郎中沈君墓表》：君讳衡，字公持，越州萧山人也……中景祐元年进士甲科，知台州临海、明州之鄞、杭州之钱塘三县事，通判泉州……迁至尚书职方郎中，衣五品服，为开封府判官……出知润州，到郡以疾得请提举杭州洞霄宫。以熙宁七年六月十一日终于苏州之居第，享年六十八。

雍正《浙江通志》卷一百二十三：景祐元年甲戌张唐卿榜　沈衡，萧山人，郎中。

乾隆《绍兴府志》卷三十一：景祐元年甲戌张唐卿榜　沈衡，萧山人，郎中。

同治《苏州府志》卷四十九：职方郎中沈衡墓在吴县界。衡，字公持，萧山人，职方郎中，知润州。熙宁十年卒于苏，元丰元年葬。

民国《萧山县志稿》卷十三：景祐元年甲子科　沈衡，张唐卿榜，郎中。

庆历二年（1042）壬午科

【汪泌】

越州萧山县人。庆历二年（1042）壬午科中式进士，尝以都官员外郎、通判台州。

万历《绍兴府志》卷三十三：庆历二年杨寘榜　汪泌。

雍正《扬州府志》卷二十一：庆历壬午杨寘榜　汪泌，仪真人。

雍正《浙江通志》卷一百二十三：庆历二年壬午杨寘榜　汪泌，萧山人。

陆心源《宋诗纪事补遗》卷十一：汪泌，仪真人，庆历二年进士。熙宁七年，都官员外郎、通判台州。

民国《萧山县志稿》卷十三：庆历二年壬午科　汪泌，杨寘榜。

皇祐元年（1049）己丑科

【王雱】

萧山临浦镇人。丝长子。皇祐元年（1049）己丑科中式进士，历官太常博士。

宋范仲淹《范文正公集》卷一四《权三司盐铁判官尚书兵部员外郎王君（丝）墓表》：君讳丝……世居萧山……以皇祐元年四月疾终于京师……生四男一女。其子雱，登进士第。

宋吕陶《净德集》卷一四《府学经史阁落成记》：初，阁之营建，皆幕府太常博士王君雱为之谋，君修洁有文，尝典吴兴郡学，挈其规范，来遗诸生，匪独施诸阁也。时熙宁四年十二月一日。

宝庆《会稽续志》卷六：皇祐元年冯京榜　王雱。

万历《绍兴府志》卷三十三：皇祐元年冯京榜　王雱，丝之子，校书郎。

杜春生编《越中金石记》卷二《游小隐山叙》：越城之西南，有所谓王氏山园者，众以为一境胜绝……前进士王雱、朱方凡六人。皇祐三年春二月二十八日叙。原按："王霁，萧山人，兵部员外郎丝子……皆皇祐元年进士。"

民国《萧山县志稿》卷十三：皇祐元年己丑科　王霁，冯京榜，王丝子，校书郎。

嘉祐六年（1061）辛丑科

【顾沂】

越州萧山县人。嘉祐六年（1061）辛丑科中式进士，历知永福县，累官光禄大夫。（嘉靖《萧山县志》有其传）

宝庆《会稽续志》卷六：嘉祐六年王俊民榜　顾沂。

弘治《八闽通志》卷三十一：永福县知县事顾沂……大观初任。

雍正《浙江通志》卷一百二十三：嘉祐六年辛丑王俊民榜　顾沂，萧山人，光禄大夫。

乾隆《绍兴府志》卷三十一：嘉祐六年王俊民榜　顾沂，萧山人，光禄大夫。

乾隆《福州府志》卷三十三：顾沂，越州人，大观间任（永福县知县）。

民国《福建通志》卷三十二：永福县知县事顾沂，萧山人，嘉祐六年进士。

民国《萧山县志稿》卷十三：嘉祐六年辛丑科　顾沂，王俊民榜，光禄大夫。

民国《永泰县志》卷五：顾沂，萧山人。《浙江省志》载：沂第嘉祐六年进士。

熙宁三年（1070）庚戌科

【沈衔】

字履坦，沈衡弟，萧山昭东凤仪乡人（今属萧山瓜沥镇）。熙宁三年（1070）庚戌科中式进士。

咸淳《临安志》卷六十一：神宗熙宁三年叶祖洽榜　沈衔。

雍正《浙江通志》卷一二四：熙宁三年庚戌叶祖洽榜　沈衔，临安人。

案：《浙江通志》作“沈衔”。原注：“《大宋登科记》作沈衔，元符上书邪等有沈衔，今以《登科记》为正。”

乾隆《杭州府志》卷六十七：熙宁三年庚戌叶祖洽榜　沈衔，临安人。

乾隆《绍兴府志》卷三十一：熙宁三年庚戌科　叶祖洽榜　沈衔，萧山人。《通志》作“沈术，临安人”。

民国《萧山县志稿》卷十三：神宗熙宁三年庚戌科　沈衔，叶祖洽榜，沈衡弟。《浙江通志》缺，作“沈术，临安人”。

熙宁六年（1073）癸丑科

【沈笺】

字玉书，萧山昭东凤仪乡（今属萧山瓜沥镇）人。衡次子，熙宁六年（1073）癸丑科中式进士，任苏州昆山县主簿。

宋苏颂《苏魏公文集》卷五五《职方郎中沈君墓表》：“君讳衡，字公持，越州萧山县人……子四人：筠，常州无锡县主簿；笺，苏州昆山县主簿……君有子，第进士。”

宝庆《会稽续志》卷六：熙宁六年余中榜　沈笺。

雍正《浙江通志》卷一二四：熙宁六年癸丑余中榜　沈笺，会稽人。

乾隆《绍兴府志》卷三十一：熙宁六年癸丑余中榜　沈笺，会稽人。

民国《萧山县志稿》卷十三：沈笺，余中榜，沈衡子。《浙江通志》作会稽人。

【沈义】

萧山昭东凤仪乡（今属萧山瓜沥镇）人。熙宁六年（1073）癸丑科中式进士。

雍正《浙江通志》卷一二四：熙宁六年癸丑余中榜　沈义，萧山人。

乾隆《绍兴府志》卷三十一：熙宁六年癸丑余中榜　沈义。

民国《萧山县志稿》卷十三：（熙宁）六年癸丑科　沈义，沈衔子。

【郑知微】

字少言。萧山所前镇越山村人。熙宁六年（1073）癸丑科中式进士，大观二年举宝官差司封郎中。

雍正《浙江通志》卷一百二四：熙宁六年癸丑余中榜　郑知微，萧山人。

乾隆《绍兴府志》卷三十一：熙宁六年癸丑余中榜　郑知微。

《宋会要辑稿》礼三十四：司封郎中郑知微。

民国《萧山县志稿》卷十三：（熙宁）六年癸丑科　郑知微。

【王彦昌】

越州萧山县人。熙宁六年（1073）癸丑科中式进士。

雍正《浙江通志》卷一百二十四：熙宁六年癸丑余中榜　王彦昌，萧山人。

乾隆《绍兴府志》卷三十一：熙宁六年癸丑余中榜　王彦昌。

民国《萧山县志稿》卷十三：熙宁六年癸丑科　王彦昌。

哲宗元祐三年（1088）戊辰科

【吴孜】

字简文，越州萧山县人。从胡瑗学，名驰于嘉祐、治平间。元祐三年（1088）戊辰科中式进士。著有《尚书大义》。

宝庆《会稽续志》卷五：吴孜，会稽人。尝从安定胡瑗学，名驰于嘉祐、治平间。

《册府元龟》卷七百十一：学士吴孜时寄詹事府，每日入听，敬容谓孜曰："昔晋代丧乱，颇由祖尚虚，胡贼殄覆中夏。今东宫复袭此，殆非人事，其将为戎乎？"俄而侯景难作，其言有征也。

《宋文鉴》卷一百十七：越州萧山县吴孜者，勇于为义，少有声律之学，既而宗道约心于理，甘贫养亲。

欧阳修《五代史记注》卷六十七上：吴侍郎，越州萧山县人，举进士，场中甚有声采，屡遭维絷。

黄宗羲《宋元学案》：吴孜，萧山人。有《尚书大义》二卷，见《宋志》。嘉祐、治平间，有名经苑。舍住宅为学宫，太守张伯玉至，以便服坐堂上。先生鸣鼓行学规，伯玉谢过，安受其罚。陈古灵尝荐之。

雍正《浙江通志》卷一百二十四：元祐三年戊辰李常宁榜　吴孜，萧山人。

乾隆《绍兴府志》卷三十一：元祐三年戊辰李常宁榜　吴孜，萧山人。

民国《萧山县志》卷十三：哲宗元祐三年戊辰科　吴孜，李常宁榜。

崇宁二年（1103）癸未科

【方喆】

越州萧山县人。崇宁二年（1103）癸未科中式进士。

宝庆《会稽续志》卷六：崇宁二年霍端友榜　方喆。

雍正《浙江通志》卷一百二十四：崇宁二年癸未霍端友榜　方喆，萧山人。

乾隆《绍兴府志》卷三十一：崇宁二年癸未霍端友榜　方喆。

阮元主编《两浙金石志》卷十《宋绍兴府进士题名碑》：崇宁二年霍端友榜　方喆。

民国《萧山县志稿》卷十三：徽宗崇宁二年癸未科　方喆，霍端友榜，方赫兄。

【方赫】

越州萧山县人。喆弟。崇宁二年（1103）癸未科中式进士。

雍正《浙江通志》卷一百二十四：崇宁二年癸未霍端友榜　方赫，萧山人。

乾隆《绍兴府志》卷三十一：崇宁二年癸未霍端友榜　方赫，喆之弟，萧山人。

民国《萧山县志稿》卷十三：徽宗崇宁二年癸未科　方赫，方喆弟。

大观三年（1109）己丑科

【孙忻】

越州萧山县人。大观三年（1109）己丑科中式进士，监官。

咸淳《临安志》卷六十一：大观三年贾安宅榜　孙忻。

宝庆《会稽续志》卷六：大观三年贾安宅榜　孙忻。

雍正《浙江通志》卷一百二十四：大观三年己丑贾安宅榜　孙忻，萧山人。

乾隆《绍兴府志》卷三十一：大观三年贾安宅榜　孙忻，萧山人。

民国《萧山县志稿》卷十三：大观三年己丑科　孙忻，贾安宅榜。

案：疑与钱塘“孙忻”为同一人。

【孙宝著】

字天休，萧山人。少孤，事母至孝，寝疾思梅及鸠，秋月不可得，仰天而号，忽得青梅于树，鸠自飞坠，取以奉母。大观初，行部使者以闻，赐进士第，邀异数也，任杭、衢二府教授，改宣教郎。（嘉靖《萧山县志》、《两浙名贤录》有其传）

宝庆《会稽续志》卷六：大观三年贾安宅榜　孙宝著。

嘉靖《萧山县志》卷四：大观三年贾安宅榜　孙宝著，宣教郎。

雍正《浙江通志》卷一百二十四：大观三年己丑贾安宅榜　孙宝著，萧山人，宣教郎。

乾隆《绍兴县志》卷三十一：大观三年己丑贾安宅榜　孙宝著，宣教郎。

阮元主编《两浙金石志》卷十《宋绍兴府进士题名碑》：大观三年贾安宅榜　孙宝著。

政和五年（1115）乙未科

【王致柔】

越州萧山县人。政和五年（1115）乙未科中式进士，衡州通判。

宝庆《会稽续志》卷六：政和五年何栗榜　王致柔。

雍正《浙江通志》卷一百二四：政和五年乙未何栗榜　王致柔，萧山人。

乾隆《绍兴府志》卷三十一：政和五年何栗榜　王致柔，萧山人。

阮元主编《两浙金石志》卷十《宋绍兴府进士题名碑》：政和五年何栗榜　王致柔。

民国《萧山县志稿》卷十三：政和五年乙未科　王致柔，何栗榜。

绍兴二年（1132）壬子科

【吴康年】

绍兴府萧山县人。绍兴二年（1132）壬子科中式进士，新城县令。

宝庆《会稽续志》卷六：绍兴二年张九成榜，吴康年。

万历《新城县志》：吴康年，绍兴十一年任（县令）。

雍正《浙江通志》卷一百二十五：绍兴二年张九成榜　吴康年，萧山人。

乾隆《绍兴府志》卷三十一：绍兴二年壬子张九成榜　吴康年。

阮元主编《两浙金石志》卷十《宋绍兴府进士题名碑》：绍兴二年张九成榜　吴康年。

民国《萧山县志稿》卷十三：高宗绍兴二年壬子科　吴康年，张九成榜。

【张震】（1116—1198）

字仲泰，号真甫，城南张氏第三世。绍兴二年（1132）壬子科中式进士，除左承事郎，任枢密院编修，迁殿中侍御史，除起居郎。宋孝宗称赞张震“知无不言，言皆当理，令载之训词”，拜中书舍人。以老病辞进朝散大夫，赐紫金鱼袋。累迁吏部尚书。

雍正《浙江通志》卷一百二十五：绍兴二年壬子张九成榜　张震，萧山人，吏部尚书。

乾隆《绍兴府志》卷三十一：绍兴二年壬子张九成榜　张震，吏部尚书。

民国《萧山县志稿》卷十三：高宗绍兴二年壬子科　张震，吏部尚书。

绍兴三十年（1160）庚辰科

【顾宣】

绍兴府萧山县人。绍兴三十年（1160）庚辰科中式进士。

宝庆《会稽续志》卷六：绍兴三十年梁克家榜　顾宣。

雍正《浙江通志》卷一百二十五：绍兴三十年庚辰梁克家榜　顾宣，萧山人。

乾隆《绍兴府志》卷三十一：绍兴三十年梁克家榜　顾宣，萧山人。

阮元主编《两浙金石志》卷十《宋绍兴府进士题名碑》：绍兴三十年梁克家榜　顾宣。

民国《萧山县志稿》卷十三：绍兴三十年庚辰科　顾宣，梁克家榜。

乾道二年（1166）丙戌科

【王日永】

绍兴府萧山县人。乾道二年（1166）丙戌科中式进士。

宝庆《会稽续志》卷六：乾道二年萧国梁榜　王日永。

雍正《浙江通志》卷一百二十五：乾道二年丙戌萧国梁榜　王日永，萧山人。

乾隆《绍兴府志》卷三十一：乾道二年萧国梁榜　王日永，萧山人。

阮元主编《两浙金石志》卷十《宋绍兴府进士题名碑》：乾道二年萧国梁榜　王日永，致柔子。

民国《萧山县志稿》卷十三：乾道二年丙戌科　王日永，萧国梁榜。

【王日新】

绍兴府萧山县人。乾道二年（1166）登进士第，历邵武教授。

雍正《浙江通志》卷一百二十五：乾道二年丙戌萧国梁榜　王日新，萧山人。

乾隆《绍兴府志》卷三十一：乾道二年丙戌萧国梁榜　王日新，致柔子，萧山人。

民国《福建通志》卷三十二：汀州邵武军教授王日新，萧山人，乾道二年进士。

民国《萧山县志稿》卷十三：乾道二年丙戌科　王日新，致柔子。

乾道八年（1172）壬辰科

【卜芸】

绍兴府萧山县长山乡（今属萧山河上镇）人。乾道八年（1172）壬辰科中式进士。

宝庆《会稽续志》卷六：乾道八年黄定榜　卜芸。

雍正《浙江通志》卷一百二十五：乾道八年壬辰黄定榜　卜芸，萧山人。

乾隆《绍兴府志》卷三十一：乾道八年黄定榜　卜芸，萧山人。

阮元主编《两浙金石志》卷十《宋绍兴府进士题名碑》：乾道八年黄定榜　卜芸。

民国《萧山县志稿》卷十三：乾道八年壬辰科　卜芸，黄定榜。

淳熙二年（1175）乙未科

【方秉文】

绍兴府萧山县（一说福建莆田县）人。淳熙二年（1175）乙未科中式进士。仕至象山县令。

宝庆《会稽续志》卷六《进士》：淳熙二年，方秉文。

明黄仲昭《八闽通志》卷五十三：淳熙二年乙未詹骙榜　方秉文，莆田人。伯逢之曾孙。明州象山令。

雍正《浙江通志》卷一百二十六：淳熙二年乙未詹骙榜　方秉文，萧山人。

乾隆《绍兴府志》卷三十一：淳熙二年詹骙榜　方秉文，萧山人。

阮元主编《两浙金石志》卷十《宋绍兴府进士题名碑》：淳熙二年詹骙榜　方秉文。

民国《萧山县志稿》卷十三：淳熙二年乙未科　方秉文，詹骙榜。

民国《莆田县志·选举志》：方秉文，伯逢曾孙，知象山县。

淳熙五年（1178）戊戌科

【徐邦杰】

绍兴府萧山县人。淳熙五年（1178）戊戌科中式进士，常州晋陵县丞、承直郎。

宝庆《会稽续志》卷六：淳熙五年姚颖榜　徐邦杰。

乾隆《绍兴府志》卷三十一：淳熙五年姚颖榜　徐邦杰，萧山人。

雍正《浙江通志》卷一百二十六：淳熙五年戊戌姚颖榜　徐邦杰，萧山人。

阮元主编《两浙金石志》卷十《宋绍兴府进士题名碑》：淳熙五年戊戌姚颖榜　徐邦杰。

民国《萧山县志稿》卷十三：淳熙五年戊戌科　徐邦杰，姚颖榜。

淳熙八年（1181）辛丑科

【张叔椿】（1142—1223）

字景韶，号浩斋。淳熙八年（1181）辛丑科中式进士，除黄门教授，历枢密院编修，官屯田员外郎兼起居舍人同知，谏院拜殿中侍御史，迁左司谏。光宗皇帝受禅覃恩升侍御史，兼侍读，绍熙四年（1193）甲寅七月特迁吏部侍郎，出知绵州，改蔡州，遇明堂恩改参知政事，兼观文殿大学士，判尚书都省赐紫金鱼袋，积阶奉宣大夫。

《宋史》卷一百六十三：旧制，吏部除侍郎二员，分典左、右选，总称吏部侍郎。间命官兼摄，惟称左选侍郎或右选而已。绍熙三年，谢深甫、张叔椿兼摄，始有侍左侍郎、右侍郎之称。

雍正《浙江通志》卷一百二十六：淳熙八年辛丑黄由榜　张叔椿，萧山人。

乾隆《绍兴府志》卷三十一：淳熙八年黄由榜　张叔椿，萧山人。

民国《萧山县志稿》卷十三：淳熙八年辛丑科　张叔椿，黄由榜。

淳熙十一年（1184）甲辰科

【吴芸】

萧山人，淳熙十一年（1184）甲辰科中式进士。

宝庆《会稽续志》卷六：淳熙十一年卫泾榜　吴芸。

雍正《浙江通志》卷一百二十六：淳熙十一年甲辰卫泾榜　吴芸，萧山人。

乾隆《绍兴府志》卷三十一：淳熙十一年卫泾榜　吴芸，萧山人。

阮元主编《两浙金石志》卷十《宋绍兴府进士题名碑》：淳熙十一年卫泾榜　吴芸。

民国《萧山县志稿》卷十三：淳熙十一年甲辰科　吴芸，卫泾榜。

庆元二年（1196）丙辰科

【冯大受】

绍兴府萧山县人。庆元二年（1196）丙辰科中式进士。著有《易说》。

宝庆《会稽续志》卷六：庆元二年（案：此处误，应为庆元二年）邹应龙榜　冯大受。

嘉靖《萧山县志》卷四：庆元二年邹应龙榜　冯大受。

雍正《浙江通志》卷一百二十六：庆元元年乙卯（案：此处误，应为庆元二年丙辰）邹应龙榜　冯大受，萧山人。

乾隆《绍兴府志》卷三十一：庆元二年丙辰邹应龙榜　冯大受，萧山人。

阮元主编《两浙金石志》卷十《宋绍兴府进士题名碑》：庆元三年（案：此处误，应为庆元二年）邹应龙榜　冯大受。

【方秉成】

绍兴府萧山县（一说福建莆田县）人。庆元二年（1196）丙辰科中式进士。

宝庆《会稽续志》卷六：庆元三年（案：此处误，应为庆元二年）邹应龙榜　方秉成。

弘治《八闽通志》卷五十四：庆元二年丙辰邹应龙榜　方秉成，秉文之弟，莆田人。

嘉靖《萧山县志》卷四：庆元二年邹应龙榜　方秉成，秉文弟。

雍正《浙江通志》卷一百二十六：庆元元年乙卯（案：此处误，应为庆元二年丙辰）邹应龙榜　方秉成，萧山人。

乾隆《绍兴府志》卷三十一：庆元二年丙辰邹应龙榜　方秉成，秉文弟。

阮元主编《两浙金石志》卷十《宋绍兴府进士题名碑》：庆元三年（案：此处误，应为庆元二年）邹应龙榜　方秉成，秉文弟。

嘉泰二年（1202）壬戌科

【张炳】

绍兴府萧山人（一说於潜人）。嘉泰二年（1202）壬戌科中式进士。

宝庆《会稽续志》卷六：嘉泰二年傅行简榜　张炳。

咸淳《临安志》卷六十一：嘉泰二年傅行简榜　张炳。

成化《杭州府志》卷三十九：嘉泰二年傅行简榜　张炳。

雍正《浙江通志》卷一百二十六：嘉泰二年傅行简榜　张炳，於潜人。

乾隆《绍兴府志》卷三十一：嘉泰二年壬戌傅行简榜　张炳。《通志》作於潜，萧山人。

民国《萧山县志稿》卷十三：嘉泰二年壬戌科　张炳。《浙江通志》作於潜人。

【方秉哲】

萧山人（一说福建莆田人）。嘉泰二年（1202）壬戌科中式进士，太学博士。

宝庆《会稽续志》卷六：嘉泰二年傅行简榜　方秉哲，秉文弟，秉成兄。

弘治《八闽通志》卷五十四：嘉泰二年壬戌傅行简榜　方秉哲，秉文弟，莆田人。

嘉靖《萧山县志》卷四：嘉泰二年傅行简榜　方秉哲，秉文弟。

雍正《浙江通志》卷一百二十六：嘉泰二年壬戌傅行简榜　方秉哲，萧山人。

乾隆《绍兴府志》卷三十一：嘉泰二年壬戌傅行简榜　方秉哲，秉文弟，萧山人。

阮元主编《两浙金石志》卷十《宋绍兴府进士题名碑》：嘉泰二年傅行简榜　方秉哲，秉文弟，秉成兄。

民国《莆田县志·选举志》：嘉泰二年壬戌傅行简榜　方秉哲，秉文弟。

绍定二年（1229）己丑科

【戴鲸】

绍兴府萧山县人。绍定二年（1229）己丑科中式进士，官迪功郎。

雍正《浙江通志》卷一百二十七：绍定二年己丑黄朴榜　戴鲸，萧山人，迪功郎。

乾隆《绍兴府志》卷三三：绍定二年己丑黄朴榜　戴鲸，萧山人，迪功郎。

民国《萧山县志稿》卷十三：绍定二年己丑科　戴鲸，黄朴榜，迪功郎。

【张飞卿】

绍兴府萧山县人。绍定二年（1229）己丑科中式进士，授婺州推官。

雍正《浙江通志》卷一百二十七：绍定二年己丑黄朴榜　张飞卿，萧山人，通直郎。

乾隆《绍兴府志》卷三一：绍定二年己丑黄朴榜　张飞卿，通直郎，萧山人。

阮元主编《两浙金石志》卷十《宋绍兴府进士题名碑》：绍定二年黄朴榜　张飞卿。

民国《萧山县志稿》卷十三：绍定二年己丑科　张飞卿，通直郎。

宝祐四年（1256）丙辰科

【张颐孙】（1208—？）

字景川，绍兴府萧山县人。治赋，宝祐四年（1256）丙辰科中式五甲第一百五十名进士。

宝庆《会稽续志》卷六：宝祐四年丙辰文天祥榜　张颐孙。

《宝祐四年登科录》卷三《第五甲》：张颐孙，第一百五十人。字景川。永感下。年四十九，九月二十九日寅时生。治赋，免举。兄弟终鲜，娶赵氏。曾祖筹，祖俨，迪功郎；父世美，进士。本贯绍兴府萧山县，已为户。

嘉靖《萧山县志》卷四：宝祐四年文天祥榜　张颐孙。

阮元主编《两浙金石志》卷十《宋绍兴府进士题名碑》：宝祐四年丙辰文天祥榜　张颐孙。

【徐理】（1228—？）

字德玉，小名江老，小字亨道，萧山城厢镇人。宝祐四年（1256）丙辰科中式五甲第一百六十九名进士。

宝庆《会稽续志》卷六：宝祐四年丙辰文天祥榜　徐理。

《宝祐四年登科录》：徐理，第五甲第一百六十九人，字德玉，小名江老，小字亨道。第四，永感下。年二十九，三月十四日巳时生。外氏赵。治《春秋》，免举。兄弟终鲜。娶林氏。曾祖恂，成忠郎。祖端臣。父旦，诚议郎。本贯绍兴府萧山县。

嘉靖《萧山县志》卷四：宝祐四年文天祥榜　徐理。

雍正《浙江通志》卷一百二十八：宝祐四年丙辰文天祥榜　徐理，会稽人。

乾隆《绍兴府志》卷三十一：宝祐四年丙辰文天祥榜　徐理，会稽人。

阮元主编《两浙金石志》卷十《宋绍兴府进士题名碑》：宝祐四年丙辰文天祥榜　徐理。

案：民国《萧山县志稿》有以下进士，均非萧山人，附记于此。

1. 吴中复，湖北人。

2. 王元德，庆历六年丙戌科进士。（应为河北阳原县人）

3. 王雍，字仲熙，官郎中，授滁州牧，历官三司判官。

4. 周锷，鄞州人。

案：张颐孙履历有“父世美，进士”句，可以确认张颐孙父张世美也是进士，然不知为哪科进士，以待有资料后补。

嘉靖《萧山县志》有载：隆兴元年（1163）木待问榜有张孝伯，查为和州乌江人（今安徽和县乌江镇），淳熙十四年（1187）丁未王蓉榜　张叔阳，监察御史。查《浙江通志》等均不载，附记于此。

至元十六年（1279）己卯科

【楼寿高】（1256—1319）

号南山，萧山楼塔镇人。至元十六年（1279）己卯科中式举人。《仙岩楼氏宗谱》有杨维桢撰《南山府君墓铭》。

雍正《浙江通志》卷一百二十九：至正四年甲申，楼寿高，萧山人。

乾隆《绍兴府志》卷三十二：至正四年，楼寿高，萧山人。

民国《萧山县志稿》卷十三：楼寿高，按乾隆《志》云万历《志》作戊寅，误。今据长山报告，作元至元己卯科董元吉榜，中式举人，以《书经》登第仕，本县直学。戊寅为顺帝之至元四年，己卯相差一年，或至元四年非误，而乾隆《志》误作至正四年欤？

至正七年（1347）丁亥科

【戴子静】

雍正《浙江通志》卷一百二十九：戴子静，萧山人。

乾隆《绍兴府志》卷三十二：至正七年，戴子静，萧山人，教谕。

民国《萧山县志稿》卷十三：至正七年丁亥，戴子静，本县教谕。

明代举人

洪武三年（1370）庚戌科

案：洪武三年庚戌五月，诏设科取士。其乡试，京师一百名，行省河南、山东、江西、陕西、北平、福建、山西、浙江、湖广，并额四十名，惟广西附广东二十五名。

【韩守正】

见进士条。

洪武四年（1371）辛亥科

案：八月复行乡试。

京畿乡试合河南、陕西、北平、山东、山西、湖广、浙江、广东、广西、福建十一省之士，高丽亦与，凡二百人，中式百二十人。

【杜贯道】（1350—1431）

号岳山，山阴天乐乡（今属萧山进化镇）人。洪武四年（1371）辛亥科中式举人。徽州休宁县知县，永乐时召为华盖殿学士，洪熙年告老归家。（《［山阴］天乐杜氏宗谱》有陈东来撰《杜贯道先生记》）

道光《徽州府志》：杜贯道，浙江山阴人，洪武初除知休宁县，疏通干济，兼有文学，门楼馆署悉皆创置。去任，邑人怀之。

洪武十七年（1384）甲子科

【顾观】

见进士条。

洪武二十年（1387）丁卯科

【朱衡】

洪武二十年（1387）丁卯科乡试中式举人，二十二年（1389）任江阴教谕。

崇祯《江阴县志》卷三：朱衡，萧山人，（洪武）二十二年任教谕，丁卯举人。

康熙《常州府志》卷十四：（洪武）二十二年，朱衡，绍兴人，江阴（教谕）。乾隆《绍兴府志》卷三十二：洪武二十年丁卯科　朱衡，萧山人，江阴教谕。

雍正《浙江通志》卷一百三十四：洪武二十年丁卯科　朱衡，萧山人，江阴教谕。

民国《萧山县志稿》卷十三：洪武二十年丁卯科　朱衡，江阴教谕。

洪武二十三年（1390）庚午科

【朱仲安】（1371—1433）

名磐，字仲安，号梅轩，萧山衙前镇翔凤村人。洪武二十三年（1390）庚午科乡试以《诗经》中式第三十五名举人，授武进县簿，迁河南巩县训导。永乐初，拜监察御史，迁湖广按察副使，巡按贵州、河南。宣德初，迁河南按察使。居官严重，临事必存大体。仁宗一日顾侍臣曰：“朱仲安，御史中翘楚也。”入觐，课为十三道风纪之最。进通议大夫，卒于官。（《衙前镇志》、来裕恂《萧山县志》、万历《绍兴府志》、雍正《浙江通志》、民国《贵州通志·宦迹志》、《两浙名贤录》有载；正德《常州府志续集》、朱有燉《诚斋录》有《和御史赵公悼朱宪使诗韵》、成化《重修毗陵志》卷十二有其传，《翔凤朱氏宗谱》有魏骥撰《宪察梅轩公传》、陈敬宗撰《通议大夫河南按察使朱公墓表》、魏骥撰《诰授通议大夫河南按察使梅轩公赞》、黄九皋撰《诰授通议大夫河南按察使梅轩公赞》）

嘉靖《湖广图经志书》卷一：朱仲安，浙江萧山县人（副使）。

成化《重修毗陵志》卷十二：朱仲安，萧山人，洪武三十一年任主簿。

明天启《南京都察院志》卷五《职官》：朱仲安，萧山人，由举人武进知县升任副使（福建道）。

雍正《浙江通志》卷一百三十四：洪武二十三年庚午科　朱仲安，萧山人，河南按察使。

乾隆《绍兴府志》卷三十二：洪武二十三年庚午科　朱仲安，河南按察使，萧山人。

光绪《湖南通志》卷一百一十三：朱仲安，萧山人，湖广副使。

光绪《武进阳湖县志》卷十八：朱仲安，浙江萧山人，（洪武）三十一年任（主簿），三十五年升（知县）（案：此处误，洪武无三十五年）。

光绪《定兴县志》卷六：朱仲安，萧山人，永乐十年任（县丞）。

光绪《保定府志》卷四：朱仲安，萧山人，有传（定兴知县）。

民国《贵州通志》：朱仲安，萧山人，举人，《宦迹志》有传（巡按监察御史）。

民国《萧山县志稿》卷十三：洪武二十三年庚午科　朱仲安，河南按察使。

【叶林】

见进士条。

【陈安】

字惟康，号月轩，萧山新塘街道涝湖村人。洪武二十三年（1390）庚午科乡试中式第六十二名举人。由宁国府泾县教谕升湖广罗田县知县。以工于书法授知汉府，荐升刑部郎中，后左迁镇江府同知，诰授奉直大夫。（《涝湖陈氏宗谱》有王守仁、谢丕题《月轩公像赞》，陈安自题像赞，杨维桢、魏骥、俞钦、商辂、姚夔、项忠、倪朝宾题《月轩公遗像诗》）

雍正《浙江通志》卷一百三十四：洪武二十三年庚午科　陈安，萧山人，刑部郎中。

乾隆《绍兴府志》卷三十二：洪武二十三年庚午科　陈安，刑部郎中。

民国《萧山县志稿》卷十三：洪武二十三年庚午科　陈安，刑部郎中。

洪武二十六年（1393）癸酉科

【胡嗣宗】

见进士条。

【张贞】

见进士条。

【汤本】

萧山城厢街道人。洪武二十六年（1393）癸酉科乡试中式举人，任项城教谕、故城训导。

康熙《大名府志》卷十六：汤本，萧山人（长垣县学教谕）。

康熙《重修长垣县志》卷三：汤本，浙江萧山县人，后籍长垣（儒学教谕）。

雍正《浙江通志》卷一百三十四：洪武二十六年癸酉科　汤本，萧山人，故城训导。

雍正《故城县志》卷二：汤本，浙江萧山县人，永乐中任（训导）。慷慨有志略，造就多术，士心悦服，升长垣县教谕。

乾隆《绍兴府志》卷三十二：洪武二十六年癸酉科　汤本，故城训导，萧山人。

嘉庆《東鹿县志》卷六：汤本仁，浙江萧山人，举人，洪武二十五年任（训导）。

光绪《保定府志》卷五：汤本仁，浙江萧山举人，洪武二十五年任（束鹿）训导。

民国《萧山县志稿》卷十三：洪武二十六年癸酉科　汤本，故城训导。

洪武二十九年（1396）丙子科

【姚友直】

见进士条。

建文元年（1399）己卯科

【孙完】

见进士条。

【应琚】（1373—？）

字子泽，萧山义桥镇人。建文元年（1399）己卯科乡试中式举人。洪武三十五年（1402）任延平府通判，升临江知府。（嘉靖《河南通志》卷二十五有其传）

嘉靖《江西通志》卷二十三：应琚，萧山人，永乐间（知府）。

嘉靖《延平府志·官师志》卷二：应琚，洪武三十五年任（通判）。

嘉靖《彰德府志》卷五：应琚，萧山人，永乐十二年任（知府）。

隆庆《临江府志》卷五：应琚，萧山人，永乐间（知府）。

雍正《浙江通志》卷一百三十四：建文元年己卯科　应琚，萧山人，同知。

乾隆《诸暨县志》卷十八：建文元年己卯科　应琚，临江知府。

乾隆《绍兴府志》卷三十二：建文元年己卯科　应琚，萧山人，知府。

民国《萧山县志稿》卷十三：建文元年己卯科　应琚，临江知府，《浙江通志》作同知。

永乐元年（1403）癸未科

【俞昞】

见进士条“俞廷辅”。

【魏骐】

见进士条。

【王观】

见进士条。

永乐三年（1405）乙酉科

【殷旦】

见进士条。

【鲁琛】

见进士条。

【钱巽】

永乐三年（1405）乙酉科乡试中式第一百二十五名举人，汉府长史。

雍正《浙江通志》卷一百三十四：永乐三年乙酉科　钱巽，萧山人，汉府长史。

乾隆《绍兴府志》卷三十二：永乐三年乙酉科　钱巽，长史，萧山人。

民国《萧山县志稿》卷十三：永乐三年乙酉科　钱巽，汉府长史。

【魏骥】(1374—1471)

字仲房，号南斋，一号梅居，晚号平斋，萧山城厢街道人。永乐三年（1405）乙酉科乡试中式第一百十四名举人。四年（1406）会试中式乙榜，授松江府学训导，召修《永乐大典》，累官至南京吏部尚书。谥“文靖”。有《南斋摘稿》等。

万历《杭州府志》卷五十七：永乐三年，魏骥，钱塘贯，萧山，有传。

鲍应鳌《明臣谥考》卷上：魏骥，南吏部尚书，成化年谥“文靖”。

《宣德五年庚戌科会试录》：奉直大夫、行在吏部考功清吏司员外郎魏骥，仲房，绍兴府萧山县人，乙酉贡士（同考官）。

崇祯九年《皇明通纪法传全录》卷二十三：九月，南京吏部尚书致仕魏骥，卒年九十八，谥“文靖”。

过庭训《本朝分省人物考》卷四十九：魏骥，字仲房，萧山县人。永乐乙酉举人，四年会试乙榜，为松江府学训导，迁太常寺博士。

万历《邵武府志》卷二十四：魏骥，山阴人，正统元年任（教谕）。

崇祯《松江府志》卷二十七：魏骥，萧山人，举人。

雍正《浙江通志》卷一百三丨四：永乐三年乙酉科　魏骥，萧山人，南京吏部尚书。

乾隆《绍兴府志》卷三十二：永乐三年乙酉科　魏骥，希哲子，吏部尚书。

民国《萧山县志稿》卷十三：永乐三年乙酉科　魏骥，希哲子，为世父伯雅后。丙戌会试副榜，南京吏部尚书。谥“文靖”。

【汤云】(1374—1435)

谱名守云，号民望，绍兴府廪生，山阴天乐乡（今属萧山进化镇大汤坞村）人。永乐三年（1405）乙酉科乡试中式举人，授都察院山西道御史，历事勤谨，永乐十二年特授都察院河南道监察御史。

嘉靖《山阴县志》卷五：永乐三年乙酉科　汤云。

明天启《南京都察院志》卷六《职官》：永乐十二年甲午，汤云，由监生（河南道）。

雍正《浙江通志》卷一百三十四：永乐三年乙酉科　汤云，绍兴人。

乾隆《绍兴府志》卷三十二：永乐三年乙酉科　汤云。

永乐六年（1408）戊子科

【陈起】

谱名启，字以昂，号永庵。萧山新塘街道塘里陈村人。永乐六年（1408）戊子科乡试中式举人，本县训导。

雍正《浙江通志》卷一百三十四：永乐六年戊子科　陈起，萧山人，训导。

乾隆《绍兴府志》卷三十二：永乐六年戊子科　陈起，训导。

民国《萧山县志稿》卷十三：永乐六年戊子科　陈起，本县训导。

【方实】

永乐六年（1408）戊子科乡试中式举人，礼部主事。

雍正《浙江通志》卷一百三十四：永乐六年戊子科　方实，萧山人，礼部主事。

乾隆《绍兴府志》卷三十二：永乐六年戊子科　方实，礼部主事，萧山人。

民国《萧山县志稿》卷十三：永乐六年戊子科　方实，礼部主事。

永乐九年（1411）辛卯科

试题：回也是其心（章）；非礼勿视（四句）。

【沈寅】（1382—1463）

字孟钦，号静学，萧山瓜沥镇人。永乐九年（1411）辛卯科乡试中式第三十三名举人，历任翰林院孔目、司经局正字、河南道监察御史，预修成

祖、仁宗、宣宗三朝实录。（光绪《长巷沈氏宗谱》有任之专撰《明河南道监察御史静学沈公传》）

万历《绍兴府志》卷三十二：永乐九年，沈寅，初授翰林孔目，选监察御史，端方清谨，朝士咸重之。寻谢病归，足迹不入公府。

康熙《重修清平县志》：沈寅，萧山人，举人，天顺年任（教谕），累官监察御史。

雍正《浙江通志》卷一百三十四：永乐九年辛卯科　沈寅，萧山人，御史。

嘉庆《东昌府志》卷十七：（明）沈寅，萧山举人，天顺间任（教谕）。

民国《萧山县志稿》卷十三：永乐九年辛卯科　沈寅，河南道监察御史。

【卫恕】

见进士条。

永乐十二年（1414）甲午科

【孙敏】

永乐十二年（1414）甲午科乡试中式举人。

雍正《浙江通志》卷一百三十四：永乐十二年甲午科　孙敏，萧山人。

乾隆《绍兴府志》卷三十二：永乐十二年甲午科　孙敏，《通志》作萧山，会稽人。

民国《萧山县志稿》卷十三：永乐十二年甲午科　孙敏，《绍兴府志》作会稽人。

【戴宿】

永乐十二年（1414）甲午科乡试应天中式举人，宿迁知县。

万历《宿迁县志》卷五：戴谦，萧山人，（宣德间）任（知县）。

雍正《浙江通志》卷一百三十四：永乐十二年甲午科　戴宿，萧山人，宿迁知县。

乾隆《绍兴府志》卷三十二：永乐十二年甲午科　戴宿，萧山人，应天中式，知县。

乾隆《徐州府志》卷十二：戴谦，萧山人，宣德中任（宿迁知县）。

民国《萧山县志稿》卷十三：永乐十二年甲午科　戴宿，应天中式，宿迁知县。

永乐十五年（1417）丁酉科

【倪溥】

永乐十五年（1417）丁酉科乡试中式举人。

雍正《浙江通志》卷一百三十四：永乐十五年丁酉科　倪浦，萧山人。

乾隆《绍兴府志》卷三十二：永乐十五年丁酉科　倪溥，萧山人。

民国《萧山县志稿》卷十三：永乐十五年丁酉科　倪溥，《浙江通志》作“浦”。

【曹得】

见进士条。

【何善】

见进士条。

永乐十八年（1420）庚子科

【沙安】

萧山人。永乐十八年（1420）庚子科乡试中式第九名举人。顺天府治中。

《永乐十八年浙江乡闱小录》：乡贡合格举人，共计贰百伍名。第九名，沙安，绍兴府萧山县学生，《诗》。

雍正《浙江通志》卷一百三十五：永乐十八年庚子科　沙安，萧山人，顺天府治中。

乾隆《绍兴府志》卷三十二：永乐十八年庚子科　沙安，治中，萧山人。

民国《萧山县志稿》卷十三：永乐十八年庚子科　沙安，顺天府治中。

案："治中"亦称"治中从事"，为州刺史的高级佐官之一，主众曹文书，位仅次于别驾，相当于副州长。

【陈广】

永乐十八年（1420）庚子科乡试中式第一百四十七名举人。

《永乐十八年浙江乡闱小录》：乡贡合格举人，共计贰百伍名。第一百四十七名，陈广，绍兴府萧山县学生。

雍正《浙江通志》卷一百三十五：永乐十八年庚子科　陈广，萧山人，兴化通判。

乾隆《绍兴府志》卷三十二：永乐十八年庚子科　陈广，通判。

民国《萧山县志稿》卷十三：永乐十八年庚子科　陈广，兴化府通判。

【史佐】

字廷辅，又字公弼，萧山城厢街道人。永乐十八年（1420）庚子科乡试以《诗经》中式二百零二名举人。授福建漳州府学训导。（《萧山史氏宗谱》有《孝廉廷辅公传》）

《永乐十八年浙江乡闱小录》：乡贡合格举人，共计贰百伍名。第二百二名，史佐，绍兴府萧山县学增生，《诗》。

雍正《浙江通志》卷一百三十五：永乐十八年庚子科　史佐，萧山人，漳州训导。

乾隆《绍兴府志》卷三十二：永乐十八年庚子科　史佐，训导，萧山人。

光绪《漳州府志》卷十：史佐，萧山人，永乐庚子举人。见《浙志·选举》。

民国《萧山县志稿》卷十三：永乐十八年庚子科　史佐，漳州训导。

【徐海】

永乐十八年（1420）庚子科乡试中式第五十九名举人。

《永乐十八年浙江乡闱小录》：乡贡合格举人，共计贰百伍名。第五十九名，徐海，绍兴府萧山县学生，《诗》。

雍正《浙江通志》卷一百三十五：永乐十八年庚子科　徐海，萧山人，四川佥事。

乾隆《绍兴府志》卷三十二：永乐十八年庚子科　徐海，佥事。

乾隆《延平府志》卷二十三：徐海，萧山人，成化间（训导）。

民国《萧山县志稿》卷十三：永乐十八年庚子科　徐海，四川佥事。

民国《南平县志·职官志》卷十一：徐海，萧山人（县丞）。按《省志》《郡志》俱无。

永乐二十一年（1423）癸卯科

【黄琮】

字仲玉，萧山蜀山街道祝家桥人。洪武初应童子贤才贡举，永乐二十一年（1423）癸卯科乡试中式第一百六十七名举人。任安溪训导，改昌黎，升武进教谕。

成化《重修毗陵志》卷十二：黄琮，萧山人（武进教谕）。

嘉靖《安溪县志》卷三：黄琮，教谕。

万历《常州府志》卷九：黄琮，萧山人，成化间任（县学教谕）。

雍正《浙江通志》卷一百三十五：永乐二十一年癸卯科　黄琮，萧山人，武进教谕。

乾隆《武进县志》卷六：黄琮，萧山人，成化元年任（教谕）。

乾隆《绍兴府志》卷三十二：永乐二十一年癸卯科　黄琮，《通志》：萧山人，教谕。

光绪《武进阳湖县志》卷十八：黄琮，浙江萧山人，成化元年任（教谕）。

民国《萧山县志稿》卷十三：永乐二十一年癸卯科　黄琮，安溪训导，武进教谕。

民国《新纂云南通志》卷十二：黄琮，萧山人。

【王政】

永乐二十一年（1423）癸卯科乡试中式第一百七十一名举人，建宁教谕。

雍正《浙江通志》卷一百三十五：永乐二十一年癸卯科　王政，萧山人，建宁教谕。

乾隆《绍兴府志》卷三十二：永乐二十一年癸卯科　王政，萧山人，教谕。

光绪《重纂邵武府志》卷十四：王政，萧山举人，宣德间任（建宁县教谕）。

民国《萧山县志稿》卷十三：永乐二十一年癸卯科　王政，建宁教谕。

民国《建宁县志》卷九：王政，萧山人，举人，年份无考（教谕）。

宣德七年（1432）壬子科

【张辂】

号椭轩，萧山城厢街道人。宣德七年（1432）壬子科乡试中式第三名举人。陕西葭州学正。（《义门张氏宗谱》有《寄祭张学正文》）

雍正《浙江通志》卷一百三十五：张辂，萧山人，葭州学正。

乾隆《绍兴府志》卷三十二：宣德七年壬子科　张辂，萧山人，经魁，学正。

嘉庆《葭州志·官师志第四》：张辂，岁贡，正统年任（学正）。

道光《榆林府志》卷十四：张辂，岁贡，正统年任（葭州学正）。

民国《萧山县志稿》卷十三：宣德七年壬子科　张辂，经魁，陕西葭州学正。

宣德十年（1435）乙卯科

主考官：黎公弁。

试题：不如乡人（恶之）；其次致曲（章）；人有不为（章）。

【王毓】

宣德十年（1435）乙卯科乡试中式第十四名举人。太常寺典簿。

雍正《浙江通志》卷一百三十五：宣德十年乙卯科　王毓，萧山人，太常寺典簿。

乾隆《绍兴府志》卷三十二：宣德十年乙卯科　王毓，萧山人，太常典簿。

民国《萧山县志稿》卷十三：宣德十年乙卯科　王毓，太常寺典簿。

【屠黼】

萧山临浦镇人。宣德十年（1435）乙卯科乡试中式第三十六名举人。鲁府长史。

雍正《浙江通志》卷一百三十五：宣德十年乙卯科　屠黻，萧山人，鲁府长史。

乾隆《绍兴府志》卷三十二：宣德十年乙卯科　屠黻，长史。旧志作"黼"，萧山人。

嘉庆《长沙县志》卷十八：屠黼，浙江人，正统中任府教授，持身端谨，施教有方，升吉府长史。

民国《晋县志》：屠黼，萧山举人，天顺三年任（学正），升教谕。

民国《萧山县志稿》卷十三：宣德十年乙卯科　屠黼，鲁府长史。《浙江通志》作"黻"。

正统九年（1444）甲子科

【汪浩】

正统九年（1444）甲子科乡试顺天中式举人。嵩县知县，卒于官。

雍正《浙江通志》卷一百三十五：正统九年甲子科　汪浩，萧山人，嵩县知县。

雍正《河南通志》卷三十四：汪浩，浙江萧山人，举人，天顺二年任（嵩县知县）。

乾隆《嵩县志》卷二：汪浩，萧山县贡士，（天顺）二年任（知县），除害兴利，听断平允，卒于官。

乾隆《绍兴府志》卷三十二：正统九年甲子科　汪浩，萧山人，顺天中式，知县。

民国《萧山县志稿》卷十三：正统九年甲子科　汪浩，顺天中式，嵩县知县。

正统十二年（1447）丁卯科

【韩祺】

见进士条。

【张清】

正统十二年（1447）丁卯科乡试中式第三十五名举人，官至河南胙城知县。

万历《卫辉县志·官师志下》：张靖，萧山人。景泰间任（胙城知县）。

顺治《胙城县志》卷三：张靖，萧山人（知县）。

雍正《浙江通志》卷一百三十五：正统十二年丁卯科　张清，萧山人，胙城知县。

雍正《河南通志》卷三十四：张靖，浙江萧山人，景泰年任（胙城知县）。

乾隆《绍兴府志》卷三十二：正统十二年丁卯科　张清，知县。旧志作“靖”，萧山人。

民国《萧山县志稿》卷十三：正统十二年丁卯科　张靖，胙城知县。《浙江通志》《绍兴府志》作“清”。

景泰元年(1450)庚午科

试题：子夏之门人（章）；居下位而不（章）。

【倪敏】

字时勉，景泰元年（1450）庚午科乡试中式第五名举人。（乾隆《绍兴府志》卷六、民国《萧山县志稿》卷十五有其传）

嘉靖《九江府志》卷六：倪敏，萧山县人，天顺任（湖口训导）。

雍正《浙江通志》卷一百三十五：景泰元年庚午科　倪敏，萧山人，保定通判。

乾隆《绍兴府志》卷三十二：景泰元年庚午科　倪敏，经魁，通判。

嘉庆《湖口县志》卷三：倪敏，萧山人，天顺间（训导）。

民国《闽侯县志》卷五十八：倪敏，萧山举人（教谕）。

民国《萧山县志稿》卷十三：景泰元年庚午科　倪敏，经魁，保定通判。

【杨文】(?—1463)

景泰元年（1450）庚午科乡试中式第九十三名举人。天顺七年（1463）礼闱焚死，赐祭葬，赠进士。

雍正《浙江通志》卷一百三十五：景泰元年庚午科　杨文，萧山人。

乾隆《绍兴府志》卷三十二：景泰元年庚午科　杨文，萧山人，天顺七年礼闱焚死，赐祭葬，赠进士。

民国《萧山县志稿》卷十三：景泰元年庚午科　杨文，天顺七年礼闱焚死，赠进士，赐祭葬。

【沃乾】

景泰元年（1450）庚午科乡试中式第一百二十一名举人，赣榆知县。

雍正《浙江通志》卷一百三十五：景泰元年庚午科　沃乾，萧山人，赣榆知县。

乾隆《绍兴府志》卷三十二：景泰元年庚午科　沃乾，知县，萧山人。

民国《萧山县志稿》卷十三：景泰元年庚午科　沃乾，赣榆知县。

【沈环】（1419—1480）

字时健，号卑牧，萧山瓜沥镇人。景泰元年（1450）庚午科乡试中式第二十三名举人，二年（1451）礼部中式乙榜。授苏州训导，升内黄教谕，历江南南安府教授。长于古文诗辞。（吴宽《匏翁家藏集》卷七十一有《沈教授先生墓表》）

嘉靖《内黄县志》卷五：沈环，浙江萧山举人（学官）。

雍正《浙江通志》卷一百三十五：景泰元年庚午科　沈环。

乾隆《绍兴府志》卷三十二：景泰元年庚午科　沈环，教授，萧山人。

光绪《淮安府志》卷十一：沈环，萧山举人（主簿）。

光绪《保定府志》卷五：沈环，浙江人。成化年，安肃县（教谕）。

光绪《安东县志》卷八：沈环，萧山人，举人，（成化）四年任（教谕）。

民国《徐水县新志》卷八：沈环，浙江人，成化年任（教谕）。

民国《吴县志》卷八：沈环时健，萧山人，举人，（景泰）二年任升内黄教谕。

民国《萧山县志稿》卷十三：景泰元年庚午科　沈环，寅之子，南安教谕，《绍兴府志》作教授。

【傅珍】（1412—1475）

字时聘，号庸斋，又号仪松。萧山城厢街道人。景泰元年（1450）庚午科乡试中式第十二名举人，授北江学司天，天顺七年（1463）改广东肇庆府学训导，成化九年（1473）考绩功成，升福建闽清教谕。有《庸斋文集》。（《萧山傅氏宗谱》有何舜宾撰《福建闽清县儒学教谕傅先生墓表》）

正德《福州府志》卷十四：傅珍，萧山人（闽清教谕）。

嘉靖《九江府志》卷五：傅珍，萧山人，由举人成化间任（训导）。

雍正《浙江通志》卷一百三十五：景泰元年庚午科　傅珍，萧山人，闽清教谕。

乾隆《绍兴府志》卷三十二：景泰元年庚午科　傅珍，教谕。

乾隆《福建通志》卷二十二：傅珍，萧山人（闽清教谕）。

道光《广东通志》卷二十四：傅珍，萧山人。（天顺间）任肇庆府训导。

道光《肇庆府志》卷十二：傅珍，萧山人，（天顺间）任训导。

民国《萧山县志稿》卷十三：景泰元年庚午科　傅珍，闽清教谕。

天顺六年（1462）壬午科

试题：子使漆雕（章），夫焉有所（其天），达不离道（于民）。

【徐洪】

见进士条。

成化元年（1465）乙酉科

试题：天之历数（其中）；民日迁善（同流）。

【蔡瑛】

字邦辉，号见素，萧山城厢街道人。成化元年（1465）乙酉科乡试中式第六十七名举人，官山东兖州府通判。

万历《兖州府志》卷三十五：蔡瑛，萧山人，举人，（成化）二十年任（通判）。

雍正《浙江通志》卷一百三十六：成化元年乙酉科　蔡英，萧山人，通判。

乾隆《绍兴府志》卷三十二：成化元年乙酉科　蔡英，萧山人，通判，旧志作“瑛”。

民国《萧山县志稿》卷十三：成化元年乙酉科　蔡瑛，兖州通判。《绍兴府志》《浙江通志》作“英”。

【来溥】

萧山长河镇（今属滨江区）人，四川梁山籍。成化元年（1465）乙酉科乡试四川中式举人。

康熙《顺庆府志》：成化年举人来溥，渠县人，任知县。

嘉庆《四川通志》卷一百二十六：成化元年乙酉科　来溥，渠县人。

民国《渠县志》卷二：来溥（举人）。

民国《萧山县志稿》卷十三：成化元年乙酉科　来溥，一作永乐乙酉，四川籍（增补）。

成化四年（1468）戊子科

试题：古之欲明（二节）；君子贞而（二句）。

【沈恭】

字公望，号谦斋，萧山戴村镇沈村人。成化四年（1468）戊子科乡试应天中式举人，官至常德府同知。

雍正《浙江通志》卷一百三十六：成化四年戊子科　沈恭，萧山人，常德同知。

乾隆《绍兴府志》卷三十二：成化四年戊子科　沈恭，萧山人，应天中式，同知。

民国《萧山县志稿》卷十三：成化四年戊子科　沈恭，应天中式，常德府同知。

【何舜宾】

见进士条。

【吴纲】

见进士条。

【富玹】

见进士条。

成化十年（1474）甲午科

主考官：戴纮、赵钦。

试题：大哉尧之（章）；智仁勇三（节）。

【韩立】（1446—1501）

字克中，号庸斋，萧山义桥镇人。成化十年（1474）甲午科乡试以《书经》中式第四十六名举人，任直隶宝应县知县，正己率物，廉能爱民，人多德之。卒于官。

《成化十年甲午科浙江乡试录》：第四十六名韩立，萧山县学生，《书》。

嘉靖《宁国府志》卷八：韩立，萧山人，戊午年由举人任（旌德知县），辛酉年卒于官。

万历《宝应县志》卷七：韩立，萧山人，由举人弘治三年任（知县）。

万历《扬州府志》：韩立，浙江萧山人（宝应县知县）。

雍正《浙江通志》卷一百三十六：成化十年甲午科　韩立，萧山人，太平知县。

乾隆《绍兴府志》卷三十二：成化十年甲午科　韩立，萧山人，知县。

民国《萧山县志稿》卷十三：成化十年甲午科　韩立，太平知县。

【孔斌】

见进士条。

成化十三年（1477）丁酉科

主考官：郑华、刘祥。

试题：仰之弥高（章）；故君子不（修身）；孔子圣之（至未）。

【沈镡】

字惟佩，号甃庵，又号适山，萧山瓜沥镇长巷村人。成化十三年（1477）

丁酉科乡试中式第十六名举人。官至江西广信通判。

《成化十三年丁酉科浙江乡试录》：第十六名，沈镡，萧山县学生，《书》。

嘉靖《江西通志》卷十一：沈镡，萧山人，通判。

雍正《浙江通志》卷一百三十六：成化十三年丁酉科　沈镡，萧山人，广信通判。

乾隆《绍兴府志》卷三十二：成化十三年丁酉科　沈镡，通判，萧山人。

同治《广信府志》卷六：沈镡，萧山人（通判）。

民国《萧山县志稿》卷十三：成化十三年丁酉科　沈镡，广信府通判。

【黄鼎卿】

字定夫，萧山蜀山街道祝家桥人。成化十三年（1477）丁酉科乡试第三十四名举人。任洽江县教谕。

《成化十三年丁酉科浙江乡试录》：第三十四名黄鼎卿，萧山县儒士，《书》。

万历《通州志》卷一：黄鼎卿，萧山人，由举人（弘治）十三年任（训导）。

雍正《浙江通志》卷一百三十六：成化十三年丁酉科　黄鼎卿，萧山儒士，教谕。

乾隆《绍兴府志》卷三十二：成化十三年丁酉科　黄鼎卿，教谕，萧山人。

民国《萧山县志稿》卷十三：成化十三年丁酉科　黄鼎卿，洽江教谕。

民国《重修什邡县志》卷三：黄鼎卿，萧山人，教谕。

【沈淳】（1453—1532）

字克醇，号航南，萧山瓜沥镇长巷村人。成化十三年（1477）丁酉科乡试中式第五十名举人，任湖广湘潭县知县。（乾隆《湖南通志》卷九十九有其传）

《成化十三年丁酉科浙江乡试录》：第五十名，沈淳，萧山县学增广生，《书》。

雍正《浙江通志》卷一百三十六：成化十三年丁酉科　沈淳，萧山人，湘潭知县。

乾隆《湘潭县志》卷十五：沈淳，萧山人，弘治九年任（知县），有传。

乾隆《绍兴府志》卷三十二：成化十三年丁酉科　沈淳，镗之侄，知县，萧山人。

光绪《湖南通志》卷一百十五：沈淳，萧山人，湘潭县知县。

民国《萧山县志稿》卷十三：成化十三年丁酉科　沈淳，镗之侄，湘潭知县。

成化十六年（1480）庚子科

主考官：王克谦、徐昌。

试题：己欲立而（二句）；乡田同井（公田）。

【来登】（1449—1487）

字公贵，号富庵，萧山长河镇（今属滨江区）人。庠生，成化十六年（1480）庚子科乡试中式第七名举人。（《萧山来氏家谱》有来斯行撰《孝廉公贵公教谕思亭公传》）

《成化十六年浙江乡试录》：第七名，来登，萧山县学生，《书》。

雍正《浙江通志》卷一百三十六：成化十六年庚子科　来登，萧山人。

乾隆《绍兴府志》卷三十二：成化十六年庚子科　来登，萧山人。

民国《萧山县志稿》卷十三：成化十六年庚子科　来登。

【祝瀚】

见进士条。

【叶清】

见进士条。

【王世祯】

萧山人。成化十六年（1480）庚子科乡试顺天中式第一百三十二名举人，滨州学正。案：民国《萧山县志稿》“祯”作“贞”，据《浙江通志》《绍兴府志》改。

《成化十六年应天府乡试录》：第一百三十二名，王世祯，应天府学生，《诗》。

万历《滨州志》凡例：王世祯，萧山人（学正）。

雍正《浙江通志》卷一百三十六：成化十六年庚子科　王世祯，萧山人，滨州学正。

乾隆《绍兴府志》卷三十二：成化十六年庚子科　王世祯，萧山人，应天中式，州学正。旧志作“世贞”。

民国《萧山县志稿》卷十三：成化十六年庚子科　王世贞，应天中式，滨州学正。《浙江通志》《绍兴府志》作“祯”。

【吕调阳】

字宗律，萧山人。成化十六年（1480）庚子科云南乡试中式举人。黄陂知县。

《弘治十一年湖广乡试录》：黄州府黄陂县知县，吕调阳宗律，浙江萧山县人，庚子贡士。（供给官）

嘉靖《黄陂县志》卷上：吕调阳，云南太和人，举人，弘治纪年（知县）。

隆庆《云南通志》卷八：成化（十六年）庚子科　吕调阳。

天启《滇志》卷九：成化庚子科　吕调阳。

康熙《大理府志》卷十四：成化庚子科　吕调阳，三名，北胜人，州学。

雍正《浙江通志》卷一百三十六：成化十六年庚子科　吕调阳，萧山人，经魁，黄陂知县，云南中式。

乾隆《绍兴府志》卷三十二：成化十六年庚子科　吕调阳，萧山人，云南中式，经魁，知县。

民国《萧山县志稿》卷十三：成化十六年庚子科　吕调阳，云南经魁，黄陂知县。

成化十九年（1483）癸卯科

主考官：黄体勤、陈明。

试题：君在踧踖（节）；以德服人（谓也）。

【张嵿】

见进士条。

【吴嘉英】

成化十九年（1483）癸卯科乡试中式举人。

民国《萧山县志稿》卷十三：成化十九年癸卯科　吴嘉英（增补）。

成化二十二年（1486）丙午科

主考官：林祥、桑悦。

试题：自天下以（节）；莫春者春（点也）。

【来天球】

见进士条。

【沙彬】

成化二十二年（1486）丙午科乡试顺天中式举人。

雍正《浙江通志》卷一百三十六：成化二十二年丙午科　沙彬，萧山人。

乾隆《绍兴府志》卷三十二：成化二十二年丙午科　沙彬，萧山人，顺天中式。

民国《萧山县志稿》卷十三：成化二十二年丙午科　沙彬，安之孙。顺天中式。

弘治二年（1489）己酉科

主考官：刘大夏、时雍。

试题：夫子之言（二句）；天下有道（大贤）。

【韩宪】（1462—1503）

字克有，号古直，萧山义桥镇人。弘治二年（1489）己酉科乡试以《书经》中式第二十八名举人。为人风采凝峻，性行刚果，文艺德行，冠于一时。官至江西万载知县。（康熙《袁州府志》卷六有其传）

康熙《袁州府志》卷五：韩宪，萧山举人，正德三年任（知县），有传。

雍正《浙江通志》卷一百三十七：弘治二年己酉科　韩宪，萧山人，知县。

乾隆《绍兴府志》卷三十二：弘治二年己酉科　韩宪，（万载县）知县，萧山人。

民国《万载县志》卷五：正德三年，韩宪，萧山举人，有传（知县）。

民国《萧山县志稿》卷十三：弘治二年己酉科　韩宪，万载知县。

【胡昉】

见进士条。

【朱彩】

字娱清，号奎章，萧山义桥镇复兴村朱村桥人，弘治二年（1489）己酉科乡试中式第十四名举人。选邵武推官，升宁国县知县。

嘉靖《邵武府志》卷四：朱彩，萧山人，（弘治）十六年任（推官）。

雍正《浙江通志》卷一百三十七：弘治二年己酉科　朱彩，萧山儒士，推官。

乾隆《福建通志》卷二十五：朱彩萧山人，弘治间任（推官）。

乾隆《绍兴府志》卷三十二：弘治二年己酉科　朱彩，推官，萧山人。

道光《苏州府志》卷五十五：朱彩，奎章，萧山人，举人，弘治间任，升福州推官。

民国《萧山县志稿》卷十三：弘治二年己酉科　朱綵，邵武推官。《绍兴府志》作“彩”。

弘治五年（1492）壬子科

试题：荡荡乎民（句）；唯天下至（参矣）；强恕而行（二句）。

【钱玹】

见进士条。

【朱珙】

字廷献，号立斋，萧山义桥镇复兴村朱村桥人。弘治五年（1492）壬子科乡试中式第四十九名举人。授程乡县知县、江西广信府玉山县知县。

雍正《浙江通志》卷一百三十七：弘治五年壬子科　朱珙，萧山人，程乡知县。

乾隆《绍兴府志》卷三十二：弘治五年壬子科　朱珙，知县，萧山人。

道光《广东通志》卷三十三：朱珙，浙江人，举人，正德六年任（程乡县知县）。

光绪《嘉应州志》卷十八：朱珙，浙江人，举人，（正德）六年任（知县）。

民国《萧山县志稿》卷十三：弘治五年壬子科　朱珙，程乡知县。

【张实】

弘治五年（1492）壬子科乡试中式第六十二名举人。

雍正《浙江通志》卷一百三十七：弘治五年壬子科　张实，萧山人，教谕。

乾隆《绍兴府志》卷三十二：弘治五年壬子科　张实，教谕，萧山人。

乾隆《福建通志》卷二十四：张实，萧山人（漳平县教谕）。

道光《龙岩州志》卷九：张实，萧山人，举人，成化间任（漳平县学教谕）。

道光《漳平县志》卷六：张实，萧山人，举人（教谕）。

民国《萧山县志稿》卷十三：弘治五年壬子科　张实，漳平教谕。

弘治八年（1495）乙卯科

试题：说之不以（器之）；溥博渊泉（二节）；乐民之乐（六句）。

【沈文滂】

字沛之，号桂轩，萧山城厢街道人。环之子。弘治八年（1495）乙卯科乡试中式第三十三名举人。灵璧县教谕。

嘉靖《宿州志》卷三：沈文滂，浙江萧山人，举人，弘治九年任（灵璧县儒学教谕）。

康熙《岳州府志》卷十五：沈文滂，浙江人，正德间任（平江县教谕）。

雍正《浙江通志》卷一百三十七：弘治八年乙卯科　沈文滂，萧山人，灵璧县教谕。

乾隆《灵璧县志略》卷二：沈文滂，萧山举人，弘治时任，师道尊严，为一时模范。

乾隆《绍兴府志》卷三十二：弘治八年乙卯科　沈文滂，教谕，萧山人。

光绪《凤阳府志》卷六：沈文滂，萧山举人，灵璧教谕。

光绪《湖南通志》卷一百十五：沈文滂，浙江举人，平江县教谕。

民国《萧山县志稿》卷十三：弘治八年乙卯科　沈文滂，环之子，灵璧教谕。

【徐瓒】（1462—1517）

字献឴，号俟斋，萧山蜀山街道徐家坞人。弘治八年（1495）乙卯科乡试以《书经》中式第二十四名举人，授福建延平府沙县县令。（《萧山徐氏宗谱》有曹祖诚撰《明福建沙县知县俟斋公传》）

《正德十一年福建乡试录》：延平府沙县知县，徐瓒献឴，浙江萧山县人，乙卯贡士（对读官）。

嘉靖《延平府志》卷二：徐瓒，浙江萧山人，举人，正德九年任（沙县知县）。

雍正《浙江通志》卷一百三十七：弘治八年乙卯科　徐瓒，萧山人，知县。

乾隆《绍兴府志》卷三十二：弘治八年乙卯科　徐瓒，知县，萧山人。

乾隆《福建通志》卷二十四：徐瓒，萧山人（知县）。

民国《萧山县志稿》卷十三：弘治八年乙卯科　徐瓒，沙县知县。

民国《沙县志》卷六：徐瓒，萧山人，由举人（正德）九年任（知县），卒于官。

【孙凤】

弘治八年（1495）乙卯科乡试中式第四十二名举人。

雍正《浙江通志》卷一百三十七：弘治八年乙卯科　孙凤，萧山人。

乾隆《绍兴府志》卷三十二：弘治八年乙卯科　孙凤，萧山人。

民国《萧山县志稿》卷十三：弘治八年乙卯科　孙凤。

【陈璠】

字公美，萧山新塘街道塘里陈人。弘治八年（1495）乙卯科乡试中式第四十八名举人。广东封川县令。

万历《广东通志》卷四十八：陈璠，萧山人，举人，（正德）九年任（封川县知县）。

天启《封川县志》卷十：陈璠，萧山人，举人，正德九年任（知县）。

崇祯《肇庆府志》卷五：陈璠，萧山人，举人，正德九年任（封川知县）。

雍正《浙江通志》卷一百三十七：弘治八年乙卯科　陈璠，萧山人，封川知县。

乾隆《绍兴府志》卷三十二：弘治八年乙卯科　陈璠，知县，萧山人。

民国《萧山县志稿》卷十三：弘治八年乙卯科　陈璠，封川知县。

案：民国《萧山县志稿》有载李时畅为此科举人，查陈汝元《里明浙士登科考》卷五：李时畅，余姚，雍正《浙江通志》卷一百三十七弘治八年乙卯科@李时畅，余姚人，顺庆通判，进士。故删。

弘治十一年（1498）戊午科

试题：有能一日（二节）；诚者天之（节）；吾闻观近（二句）。

【毛公毅】（1461—1544）

字远夫，又字达夫，号听斋。弘治十一年（1498）戊午科乡试中式第七十名举人，乙丑中副榜，授广东潮州府海阳县学教谕，升湖广永州府通判。丁父忧，嘉靖壬午改授福建汀州府同知，升知府。（《萧山毛氏宗谱》有田汝成撰《听斋公赞》、刘栋撰《听斋公传》，田艺衡《香宇集》有《朝请大夫萧山毛远夫画赞》）

嘉靖《汀州府志》卷十一：毛公毅，浙江萧山人，举人，嘉靖元年任通判（升任同知）。

隆庆《永州府志》卷四：毛公毅，萧山人，（正德）九年任（通判）。

雍正《浙江通志》卷一百三十七：弘治十一年戊午科　毛公毅，萧山儒士，汀州同知。

乾隆《绍兴府志》卷三十二：弘治十一年戊午科　毛公毅，同知，萧山人。

道光《永州府志》卷十一：毛公毅，萧山人，（正德）九年任（通判）。

光绪《湖南通志》卷一百十五：毛公毅，萧山人，永州府通判。

光绪《海阳县志》卷十：毛公毅，浙江人，举人（教谕）。

民国《萧山县志稿》卷十三：弘治十一年戊午科　毛公毅，汀州府同知。

民国《长汀县志》卷十二：毛公毅（同知）。

【戴光】

弘治十一年（1498）戊午科乡试中式第三十一名举人。官至饶州府通判。

万历《保定府志》卷八：戴光，萧山人。

雍正《浙江通志》卷一百三十七：弘治十一年戊午科　戴光，萧山人，饶州通判。

乾隆《绍兴府志》卷三十二：弘治十一年戊午科　戴光，通判，萧山人。

乾隆《武清县志》卷五：戴光，浙江萧山人，成化间由举人任（教谕）。

乾隆《涞水县志》卷五：戴光，萧山人（训导）。

同治《饶州府志》卷九：戴光，萧山人（通判）。

光绪《顺天府志》卷七十九：戴光，浙江萧山人，举人，朴实教士（武清县学教谕）。

民国《萧山县志稿》卷十三：弘治十一年戊午科　戴光，饶州府通判。

【沈岳】

字仲邛，号质斋，萧山瓜沥镇长巷村人。弘治十一年（1498）戊午科乡试中式举人，任湖南长沙府知府，诰授中宪大夫。

民国《萧山县志稿》卷十三：弘治十一年戊午科　沈岳（增补）。

弘治十四年（1501）辛酉科

【田惟祜】

见进士条。

【蔡璧】

字星彰，号星庵，萧山城厢街道人。弘治十四年（1501）辛酉科乡试以《书经》中式第三十三名举人，官江西永丰县知县。

嘉靖《江西通志》卷二十五：蔡璧，萧山人，正德间任（知县）。

雍正《浙江通志》卷一百三十七：弘治十四年辛酉科　蔡璧，萧山人。

乾隆《绍兴府志》卷三十二：弘治十四年辛酉科　蔡璧，知县，萧山人。

同治《永丰县志》卷十三：蔡璧，萧山进士（案：此处误），（正德）十年任（知县）。

民国《萧山县志稿》卷十三：弘治十四年辛酉科　蔡璧，永丰知县。

【盛泷】

见进士条。

【顾通】

萧山城厢街道人，弘治十四年（1501）辛酉科乡试中式第五十七名举人。福建长乐县知县。

嘉靖《惠州府志》卷三：顾通，萧山人，举人，卒于官。

康熙《长乐县志》卷三：顾通，萧山人，正德末以举人知县，卒于官。

康熙《广东通志》卷十三：顾通，萧山人，举人（长乐县知县）。

雍正《浙江通志》卷一百三十七：弘治十四年辛酉科　顾通，萧山人，长乐知县。

乾隆《绍兴府志》卷三十二：弘治十四年辛酉科　顾通，知县，萧山人。

民国《萧山县志稿》卷十三：弘治十四年辛酉科　顾通，长乐知县。

【孙光】

弘治十四年（1501）辛酉科乡试中式第七十名举人。襄府长史。

嘉靖《徐州志》卷十一：孙光，浙萧山人，嘉靖中（任）知州事。

万历《保定府志》卷八：孙光，浙江萧山县人，举人（安州）。

雍正《浙江通志》卷一百三十七：弘治十四年辛酉科　孙光，萧山人，襄府长史。

乾隆《绍兴府志》卷三十二：弘治十四年辛酉科　孙光，长史，萧山人。

道光《铜山县志》卷九：孙光，浙江萧山人，（嘉靖）九年任（徐州知州）。

民国《萧山县志稿》卷十三：弘治十四年辛酉科　孙光，襄府长史。

弘治十七年（1504）甲子科

主考官：杨廉。

试题：唐虞之际（二句）；自诚明谓（节）；不得于言（其气）。

案：《浙士登科考》载，明初应试者，止取廪生，后渐及增广生。至是诏廪、增、附生一体抡选，故附生中式始于是科。

【韩洲】（1474—1546）

字宗宁，一字汝清，号居轩，萧山义桥镇人。韩立子。弘治十七年（1504）甲子科乡试以《书经》中式第八十名举人，授福安县令。为人刚中巽外，识高学博。（光绪《福安县志》卷十八有其传）

雍正《浙江通志》卷一百三十七：弘治十七年甲子科　韩洲，萧山人，知县。

乾隆《福建通志》卷二十六：韩洲，萧山人，正德间任（福安知县）。

乾隆《福宁府志》卷十七：韩洲，字汝清，萧山人，正德十六年任（福安）知县。

乾隆《绍兴府志》卷三十二：弘治十七年甲子科　韩洲，立之子，知县，萧山。

光绪《福安县志》卷十六：韩洲，萧山人，举人，正德十六年任（知县），有传。

民国《萧山县志稿》卷十三：弘治十七年甲子科　韩洲，立之子，福安知县。

【沈璇】

字天粹，萧山瓜沥镇人，弘治十七年（1504）甲子科乡试中式第六十九名举人。嘉靖二年（1523）知雩都事。（《雩都县志》卷七、民国《萧山县志稿》卷十五有其传）

嘉靖《江西通志》卷三十五：沈璇，萧山人，由举人嘉靖间任（雩都知县）。

嘉靖《赣州府志》卷七：沈璇，浙江萧山人，举人，嘉靖二年任（雩都知县）。

万历《保定府志》卷八：沈璇，浙江萧山县人，举人（博野）。

康熙《博野县志》卷二：沈璇，萧山县监生（知县）。

康熙《雩都县志》卷五：沈璇，字天粹，萧山人，举人，嘉靖二年任（知县）。

雍正《浙江通志》卷一百三十七：弘治十七年甲子科　沈璇，萧山人，同知。

乾隆《绍兴府志》卷三十二：弘治十七年甲子科　沈璇，知县。《县志》：同知，萧山人。

民国《萧山县志稿》卷十三：弘治十七年甲子科　沈璇，同知。《绍兴府志》作知县。

【曹楫】（1473—1556）

字汝斋，号巨川，萧山蜀山街道人。弘治十七年（1504）甲子科乡试中式第五十九名举人，历任九江府推官。

嘉靖《建宁府志》卷五：曹楫，浙江萧山人，由举人正德十二年任（知县）。

康熙《松溪县志》卷七：曹楫，浙江萧山人，由举人正德十二年任（知县）。

雍正《浙江通志》卷一百三十七：弘治十七年甲子科　曹楫，萧山人，推官。

乾隆《福建通志》卷二十五：曹楫，萧山人，正德间任（知县）。

乾隆《绍兴府志》卷三十二：弘治十七年甲子科　曹楫，推官，萧山人。

同治《九江府志》卷二十五：曹楫，萧山人，举人，嘉靖间（任推官）。

民国《萧山县志稿》卷十三：弘治十七年甲子科　曹楫，九江府推官。

【沈治】

字克宁，号山海，萧山瓜沥镇长巷村人。弘治十七年（1504）甲子科乡试中式第七十三名举人。

雍正《浙江通志》卷一百三十七：弘治十七年甲子科　沈治，萧山人。

乾隆《绍兴府志》卷三十二：弘治十七年甲子科　沈治，淳之弟，萧山人。

民国《萧山县志稿》卷十三：弘治十七年甲子科　沈治，淳之弟。

正德二年(1507)丁卯科

主考官：朱完、万应选。

试题：子路有闻（章）；君子所以（敬之）。

【周宪】

见进士条。

正德五年(1510)庚午科

主考官：张鸣凤、李泰。

试题：敬事有信（二句）；中立而不（二段）；孔子登东（二句）。

【黄懿】

字时美，号南溪，萧山蜀山街道人。正德初，修县志，正德五年（1510）庚午科乡试中式第八名举人，授进贤教谕，典试湖广。正德十一年（1516）升江西万安令，未几，而以内忧归，服阕，补山东莱芜令，授文林郎。（民国《萧山埭上黄氏家谱》有《莱芜令南溪公传》）

《正德五年庚午科浙江乡试录》：第八名，黄懿，萧山县学生，《书》。

嘉靖《江西通志》卷五：黄懿，萧山人，由举人任（教谕）。

嘉靖《莱芜县志》卷五：黄懿，浙江萧山人，由举人嘉靖二年任（知县）。

雍正《浙江通志》卷一百三十七：正德五年庚午科　黄懿，萧山人。

乾隆《绍兴府志》卷三十二：正德五年庚午科　黄懿，萧山人，知县。

民国《萧山县志稿》卷十三：正德六年辛未科（案：此处误，应为五年庚午科）　黄懿，进贤教谕，典试湖广，万安知县，改莱芜知县。

案：民国《萧山县志稿》《萧山埭上黄氏家谱》云黄懿为正德六年（1511）辛未科进士，查《浙江通志》、《绍兴府志》、嘉靖《萧山县志》、《正德六年辛未科题名碑录》均无载黄懿为进士，故删。

正德八年（1513）癸酉科

主考官：陈龙、林世明。

试题：出门如见（无怨）；回之为人（之矣）；仁人心也。

【黄怿】（1476—1539）

字时习，改字德和，号笔峰，萧山蜀山街道人。由廪生中正德八年（1513）癸酉科乡试第二十七名举人。授福建泉州府安溪知县，祀名宦祠。升常州府通判，授承德郎。（《萧山埭上黄氏家谱》有其婿高警撰《黄笔峰先生传》、黄九川撰《明承德郎常州府通判笔峰先生行述》、民国《萧山县志稿》、乾隆《泉州府志》卷三十一、乾隆《福建通志》卷三十载其传）

《正德八年癸酉科浙江乡试录》：第二十七名，黄怿，萧山县学生，《书》。

万历《泉州府志》卷九：黄怿，萧山人，由举人（嘉靖）五年任（安溪知县）。见《宦绩》。

雍正《浙江通志》卷一百三十七：正德八年癸酉科　黄怿，萧山人，常州通判。

乾隆《安溪县志》卷五：黄怿，嘉靖五年任（知县）。

乾隆《绍兴府志》卷三十二：正德八年癸酉科　黄怿，通判，萧山人。

民国《萧山县志稿》卷十三：正德八年癸酉科　黄怿，常州府通判，安溪知县，有德政。

【王镛】（1468—1527）

字时振，号浣溪，萧山城厢街道人。邑庠生，正德八年（1513）癸酉科乡试中式第八名举人。丁丑会试副榜进士，官至国子监博士。

《正德八年癸酉科浙江乡试录》：第八名，王镛，萧山县学生，《书》。

雍正《浙江通志》卷一百三十七：正德八年癸酉科　王镛，萧山人，衡水教谕。

乾隆《衡水县志》卷七：王镛，萧山人，举人，正德间任（教谕）。

乾隆《绍兴府志》卷三十二：正德八年癸酉科　王镛，教谕，萧山人。

民国《萧山县志稿》卷十三：正德八年癸酉科　王镛，衡水教谕。

【徐守】（1482—1530）

字惟介，号北山，萧山城厢街道人。县学生，以《书经》中式正德八年（1513）癸酉科乡试第二十一名举人，任广东韶州府同知。（嘉靖《潮州府志》卷五有其传）

《正德八年癸酉科浙江乡试录》：第二十一名徐守，萧山县学生，《书》。

嘉靖《潮州府志》卷五：徐守，萧山人，举人，嘉靖五年任（同知）。

雍正《浙江通志》卷一百三十七：正德八年癸酉科　徐守，萧山人，同知。

乾隆《绍兴府志》卷三十二：正德八年癸酉科　徐守，洪之子，同知，萧山人。

民国《萧山县志稿》卷十三：正德八年癸酉科　徐守，洪之子，潮州府同知。

【徐官】

见进士条。

正德十四年（1519）己卯科

试题：学如不及（章）；齐庄中正（二句）；困于心衡（后喻）。

【沈宋】

萧山瓜沥镇长巷村人。沈镡之子。正德十四年（1519）己卯科乡试中式第二十八名举人。

雍正《浙江通志》卷一百三十七：正德十四年己卯科　沈宋，萧山人。

乾隆《绍兴府志》卷三十二：正德十四年己卯科　沈宋，萧山人，镡之子。

民国《萧山县志稿》卷十三：正德十四年己卯科　沈宋，镡之子。

【田麟】

见进士条。

嘉靖元年（1522）壬午科

试题：天何言哉（节）；人道敏政（节）；以为无益（四句）。

【王良相】

嘉靖元年（1522）壬午科乡试顺天中式举人。

万历《顺天府志》卷五：王良相（举人）。

雍正《浙江通志》卷一百三十七：嘉靖元年壬午科　王良相，萧山人。

乾隆《绍兴府志》卷三十二：嘉靖元年壬午科　王良相，萧山人，顺天中式。

民国《萧山县志稿》卷十三：嘉靖元年壬午科　王良相，顺天中式。

嘉靖四年（1525）乙酉科

主考官：邹守益。

试题：中人以上（二句）；君臣也父（一也）；其日夜之（几希）。

【来汝贤】

见进士条。

【来应山】（1501—1567）

字仁甫，号龙门，萧山长河镇（今属滨江区）人。邑庠生，嘉靖四年（1525）乙酉科乡试中式第八名举人。嘉靖十九年（1540）任河间府故成县知县。（《萧山来氏家谱》有来斯行撰《知县龙门公传》，雍正《故城县志》卷二有其传）

雍正《浙江通志》卷一百二十七：嘉靖四年乙酉科　来应山，萧山人，知县。

乾隆《河间府新志》卷七：来应山，浙江举人（故城县知县）。

乾隆《绍兴府志》卷三十二：嘉靖四年乙酉科　来应山，天球子，知县。《通志》：萧山人；旧志：会稽。

光绪《故城县志》卷六：来应山，萧山举人，嘉靖年任（知县）。

民国《萧山县志稿》卷十三：嘉靖四年乙酉科　来应山，天球子，故城知县。

嘉靖七年（1528）戊子科

主考官：陆粲、林汝永。

试题：礼云礼云（章）；溥博渊泉（三节）；夫道一而（我哉）。

【黄德贤】（1499—？）

字汝官，号文岩，萧山蜀山街道人。由附生中式嘉靖七年（1528）戊子科乡试第七十八名举人。授江西南康县知县。（《萧山埭上黄氏家谱》有《南康令文岩公传》）

《嘉靖七年戊子科浙江乡试录》：第七十八名，黄德贤，萧山县学附生，《书》。

《嘉靖七年浙江同年录》：黄德贤，字汝官，号文严。弘治己未七月初九日生，绍兴府萧山县人，住埭上，《书》。授江西南康县知县，卒。

雍正《浙江通志》卷一百三十八：嘉靖七年戊子科　黄德贤，萧山人，知县。

乾隆《绍兴府志》卷三十二：嘉靖七年戊子科　黄德贤，知县，萧山人。

民国《萧山县志稿》卷十三：嘉靖七年戊子科　黄德贤，南康知县。

【孙宗器】（1496—？）

字承之，号禹山，萧山西兴镇（今属滨江区）人。嘉靖七年（1528）戊子科乡试中式第四十八名举人。授直隶晋州学正，升河间府教授，顺天宝坻县知县。

《嘉靖七年戊子科浙江乡试录》：第四十八名，孙宗器，萧山县学生，《书》。

《嘉靖十六年丁酉科山西乡试录》：直隶真定府晋州儒学学正孙宗器承之，浙江萧山县人，戊子贡士。

《嘉靖七年浙江同年录》：孙宗器，字承之，号禹山。弘治丙辰九月十四日生，绍兴府萧山县人，住西兴镇，《书》。授直隶晋州学正，升河间府学教授，顺天宝坻县知县。

康熙《晋州志》卷五：孙宗器，萧山人，由举人嘉靖十三年升知县。

雍正《浙江通志》卷一百三十八：嘉靖七年戊了科　孙宗器，萧山人。

乾隆《宝坻县志》卷八：孙宗器，萧山人，举人（县令）。

乾隆《绍兴府志》卷三十二：嘉靖七年戊子科　孙宗器，知县，萧山人。

光绪《顺天府志》卷七十八：孙宗器，浙江萧山人，举人（宝坻知县）。

民国《晋县志》：孙宗器，萧山举人，嘉靖十三年任（学正）。

民国《萧山县志稿》卷十三：嘉靖七年戊子科　孙宗器，宝坻知县。

【黄九皋】

见进士条。

嘉靖十年（1531）辛卯科

试题：吾之于人（节）；诚者物之（节）；志壹则动（节）。

【戴惟师】

见进士条。

【来贺】

字奉国，萧山人，陕西三原籍。嘉靖十年（1531）辛卯科乡试陕西中式举人。授太原通判，副抚军，平凉赵浚谷参军，奏绩迁守代州，寻迁大同同知，未几又调守莒州。

嘉靖《青州府志》卷二：来贺，三原人，举人，（嘉靖）四十一年任（莒州知州）。

万历《太原府志》卷十六：来贺，陕西西安府三原县人，举人，嘉靖三十二年任（通判），升知州。

万历《太原府志》卷十六：来贺，陕西三原县人，举人，嘉靖三十六年任（代州知州）。

顺治《汾阳县志》卷三：来贺，三原举人，（嘉靖）三十五年通判升任（知州）。

康熙《陕西通志》卷十九：（嘉靖十年）辛卯科　来贺，三原人。

乾隆《西安府志》卷四十三：嘉靖十年辛卯科　来贺，三原人。

乾隆《汾州府志》卷八：来贺，陕西三原举人，嘉靖三十五年任（汾州知州）。

嘉庆《莒州志》卷六：来贺，三原人，举人，嘉靖四十三年任（知州）。

光绪《代州志》卷一：来贺，三原人，举人，（嘉靖）三十二年任（通判），升汾州知州，改代州知州。

民国《萧山县志稿》卷十三：嘉靖十年辛卯科　来贺，亚元，莒州知州，陕西三原籍，兄聘同榜（增补）。

【来聘】

见进士条。

嘉靖十三年（1534）甲午科

主考官：高简、何元述。

试题：贤哉回也（章）；溥博如天（节）；是集义所（之也）。

【来日升】（1509—1581）

字子旦，号三峰，萧山长河镇（今属滨江区）人。廪生，嘉靖十三年（1534）甲午科乡试中式第八名举人。授兴化府（今福建莆田）通判，进阶朝列大夫，迁云南师宗州（今属云南曲靖市）知州。著有《掩荣集》、《三峰

诗文集》六卷、《三峰余业》四卷。崇祀乡贤祠。（《萧山来氏家谱》有来斯行撰《知州三峰公传》）

《嘉靖十三年甲午科浙江乡试录》：第八名，来日升，萧山县学生，《书》。

《嘉靖三十一年福建乡试录》：弥封官，兴化府通判来日升子旦，浙江萧山县，甲午贡士。

雍正《浙江通志》卷一百三十八：嘉靖十三年甲午科　来日升，萧山人。

乾隆《海澄县志》卷六：来日升，浙江萧山人，兴化府通判，嘉靖三十二年正月任（安边馆通判）。

乾隆《广西府志》卷十六：来日升，浙江举人（师宗州知州）。

乾隆《绍兴府志》卷三十二：嘉靖十三年甲午科　来日升，知州，萧山人。

乾隆《福建通志》卷二十三：来日升，萧山人，嘉靖间任（通判）。

民国《萧山县志稿》卷十三：嘉靖十三年甲午科　来日升，云南师宗州（案：此处原为“宗师州”，改）知州。

民国《莆田县志》卷十：来日升，萧山人，（嘉靖）三十七年任（通判）。

民国《新纂云南通志》卷十二：来日升，浙江人，（万历）间任（师宗州知州）。

【翁五伦】

见进士条。

【冯觐】

见进士条。

嘉靖十六年（1537）丁酉科

主考官：杨万程、郑富。

试题：知及之仁（章）；人莫不饮（二句）；羿之教人（二节）。

【韩逅】(1510—1570)

字时会，号方塘，萧山义桥镇人。习《书经》，嘉靖十年（1531）入邑庠，十六年（1537）丁酉科乡试中式第十八名举人。嘉靖三十二年（1553）选湖广枣强知县。

《嘉靖十六年丁酉科浙江乡试录》：第十八名，韩逅，萧山县学附学生，《书》。

万历《湖广总志》卷二十：韩逅，浙江举人（枣强知县）。

万历《襄阳府志》卷十九：韩逅（枣强县县令）。

雍正《浙江通志》卷一百三十八：嘉靖十六年丁酉科　韩逅，萧山人，枣强知县。

乾隆《绍兴府志》卷三十二：嘉靖十六年丁酉科　韩逅，洲之子，知县，萧山人。

乾隆《枣强县志》卷二十：韩逅，浙江萧山人，举人，嘉靖三十二年任（知县）。

民国《萧山县志稿》卷十三：嘉靖十六年丁酉科　韩逅，洲之子，枣强知县。

【王国桢】

见进士条。

【黄世显】

字子忠，号竹塘，萧山蜀山街道寺下黄人。由增生中式嘉靖十六年（1537）丁酉科乡试第五十四名举人。任黟县知县，升颍州知州，授奉直大夫，隆庆初进一阶。

《嘉靖十六年丁酉科浙江乡试录》：第五十四名，黄世显，萧山县学增广生，《诗》。

康熙《徽州府志》卷四：黄世显，浙江萧山人，举人，嘉靖三十八年任（黟县知县）。

雍正《浙江通志》卷一百三十八：嘉靖十六年丁酉科　黄世显，萧山人。

乾隆《绍兴府志》卷三十二：嘉靖十六年丁酉科　黄世显，知州，萧山人。

乾隆《颍州府志》卷五：黄世显，（嘉靖）四十三年任（颍州知州），萧山贡士。

乾隆《阜阳县志》卷七：黄世显，浙江萧山人，贡生，嘉靖四十三年任（知州）。

嘉庆《黟县志》卷四：黄世显，浙江萧山人，举人，（嘉靖）三十八年任（知县），升颍州知州。

民国《萧山县志稿》卷十三：嘉靖十六年丁酉科　黄世显，颍州知州。

嘉靖十九年（1540）庚子科

主考官：王汝孝。

试题：女奚不曰（云尔）；《诗》云维天（节）；周公思兼（节）。

【张烛】

见进士条。

【来端本】（1509—1565）

字则仲，号海望，萧山长河镇（今属滨江区）人。庠生例监，嘉靖十九年（1540）庚子科乡试顺天中式第四十四名举人，授黄冈知县。嘉靖三十八年（1559）续修《松溪县志》。（《萧山来氏家谱》有来斯行撰《知县海望公传》）

《嘉靖十九年庚子科顺天府乡试录》：第四十四名，来端本，浙江萧山县人，监生，《易》。

康熙《建宁府志》卷二十三：来端本，浙江萧山人，举人，嘉靖间任（松溪县知县）。

雍正《浙江通志》卷一百三十八：嘉靖十九年庚子科　来端本，萧山人，黄冈知县。

乾隆《绍兴府志》卷二十二：嘉靖十九年庚子科　来端本，萧山人，顺天中式。

乾隆《福建通志》卷二十五：来端本，萧山人（松溪县知县）。

光绪《黄冈县志》卷六：来端本，萧山举人，（嘉靖）四十一年任（知县）。

光绪《黄州府志》卷十一：来端本，萧山举人，（嘉靖）壬戌任（黄冈县知县）。

民国《萧山县志稿》卷十三：嘉靖十九年庚子科　来端本，顺天中式，黄冈知县。

【杨应元】

见进士条。

【潘镀】

见进士条。

嘉靖二十二年（1543）癸卯科

主考官：陈烜、陈雍。

试题：若圣与仁（章）；诚者天之（句）；乃若其情（四节）。

【孙学古】

见进士条。

【王仲山】

字宗仁，号两湖，萧山城厢街道人。邑庠生，嘉靖二十二年（1543）癸卯科乡试中式第五十六名举人。

《明嘉靖二十二年癸卯科浙江乡试录》：第五十六名，王仲山，萧山县学生，《书》。

雍正《浙江通志》卷一百三十八：嘉靖二十二年癸卯科　王仲

山，萧山人。

乾隆《绍兴府志》卷三十二：嘉靖二十二年癸卯科　王仲山，萧山人。

民国《萧山县志稿》卷十三：嘉靖二十二年癸卯科　王仲山。

嘉靖二十五年（1546）丙午科

主考官：林观过、黄元成。

试题：巍巍乎其（节）；性之德也（二句）；一乡之善（章）。

【韩惟论】（1517—1564）

字仲文，一字仲言，号玉吾，萧山义桥镇韩家汇人。嘉靖十九年（1540）入邑庠，县、府、道三试皆第一名。嘉靖二十五年（1546）丙午科乡试以《书经》中式第五十八名举人。福建沙县教谕，嘉靖三十五年（1556）任山东汶上县知县。著有《五经汇纂》《仲言诗文集》。（《萧山湘南韩氏宗谱》有来日升撰《玉吾公墓志铭》、来继韶撰《玉吾公传》，万历《汶上县志》卷五、民国《沙县志》有其传）

《明嘉靖二十五年丙午科浙江乡试录》：第五十八名，韩惟论，萧山县学附学生，《书》。

万历《兖州府志》卷三十五：韩惟论，萧山人，举人，（嘉靖）三十八年任。

万历《汶上县志》卷三：韩惟论，浙江萧山县人，举人，嘉靖间任（知县），祀名宦，有传。

雍正《浙江通志》卷一百三十八：嘉靖二十五年丙午科　韩惟论，萧山人。

乾隆《兖州府志》卷十二：韩惟论，举人，萧山人，嘉靖年任（汶上县知县）。

乾隆《延平府志》卷二十四：韩惟论，萧山人，博学善属文（教谕）。

乾隆《绍兴府志》卷三十二：嘉靖二十五年丙午科　韩惟论，萧山人。

民国《萧山县志稿》卷十三：嘉靖二十五年丙午科　韩惟论，汶上知县。

民国《沙县志》卷六：韩惟论，萧山人，由举人（嘉靖）三十五年任（教谕），升汶上县知县，有传。

【李应元】（1513—1561）

字化卿，号元川，绍兴山阴天乐乡（今属萧山所前镇大小坞村）人。县学附生，嘉靖二十五年（1546）丙午科乡试中式第七名举人。（《山阴李氏宗谱》有胡宗宪撰行状）

《明嘉靖二十五年丙午科浙江乡试录》：第七名，李应元，山阴县学附生，《诗》。

嘉靖《山阴县志》卷五：（嘉靖）二十五年，李应元，亚魁。

雍正《浙江通志》卷一百三十八：嘉靖二十五年丙午科　李应元，山阴人。

乾隆《绍兴府志》卷三十二：嘉靖二十五年丙午科　李应元，山阴人。

【黄世科】

见进士条。

【张谊】

见进士条。

嘉靖三十一年（1552）壬子科

主考官：薛应旂。

试题：民可使由（章）；君子之道（德矣）；夫仁天之（二句）。

【来知德】（1525—1604）

字矣鲜，别号瞿塘，萧山长河镇（今属滨江区）人，重庆梁山籍。嘉靖三十一年（1552）壬子科乡试中式第五名举人，官翰林院待诏。著有《周易集注》《来瞿唐先生日录》《游吴稿》《太和稿》《入圣功夫》《大学古本格物图解》《易经集注》十六卷。（《明史·儒林传》、光绪《奉节县志》有其传）

嘉庆《四川通志》卷一百二十七：嘉靖三十一年壬子科　来知德，梁山人，翰林院待诏。

光绪《梁山县志》卷八：来知德，嘉靖壬子科　万历壬寅授翰林院待诏。

民国《萧山县志稿》卷十三：嘉靖三十一年壬子科　来知德，经魁，四川梁山籍，入《明史·儒林传》。

嘉靖三十四年（1555）乙卯科

试题：夫子之道（已矣）；溥博如天（二节）；《诗》云雨我（节）。

【李存中】

嘉靖三十四年（1555）乙卯科乡试中式第二十名举人。凤阳教谕。

雍正《浙江通志》卷一百三十八：嘉靖三十四年乙卯科　李存中，萧山人，凤阳教谕。

乾隆《绍兴府志》卷三十二：嘉靖三十四年乙卯科　李存中，教谕，萧山人。

光绪《凤阳府志》卷六：李存中，浙江举人（教谕）。

民国《萧山县志稿》卷十三：嘉靖三十四年乙卯科　李存中，凤阳教谕。

【何世学】

见进士条。

【祝继志】

见进士条。

嘉靖三十七年（1558）戊午科

试题：仁远乎哉（章）；小德川流（二句）；孔子之谓（二节）。

【黄世厚】

字子载，号文麓，萧山蜀山街道史家桥人。由太学生中嘉靖三十七年

（1558）戊午科乡试应天中式第一百三十三名举人，万历二年（1574）授湖广江夏县知县，例赠中宪大夫。（《萧山埭上黄氏家谱》有《江夏令文麓先生传》）

《嘉靖三十七年戊午科应天府乡试录》：第一百三十三名，黄世厚，浙江萧山县人，监生，《书》。

康熙《湖广武昌府志》卷四：黄世厚，萧山人，举人（知县）。

雍正《浙江通志》卷一百三十八：嘉靖三十七年戊午科　黄世厚，萧山人，江夏知县。

乾隆《绍兴府志》卷三十二：嘉靖三十七年戊午科　黄世厚，萧山人，应天中式，知县。

同治《江夏县志》卷三：黄世厚，萧山举人（知县）。

民国《萧山县志稿》卷十三：嘉靖三十七年戊午科　黄世厚，九皋子，应天中式，江夏知县。

【来经济】

见进士条。

嘉靖四十年（1561）辛酉科

主考官：李呈英、管惟乾。

试题：君子欲讷（章）；是以声名（节）；乃若其情（节）。

【赵应元】

见进士条。

嘉靖四十三年（1564）甲子科

试题：其事上也敬；德为圣人（其寿）；《诗》云自西（谓也）。

【来必上】（1527—1586）

字子升，号思亭，萧山长河镇（今属滨江区）人，河南籍。廪生，嘉靖四十三年（1564）甲子科乡试河南中式第四名举人，任严州府桐庐县儒学教谕。（《萧山来氏家谱》有来斯行撰《孝廉公贵公教谕思亭公传》）

《嘉靖四十三年甲子科河南乡试录》：第二名，来必上，河南府学生，《书》。

万历《续修严州府志》卷九：来必上，萧山人，（万历）十一年任（教谕）。

雍正《浙江通志》卷一百三十八：来必上，萧山人，经魁，河南中式。

乾隆《洛阳府志》卷七：来必上，（嘉靖）甲子，原籍浙江人。

乾隆《河南府志》卷三十二：嘉靖甲子科　来必上，洛阳人。

乾隆《桐庐县志》卷八：来必上，萧山人，举人，（万历）十一年任（教谕）。

光绪《严州府志》卷十：来必上，萧山人，万历间任（县教谕）。

民国《萧山县志稿》卷十三：嘉靖四十三年甲子科　来必上，经魁，观之子，桐庐教谕，河南中式。《浙江通志》作云南中式。

【王景星】

见进士条。

【蔡万里】

见进士条。

隆庆元年（1567）丁卯科

试题：忠焉能勿（句）；今夫天斯（覆焉）；民事不可（恒心）。

【黄世雍】(1540—1567)

字子和，号文桥，萧山蜀山街道寺下黄人。廪生，隆庆元年（1567）丁卯科乡试中式第四十名举人。

雍正《浙江通志》卷一百三十九：隆庆元年丁卯科　黄世雍，萧山人。

乾隆《绍兴府志》卷三十二：隆庆元年丁卯科　黄世雍，萧山人。

民国《萧山县志稿》卷十三：隆庆元年丁卯科　黄世雍。

【黄应奎】

字文瑞，号翼庵，山阴天乐乡（今属萧山进化镇新垫黄）人，钱塘籍。由杭州附生中式隆庆元年（1567）丁卯科乡试第四十一名举人。授都察院司务，升工部员外郎，转福建汀州府知府，历按察司副使，授中宪大夫。

嘉靖《南雍志》：黄应奎，文瑞，浙江钱塘县人，举人，（万历）十四年任（学正），升礼部司务。

万历《杭州府志》卷五十七：隆庆元年，黄应奎，钱塘。

万历《保定府志》卷八：黄应奎，钱塘人，举人（安州学正）。

康熙《钱塘县志》卷十：隆庆元年丁卯科黄宏宪榜　黄应奎，副使。

雍正《浙江通志》卷一百三十九：隆庆元年丁卯科　黄应奎，钱塘人。

乾隆《广德直隶州志》卷二十四：黄应奎，浙江钱塘人，举人，万历十一年任（学正），升南京国子监学正。

乾隆《永定县志》卷八：黄应奎，钱塘人，《通志》有传。

乾隆《福建通志》卷三十二：黄应奎，钱塘人，举人，万历间守汀州。

【张试】

见进士条。

隆庆四年（1570）庚午科

试题：禹吾无间（章）；中庸不可（句）；思天下之（如此）。

【来三聘】

见进士条。

万历元年（1573）癸酉科

主考官：吴大器、万济川。

试题：林放问礼（哉问）；凡为天下（畏之）；知譬则巧（二句）。

【任宗汤】（1538—1613）

字子中，号始吾，别号拙存居士，萧山城厢街道人。邑庠生，万历元年（1573）癸酉科乡试中式第五十五名举人，丁酉科副榜进士。授滁州学正，万历七年（1579）聘校陕西乡试，升山东黄县县令。著有《尚书讲意》《拙存诗稿》。（《萧山任氏宗谱》载王三才铭其墓，来宗道撰墓表，来斯行题像赞，民国《萧山县志稿》卷十五有其传）

《万历元年浙江乡试录》：第五十五名，任宗汤，萧山县学附学生，《书》。

《万历七年陕西乡试录》：主考官、直隶滁州儒学学正任宗汤子中，浙江萧山县人。癸酉贡士。

雍正《浙江通志》卷一百三十九：万历元年癸酉科　任宗汤，萧山人。

乾隆《绍兴府志》卷三十二：万历元年癸酉科　任宗汤，萧山人。

同治《黄县志》卷六：任宗汤，（万历）九年任（知县），萧山人，举人。

光绪《增修登州府志》卷二十七：任宗汤，浙江萧山举人，（万历）九年任（黄县知县）。

光绪《滁阳志》卷四：任宗汤，萧山人，由举人任（学正），万历年任。

民国《萧山县志稿》卷十三：万历元年癸酉科　任宗汤，黄县知县。

【来士贤】(1534—1612)

字秀伯，又字君选，号同与，郡庠生，万历元年（1573）癸酉科乡试中式第二十八名举人。广东南雄府通判。（《萧山来氏家谱》有来斯行撰《通判同与君传》）

《万历元年浙江乡试录》：第二十八名，来士贤，绍兴府学附学生，《易》。

雍正《浙江通志》卷一百三十九：万历元年癸酉科　来士贤，萧山人。

乾隆《绍兴府志》卷三十二：万历元年癸酉科　来士贤，萧山人。

道光《广东通志》卷二十九：来士贤，浙江人，（万历）十八年任（南雄府通判）。

民国《萧山县志稿》卷十三：万历元年癸酉科　来士贤，广东南雄府知府。

【冯有翼】

海宁县（今属萧山南阳街道赭山社区）人，钱塘籍。冯觐子。万历元年（1573）癸酉科乡试顺天中式第二十八名举人。上犹知县。

《万历元年顺天府乡试录》：第二十八名，冯有翼，浙江海宁县人，监生，《书》。

万历《杭州府志》卷五十七：万历元年（癸酉科）　冯有翼，海宁，顺天。

康熙《钱塘县志》卷十：万历元年癸酉科　莫睿榜，冯有翼，觐之子，一作海宁，顺天中式，怀宁知县。

康熙《安庆府志》卷十：冯有翼，浙江钱塘人，举人（怀宁县知县）。

雍正《浙江通志》卷一百三十九：万历元年癸酉科　冯有翼，钱塘人。

乾隆《福建通志》卷二十一：冯有翼，海宁人（知事）。

乾隆《海宁州志》卷八：万历元年癸酉科　冯有翼，觐子，钱塘籍，顺天中式，官上犹知县。

万历四年（1576）丙子科

主考官：吴伯诚、林守万。

试题：此谓修身（句）；吾十有五（节）；尊贤使能（三节）。

【杨道南】

萧山人，仁和籍。万历四年（1576）丙子科乡试中式第三名举人。

《万历四年浙江乡试录》：第三名，杨道南，杭州府学附学生，《诗》。

万历《泉州府志》卷九：杨道南，仁和人，由举人（万历）十七年任（永春县学教谕）。

万历《杭州府志》卷五十七：万历四年（丙子科）　杨道南，府学，仁和人，经魁。

康熙《永春县志》卷七：杨道南，仁和人，（万历）十七年由举人任（教谕）。

雍正《浙江通志》卷一百三十九：万历四年丙子科　杨道南，仁和人。

乾隆《绍兴府志》卷三十二：万历四年丙子科　杨道南。《省志》：杭州人；《府志》：萧山人。

民国《萧山县志稿》卷十三：万历四年丙子科　杨道南，经魁，杭州籍。

【戴尚志】

字求之，号养吾，萧山临浦镇人。万历四年（1576）丙子科乡试中式第八十九名举人。万历中以刑部郎出知瑞州府，官至云南按察副使。（雍正《浙江通志》卷一百六十九有其传）

《万历四年浙江乡试录》：第八十九名，戴尚志，萧山县学附生，《书》。

天启《滇志》卷十二：戴尚志求之，浙江萧山县人，贡士（按察副使）。

康熙《蓟州志》卷四：戴尚志，浙江萧山人，举人（学正）。

雍正《浙江通志》卷一百三十九：万历四年丙子科　戴尚志，萧山人，云南按察副使。

乾隆《绍兴府志》卷三十二：万历四年丙子科　戴尚志，萧山人。

光绪《顺天府志》卷七十九：戴尚志，浙江萧山人，举人（蓟州学正）。

民国《萧山县志稿》卷十三：万历四年丙子科　戴尚志，云南按察司副使。

万历七年（1579）己卯科

主考官：王天策、陈节。

试题：士不可以（道远）；质诸鬼神（二节）；贤者在位（二节）。

【来士宾】（1531—1597）

字上伯，号肖岩，又号见寰。廪生、恩贡生，万历七年（1579）己卯科乡试应天中式第五十七名举人，任广东潮州府平远县知县。（《萧山来氏家谱》有来斯行撰《知县见寰君传》）

《万历七年应天府乡试录》：第五十七名，来士宾，浙江萧山县人，监生，《易》。

乾隆《嘉应州志》卷十一：来士宾，萧山举人，从《府志》补入（平远县知县）。

乾隆《绍兴府志》卷三十二：万历七年己卯科　来士宾，知县

道光《广东通志》卷三十三：来士宾，浙江萧山人，举人，万历间（镇平县知县）。

民国《萧山县志稿》卷十三：万历七年己卯科　来士宾，顺天中式，平远知县。《浙江通志》作“士贤”，误。

【汤有光】

萧山城厢街道人。万历七年（1579）己卯科乡试应天中式第一百名举人。江西瑞州府知府。

《万历七年应天府乡试录》：第一百名，汤有光，应天府学增广生，《诗》。

雍正《浙江通志》卷一百三十九：万历七年己卯科　汤有光，绍兴人。

乾隆《绍兴府志》卷三十二：万历七年己卯科　汤有光，知府，萧山

人，应天中式。

民国《萧山县志稿》卷十三：万历七年己卯科　汤有光，应天中式，江西瑞州府知府。《浙江通志》作绍兴人。

万历十年（1582）壬午科

主考官：周溥、程端容。

试题：如保赤子（节）；不得中行（章）；仲尼亟称（章）。

【单有学】（1553—1632）

字勉夫，号全初。邑增生，万历十年（1582）壬午科乡试第七十七名举人，十一年（1583）癸未明通榜进士。初任陕西灵台县知县，改南京无锡县教谕，旋补江西永宁县知县，升云南新化州知州。诰封奉政大夫。（《单氏家谱》有单隆周撰《全初公传》）

《万历十年壬午科浙江乡试录》：第七十七名，单有学，萧山县学附学生，《书》。

万历《常州府志》卷九：（万历）三十二年，单有学，萧山人，举人，无锡教谕，升永宁知县。

雍正《浙江通志》卷一百三十九：万历十年壬午科　单有学，萧山人。

乾隆《绍兴府志》卷三十二：万历十年壬午科　单有学，知州，萧山人。

同治《永宁县志》卷六：单有学，萧山举人，万历三十四年任（知县），修县志，有序。

光绪《无锡金匮县志》卷十五：单有学，萧山人，举人，（万历）三十二年任（知县），升永宁知县。

光绪《吉安府志》卷十二：单有学，萧山人，举人，万历三十四年任（永宁县知县）。

民国《宁冈县志》卷一：单有学，萧山举人，（万历）三十四年任（知县）。

民国《萧山县志稿》卷十三：万历十年壬午科　单有学，新化州知州。

【王明宰】(1566—1600)

字国佐，号鼎石，萧山城厢街道人。万历十年（1582）壬午科乡试中式第三十五名举人。

《万历十年壬午科浙江乡试录》：第三十五名，王明宰，萧山县学附学生，《书》。

雍正《浙江通志》卷一百三十九：万历十年壬午科　王明宰，萧山人。

乾隆《绍兴府志》卷三十二：万历十年壬午科　王明宰，萧山人。

民国《萧山县志稿》卷十三：万历十年壬午科　王明宰，仲山孙。

案：乾隆《绍兴府志》载，陈治则，萧山人，三省子。民国《萧山县志稿》有载陈治则为此科举人，但进士条无载。查雍正《浙江通志》、乾隆《绍兴府志》陈治本为三省子，余姚人，进士。故删。

【张应桂】(1550—1617)

字茂夫，一字志瀛，号汝盛，萧山城厢街道人，廪膳生，万历十年（1582）壬午科乡试中式第五十四名举人，署龙游、含山二学教谕，授江西赣州府安远县，升云南顺宁府通判。（民国《龙游县志》卷十三载其传）

《万历十年壬午科浙江乡试录》：第五十四名，张应桂，萧山县学生，《书》。

天启《衢州府志》卷三：张应桂，萧山人（龙游教谕）。

雍正《浙江通志》卷一百三十九：万历十年壬午科　张应桂，萧山人，青州通判。

乾隆《含山县志》卷八：张应桂，萧山人，升知县。

乾隆《绍兴府志》卷三十二：万历十年壬午科　张应桂，通判，萧山人。

同治《赣州府志》卷三十五：张应桂，萧山人，举人，万历三十一年癸卯任（兴国县知县）。

民国《萧山县志稿》卷十三：万历十年壬午科　张应桂，顺宁府通判。《浙江通志》作青州通判。

民国《龙游县志》卷十一：张应桂，万历三十一年任（教谕）。

民国《曹集考异》卷十一：张应桂，萧山人，万历壬午举人，顺宁通判。

万历十三年（1585）乙酉科

主考官：孙即皋、常居敬。

试题：君子无所（章）；夫妇之愚（所憾）；为高必因（节）。

【来遇龙】（1556—1620）

号存石，萧山长河镇（今属滨江区）人。万历十三年（1585）乙酉科中式第五十六名举人。临安教谕，升福建沙县知县。（《萧山来氏家谱》有来集之撰《沙县知县存石公传》）

雍正《浙江通志》卷一百三十九：万历十三年乙酉科　来遇龙，萧山人，沙县知县。

乾隆《杭州府志》卷六十五：来遇龙，萧山人，举人（临安教谕）。

乾隆《绍兴府志》卷三十二：万历十三年乙酉科　来遇龙，知县，萧山人。

乾隆《福建通志》卷二十四：来遇龙，萧山人（沙县知县）。

乾隆《延平府志》卷二十四：来遇隆，萧山人，举人。申革，增兵，民以为便。

宣统《临安县志》卷五：来遇龙，萧山人（教谕）。

民国《萧山县志稿》卷十三：万历十三年乙酉科　来遇龙，沙县知县。

民国《沙县志》卷六：来遇隆，萧山人，由举人（万历）三十五年任（知县）。

【来行志】

字孟仲（一说孟伸），号尚吾，萧山长河镇（今属滨江区）人，仁和籍。万历十三年（1585）乙酉科乡试中式举人。靖安知县。（《来氏宗谱》有来集之撰《靖安知县尚吾公传》）

康熙《南昌郡乘》卷十六：来行志，仁和人，举人（靖安县知县）。

康熙《仁和县志》卷十：万历十三年乙酉科　来行志。

雍正《浙江通志》卷一百二十九：万历十三年乙酉科　来行志，仁和人。

乾隆《杭州府志》卷六十九：万历十三年乙酉科　来行志，仁和人。

乾隆《绍兴府志》卷三十二：万历十三年乙酉科　来行志，萧山人。《通志》：仁和人，知县。

同治《靖安县志》卷六：来行志，仁和人，举人，万历三十年任（知县）。

民国《萧山县志稿》卷十三：万历十三年乙酉科　来行志，靖安知县，仁和籍。

【来俨然】

见进士条。

万历十九年（1591）辛卯科

【王循学】

见进士条。

万历二十二年（1594）甲午科

主考官：吴中明、吴道南。

试题：语之而不（章）；诚则形形（三句）；夫人幼而（二句）。

【倪朝宾】

见进士条。

【陈伯龙】

见进士条。

万历二十五年（1597）丁酉科

主考官：杨道宾、戴士衡。

试题：丘也闻有（二节）；素隐行怪（节）；为天下得（句）。

【沈绾】

字仲甫，号玉梁。万历二十五年（1597）丁酉科乡试应天中式举人。六合知县。

康熙《山阴县志》卷二十：万历二十五年丁酉科　沈绾，应天中式，知县。

康熙《会稽县志》卷二十：万历二十五年丁酉科　沈绾。

雍正《浙江通志》卷一百四十：万历二十五年丁酉科　沈绾，会稽人。

乾隆《六合县志》卷四：沈绾，浙江会稽人，万历四十七年由举人知六合县。

乾隆《绍兴府志》卷三十二：万历二十五年丁酉科　沈绾，山阴人，应天中式，知县。

【赵尔昌】

字庆叔，萧山城厢街道杜湖村人，仁和籍。万历二十五年（1597）丁酉科乡试中式举人。官宣城县知县。著有《元壶杂俎》。

康熙《仁和县志》卷十：万历二十五年丁酉科　赵尔昌。

雍正《浙江通志》卷一百四十：万历二十五年丁酉科　赵尔昌，仁和人。

民国《宁国县志》卷四：赵尔昌，仁和人，举人，万历三十三年任（知县）。

民国《杭州府志》卷一百九：万历二十五年丁酉科　赵尔昌，仁和人。

【王三才】

见进士条。

万历二十八年（1600）庚子科

主考官：刘生中、桂有根。

试题：十目所视（节）；古之狂也（节）；饥者易为（悬也）。

【朱朝望】

万历二十八年（1600）庚子科乡试中式举人。湖南郴州府兴宁知县。

康熙《郴州总志》卷五：朱朝望，萧山举人，万历间任（知县）。

雍正《浙江通志》卷一百四十：万历二十八年庚子科　朱朝望，萧山人，知县。

乾隆《绍兴府志》卷三十二：万历二十八年庚子科　朱朝望，萧山人。

乾隆《湖南通志》卷六十九：朱朝望，萧山举人，（万历）四十六年任（知县）。

乾隆《祁州志》卷四：朱朝望，萧山举人，万历间任（学正），升知县。

光绪《兴宁县志》卷十一：朱朝望，萧山举人，万历四十六年任（知县）。

民国《萧山县志稿》卷十三：万历二十八年庚子科　朱朝望，兴宁知县。

【蒋汝砺】

字双南，萧山新塘街道人，万历二十八年（1600）庚子科乡试中式第五十六名举人。历任安徽旌德、太平知县。

万历《温州府志》卷八：蒋汝砺，萧山人，举人，万历三十二年任（教谕）。

雍正《浙江通志》卷一百四十：万历二十八年庚子科　蒋汝砺，绍兴人。

乾隆《绍兴府志》卷三十二：万历二十八年庚子科　蒋汝砺，会稽人。《县志》作萧山，知县。

嘉庆《宁国府志》卷二：蒋汝砺，举人（知县）。

嘉庆《太平县志》卷五：蒋汝砺，举人（知县）。

光绪《乐清县志》：蒋汝砺，萧山人，举人（教谕）。

民国《萧山县志稿》卷十三：蒋汝砺，育秀子，太平知县。

万历三十一年（1603）癸卯科

主考官：高克正、梁有年。

试题：樊迟问仁（章）；尊贤为大；至诚而不（节）。

【来宗道】

见进士条。

【王嘉礽】

改名开阳，字金堂，号冷然，山阴天乐乡（今属萧山进化镇沈家埭村）人。万历三十一年（1603）癸卯科应天乡试中式第五十八名举人。（《苎萝王氏宗谱》有《明孝廉冷然公传》）

康熙《山阴县志》卷二十：万历三十一年癸卯科　王开阳。

雍正《浙江通志》卷一百四十：万历三十一年癸卯科　王嘉礽，山阴人，应天中式。

乾隆《绍兴府志》卷三十二：万历三十一年癸卯科　王加礽，改名开阳。

案：同科另有王加礽，应天中式，应为同一人。

【裘允中】

号越中，山阴天乐乡（今属萧山进化镇）人。万历三十一年癸卯科乡试中式第七十八名举人。

康熙《山阴县志》卷二十：万历三十一年癸卯科　裘允中。

雍正《浙江通志》卷一百四十：万历三十一年癸卯科　裘允中，山阴人。

乾隆《绍兴府志》卷三十二：万历三十一年癸卯科　裘允中，山阴人。

万历三十四年（1606）丙午科

主考官：蒋孟育、萧近高。

试题：此之谓絜（句）；子路问成（章）；仁之胜不（二句）。

【来斯行】

见进士条。

【王命禹】

见进士条。

【黄师贤】

见进士条“黄可师”。

【来复】

见进士条。

万历四十年（1612）壬子科

主考官：郑以伟、李瑾。

试题：恶不仁者（其身）；序事所以（句）；学不厌知（仁也）。

【来道沾】（1570—1623）

字用霖，号白湖，萧山长河镇（今属滨江区）人。万历四十年（1612）壬子科乡试中式第十一名举人。江西太和县教谕，署龙泉县事。（《萧山来氏家谱》有来集之撰《江西泰和县教谕白湖公传》）

雍正《浙江通志》卷一百四十：万历四十年壬子科　来道沾，萧山人，太和教谕。

乾隆《绍兴府志》卷三十二：万历四十年壬子科　来道沾，士学子，萧山人，教谕。

民国《萧山县志稿》卷十三：万历四十年壬子科　来道沾，士学子，太和教谕。

万历四十三年（1615）乙卯科

主考官：吴宗达、刘文炳。

试题：为人君止（二句）；知者乐水（章）；古之人与（句）。

【黄三尚】（1556—1646）

字审卿，号念吾，萧山蜀山街道埭上黄人。万历四十年（1612）壬子贡元，四十三年（1615）乙卯科乡试顺天中式举人。初任直隶池州府建德县教谕，即升山西太原府平定州知州。居官谨静宽厚。（《萧山埭上黄氏家谱》有来宗道撰《贺知州黄念吾先生八十寿序》，宣统《建德县志》卷十五有其传）

康熙《建德县志》卷三：黄三尚，萧山人举人，升平度知州。

雍正《浙江通志》卷一百四：万历四十三年乙卯科　黄三尚，萧山人。

乾隆《绍兴府志》卷三十二：万历四十三年乙卯科　黄三尚，萧山人，顺天中式，知州。

乾隆《池州府志》卷三十一：黄三尚，萧山人，举人，神宗万历（建德县学教谕）升平度知州。

民国《萧山县志稿》卷十三：万历四十三年乙卯科　黄三尚，顺天中式，山西平定州知州。乾隆《志》误己卯。

光绪《平定州志》卷六：黄三尚，萧山人，天启三年任（知州），有惠政，重建文昌阁。

【祝嵩龄】

山阴人（今属萧山进化镇）。万历四十三年（1615）乙卯科乡试顺天中式举人。历官萧县、江华知县。

康熙《永州府志》卷六：祝嵩龄，浙江人，举人，（崇祯）十三年任（江华县知县）。

康熙《常州府志》卷十三：祝嵩龄，山阴人，举人，由知县降授（检校）。

雍正《浙江通志》卷一百四十：万历四十三年乙卯科　祝嵩龄，山阴人。

乾隆《绍兴府志》卷三十二：万历四十三年乙卯科　祝嵩龄，山阴人，顺天中式。

乾隆《湖南通志》卷六十五：祝嵩龄，浙江举人，（崇祯）十三年任（江华县知县）。

乾隆《徐州府志》卷十一：祝嵩龄，山阴人，举人，（崇祯）七年任（萧县知县）。

嘉庆《萧县志》卷八：（崇祯）七年，祝嵩龄，浙江山阴人，举人，任（知县）。

嘉庆《山阴县志》卷十：祝嵩龄，顺天中式。

道光《永州府志》卷十一：祝嵩龄，浙江举人，（崇祯）十三年任（江华县知县）。

同治《江华县志》卷四：祝嵩龄，浙江举人，（崇祯）十三年任（知县）。

万历四十六年（1618）戊午科

主考官：林欲楫、张廷登。

试题：一人定国；敏而好学（二句）；壮而欲行之。

【蔡一咢】

字王阶，萧山城厢街道人。万历四十六年（1618）戊午科乡试应天中式举人，授象山县教谕。

康熙《象山县志》卷二：蔡一咢，萧山人，由举人崇祯五年任（教谕）。

雍正《宁波府志》卷九：蔡一咢，萧山举人（教谕）。

雍正《浙江通志》卷一百四十：万历四十六年戊午科　蔡一咢，萧山人，象山教谕。

乾隆《绍兴府志》卷三十二：万历四十六年戊午科　蔡一咢，萧山人，应天中式。

民国《萧山县志稿》卷十三：万历四十六年戊午科　蔡一咢，应天中式，象山教谕。

【周三台】（1571—1638）

字符鼎，号六符，萧山所前镇来苏周村人。万历四十六年（1618）戊午科顺天乡试中式举人。累任广西永康知州，奉直大夫。（《萧山周氏宗谱》有查经佐撰《六符公传》）

雍正《浙江通志》卷一百四十：万历四十六年戊午科　周三台，萧山人，永宁知州。

雍正《广西通志》卷五十六：周三台，浙江人，举人，崇祯间任（永康州）知州。

雍正《太平府志》卷二十九：周三台，浙江举人，崇祯间任（知州）。

乾隆《杭州府志》卷六十六：周三台，萧山人，（天启）五年任（新城教谕）。

乾隆《绍兴府志》卷三十二：万历四十六年戊午科　周三台，萧山人，顺天中式，知州。

同治《饶州府志》卷九：周三台，萧山人，举人，崇祯辛未年任（教授）。

民国《萧山县志稿》卷十三：万历四十六年戊午科　周三台，应天中式，永宁知州。

民国《新登县志》卷十七：周三台，萧山人，（天启）五年任（教谕）。

民国《同正县志》卷九：周三台，浙江人，举人，崇祯（知州）。

【孙文奎】（1583—1661）

字五聚，山阴天乐乡涂川（今属萧山进化镇）人。万历四十六年（1618）戊午科乡试中式第八十五名举人。任广东新安县知县，补乐会县知县，升海南道道台。（《山阴天乐孙氏宗谱》有潘应斗撰《赠乐会邑侯五聚孙老先生德政序》、毛观龄撰《孙五聚公传》）

康熙《山阴县志》卷二十：万历四十六年戊午科　孙文奎。

雍正《浙江通志》卷一百四十：万历四十六年戊午科　孙文奎，山阴人。

乾隆《绍兴府志》卷三十二：万历四十六年戊午科　孙文奎，山阴人。

嘉庆《新安县志》卷五：孙文奎，浙江绍兴人，举人，崇祯十七年任（知县）。

光绪《广州府志》卷二十：孙文奎，浙江山阴人，举人，（崇祯）十七年任（新安县知县）。

民国《祁忠敏公日记·辛巳岁》：天乐之孝廉孙五聚已至，亟直晤之。

天启元年（1621）辛酉科

主考官：钱谦益、暴谦贞。

试题：乡人皆好（章）；中庸其至（句）；君子之事（节）。

【来方炜】

见进士条。

【韩日将】

见进士条。

【来焕然】

字有甫，号集公，萧山长河镇（今属滨江区）人。天启元年（1621）辛酉科乡试中式第七十九名举人。崇祯十四年（1641）任六合知县。（乾隆《六合县志》卷三载其传，《萧山来氏家谱》有来集之撰《六合赞县升兵部武库司主事集公公传》）

雍正《浙江通志》卷一百四十：天启元年辛酉科　来焕然，萧山人，六合知县。

乾隆《绍兴府志》卷三十二：天启元年辛酉科　来焕然，萧山人。

乾隆《六合县志》卷五：来焕然，有传（知县）。

嘉庆《重刊江宁府志》卷二十四：来焕然，见《名宦》（六合县知县）。

民国《萧山县志稿》卷十三：天启元年辛酉科　来焕然，六合知县。

【黄希尧】

字幻肩，号雷塘，萧山蜀山街道史家桥人。例贡生，天启元年（1621）辛酉科乡试应天中式举人。

雍正《浙江通志》卷一百四十：天启元年辛酉科　黄希尧，萧山人。

乾隆《绍兴府志》卷三十二：天启元年辛酉科　黄希尧，萧山人，应天中式。旧志作“希元”。

民国《萧山县志稿》卷十三：天启元年辛酉科　黄希尧，世厚子，应天中式。旧作“希元”。

【孙允奇】

萧山人，仁和籍。天启元年（1621）辛酉科乡试中式举人。

康熙《仁和县志》卷十：天启元年辛酉科　孙允奇。

康熙《杭州府志》卷二十四：天启元年（辛酉科）　孙允奇，仁和。

雍正《浙江通志》卷一百四十：天启元年辛酉科　孙允奇，仁和人。

乾隆《绍兴府志》卷三十二：天启元年辛酉科　孙允奇，萧山人，仁和籍。

道光《济南府志》卷二十七：孙允奇，浙江仁和人，举人，崇祯（新城知县）。

民国《萧山县志稿》卷十三：天启元年辛酉科　孙允奇，仁和籍。

【朱国泰】

萧山钱清镇（今属绍兴）人，天启元年（1621）辛酉科乡试顺天中式举人。

康熙《大兴县志》卷五：朱国泰（举人）。

康熙《宛平县志》：朱国泰（举人）。

雍正《浙江通志》卷一百四十：天启元年辛酉科　朱国泰。

乾隆《绍兴府志》卷三十二：天启元年辛酉科　朱国泰，萧山人，顺天中式。

民国《萧山县志稿》卷十三：天启元年辛酉科　朱国泰。《浙江通志》：顺天籍。

民国《柏乡县志》卷七：朱国泰，浙江人（典史）。

【朱之宬】

天启元年（1621）辛酉科乡试中式举人。

乾隆《绍兴府志》卷三十二：天启元年辛酉科　朱之宬，萧山人，顺天中式。《省志》不载，据旧志附。

民国《萧山县志稿》卷十三：天启元年辛酉科　朱之宬，《绍兴府志》：顺天籍，《浙江通志》缺。

【王忠陛】

见进士条。

天启四年（1624）甲子科

主考官：陈子壮、周之纲。

试题：吾未见刚（章）；不言而信；君之视臣（二句）。

【沈应节】

萧山瓜沥镇人，仁和籍。天启四年（1624）甲子科乡试中式举人，广西武缘知县。

康熙《仁和县志》卷十：天启四年甲子科　沈应节，武缘知县，廉静澹泊，园亭多植松竹，日读书其中。为令一载归，不问户外事。

雍正《浙江通志》卷一百四十：天启四年甲子科　沈应节，仁和人。

雍正《广西通志》卷五十六：沈应节，浙江人，举人，崇祯间任（武缘县知县）。

乾隆《杭州府志》卷六十九：天启四年甲子科　沈应节，仁和人，武缘知县。

乾隆《绍兴府志》卷三十二：天启四年甲子科　沈应节，萧山人。《通志》：仁和人。

民国《萧山县志稿》卷十三：天启四年甲子科　沈应节，仁和籍。

【王鼎铉】

见进士条。

【来秉衡】

萧山长河镇（今属滨江区）人，寄籍河南洛阳。天启四年（1624）甲子科乡试陕西中式举人。崇祯十四年（1641）殉难。（《明史》卷三百七十九《忠义传》、乾隆《河南府志》卷四十二、乾隆《洛阳县志》卷八、民国《萧山县志稿》卷十五载其传）

《胜朝殉节诸臣录》卷十一：举人来秉衡，洛阳人。崇祯十四年，城陷被执，贼欲官之，不从，艺铁索加颈，终不屈。

乾隆《河南府志》卷三十二：天启甲子科　来秉衡，洛阳人。

乾隆《洛阳县志》卷七：天启，来秉衡，甲子，未仕。

民国《萧山县志稿》卷十三：天启四年甲子科　来秉衡，河南籍，陕西中式，洛阳乡官。

天启七年（1627）丁卯科

主考官：陈盟、张惟一。

试题：巍巍乎唯（则之）；溥博渊泉（节）；文王以民（为沼）。

【徐明征】

字晋台。天启七年（1627）丁卯科乡试中式举人。慈溪教谕。（民国《萧山县志稿》有其传）

雍正《浙江通志》卷一百四十一：天启七年丁卯科　徐明征，萧山人，慈溪教谕。

乾隆《绍兴府志》卷三十二：天启七年丁卯科　徐明征，萧山人，教谕。

光绪《慈溪县志》卷十八：徐明征，字台晋（《萧山县志稿》云“晋台”），萧山人，天启丁丑（案：此处误）举人，授慈溪教谕，未任而卒。

民国《萧山县志稿》卷十三：天启七年丁卯科　徐明征，慈溪教谕。

崇祯三年（1630）庚午科

主考官：黄道周、熊德阳。

试题：子张问仁（章）；博厚则高明；言近而指（言也）。

【曹振龙】（1607—1649）

字木上，一字乘六，萧山蜀山街道人。邑增生，崇祯三年（1630）庚午科乡试中式第一名举人。（乾隆《萧山县志》载其传）

雍正《浙江通志》卷一百四十一：崇祯三年庚午科　曹振龙，萧山人。

乾隆《绍兴府志》卷三十二：崇祯三年庚午科　曹振龙，解元，萧山人。

民国《萧山县志稿》卷十三：崇祯三年庚午科　曹振龙，解元。

【蔡一鹓】

字允翔，号岐阳，萧山城厢街道人。崇祯三年（1630）庚午科乡试中式举人。

雍正《浙江通志》卷一百四十一：崇祯三年庚午科　蔡一鹓，萧山人。

乾隆《绍兴府志》卷三十二：崇祯三年庚午科　蔡一鹓，萧山人。

民国《萧山县志稿》卷十三：崇祯三年庚午科　蔡一鹓。

【来仪】

见进士条。

崇祯六年（1633）癸酉科

主考官：张维机、林正亨。

试题：君子义以（章）；质诸鬼神（节）；经正副庶（句）。

【沈煃晃】

见进士条。

【王三俊】

见进士条。

崇祯九年（1636）丙子科

主考官：胡世安、王猷。

试题：如切如磋（修也）；足食足兵（之矣）；民事不可（节）。

【沈云祚】

见进士条。

【田嘉年】

见进士条。

崇祯十二年（1639）己卯科

试题：默而识之（三句）；立天下之（句）；如此则无（句）。

【夏有奇】

见进士条。

【来集之】

见进士条。

崇祯十五年（1642）壬午科

主考官：吴国华、范淑泰。

试题：君子务本（二句）；用其中于民；权然后知（二句）。

【王鸿烈】（1605—1684）

字子鸿，号讱庵，萧山城厢街道人。邑庠生，崇祯十五年（1642）壬午科乡试中式第三十八名举人，十六年（1643）癸未副进士。授户部云南司主事。著有《讱庵诗话》。（《车里王氏宗谱》有徐芳烈撰《讱庵公传》）

《明崇祯十五年壬午科京省题名录》：三十八名，王鸿烈，萧山县增广（生），《书》。

雍正《浙江通志》卷一百四十一：崇祯十五年壬午科　王鸿烈，萧山人。

乾隆《绍兴府志》卷三十二：崇祯十五年壬午科　王鸿烈，萧山人。

民国《萧山县志稿》卷十三：崇祯十五年壬午科　王鸿烈。

【来骧】（1614—1666）

字乐顾，后避地寓吴江铁山，因号铁山，萧山长河镇（今属滨江区）人。庠生，崇祯十五年（1642）壬午科乡试中式第五十六名举人。与陈清、蔡立国、沈禹锡、蔡仲光、包秉德等人为“固陵六子”。（《萧山来氏家谱》有来集之撰《孝廉乐顾君传》，民国《萧山县志稿》卷十五、乾隆《绍兴府志》卷六十载其传）

《明崇祯十五年壬午科京省题名录》：五十六名，来骧，萧山县附学（生），《书》。

雍正《浙江通志》卷一百四十一：崇祯十五年壬午科　来骧，萧山人。

乾隆《绍兴府志》卷三十二：崇祯十五年壬午科　来骧，萧山人。

民国《萧山县志稿》卷十三：崇祯十五年壬午科　来骧。

增补：

【徐行】

原名珩。《萧山县志稿》作贡生，几种地方志皆作举人，姑存之。

明代进士

洪武四年（1371）辛亥科

主考官：陶凯、潘庭坚。

试题：法象莫大乎天地，莫大乎圣人；日宣三德，庶绩其凝。

【韩守正】

字未见，萧山人，民籍。治《易经》，洪武三年（1370）庚戌科乡试中式举人，四年（1371）辛亥科会试第一百零二名，三甲五十七名进士。授济南府利津县丞。

《洪武四年辛亥科会试录》：第一百二名，韩守正，浙江萧山县人，《易》。

《洪武四年辛亥科会试登科录》：韩守正，贯浙江绍兴府萧山县，民籍，治《易经》，乡试第□□，第一百二名，授济南府利津县丞。

明张朝瑞辑《皇明贡举考》卷二：辛亥洪武四年会试，第三甲，一百名，赐同进士出身（俱授县丞）。韩守正，浙江萧山县。

明俞宪辑《皇明进士登科考》卷二：第三甲，一百名，赐同进士出身（授将仕郎）。韩守正，浙江萧山县人，授济南府利津县丞。

雍正《浙江通志》卷一百三十：洪武四年辛亥科吴伯宗榜　韩守正，萧山人，利津县丞。

乾隆《绍兴府志》卷三十一：洪武四年辛亥科吴伯宗榜　韩守正，萧山人，利津县丞。

民国《萧山县志稿》卷十三：洪武四年辛亥科　韩守正，吴伯宗榜，利津县丞。

洪武十八年（1385）乙丑科

主考官：朱善、聂铉。

试题：天下有道（子出）；见其礼而（二句）。

【顾观】（1368—1392）

字利宾，一字孟文，号省斋，萧山城厢街道人。年十六，适洪武开科，遂以《书》领乡荐第一。洪武十八年（1385）会试中式二甲第六名进士。太祖甚爱之，日侍左右，遇有咨访，呼曰"小翰林"。太祖尝访天下利病，对曰："法徒罪以上，悉廷审，臣民皆苦其烦。请自死罪以下，悉从外省径决。"上允之，遂为一代定制。擢大理寺评事，各审狱必令唱名。卒于官，年二十有四。魏文靖公骥尝从之学，惜其无嗣，为设主祀之。其词翰多所遗落，仅存《赵彦和墓志》草书法文体，真翰苑名笔也。（《两浙名贤录》、万历《绍兴府志》、康熙《萧山县志》载其传）

明俞宪辑《皇明进士登科考》卷二：洪武十八年乙丑科，第二甲，赐进士出身（名数序不可考）。顾观，浙江萧山人。

明张朝瑞辑《皇明贡举考》卷二：洪武十八年会试，第二甲，一百七名，赐进士出身。顾观，浙江萧山县。

万历《绍兴府志》卷三十二：洪武十七年颁行科　举成式，凡三年一举。萧山顾观，解元。

雍正《浙江通志》卷一百三十：洪武十八年乙丑科丁显榜　顾观，萧山人，大理寺评事。

乾隆《绍兴府志》卷三十一：洪武十八年乙丑科丁显榜　顾观，萧山人，大理寺评事。

民国《萧山县志稿》卷十三：洪武十八年乙丑科　顾观，丁显榜，大理寺评事。

洪武二十四年（1391）辛未科

主考官：钱宰。

试题：尧舜帅天（二句）；及其闻一（四句）。

【叶林】

萧山城厢街道人。洪武二十三年（1390）庚午科乡试中式第二十四名举人，二十四年（1391）辛未科中式三甲第八名进士。历北京刑部郎中，永乐十七年（1419），升江西布政使右参政。官至副都御史。

明张朝瑞辑《皇明贡举考》卷二：洪武二十四年会试，第三甲，十六名，赐同进士出身。叶林，浙江萧山县。

明俞宪辑《皇明进士登科考》卷二：第三甲，赐同进士出身（名数、次序俱不可考，姑以会录为准，并列两甲之下）。叶林，浙江萧山县人。

雍正《浙江通志》卷一百三十：洪武二十四年辛未科许观榜　叶林，萧山人，副都御史。

乾隆《绍兴府志》卷三十一：洪武二十四年辛未科许观榜　叶林，萧山人，副都御史。

光绪《江西通志》卷十二：叶林，（永乐间）右参政转左参政。

民国《萧山县志稿》卷十三：洪武二十四年辛未科　叶林，许观榜，副都御史。

洪武二十七年（1394）甲戌科

主考官：刘三吾。

试题：颜渊问为（章）。

【胡嗣宗】

洪武二十六年（1393）癸酉科乡试中式举人，二十七年（1394）甲戌科会试中式二甲第一名进士。授山阳县令。

明张朝瑞辑《皇明贡举考》卷二：第二甲，三十一名，赐进士出身。胡嗣宗，浙江萧山县。

明俞宪辑《皇明进士登科考》卷二：第二甲，三十名，赐进士出身。胡嗣宗，浙江萧山县人。

雍正《浙江通志》卷一百三十：洪武二十七年甲戌科张信榜 胡嗣宗，萧山人，知县。

乾隆《绍兴府志》卷三十一：洪武二十七年甲戌科张信榜 胡嗣宗，知县，萧山人。

民国《萧山县志稿》卷十三：洪武二十七年甲戌科 胡嗣宗，张信榜，山阳知县。

【张贞】（1366—？）

谱名真，字孟贞，萧山蜀山街道人。洪武二十六年（1393）癸酉科乡试中式举人，二十七年（1394）甲戌科会试中式二甲第二十八名进士。授汉阳县令，卒于官。（民国《肃清张氏宗谱》有毛奇龄撰《明洪武甲戌进士湖广汉阳府汉阳县知县讳贞字孟贞公像赞》、沈名城《明文林郎汉阳县令孟贞公传》）

明张朝瑞辑《皇明贡举考》卷二：第二甲，三十一名，赐进士出身。张真，浙江萧山县。

明俞宪辑《皇明进士登科考》卷二：第二甲，三十名，赐进士出身。张真，浙江萧山县人。

雍正《浙江通志》卷一百三十：洪武二十七年甲戌张信榜 张贞，萧山人，知县。

乾隆《绍兴府志》卷三十一：洪武二十七年甲戌科张信榜 张贞，知县，萧山人。

民国《萧山县志稿》卷十三：洪武二十七年甲戌科 张贞，汉阳知县。

洪武三十年（1397）丁丑科

主考官：刘三吾、白信蹈。

试题：物有本末，则近道矣；天下有道，自天子出；知者无不知，贤之为务。

案：此科会试，恰巧中原、西北的举子无一登第。殿试一甲取中陈䢿、尹昌隆、刘仕谔都是南方人。被黜落的举子们一片哗然，凤阳的举子带头闹事，认为考官不公，歧视北方人。太祖闻之大怒，下诏，命翰林儒臣、前科状元张信等及此科一甲三人，每人从落第举子的试卷中选择十份“文理优长”的卷子复审。而结果仍然维持原榜。太祖怒甚，将考官张信、白信蹈等分尸，刘三吾因资深年迈，被流放边戍。朱元璋亲赐策简，取韩克忠、王恕、焦胜等六十一位北方举子为进士，时称“南北榜”，又称“春夏榜”。新科状元陈䢿、探花刘仕谔也因复审的试卷“不行明白，用笔批直，有惑圣览”，被发配威虏充军。

【姚友直】(1371—1438)

名益，字友直，号南山居士，萧山浦阳镇上曹坞村人。洪武二十九年（1396）丙子科乡试中式举人，洪武三十年（1397）丁丑科二甲第七名进士，授中书舍人，改翰林侍书。永乐初，蕲献王、滕王皆以皇孙年少，未之国。上以为辅导宜用正人，拜司经局洗马，进左春坊左庶子，授二王经。匡扶以礼，不激不阿，两府皆敬重之。仁宗即位，滕王始建国云南，上欲使终相，王遂以为云南布政司左参政，领滕府长史事。宣宗即位，将郊祀，召为太常卿。历事四朝，刚介廉慎，沐恩宠最优。方期大用，以疾卒于京，赐葬祭如制。少傅杨文定（杨溥）公志其墓。（《萧山桃源姚氏宗谱》有杨溥撰《太常卿姚公墓碑铭》）

明俞宪辑《皇明进士登科考》卷二：第三甲，赐同进士出身（名数、次序俱不可考，姑照会录并列于后）。姚友直，浙江山阴县人。

明张朝瑞辑《皇明贡举考》卷二：第二甲，十三名，赐进士出身。姚友直，浙江萧山县。

明雷礼纂《国朝列卿纪》卷一百三十一：姚友直，浙江萧山人，洪武丁丑进士，宣德五年任（太常寺卿）。

雍正《浙江通志》卷一百三十：洪武三十年丁丑科陈䢿榜　姚友直，萧山人，太常寺卿。

乾隆《绍兴府志》卷三十一：洪武三十年丁丑科陈䢿榜　姚友直，萧山人，太常寺卿。

民国《萧山县志稿》卷十三：洪武三十年丁丑科　姚友直，陈郊榜，太常寺卿。《浙江通志》作“姚益”，张信榜。按《绍兴府志》：姚益、姚友直两收，进士，太常寺卿，而举人只载姚友直，则姚友直当即姚益，况同为太常寺卿耶?

《明实录·英宗实录》卷三八：太常寺卿姚友直卒。友直名益，以字行，浙江萧山人，洪武甲戌进士，授中书舍人。累升司经局洗马……升左春坊、左庶子……升云南左参政，掌长史司事……擢太常寺卿。至是卒。

案:《浙江通志》卷一百三十、乾隆《绍兴府志》载，洪武二十七年甲戌科张信榜　姚益，萧山人，太常寺卿。另姚墓志铭载：洪武癸酉以《诗经》领乡荐，明年中会试。廷试赐进士出身。以订省、府、县志之讹。

建文二年（1400）庚辰科

主考官：高逊志、董伦。

试题：天下有道（子出）；孔子之谓（二句）。

【孙完】（1375—？）

字孟学，萧山浦阳镇人，民籍。县学生，治《诗》，建文元年（1399）己卯科乡试中式第三十一名举人，二年（1400）庚辰科会试第七十四名，三甲六十五名进士。官至福建按察司佥事。

《建文二年庚辰科殿试登科录》：孙完：贯浙江绍兴府萧山县，民籍，县学生，《诗》。字孟学，行二，年二十六岁，九月二十六日生。……浙江乡试第三十一名，会试第七十四名。

弘治《八闽通志》卷三十：孙完，萧山人（佥事）。

正德《福州府志》卷十三：孙完，萧山人（佥事）。

明张朝瑞辑《皇明贡举考》卷二：第三甲，七十名，赐同进士出身。孙完，浙江萧山县。

明俞宪辑《皇明进士登科考》卷二：第三甲，七十名，赐同进士出身。孙完，浙江萧山县。

雍正《浙江通志》卷一百三十：建文二年庚辰科胡广榜　孙完，萧山人，佥事。

乾隆《福建通志》卷二十一：孙完，萧山人（佥事）。

乾隆《绍兴府志》卷三十一：建文二年庚辰科胡广榜　孙完，萧山人，佥事。

民国《萧山县志稿》卷十三：建文二年庚辰科　孙完，胡广榜，福建佥事。

案：此科《皇明贡举考》《题名录》有武斌，浙江萧山县人，查其登科录云，贯山东济南府济阳县，并无萧山籍说，故不录。

永乐二年（1404）甲申科

主考官：解缙、黄淮。

试题：君子有大（足矣）；禹吾无间（章）。

【王观】

永乐元年（1403）癸未科乡试中式第一百二十四名举人，永乐二年（1404）甲申科中式三甲二百十八名进士。官知县。

明张朝瑞辑《皇明贡举考》卷二：第三甲，三百七十四名，赐同进士出身。王观，浙江萧山县。

明俞宪辑《皇明进士登科考》卷三：第三甲，三百七十四名，赐同进士出身。王观，浙江萧山县人。

雍正《浙江通志》卷一百三十：永乐二年甲申科曾棨榜　王观，萧山人，知县。

乾隆《绍兴府志》卷三十一：永乐二年甲申科曾棨榜　王观，萧山人，知县。

民国《萧山县志稿》卷十三：永乐二年甲申科　王观，知县。

【魏骐】

萧山城厢街道人，钱塘籍。永乐元年（1403）癸未科乡试中式举人，永乐二年（1404）甲申科中式二甲第四十九名进士。选庶吉士，官至刑部主事。

雍正《浙江通志》卷一百三十：永乐二年甲申科曾棨榜　魏骐，萧山人，主事。

明俞宪辑《皇明进士登科考》卷三：第二甲，九十三名，赐进士出身。魏骐，浙江萧山县人。

明张朝瑞辑《皇明贡举考》卷二：第二甲，九十三名，赐进士出身。魏骐，浙江萧山县。

乾隆《绍兴府志》卷三十一：永乐二年甲申科曾棨榜　魏骐，主事，萧山人。

民国《萧山县志稿》卷十三：永乐二年甲申科　魏骐，庶吉士，刑部主事。

民国《杭州府志》卷一百八：永乐二年甲申曾棨榜　魏骐，钱塘人，萧山贯，刑部主事。

案：是科以壬午乡试未举行改迟癸未，故于本年甲申会试。

永乐四年（1406）丙戌科

主考官：王达、杨溥。

试题：大学之道（至善）；克己复礼（仁焉）；致中和天（节）。

【殷旦】

字子升，萧山城厢街道人。永乐三年（1405）乙酉科乡试中式第三十一名举人，四年（1406）丙戌科会试中式二甲五十七名进士。授监察御史，果敢无所避，锦衣卫指挥使纪纲怙宠骄恣，旦劾之，纲弃市。转交趾道按察司副使，黎利叛，据南交，悉逐朝廷命吏，留旦欲官之，旦不屈，自颈死。交人义之，具棺衾送孥于境。（《两浙名贤录》载其传）

明俞宪辑《皇明进士登科考》卷三：第二甲，六十五名，赐进士出身。殷旦，浙江萧山县人。

明张朝瑞辑《皇明贡举考》卷二：第二甲，六十五名，赐进士出身。殷旦，浙江萧山县。

明何出光等《兰台法鉴录》卷四：殷旦，字子升，浙江萧山县人，永乐四年进士，除四川道御史，升交趾副使，黎利叛，旦不屈死之。

雍正《浙江通志》卷一百三十：永乐四年丙戌科林环榜　殷旦，萧山人，按察副使。

乾隆《绍兴府志》卷三十一：永乐四年丙戌科林环榜　殷旦，萧山人，按察副使。

民国《萧山县志稿》卷十三：永乐四年丙戌科　殷旦，林环榜，按察使副使。

案：民国《萧山县志稿》卷十三载，永乐六年（1408）戊子科有来希贵，四川梁山寄籍。查明登科录，无永乐六年会试年，故删。

永乐九年（1411）辛卯科

主考官：邹缉、徐善述。

试题：武王缵太（保之）。

【鲁琛】

字廷献，一字献夫，萧山城厢街道人，民籍。治《书经》，永乐三年（1405）乙酉科中式第十五名举人，永乐九年（1411）辛卯科会试第十六名。中式三甲第十九名进士，历官福建道监察御史。

《永乐九年进士登科录》：鲁琛，贯浙江绍兴府萧山县，民籍，冠带举人，治《书经》。字廷献，行二，年三十九，九月初八日生……浙江乡试第十五名，会试第十六名。

明俞宪辑《皇明进士登科考》卷三：第三甲，四十九名，赐同进士出身。鲁琛，浙江萧山县人。

明张朝瑞辑《皇明贡举考》卷二：第三甲，四十九名，赐同进士出身。鲁琛，浙江萧山县。

明天启《南京都察院志》卷六：永乐十年壬辰，鲁琛，浙江萧山人，由进士（山东道）。

雍正《浙江通志》卷一百三十：永乐九年辛卯科萧时中榜　鲁琛，萧山人，御史。

乾隆《绍兴府志》卷三十一：永乐九年辛卯科萧时中榜　鲁琛，萧山人，御史。

民国《萧山县志稿》卷十三：永乐九年辛卯科　鲁琛，监察御史。

民国《寰宇通志》卷二十九：鲁琛，萧山县人。

案：此科本因己丑例应会试，因成祖巡北，故移会试于辛卯年。

永乐十三年（1415）乙未科

主考官：梁潜、王洪。

试题：老者安之（三句）；中也者天（育焉）；故君子不（知天）。

【俞昞】（1375—1437）

钦名廷辅，字宗晦，号约斋，萧山长山乡（今河上镇、楼塔镇一带）人。永乐元年（1403）癸未科乡试中式第七十三名举人，十三年（1415）乙未科会试二百五十名，中式二甲四十八名进士。选庶吉士，历官兵部主事，郑府长史、审理科审理正，河南府通判。宣德七年（1432）壬子山西乡试主考官。洪熙元年（1425）四月，曾上书建言取士法。著有《约斋文集》。（《萧邑白燕俞氏宗谱》有曹岑撰《兵部佐四公传》，马庆洲《谵轩文集》有《挽俞廷辅》）

《永乐十三年会试录》：俞昞，浙江绍兴府萧山县人，二百五（十）名，冠带举人。《春秋》。

明俞宪辑《皇明进士登科考》卷三：第二甲，九十五名，赐进士出身。俞昞，浙江萧山县人。

明张朝瑞辑《皇明贡举考》卷二：第二甲，九十五名，赐进士出身。俞昞，浙江萧山县。

明胡俨《颐庵文选》卷上《约斋记》：翰林庶吉士萧山俞廷辅，以约斋名，盖取圣人之言，以为操修之要……

雍正《浙江通志》卷一百三十：永乐十三年乙未科陈循榜　余昞，萧山人，主事。

民国《萧山县志稿》卷十二：俞廷辅，陈循榜，初名昞，庶吉上，兵部车驾司主事。《绍兴府志》作俞昞；《浙江通志》作“余昞”，误。

永乐十六年（1418）戊戌科

主考官：曾棨、王英。

试题：定公问君（章）。

【何善】（1382—1448）

字遂初，号东浙，萧山城厢街道人。年十岁，以奇童应太祖诏赐宝钞，发原籍充廪生。永乐十五年（1417）丁酉科乡试应天府中式举人，永乐十六年（1418）戊戌科中式二甲六十二名进士。授行在交趾道监察御史，奉敕清山西戎事伍籍，聿然整饬。再历岭南，盗贼屏迹。继事仁宗，秉正敢言，权贵敛手。时浙多豪纵，钞法不行，帝欲简能臣督之，而难其选，经考虑命善前往，善以士人难于临治辞，制曰：“卿浙人，正诸浙事。”且佩印绶便归省，尤新气象，遂御书“省亲”二字赐之。比临浙直，微服搜民隐，请旨抄没稔恶漏法者三十二姓。撰有《遂初集》。（《萧山何氏宗谱》有于谦撰《御史遂初公传》、周绍光撰像赞、殷旦撰《御书省亲记附录》、刘铉撰《墓志铭》）

明俞宪辑《皇明进士登科考》：第二甲，七十五名，赐进士出身。何善，浙江萧山县人。

明张朝瑞辑《皇明贡举考》：第二甲，七十五名，赐进士出身。何善，浙江萧山县。

明何出光等《兰台法鉴录》：何善，字粹初，浙江萧山县人，永乐十六年进士。除江西道御史，巡按南北直隶，疏请致仕。

雍正《浙江通志》卷一百三十：永乐十六年戊戌科李骐榜　何善，萧山人，监察御史

乾隆《绍兴府志》卷三十一：永乐十六年戊戌科李骐榜　何善，萧山人，监察御史。

民国《萧山县志稿》卷十三：永乐十六年戊戌科　何善，李骐榜，监察御史。

永乐十九年（1421）辛丑科

主考官：杨士奇、周述。

试题：子路问政（章）；博厚所以（无疆）。

【卫恕】

萧山城厢街道人。永乐九年（1411）辛卯科中式第四十八名举人，永乐十九年（1421）辛丑科中式三甲三十七名进士。改翰林院庶吉士，官至参政。

明俞宪辑《皇明进士登科考》卷三：第三甲，一百四十九名，赐同进士出身。卫恕，浙江萧山县人。

明张朝瑞辑《皇明贡举考》卷三：第三甲，一百四十九名，赐同进士出身。卫恕，浙江萧山县。

雍正《浙江通志》卷一百三十：永乐十九年辛丑科曾鹤龄榜　卫恕，萧山人。

乾隆《绍兴府志》卷三十一：永乐十九年辛丑科曾鹤龄榜　卫恕，萧山人，庶吉士，参政。

民国《萧山县志稿》卷十三：永乐十九年辛丑科　卫恕，曾鹤龄榜，庶吉士，参政。

正统十年（1445）乙丑科

主考官：钱习礼、马愉。

试题：有斐君子（忘也）；德为圣人（其寿）；伯夷圣之（之也）。

【曹得】（1401—？）

字希贤，一字思鲁，萧山浦阳镇曹家埭人，民籍。县学增广生，治《易经》，永乐十五年（1417）丁酉科乡试中式三十二名举人，正统十年（1445）乙丑科会试第一百四十六名，中式三甲七十一名进士。初授福建道监察御史，官至四川按察司佥事。

《正统十年乙丑科进士登科录》：曹得，贯浙江绍兴府萧山县，民籍，县学增广生，治《易经》。字希贤，行一，年四十五，八月十八日生……浙江乡试第三十二名，会试第一百四十六名。

明俞宪辑《皇明进士登科考》卷五：第三甲，九十七名，赐同进士出身。曹得，浙江萧山县人。

明张朝瑞辑《皇明贡举考》卷四：第三甲，九十七名，赐同进士出身。曹得，浙江萧山县。

明何出光等《兰台法鉴录》卷八：曹得，字思鲁，浙江萧山县人，正统十年进士，除福建道御史。

雍正《浙江通志》卷一百三十一：正统十年乙丑科商辂榜　曹得，萧山人，佥事。

乾隆《绍兴府志》卷三十一：正统十年乙丑科商辂榜　曹得，萧山人，佥事。

民国《萧山县志稿》卷十三：正统十年己丑（案：此处误）科　曹得，四川佥事。

天顺元年（1457）丁丑科

主考官：薛瑄、吕原。

试题：大学之道（二节）；一日克己（勿动）；仁义礼智（者也）。

【韩祺】（1421—1463）

字汝征，原字世祯，萧山义桥镇牌轩下村人。《浙江通志》作“韩琪”。县学廪生，治《书经》，正统十二年（1447）丁卯科乡试中式第一名，天顺元年（1457）丁丑科会试第一百三十九名，中式三甲七十五名进士。天顺三年（1459）己丑授监察御史，巡按福建，五年（1461）刷卷山西，未几，钦召入京监斩昭武伯曹钦党。天顺七年（1463）以中官诬奏被逮。（《萧山湘南韩氏宗谱》有黎淳撰《御史世祯公像赞》、韩玙撰《世祯御史公年谱考略附》，《通鉴纲目三编》有商辂悼亡诗，浙江提刑按察使戴洪、同年黎淳有赞）

《天顺元年丁丑科进士登科录》：韩祺，贯浙江绍兴府萧山县，民籍，国子生，治《书经》。字汝征，行二，年三十七，九月初十日生。……浙江乡试第一名，会试第一百三十九名。

《天顺六年壬午科山西乡试录》：监临官，巡按山西监察御史韩祺汝征，浙江萧山县人，丁丑进士。

明俞宪辑《皇明进士登科考》卷七：第三甲，一百九十四名，赐同进士出身。韩祺，浙江萧山县人。

明张朝瑞辑《皇明贡举考》卷四：第三甲，一百九十四名，赐同进士出身。韩祺，浙江萧山县。

明何出光等《兰台法鉴录》卷十：韩祺，字世祯。浙江萧山县人。天顺元年进士，除福建道御史；五年，刷卷山西；六年，巡按山西；七年，卒。

万历《山西通志》卷十二：韩祺，浙江萧山进士（巡按监察御史）。

雍正《浙江通志》卷一百三十一：天顺元年丁丑科黎淳榜　韩祺，萧山人，御史。

乾隆《绍兴府志》卷三十一：天顺元年丁丑科黎淳榜　韩祺，萧山人，御史。

民国《萧山县志稿》卷十三：天顺元年丁丑科　韩祺，黎淳榜，监察御史。

成化五年（1469）己丑科

主考官：刘珝、刘吉。

试题：老者安之（三句）；如此者不（节）；仁之实事（章句）。

【何舜宾】（1430—1498）

字穆之，号醒庵，萧山城厢街道人。县学增广生，治《书经》，成化四年（1468）戊子科乡试中式第十五名举人，成化五年（1469）己丑科会试第六十名，中式三甲第十五名进士，授行人司行人，升湖广道监察御史。著有《南台奏议》《家居集》《宦游集》。（《萧山何氏宗谱》有王鼎撰《御史穆之公传》）

《成化五年己丑科进士登科录》：何舜宾，贯浙江绍兴府萧山县，民籍，县学增广生，治《书经》。字穆之，行一，年四十，四月二十日生……浙江乡试第十五名，会试第六十名。

《成化十六年庚子科应天府乡试录》：监试官，南京湖广道监察御史何舜宾穆之，浙江萧山县人，己丑进士。

明俞宪辑《皇明进士登科考》卷八：第三甲，一百六十九名，赐同进士出身。何舜宾，浙江萧山县人。

明张朝瑞辑《皇明贡举考》卷四：第三甲，一百六十九名，赐同进士出身。何舜宾，浙江萧山县。

雍正《浙江通志》卷一百三十一：成化五年己丑科张升榜　何舜宾，萧山人，御史。

乾隆《绍兴府志》卷三十一：成化五年己丑科张升榜　何舜宾，萧山人，御史。

光绪《巴陵县志》：何舜宾，浙江萧山人，官监察御史。

民国《萧山县志稿》卷十三：成化五年己丑科　何舜宾，张鼎（案:“鼎”误，应为“升”）榜，监察御史。

成化十一年（1475）乙未科

主考官：郑环、彭教。

试题：无为而治（章）；思事亲不（知天）；周工思兼（姓宁）。

【徐洪】（1439—1486）

字公溥，号积斋，又号松涧，萧山城厢街道人。治《书经》，天顺六年（1462）壬午科乡试中式第三十八名举人，成化十一年（1475）乙未科会试第二十六名，中式二甲第二名进士。才高学博，名重四方，仕至北京刑部员外郎。诏旌尚义，例授七品冠带。（杨守址撰《刑部员外郎徐君墓志铭》）

《成化十一年乙未科进士登科录》：徐洪，贯浙江绍兴府萧山县，匠籍，国子生，治《书经》。字公溥，行二，年三十七，五月二十二日生……浙江乡试第三十八名，会试第二十六名。

明俞宪辑《皇明进士登科考》卷八：第二甲，九十五名，赐进士出身。徐洪，浙江萧山县人。

明张朝瑞辑《皇明贡举考》卷五：第二甲，九十五名，赐进士出身。徐洪，浙江萧山县。

雍正《浙江通志》卷一百三十一：成化十一年乙未科谢迁榜　徐洪，萧山人，员外。

乾隆《绍兴府志》卷三十二：成化十一年乙未科谢迁榜　徐洪，员外，萧山人。

民国《萧山县志稿》卷十三：成化十一年乙未科　徐洪，谢迁榜，刑部员外郎。

【孔斌】（1439—？）

原名彦斌，字时宪，辽东广宁中屯卫旗籍，萧山临浦镇人。国子生，治《诗经》，成化十年（1474）甲午科乡试顺天中式第六十六名举人，成化十一年（1475）乙未科会试第一百五十五名，中式三甲第六十二名进士，授无锡知县，官至江西道御史。

《成化十一年乙未科进士登科录》：孔斌，贯浙江萧山县人，辽东广宁中屯卫旗籍，国子生，治《诗经》。字时宪，行三，年三十七，十月二十六日生……顺天府乡试第六十六名，会试第一百五十五名。

明俞宪辑《皇明进士登科考》卷八：第三甲，二百二名，赐同进士出身。孔斌，辽东广宁卫籍，浙江萧山县人。

明张朝瑞辑《皇明贡举考》卷五：第三甲，二百二名，赐同进士出身。孔斌，辽东广宁卫籍。

嘉靖《辽东志》卷六：（成化十一年）乙未科　孔斌，锦州人，任无锡县知县。

雍正《浙江通志》卷一百三十一：成化十一年乙未科　谢迁榜，孔斌，萧山人。

乾隆《绍兴府志》卷三十二：成化十一年乙未科　谢迁榜，孔斌，萧山人。

咸丰《盛京通志》卷二十二：成化乙未科　孔斌，锦州人，无锡知县。

民国《萧山县志稿》卷十三：成化十一年乙未科　孔斌。

民国《奉天通志》卷一百五十四：成化十一年乙未科谢迁榜　孔斌，三甲六十二名，辽东广宁中屯卫，旗籍，浙江萧山县人，官无锡知县。《辽东志》作锦州人。

【吴纲】（1433—？）

字廷振，萧山人，仁和籍。国子生，治《易经》，成化四年（1468）戊子科中式第二十一名举人，成化十一年（1475）乙未科会试第二百五十七名，中式三甲第三十一名进士。四川夔县、巫山知县。

《成化十一年乙未科进士登科录》：吴纲，贯浙江杭州府仁和县，民籍，国子生，治《易经》。字廷振，行一，年四十三，十一月十五日生……浙江乡试第二十一名，会试第二百五十七名。

明俞宪辑《皇明进士登科考》卷八：第三甲，二百二名，赐同进士出身。吴纲，浙江仁和县人。

明张朝瑞辑《皇明贡举考》卷五：第三甲，二百二名，赐同进士出身。吴纲，浙江仁和县。

康熙《仁和县志》卷十：成化十一年谢迁榜　吴纲。

雍正《浙江通志》卷一百三十一：成化十一年乙未科谢迁榜　吴纲，仁和人。

民国《萧山县志稿》卷十三：成化十一年乙未科　吴纲，四川夔县、巫山知县，有惠政。

成化十七年（1481）辛丑科

主考官：徐溥、王献。

试题：出门如见（二句）；执其两端（二句）；君子之所（识也）。

【富玹】（1443—？）

字廷辉，号友柏，萧山城厢街道人。监生，治《书经》，成化四年（1468）戊子科乡试中式第六十四名举人，成化十七年（1481）辛丑科会试二百二十一名，中式二甲第六十一名进士。任刑部理刑漕运。历福建分巡道按察司佥事，分巡延平，才敏虑周，政尚平易。著有《萧山水利志》。

《成化十七年辛丑科进士登科录》：富玹，贯浙江绍兴府萧山县，灶籍，国子生，治《书经》。字廷辉，行四，年三十九，三月初九日生……浙江乡试第六十四名，会试第二百二十一名。

明俞宪辑《皇明进士登科考》卷八：第二甲，九十五名，赐进士出身。富玹，浙江萧山县人。

明张朝瑞辑《皇明贡举考》卷五：第二甲，九十五名，赐进士出身。富玹，浙江萧山县。

正德《福州府志》卷十三：富玹，萧山人（佥事）。

嘉靖《汀州府志》卷十一：富玹，浙江绍兴府萧山县人，成化戊戌科（案：此处误，应为辛丑科）进士，弘治十一年带管。

万历《淮安府志》卷二：富玹，萧山县人，辛丑进士（漕运理刑刑部）。

雍正《浙江通志》卷一百三十一：成化十七年辛丑科王华榜　富玹，萧山人，佥事。

乾隆《福建通志》卷二十一：富玹，萧山人（佥事）。

乾隆《绍兴府志》卷三十一：成化十七年辛丑科王华榜　富玹，萧山人，佥事。

民国《萧山县志稿》卷十三：成化十七年辛丑科　富玹，王华榜，福建佥事，何舜宾婿。

成化二十三年（1487）丁未科

主考官：尹直、吴宽。

试题：先有司赦（三句）；考诸三王（人也）；乐天者保（句）。

【祝瀚】（1462—1517）

字惟容，号寒崖，山阴天乐乡（今属萧山进化镇祝家村）人。监生，治《诗经》，成化十六年（1480）庚子科乡试中式四十六名举人，成化二十三年（1487）丁未科会试第六名，中式二甲十二名进士。任刑部郎中、主事，累官南昌知府。廉明有威，强直不屈。弘治十三年（1500）修《南昌府志》。（同治《南昌府志》卷二十六、光绪《江西通志》卷一百二十八载其传，《萧山桃源祝氏宗谱》有《惟容公传》）

《成化二十三年丁未科进士登科录》：祝瀚，贯浙江绍兴府山阴县，民籍，国子生，治《诗经》。字惟容，行十五，年二十六，十一月十五日生……浙江乡试第四十六名，会试第六名。

《成化二十三年丁未科会试同年齿录》：祝瀚，第六名，浙江山阴县人，监生，《诗》。

《弘治十四年辛酉科江西乡试录》：收掌试卷官，南昌府知府祝瀚惟容，浙江山阴县人，丁未进士。

明俞宪辑《皇明进士登科考》卷八：第二甲，一百一十名，赐进士出身。祝瀚，浙江山阴县人。

明张朝瑞辑《皇明贡举考》卷五：第二甲，一百一十名，赐进士出身。祝瀚，浙江山阴县。

雍正《浙江通志》卷一百三十一：成化二十三年丁未科费宏榜　祝瀚，山阴人，知府。

乾隆《绍兴府志》卷三十一：成化二十三年丁未科费宏榜　祝瀚，山阴人，知府。

同治《南昌府志》卷二十一：祝瀚，弘治十一年任（知府），有传。

【张嵿】（1458—1531）

又名张舰，字时俊，一作时峻，别名枫邱，萧山临浦镇人。成化十九年（1483）癸卯科乡试中式第五十五名举人，成化二十三年（1487）丁未科会试三百三十七名，中式三甲第六十九名进士。弘治初年，纂修《宪宗实录》，往苏州、松江等地采集轶事，书成授上饶知县。不久，任南京兵部主事，进刑部郎中。正德三年（1508），任兴化知府；正德五年（1510），起知南雄，擢江西左参政；正德六年（1511），任右副御史；正德八年（1513），任都察院右都御史。总督两广军务，兼理巡抚。嘉靖三年（1524）九月，召掌南京都察院事。同年十月，任南京工部尚书。嘉靖六年（1527），辞官回乡。嘉靖七年（1528），诏进一品阶荣禄大夫。著有《苍榆馆近稿》。（《明史》卷二

○○、毛奇龄《萧山三先生传》之三《张大司空传》，《浙江通志》卷一六○《人物一·名臣三》俱有载，明焦竑《国朝献征录》卷五十二有《南京工部尚书张公嵿行状》）

《成化二十三年丁未科会试同年齿录》：张嵿，第三百三十七名，浙江萧山县人，监生，《书》。

《成化二十三年丁未科进士登科录》：张嵿，贯浙江绍兴府萧山县，民籍，国子生，治《书经》。字时峻，行四，年三十，七月初八日生。……浙江乡试第五十五名，会试第三百三十七名。

《正德十一年丙子科江西乡试录》：提调官，张嵿时俊，浙江萧山县人，丁未进士。

明俞宪辑《皇明进士登科考》卷八：第三甲，二百三十八名，赐同进士出身。张嵿，浙江萧山县人。

明张朝瑞辑《皇明贡举考》卷五：第三甲，二百三十八名，赐同进士出身。张嵿，浙江萧山县。

康熙《广东通志》卷十三：张嵿，萧山人，正德十六年以右都御史任（两广总督），嘉靖三年回南院掌印。

康熙《江西通志》卷十三：张嵿，萧山人，成化间由进士（左布政使）。

雍正《浙江通志》卷一百三十一：成化二十三年丁未科费宏榜　张嵿，萧山人，工部尚书。

乾隆《莆田县志》卷七：张嵿，萧山人，正德四年（兴化府知府）。

乾隆《正定府志》：张嵿，浙江萧山人，进士，正德十三年任（巡抚），历南京工部尚书。

乾隆《绍兴府志》卷三十一：成化二十三年丁未科费宏榜　张嵿，萧山人，工部尚书。

道光《直隶南雄州志》卷三：张嵿，字时峻，浙江萧山进士，（正德）七年任（知府），有传，后以右都御史任广东总督。

光绪《重修天津府志》卷十一：张嵿，萧山进士。

光绪《广西通志辑要》卷一：张嵿，字时峻，浙江萧山人。

民国《萧山县志稿》卷十三：成化二十三年丁未科　张嵿，费宏榜，南京工部尚书。

【叶清】（1452—？）

字本澄，萧山人，民籍。国子生，治《书经》，成化十六年（1480）庚子科乡试中式五十八名举人，成化二十三年（1487）丁未科会试二百三十一名，中式三甲一百二十一名进士。历太仆寺丞，正德三年（1508），任北直通州知州。

《成化二十三年丁未科会试同年齿录》：叶清，第二百三十一名，浙江萧山县人，监生，《书》。

《成化二十三年丁未科进士登科录》：叶清，贯浙江绍兴府萧山县，民籍，国子生，治《书经》。字本澄，行二，年三十六，十月十四日生……浙江乡试第五十八名，会试第二百三十一名。

雍正《浙江通志》卷一百三十一：成化二十三年丁未科费宏榜　叶清，萧山人，知州。

乾隆《绍兴府志》卷三十一：成化二十三年丁未科费宏榜　叶清，萧山人，知州。

乾隆《通州志》卷六：叶清，浙江萧山进士，正德三年任（知州），详名宦传。

乾隆《颍州府志》卷五：叶清，弘治间任同知，萧山进士。

乾隆《福州府志》卷三十三：叶清，萧山人（闽县知县）。

乾隆《福建通志》卷二十二：叶清，萧山人（知县）。

民国《萧山县志稿》卷十三：成化二十三年丁未科　叶清，通州知县。

民国《闽侯县志》卷五十八：叶清，萧山人，成化丁未进士（知县）。

弘治三年（1490）庚戌科

主考官：徐溥、汪谐。

试题：好仁者无（身）；诚则形变（六句）；经正其庶（三句）。

【来天球】(1458—1536)

字伯韶，号两山，萧山长河镇（今属滨江区）人。邑庠生，成化二十二年（1486）丙午科乡试中式七十四名举人，弘治三年（1490）庚戌科会试二百九名，中式三甲第十四名进士。弘治九年（1496）任工部都水清吏司主事，调刑部员外郎，擢山西按察司佥事，进阶荣禄大夫。（《萧山来氏家谱》有来斯行撰《按察使两山公传》、邵蕃撰《明任中宪大夫陕西按察使致仕奉诏进阶荣禄大夫两山公墓志铭》）

《弘治三年庚戌科进士登科录》：来天球，贯浙江绍兴府萧山县，灶籍，国子生，治《书经》。字伯韶，行七，年三十三，八月二十八日生……浙江乡试第七十四名，会试第二百九名。

万历《山西通志》卷十二：来天球，浙江萧山进士（佥事）。

明俞宪辑《皇明进士登科考》卷九：第三甲，二百五名，赐同进士出身。来天球，浙江萧山县人。

明张朝瑞辑《皇明贡举考》卷五：第三甲，二百五名，赐同进士出身。来天球，浙江萧山县。

雍正《敕修陕西通志》卷二十二：来天球（按察使）。

雍正《浙江通志》卷一百三十一：弘治三年庚戌科钱福榜　来天球，萧山人，按察使。

乾隆《太原府志》卷二十八：来天球，进士，弘治时任佥事，浙江萧山人。

乾隆《绍兴府志》卷三十一：弘治三年庚戌科钱福榜　来天球，萧山人，按察使。

同治《徐州府志》卷六：来天球，萧山人，进士（吕梁洪工部分司主事）。

民国《萧山县志稿》卷十三：弘治三年庚戌科　来天球，钱福榜，陕西按察使。

民国《铜山县志》卷五：来天球，萧山人（监司主事）。

弘治六年（1493）癸丑科

主考官：李东阳、陆简。

试题：有德此有（四句）；譬诸草木（诬也）；夫苟好善（节）。

【胡昉】（1458—？）

字启旸，萧山城厢街道人，匠籍。国子生，治《书经》，弘治二年（1489）己酉科乡试中式第四十八名举人，弘治六年（1493）癸丑科会试第一百五十九名，中式三甲一百三十四名进士。授江浦知县，升工部都水清吏司主事，分司徐州，改刑部主事。

《弘治六年癸丑科会试录》：第一百五十九名，浙江萧山县人，监生，《书》。

《弘治六年癸丑科进士登科录》：胡昉，贯浙江绍兴府萧山县，匠籍，国子生，治《书经》。字启旸，行八，年三十六，正月十九日生……浙江乡试第四十八名，会试第一百五十九名。

万历《应天府志》卷七：胡昉，浙江萧山进士，弘治间（江浦知县）。

万历《江浦县志》卷二：胡昉，浙江萧山人，进士（知县），升工部主事。

明俞宪辑《皇明进士登科考》卷九：第三甲，二百五名，赐同进士出身。胡昉，浙江萧山县人。

明张朝瑞辑《皇明贡举考》卷五：第三甲，二百五名，赐同进士出身。胡昉，浙江萧山县。

雍正《浙江通志》卷一百三十一：弘治六年癸丑科毛澄榜　胡昉，萧山人，主事。

乾隆《绍兴府志》卷三十一：弘治六年癸丑科毛澄榜　胡昉，萧山人，主事。

嘉庆《重刊江宁府志》卷二十三：胡昉，浙江萧山人，由进士任（江浦县知县），升主事。

同治《徐州府志》卷六：胡昉，萧山人，进士（徐州洪工部分司主事）。

民国《萧山县志稿》卷十三：弘治六年癸丑科　胡昉，毛澄榜，刑部主事。

民国《铜山县志》卷五：胡昉，萧山人。

弘治十八年（1505）乙丑科

主考官：杨廷和、张元祯。

试题：博学而笃（章）；仁者人也（四句）；故将大有（而王）。

【钱玹】（1471—？）

字玉汝，号东源居士，萧山人，民籍。国子生，治《书经》，弘治五年（1492）壬子科中式第四十二名举人，十八年（1505）乙丑科会试三十一名，中式三甲五十四名进士。历吴江、安肃知县。

《弘治十八年乙丑科会试录》：第三十一名，钱玹，浙江萧山县人，监生，《书》。

《弘治十八年乙丑科进士登科录》：钱玹，贯浙江绍兴府萧山县，民籍，国子生，治《书经》。字玉汝，行三，年三十五，六月初六日生……浙江乡试第四十二名，会试第三十一名。

正德《姑苏志》卷四：钱玹，萧山人，进士，正德元年任（知县），改安肃。

万历《保定府志》卷八：钱玹，浙江萧山县人，进士（安肃知县）。

明俞宪辑《皇明进士登科考》卷九：第三甲，二百五名，赐同进士出身。钱玹，浙江萧山县人。

明张朝瑞辑《皇明贡举考》卷六：第三甲，二百五名，赐同进士出身。钱玹，浙江萧山县。

雍正《浙江通志》卷一百三十七：弘治五年壬子科　钱玹，萧山人，乙丑进士。

乾隆《绍兴府志》卷三十一：弘治十八年乙丑科顾鼎臣榜　钱玹，萧山人。《通志》无，按《碑录》补，知县。

民国《萧山县志稿》卷十三：弘治十八年乙丑科　钱玹，顾鼎臣榜，吴江知县。《浙江通志》无。

民国《徐水县新志》卷八：钱玹，浙江萧山人，进士，正德五年任（知县）。

正德三年（1508）戊辰科

主考官：王鏊、梁储。

试题：斯敏也三（节）；百世以俟（人也）；夏后氏五（四句）。

【田惟祜】（1477—？）

字裕夫，萧山城厢街道人，匠籍。国子生，治《书经》，弘治十四年（1501）辛酉科解元，正德三年（1508）戊辰科会试六十四名，中式三甲一百三十八名进士。正德五年（1510），任如皋县知县，迁知泗州，调德庆知州，官至浔州知府。著有《东源读史录》《沧螺集》。

《正德三年戊辰科进士登科录》：田惟祜，贯浙江绍兴府萧山县，匠籍，国子生，治《书经》。字裕夫，行五，年三十二，六月二十五日生……浙江乡试第一名，会试第六十四名。

明俞宪辑《皇明进士登科考》卷十：第三甲，二百三十一名，赐同进士出身。田惟祜，浙江萧山县人。

明张朝瑞辑《皇明贡举考》卷六：第三甲，二百三十一名，赐同进士出身。田惟祜，浙江萧山县。

嘉靖《广东通志初稿》卷九：田惟祜，萧山人，进士（知州）。

康熙《肇庆府志》卷八：田惟祜，萧山人，进士，正德年任（德庆州知州）。

雍正《浙江通志》卷一百三十二：正德三年戊辰科吕楠榜　田惟祜，萧山人，知府。

乾隆《绍兴府志》卷三十一：正德三年戊辰科吕楠榜　田惟祜，知府。

嘉庆《如皋县志》卷十二：田惟祜，浙江萧山人，举人（案："举人"误），正德五年（知县）。

同治《浔州府志》卷十二：田惟祜，萧山人，进士，嘉靖间（知府）。

光绪《通州直隶州志》卷八：田惟祜，浙江萧山人，正德五年由举人任（如皋知县），有传。

光绪《德庆州志》职官志：田惟祐，有传，正德间（知州）。

民国《萧山县志稿》卷十三：正德三年戊辰科　田惟祜，吕楠榜，浔州知府。《绍兴府志》作“祐”（案：见乾隆《绍兴府志》卷三十二）。

【盛泷】(1470—?)

字原之，一字源之，号毅斋，萧山义桥镇人。弘治十四年（1501）辛酉科乡试中式第十二名举人，正德三年（1508）戊辰科会试二百六十三名，中式三甲一百五十八名进士。初授临淮令，迁太仆寺寺丞，升南宁府知府。（《萧山盛氏宗谱》有潘埙撰《赠别太仆毅斋盛先生》、钱琦撰《抵徐州遇盛毅斋年兄》、萧士中等撰《毅斋公保障临淮序》、唐龙撰《明太守毅斋公家传》，《黄竹山人集》有《临淮遗事》，《绍兴府志》有其传）

《正德三年戊辰科进士登科录》：盛泷，贯浙江绍兴府萧山县，军籍，国子生，治《书经》。字原之，行六，年三十九，正月十七日生……浙江乡试第十二名，会试第二百六十三名。

明俞宪辑《皇明进士登科考》卷十：第三甲，二百三十一名，赐同进士出身。盛泷，浙江萧山县人。

明张朝瑞辑《皇明贡举考》卷六：第三甲，二百三十一名，赐同进士出身。盛泷，浙江萧山县。

康熙《临淮县志》卷五：盛泷，浙江萧山县人，由进士正德四年授知县。

雍正《广西通志》卷五十六：盛泷，萧山人，进士，正德十三年任（南宁府知府）。

雍正《浙江通志》卷一百三十二：正德三年戊辰科吕楠榜　盛泷，萧山人，知府。

乾隆《绍兴府志》卷三十一：正德三年戊辰科吕楠榜　盛泷，知府，萧山人。

光绪《凤阳府志》卷十七：盛泷，浙江萧山人，正德四年由进士知临淮县。

光绪《重修安徽通志》卷一百十八：盛泷，萧山人，知县。

民国《萧山县志稿》卷十三：正德三年戊辰科　盛洸，南宁知府。

案：民国《萧山县志稿》载正德九年（1514）甲戌科有“萧鸣凤”，查雍正《浙江通志》、康熙《山阴县志》、乾隆《绍兴府志》俱载山阴人，故删。

正德十二年（1517）丁丑科

主考官：靳贵、顾清。

试题：夫仁者已（节）；敬大臣则（畏之）；老者衣帛（有也）。

【徐官】（1479—1523）

字伯贤，号南洲，萧山城厢街道人。治《书经》，正德八年（1513）癸酉科乡试第四十二名举人，正德十二年（1517）丁丑科会试三百十二名，中式三甲二百五名进士。授武进知县。嘉靖二年（1523）调临城知县，擢刑部主事，理刑淮扬。迁广信府同知，升广西按察司佥事。

《明正德八年癸酉科浙江乡试录》：第四十二名徐官，萧山县学增广生，《书》。

《正德十二年丁丑科进士登科录》：徐官，贯浙江绍兴府萧山县，匠籍，国子生，治《书经》。字伯贤，行六，年三十九，八月二十七日生……浙江乡试第四十二名，会试第三百十二名。

《正德十二年丁丑同年增注会录》：徐官，字伯贤，号南州。年三十九，八月二十七日生。浙江萧山县人。都察院政，武进知县，升刑部主事，员外郎中……广西按察司佥事。会试第三百十二名，三甲第二百二名。

《正德十二年丁丑科会试录》：第三百十二名徐官，浙江萧山县人，监生，《书》。

《嘉靖十九年庚子科江西乡试卷》：受卷官，广信府同知徐官伯贤，浙江萧山县人，丁丑进士。

隆庆《赵州志》卷六：徐官，萧山人，（嘉靖）三年知临城，升刑部主事。

万历《临城县志》卷四：徐官，浙江萧山人，由进士嘉靖三年任，均赋劝农，境内称理，升主事，有去思碑，赵州学正余龙记。

明俞宪辑《皇明进士登科考》卷十：第三甲，二百三十名，赐同进士出身。徐官，浙江萧山县人。

明张朝瑞辑《皇明贡举考》卷六：第三甲，二百三十名，赐同进士出身。徐官，浙江萧山县。

雍正《浙江通志》卷一百三十二：正德十二年丁丑科舒芬榜　徐官，萧山人，佥事。

雍正《广西通志》卷五十三：徐官，浙江人，嘉靖间任（佥事）。

乾隆《绍兴府志》卷三十一：正德十二年丁丑科舒芬榜　徐官，萧山人，佥事。

乾隆《天津府志》卷二十二：徐官，浙江萧山县人，进士，嘉靖十二年任（沧州分司）。

同治《重修山阳县志》卷五：徐官，萧山人，进士（漕运理刑刑部）。

光绪《淮安府志》卷十：徐官，萧山人，进士（漕运理刑刑部）。

民国《沧县志》卷七：徐官，萧山进士，嘉靖十二年任（运判）。

民国《萧山县志稿》卷十三：正德十二年丁丑科舒芬榜　徐官，广西佥事。

正德十六年（1521）辛巳科

主考官：石珤、李廷相。

试题：我不欲非（章）；凡为天下（一也）；观水有术（四句）。

案：庚辰科会试时，车驾南幸，明年辛巳世宗登极，五月十五日廷试。

【田麟】

字文祥，号鹅峰，山阴天乐乡欢潭（今属萧山进化镇）人。府学生，治《易经》，正德十四年（1519）己卯科乡试中式第三十五名举人，正德十六年（1521）辛巳科会试三百五十名，中式三甲九十九名进士。广西平乐府知事，官至南京云南道监察御史。（《欢潭田氏宗谱》有陆钛、刘栋撰《送御史田君文祥之南台序》）

《正德十六年辛巳科进士登科录》：田麟，贯浙江绍兴府山阴县，民籍，府学生，治《易经》。字文祥，行三，年四十，十月初一日生……浙江乡试第三十五名，会试第三百五十名。

《正德十六年辛巳科会试录》：第三百五十名田麟，浙江绍兴府学士，《易》。

嘉靖《山阴县志》卷五：正德十六年辛巳科杨维聪榜　田麟，知府。

明天启《南京都察院志》卷七：嘉靖元年壬午，田麟，浙江山阴人，由进士任（云南道）。

明俞宪辑《皇明进士登科考》卷十：第三甲，二百十七名，赐同进士出身。田麟，浙江山阴县人。

明张朝瑞辑《皇明贡举考》卷六：第三甲，二百十七名，赐同进士出身。田麟，浙江山阴县。

雍正《浙江通志》卷一百三十二：正德十六年辛巳科杨维聪榜　田麟，山阴人，佥事。

乾隆《绍兴府志》卷三十一：正德十六年辛巳科杨维聪榜　田麟，佥事。

嘉靖二年（1523）癸未科

主考官：蒋冕、石珤。

试题：君子博学（章）；上律天时（二句）；尧舜之道（天下）。

【周宪】（1486—？）

字绍吉，萧山人，灶籍。国子生，治《书经》，正德二年（1507）丁卯科乡试中式第五十一名举人，嘉靖二年（1523）癸未科会试二百三十九名，中式三甲七名进士。授宁国府推官。

《明嘉靖二年癸未科会试录》：第二百三十九名，周宪，浙江萧山县人，监生，《书》。

《嘉靖二年癸未科进士登科录》：周宪，贯浙江绍兴府萧山县，灶籍，国子生，治《书经》。字绍吉，行一，年三十八，十月初十日生……浙江乡试第五十一名，会试第二百三十九名。

《正德二年丁卯科浙江乡试录》：第五十一名，周宪，萧山县学附学生，《书》。

明俞宪辑《皇明进士登科考》卷十一：第三甲，二百六十五名，赐同进士出身。周宪，浙江萧山县人。

明张朝瑞辑《皇明贡举考》卷六：第三甲，二百六十五名，赐同进士出身。周宪，浙江萧山县。

雍正《浙江通志》卷一百三十二：嘉靖二年癸未科姚涞榜　周宪，萧山人，推官。

乾隆《绍兴府志》卷三十一：嘉靖二年癸未科姚涞榜　周宪，萧山人，推官。

嘉庆《宁国府志》卷二：周宪，字绍吉，萧山人，进士，（嘉靖三年）任（推官）。

民国《萧山县志稿》卷十三：嘉靖二年癸未科　周宪，宁国府推官。

嘉靖十一年（1532）壬辰科

主考官：张潮、郭维藩。

试题：大哉尧之（章）；行而是为（二句）；谨庠序之（二句）。

【来汝贤】（1502—1536）

字子禹，一作子与，号菲泉，萧山长河镇（今属滨江区）人。邑廪生，嘉靖四年（1525）乙酉科乡试中式第二名举人，嘉靖十一年（1532）壬辰科会试第二名，中式三甲三十四名进士。授奉新县令。嘉靖十五年（1536），擢兵部职方司主事，改礼部精膳司主事，以疾乞归。著有《菲泉存稿》八卷。（《萧山来氏家谱》有来斯行撰《主事菲泉公传》、钱士鳌撰《明礼部主事菲泉来先生配安人钱氏行状》，明许应元《陭堂摘稿》卷十有《礼部精膳司来君汝贤墓志》）

《嘉靖十一年壬辰科进士同年序齿录》：来汝贤，字子禹，治《书经》。壬戌年七月初八日生，萧山县人。观吏部政，授奉新知县，调繁丹阳县，升兵部主事，改礼部主事。养病回卒，号菲泉，乙酉乡试二名，会试二名，廷试三甲二十四名。

《嘉靖十一年壬辰科进士登科录》：来汝贤，贯浙江绍兴府萧山县，灶籍，国子生，治《书经》。字子禹，行一，年三十一，七月初八日生……浙江乡试第二名，会试第二名。

明俞宪辑《皇明进士登科考》卷十一：第三甲，二百三十三名，赐同进士出身。来汝贤，浙江萧山县人。

明张朝瑞辑《皇明贡举考》卷六：第三甲，二百三十三名，赐同进士出身。来汝贤，浙江萧山县。

隆庆《丹阳县志》卷五：来汝贤，萧山人，进士，嘉靖十三年任（知县）。有文名，崇儒术，升主事。

万历《新修南昌府志》卷十四：嘉靖十年，来汝贤，萧山人，进士。

康熙《归化县志》卷六：来汝贤，浙江萧山人，嘉靖二十二年任（巡检）。

雍正《浙江通志》卷一百三十二：嘉靖十一年壬辰科林大钦榜　来汝贤，萧山人，主事。

乾隆《绍兴府志》卷三十一：嘉靖十一年壬辰科林大钦榜　来汝贤，萧山人，主事。

乾隆《镇江府志》卷三十四：来汝贤，字子禹，浙江萧山人，壬辰进士，嘉靖十三年自奉新调繁，知丹阳县。行所无事，民甚宜之，作兴士类，所赏拔悉为名士。

同治《奉新县志》卷七：来汝贤，（嘉靖）十一年任（知县），字子禹，浙江萧山人，乡会俱第二。

民国《萧山县志稿》卷十三：嘉靖十一年壬辰科　来汝贤，林大钦榜，吏部主事。《浙江通志》：会魁。

民国《明溪县志》卷八：来汝贤，浙江萧山人，嘉靖二十二年莅任（驿丞）。

嘉靖十四年（1535）乙未科

主考官：张璧、蔡昂。

试题：赐也女以（章）；吾说夏礼（节）；君子之志（二句）。

【翁五伦】（1507—?）

字大经，号湘湖，萧山城厢街道人，民籍。附学生，治《书经》，嘉靖十三年（1534）甲午科乡试中式第七十名举人，会试第一百五十二名，嘉靖十四年（1535）中式三甲四十六名进士。初令广东饶平县，以荐擢监察御史，按部真定，妖人以白莲幻术倡乱，与巡抚协谋殄其渠魁，全活者万计。迁福州知府，以终养告归。

《嘉靖十四年乙未科进士登科录》：翁五伦，贯浙江绍兴府萧山县，民籍，附学生，治《书经》。字大经，行一，年二十九，七月十八日生……浙江乡试第七十名，会试第一百五十二名。

《嘉靖十六年丁酉科广东乡试录》：誊录官，潮州府饶平县知县翁五伦大经，浙江萧山县人，乙未进士。

《嘉靖三十一年壬子科福建乡试录》：收掌试卷官，福州府知府翁五伦大经，浙江萧山县人，乙未进士。

万历《保定府志》卷七：翁五伦，浙江萧山县人，进士，嘉靖间任（巡关察院）。

明俞宪辑《皇明进士登科考》卷十一：第三甲，二百二十七名，赐同进士出身。翁五伦，浙江萧山县人。

明张朝瑞辑《皇明贡举考》卷七：第三甲，二百二十七名，赐同进士出身。翁五伦，浙江萧山县。

明何出光等《兰台法鉴录》卷十六：翁五伦，字大经，浙江萧山县人。嘉靖十四年进士。十七年，由饶平县选河南道御史，巡视两关，巡按真定、云南，升福建福州知府，告终养。

雍正《浙江通志》卷一百三十一：嘉靖十四年乙未科韩应龙榜　翁五伦，萧山人，福州知府。

乾隆《正定府志》卷二十三：翁五伦，浙江黄山（案：此处误，应为萧山）人，进士，嘉靖二十一年代（巡按）。

乾隆《绍兴府志》卷三十一：嘉靖十四年乙未科韩应龙榜　翁五伦，萧山人，福州知州。

乾隆《潮州府志》卷三十一：翁五伦，萧山进士，有治，嘉靖间任（饶平县知县）。

光绪《饶平县志》卷六：翁五伦，字大经，萧山人，进士，嘉靖丙申年任（知县），擢监察御史。

民国《萧山县志稿》卷十三：嘉靖十四年乙未科韩应龙榜　翁五伦，福州知州。

【来聘】

字安国，萧山长河镇（今属滨江区）人。贯陕西西安府三原县，军籍。国子生，治《诗经》，嘉靖十年（1531）辛卯科乡试陕西第五十七名举人，嘉靖十四年（1535）乙未科会试第一百十六名，中式三甲十一名进士。官至按察司副使。

嘉靖《重修三原志》卷六：嘉靖十四年韩应龙榜　来聘，字安国，永清里人，治《诗经》。

明俞宪辑《皇明进士登科考》卷十一：第三甲，二百二十七名，赐同进士出身。来聘，陕西三原县人。

明张朝瑞辑《皇明贡举考》卷七：第三甲，二百二十七名，赐同进士出身。来聘，陕西三原县。

康熙《陕西通志》卷十九：（嘉靖十四年）乙未科　来聘，三原人，仕至副使。

乾隆《西安府志》卷四十二：嘉靖十四年乙未科韩应龙榜　来聘，三原人，副使。

嘉庆《四川通志》卷九十九：来聘，三原进士，嘉靖三十三年任（按察司副使）

道光《徽州府志》卷七：来聘，三原人，进士，南京礼部郎中，（嘉靖）二十五年任（知府）。

光绪《重修安徽通志》卷一百十八：来聘，三原人（知府）。

民国《萧山县志稿》卷十三：嘉靖十四年乙未科　来聘，四川按察司副使。

嘉靖十七年（1538）戊戌科

主考官：顾鼎臣、张邦奇。

试题：质胜文则（章）；博厚所以（节）；孟子道性（二句）。

【王国桢】（1513—1587）

字以宁，号龙阜，晚更号足庵，山阴朱家塔王家（今属萧山浦阳镇）人。嘉靖十六年（1537）丁酉科乡试中式第二十四名举人，连捷嘉靖十七年（1538）戊戌科会试第七十七名，三甲六十八名进士。由行人升南京工科给事中。丁艰服阕，补户、兵二科，佩侃直言，最为朝宁宠眷。嘉靖三十四年（1555），升广东右参政，分守岭西道，与督府谈恺议征大罗山寇，直捣其穴，斩馘二千有奇，民赖安辑。绥抚之道，保厘之政，务殚心力，颂声载道。升云南按察使、福建左布政使，以不顺权贵致仕。家居极林泉之乐，年七十五卒。著有《梦醒山堂疏稿》四卷。（《苎萝王氏宗谱》有罗万化《明奉政大夫赐进士及第出身福建布政使司左布政使龙阜王公行状》，道光《广宁县志》卷十六、道光《肇庆府志》卷十六、道光《广东通志》卷二百四十三载其传）

《嘉靖十七年戊戌科进士登科录》：王国桢，贯浙江绍兴府山阴县，民籍，儒士，治《诗经》。字以宁，行二十五，年二十六，十一月十七日生……浙江乡试第二十四名，会试第七十七名。

明嘉靖刻本《嘉靖三十二年癸丑科进士登科录》：弥封官，承事郎、兵科都给事中王国祯，戊戌进士。

嘉靖《山阴县志》卷五：嘉靖十七年茅瓒榜　王国祯，左布政。

万历《广东通志》卷十：王国祯，山阴人，进士，嘉靖三十四年任（右参政）。

天启《滇志》卷十二：王国祯以宁，浙江山阴县人，进士（按察使）。

明俞宪辑《皇明进士登科考》卷十一：第三甲，二百二十二名，赐同进士出身。王国祯，浙江山阴县人。

明张朝瑞辑《皇明贡举考》卷七：第三甲，二百二十二名，赐同进士出身。王国祯，浙江山阴县。

乾隆《永定县志》卷八：王国桢，山阴人（布政使）。

乾隆《绍兴府志》卷三十二：嘉靖十七年戊戌科茅瓒榜　王国祯，《通志》无，按《碑记》补，布政。

光绪《高州府志》卷十九：王国桢，浙江山阴进士。

【戴惟师】（1505—？）

字秉文，一字宗文，萧山人，灶籍。国子生，治《诗经》，嘉靖十年（1531）辛卯乡试中式第四十三名举人，嘉靖十七年（1538）戊戌科会试第二百五十二名，中式三甲一百名进士。历官四川按察司佥事，迁福建都转运盐使司副使，充己酉科福建乡试受卷官。

《嘉靖十七年戊戌科进士登科录》：戴维师，贯浙江绍兴府萧山县，灶籍，国子生，治《诗经》。字秉文，行六，年三十四，六月十六日生……浙江乡试第四十三名，会试第二百五十二名。

《嘉靖二十八年己酉科福建乡试录》：受卷官，福建都转运盐使司副使戴维师秉文，浙江萧山县人，戊戌进士。

万历《湖广总志》卷二十：戴惟师，萧山人（永州府同知）。

明俞宪辑《皇明进士登科考》卷十一：第三甲，二百二十二名，赐同进士出身。戴维师，浙江萧山县人。

明张朝瑞辑《皇明贡举考》卷七：第三甲，二百二十二名，赐同进士出身。戴维师，浙江萧山县。

明何出光等《兰台法鉴录》卷十六：戴惟师，字宗文，浙江萧山县人。嘉靖十七年进士，廿一年，由中书选山东道御史，出福建运判，累升四川佥事。

雍正《浙江通志》卷一百三十二：嘉靖十七年戊戌科茅瓒榜　戴惟师，萧山人，佥事。

乾隆《绍兴府志》卷三十一：嘉靖十七年戊戌科茅瓒榜　韩惟师，《碑录》戴姓，佥事。

乾隆《福州府志》卷二十九：戴惟师，萧山人（都转盐运使）。

道光《永州府志》卷十一：戴惟师，萧山人，（嘉靖）三十一年任（同知）。

同治《霍邱县志》卷九：戴惟师，按察司经历。

光绪《湖南通志》卷一百十六：戴惟师，萧山人，永州府同知。

民国《萧山县志稿》卷十三：嘉靖十七年戊戌科　戴惟师，茅瓒榜，四川佥事。按《绍兴府志》作“韩”。

【黄九皋】（1507—1565）

字汝鸣，号竹山，萧山埭上黄（今属蜀山街道知章村）人。萧山本地人尊称“竹山公”。由儒士中嘉靖七年（1528）戊子科乡试第六十四名举人，嘉靖十七年（1538）戊戌科会试第二百五十七名，二甲八十三名进士，授工部主事，左迁道州州判，调凤阳府通判，转宁国府同知，历任山东鲁王府长史，进阶朝列大夫。著有《竹山集》及《上巡按书》。（《萧山埭上黄氏家谱》有潘晟撰《鲁府长史黄竹山人传》、潘晟撰《明工部主事历任鲁府长史进阶朝列大夫竹山黄公墓志铭》、黄九川撰《明进阶朝列大夫历任鲁府长史黄竹山人行述》，《萧山县志》有其传）

《嘉靖七年戊子科浙江同年录》：黄九皋，字汝鸣，号竹山。正德丁卯闰正月初十日生，绍兴府萧山县人，住埭上，《书》。戊戌进士，授工部主事。

《嘉靖十七年戊戌科进士登科录》：黄九皋，贯浙江绍兴府萧山县，民籍，国子生，治《书经》。字汝鸣，行十一，年三十二，闰正月初九日生……浙江乡试第六十四名，会试第二百五十七名。

《嘉靖二十五年丙午科湖广乡试录》：受卷官，永州府道州同知黄九皋汝鸣，浙江萧山县人，戊戌进士。

成化《中都志》卷六：黄九皋，浙江萧山县人，由进士授工部主事，改，嘉靖二十六年任。升宁国府同知，山东鲁府长史。

明俞宪辑《皇明进士登科考》卷十一：第二甲，九十五名，赐进士出身。黄九皋，浙江萧山县人。

明张朝瑞辑《皇明贡举考》卷七：第二甲，九十五名，赐进士出身。黄九皋，浙江萧山县。

雍正《浙江通志》卷一百三十二：嘉靖十七年戊戌科茅瓒榜　黄九皋，萧山人，鲁府长史。

乾隆《绍兴府志》卷三十一：嘉靖十七年戊戌科茅瓒榜　黄九皋，鲁府长史，萧山人。

嘉庆《宁国府志》卷二：黄九皋，号竹山，萧山人，进士，嘉庆二十七年任（同知），主事谪任，升山东鲁府长史。

道光《永州府志》卷十一：黄九皋，萧山人，（嘉靖）二十五年任（州同）。

光绪《道州志》卷四：黄九皋，萧山人，（嘉靖）二十五年任（州同），冬官郎，谪。

民国《萧山县志稿》卷十三：嘉靖十七年戊戌科　黄九皋，鲁府长史。

嘉靖二十年（1541）辛丑科

主考官：温仁和、张衮。

试题：何事于仁（二句）；故君子语（载焉）；始条理者（力也）。

【潘镀】（1511—1570）

字近竹，萧山钱清镇（今属绍兴）人。嘉靖十九年（1540）庚子科顺天中式举人，二十年（1541）辛丑科进士，授湖广武昌府嘉鱼县知县。时值正德之后，流民多相聚为盗，邑吏张商与巨盗周茂通，前令屡捕茂不得，商实泄之也。镀莅县，廉知之，故意酣宴，兼旬不治事。升承德郎、户部江南清吏司主事。（民国《萧山县志稿》卷十五载其传）案：《题名碑》查无此人。

民国《萧山县志稿》卷十三：嘉靖二十年辛丑科　潘镀。

嘉靖二十三年（1544）甲辰科

主考官：张潮、懋穀。

试题：事君敬其（章），《诗》曰不显（二节），使禹治之（节）。

【张烛】（1515—1553）

字汝玉，号玉亭，萧山人，民籍。国子生，少以才子称，治《书经》，嘉靖十九年（1540）庚子科乡试中式第八十二名举人，嘉靖二十三年（1544）

甲辰科会试第六十名，中式二甲三十八名进士。刑部江西清吏司郎中。世宗时，大狱频兴，独烛于涉疑似者，力为申辩，存活颇多。以疾归，卒于临清舟次，年三十九。著有《文拟》《谑史》《思堂稿》《宦游集》。

《嘉靖二十三年甲辰科进士登科录》：张烛，贯浙江绍兴府萧山县，民籍，国子生，治《书经》。字汝玉，行三，年三十，九月初七日生……浙江乡试第八十二名，会试第六十名。

《嘉靖二十三年甲辰科会试录》：第六十名，张烛，浙江萧山县人，监生。

明俞宪辑《皇明进士登科考》卷十一：第二甲，九十三名，赐进士出身。张烛，浙江萧山县人。

明张朝瑞辑《皇明贡举考》卷七：第二甲，九十三名，赐进士出身。张烛，浙江萧山县。

雍正《浙江通志》卷一百三十二：嘉靖二十三年甲辰科　秦鸣雷榜　张烛，萧山人，南京刑部郎中。

乾隆《绍兴府志》卷三十二：嘉靖二十三年甲辰科　秦鸣雷榜　张烛，萧山人。

民国《萧山县志稿》卷十三：嘉靖二十三年甲辰科　张烛，秦鸣雷榜，南京刑部郎中。

【冯觐】（1509—？）

字晋叔，号小海，海宁县（今属萧山南阳街道）人，匠籍，钱塘籍。国子生，治《诗经》，嘉靖十三年（1534）甲午科乡试中式第二十七名举人，嘉靖二十三年（1544）甲辰科会试第二十二名，中式二甲四十五名进士。官至广东按察使。著有《存稿》八卷。

《嘉靖二十三年甲辰科进士登科录》：冯觐，贯浙江杭州府海宁县，匠籍，钱塘县人，国子生，治《诗经》。字晋叔，行一，年三十六，六月十三日生……浙江乡试第二十七名，会试第二十二名。

《嘉靖二十三年甲辰科会试录》：第二十二名，冯觐，浙江海宁县人，监生，《诗》。

《嘉靖四十年辛酉科广东乡试录》：提调官广东等处承宣布政使司左参

政冯觐晋叔，浙江海宁县人，甲辰进士。

明俞宪辑《皇明进士登科考》卷十一：第二甲，九十三名，赐进士出身。冯觐，浙江海宁县籍，钱塘县人。

明张朝瑞辑《皇明贡举考》卷七：第二甲，九十三名，赐进士出身。冯觐，浙江海宁县。

康熙《钱塘县志》卷十：嘉靖二十三年甲辰科秦鸣雷榜　冯觐，广东按察使。

康熙《广东通志》卷十三：冯觐，海宁人，进士，（嘉靖）四十年任（左参政）。

雍正《浙江通志》卷一百三十二：嘉靖二十三年甲辰科秦鸣雷榜　冯觐，海宁人，广东廉使。

乾隆《杭州府志》卷六十八：嘉靖二十三年甲辰科秦鸣雷榜　冯觐，海宁人，广东按察使。

同治《韶州府志》卷二十八：冯觐，左参政。

光绪《湖南通志》卷一百十六：冯觐，海宁进士，湖广副使。

民国《海宁州志稿》卷二十五：冯觐，字晋叔，号小海，官至福建按察使（案：应为广东按察使）。

【孙学古】(1515—1549)

字邃夫，一字汝邃，号春湖，萧山人。县学生，治《书经》，嘉靖二十二年（1543）癸卯科乡试中式第八名举人，嘉靖二十三年（1544）甲辰科会试第六十四名，中式三甲一百五十六名进士。嘉靖二十五年（1546）官东莞知县。莅事严公有威，期月，百废俱举，学校、官署、城仓、教场，依次修整一新。学优才瞻，尤精经义。卒于疾，邑人于雁塔前建祠祀之。（《广东通志》有载，民国《东莞县志》有其传）

《明嘉靖二十二年癸卯科浙江乡试录》：第八名，孙学古，萧山县学生，《书》。

明嘉靖刻本《嘉靖二十三年甲辰科进士登科录》：孙学古，贯浙江绍兴府萧山县，匠籍，县学生，治《书经》。字汝邃，行三，年三十，四月初四生……浙江乡试第八名，会试第六十四名。

《嘉靖二十三年甲辰科会试录》：第六十四名，孙学古，浙江萧山县学生，《书》。

《嘉靖二十五年丙午科广东乡试录》：受卷官，广州府东莞县知县孙学古汝邃，浙江萧山县人，甲辰进士。

《嘉靖二十八年己酉科广东乡试录》：受卷官，广州府东莞县知县孙学古汝邃，浙江萧山县人，甲辰进士。

明俞宪辑《皇明进士登科考》卷十一：第三甲，二百一十六名，赐同进士出身。孙学古，浙江萧山县人。

明张朝瑞辑《皇明贡举考》卷七：第三甲，二百一十六名，赐同进士出身。孙学古，浙江萧山县人。

康熙《广东通志》卷十三：孙学古，萧山人，进士，（嘉靖）二十五年任（知县）。

雍正《浙江通志》卷一百三十二：嘉靖二十三年甲辰科秦鸣雷榜　孙学古，萧山人，知县。

乾隆《绍兴府志》卷三十一：嘉靖二十三年甲辰科秦鸣雷榜　孙学古，知县，萧山人。

光绪《广州府志》卷二十：孙学古，浙江萧山人，进士，（嘉靖）二十五年任（东莞知县）。

民国《东莞县志》卷四十一：孙学古，字汝邃，一字春湖，浙江萧山人，进士，（嘉靖）二十五年六月任（知县），有传。

民国《萧山县志稿》卷十三：嘉靖二十三年甲辰科　孙学古，东莞知县。

【杨应元】（1511—？）

字伯仁，萧山西兴镇（今属滨江区）人，陕西群牧所籍。国子生，治《书经》，嘉靖十九年（1540）庚子科陕西乡试中式第四十六名举人，嘉靖二十三年（1544）甲辰科会试第一百名，中式三甲一百七十六名进士。宁国府推官。嘉靖三十年（1551），调登州府推官。

《嘉靖二十三年甲辰科会试录》：杨应元，第一百名，陕西甘州群牧所人，监生，《书》。

《嘉靖二十三年甲辰科进士登科录》：杨应元，贯陕西群牧所，籍浙江绍兴府萧山县人，国子生，治《书经》。字伯仁，行三，年三十四，十二月初六日生……陕西乡试第四十六名，会试第一百名。

《嘉靖二十八年己酉科顺天府乡试录》：同考试官直隶宁国府推官杨应元伯仁，浙江萧山县人，甲辰进士。

《嘉靖三十一年壬子科山东乡试录》：誊录官，登州府推官杨应元伯仁，浙江萧山县人，甲辰进士。

万历《宁国府志》卷三：杨应元，萧山人，进士（推官）。

万历《开封府志》卷七：杨应元，陕西固原籍，浙江萧山县人，进士，嘉靖二十八年任（推官）。

明俞宪辑《皇明进士登科考》卷十一：第三甲，二百一十六名，赐同进士出身。杨应元，陕西群牧所籍，浙江萧山县人。

明张朝瑞辑《皇明贡举考》卷七：第三甲，二百一十六名，赐同进士出身。杨应元，陕西群牧所。

雍正《浙江通志》卷一百三十二：嘉靖二十三年甲辰科秦鸣雷榜　杨应元，萧山人，推官。

乾隆《绍兴府志》卷三十二：嘉靖二十三年甲辰科秦鸣雷榜　杨应元，萧山人，陕西中式。

光绪《增修登州府志》卷二十五：杨应元，萧山进士，（嘉靖）三十年任（推官）。

光绪《甘肃新通志》卷三十九：（嘉靖）甲辰科　杨应元，固原人，推官。

宣统《固原州志·人物志一》：杨应元，固原人，嘉靖庚子科举人，甲辰科进士，历官河南开封府推官。

民国《萧山县志稿》卷十三：嘉靖二十三年甲辰科　杨应元，登州府推官。按《绍兴府志》碑录：陕西群牧所籍。

嘉靖二十六年（1547）丁未科

主考官：孙承恩、张治。

试题：固天纵之（节）；中也者天（二节）；禹思天下（节）。

【黄世科】(1513—?)

字子登，号星湖，萧山蜀山街道人。治《书经》，由廪生中式嘉靖二十五年（1546）丙午科乡试第三十三名举人，嘉靖二十六年（1547）丁未科会试第一百六十四名，中式二甲五十六名进士。授户部观政，奉敕督散边储。（《萧山埭上黄氏家谱》有《进士星湖公传》）

《嘉靖二十六年丁未科进士登科录》：黄世科，贯浙江绍兴府萧山县，民籍，县学生，治《书经》。字子登，行二，年三十五，八月初二日生……浙江乡试第三十三名，会试第一百六十四名。

《嘉靖二十六年丁未科会试录》：第一百六十四名，黄世科，浙江萧山县学生，《书》。

《嘉靖丁未科进士序齿录》：黄世科，字子登，号星湖，治《书经》。癸酉年八月初二日生，浙江绍兴府萧山县人。观兵部政，娶丁氏。丙午乡试三十三名，会试第一百六十四名，廷试二甲五十六名。未收，卒。

明俞宪辑《皇明进士登科考》卷十一：第二甲，九十名，赐进士出身。黄世科，浙江萧山县人。

明张朝瑞辑《皇明贡举考》卷七：第二甲，九十名，赐进士出身。黄世科，浙江萧山县。

雍正《浙江通志》卷一百三十二：嘉靖二十六年丁未科　黄世科，萧山人，知县。

乾隆《绍兴府志》卷三十一：嘉靖二十六年丁未科李春芳榜　黄世科，萧山人，知县。

民国《萧山县志稿》卷十三：嘉靖二十六年丁未科　黄世科，李春芳榜，知县，户部观政，奉敕督散边储。

嘉靖三十二年(1553)癸丑科

主考官：徐阶、敖铣。

试题：大哉尧之（章）；诚者非自（节）。

【张谊】(1522—1590)

字宜言，号左川，又号观复，萧山城厢街道人，匠籍。国子生，治《书经》，嘉靖二十五年（1546）丙午科乡试中式第十六名举人，嘉靖三十二年（1553）癸丑科会试第十七名，殿试二甲九十三名进士。观都察院政。（《义门张氏宗谱》有陈谨撰《都察院观政左川张公像赞》）

《嘉靖三十二年癸丑科进士登科录》：张谊，贯浙江绍兴府萧山县，匠籍，国子生，治《书经》。字宜言，行三，年三十二，三月十六日生……浙江乡试第十六名，会试第十七名。

《嘉靖三十二年癸丑科进士同年便览录》：张谊宜言，号左川，浙江萧山人。壬午三月十六日生。丙午乡试，会书四房，二甲，观都察院政，卒。

《嘉靖三十二年癸丑科会试录》：第十七名，张谊，浙江萧山县人，监生，《书》。

明张朝瑞辑《皇明贡举考》卷七：第二甲，一百五名，赐进士出身。张谊，浙江萧山县。

雍正《浙江通志》卷一百三十二：嘉靖三十二年癸丑科陈谨榜　张谊，萧山人。

乾隆《绍兴府志》卷三十一：嘉靖三十二年癸丑科陈谨榜　张谊，萧山人。

民国《萧山县志稿》卷十三：嘉靖三十二年癸丑科　张谊，陈谨榜。

嘉靖三十五年（1556）丙辰科

主考官：吕本、尹台。

试题：臣事君以忠；《诗》云维天（天也）；大而化之（二句）。

【祝继志】(1532—1563)

字汝德，号成吾，山阴天乐乡（今属萧山进化镇）人，民籍。县学生，治《诗经》。嘉靖三十四年（1555）乙卯科乡试中式第十三名举人，嘉靖三十五年（1556）丙辰科会试第二百二十六名，中式二甲四十六名进士。都察院观政，南京刑部主事。嘉靖三十九年（1560）升员外郎中，任江西按察司佥事。嘉靖四十二年（1563），迁参议，卒于官。（《萧山桃源祝氏宗谱》有徐渭撰《成吾公传》）

《嘉靖三十五年丙辰科会试录》：第二百二十六名，祝继志，浙江山阴县学生，《诗》。

《嘉靖三十五年丙辰科进士登科录》：祝继志，贯浙江绍兴府山阴县，民籍，县学生，治《诗经》。字汝德，行十，年二十五，八月二十七日生……浙江乡试第十三名，会试第二百二十六名。

《嘉靖三十五年丙辰科进士同年世讲录》：祝继志，字汝德，号成吾，治《诗经》，浙江绍兴府山阴县人。观都察院政。壬辰年八月二十七日生，乙卯乡试十三名，会试二百二十六名，廷试二甲四十六名，授南京刑部主事，庚申升员外郎中，升江西佥事，癸亥升参议，卒。

明张朝瑞辑《皇明贡举考》卷七：第二甲，九十名，赐进士出身。祝继志，浙江山阴县。

雍正《浙江通志》卷一百三十二：嘉靖三十五年丙辰科诸大绶榜　祝继志，山阴人，江西佥事。

乾隆《绍兴府志》卷三十一：嘉靖三十五年丙辰科诸大绶榜　祝继志，江西佥事。

嘉庆《山阴县志》卷十：祝继志，江西佥事。

光绪《江西通志》卷十二：祝继志，浙江山阴人，嘉靖丙辰进士，佥事。

嘉靖四十一年（1562）壬戌科

主考官：袁炜、董份。

试题：事君能致（句）；悠久无疆；文王以民（四句）。

【赵应元】（1531—？）

字子贞，号鸿渐，萧山城厢街道杜湖社区人，仁和籍。嘉靖四十年（1561）辛酉科应天府乡试中式第十名举人，嘉靖四十一年（1562）壬戌科会试第二百六十四名，中式三甲第五十四名进士。官至溧阳知县。

《嘉靖四十一年壬戌科进士登科录》：赵应元，贯浙江杭州府仁和县，民籍。直隶六安州学训导，治《易经》。字子贞，行一，年三十二，六月二十七日生……应天府乡试第十名，会试第二百六十四名。

《嘉靖四十一年壬戌科会试录》：第二百六十四名，赵应元，直隶六安州学训导，《易》。

《嘉靖十三年甲子科应天府乡试录》：对读官，应天府溧阳县知县赵应元子贞，浙江仁和县人，壬戌进士。

万历《应天府志》卷七：赵应元，浙江仁和进士（嘉靖间任溧阳知州），调奉新。

明张朝瑞辑《皇明贡举考》卷七：第三甲，二百十一名，赐同进士出身。赵应元，浙江仁和县。

康熙《南昌郡乘》卷十六：赵应元，字鸿渐，仁和人，进士，嘉靖四十四年任（奉新知县）。

雍正《浙江通志》卷一百三十二：嘉靖四十一年壬戌科申时行榜　赵应元，仁和人，溧阳知县。

乾隆《镇江府志》卷二十五：赵应元，字子贞，仁和人，进士，（嘉靖）四十一年任（知县），调奉新。

乾隆《杭州府志》卷六十八：嘉靖四十一年壬戌申时行榜　赵应元，仁和人，溧阳、奉新知县。

嘉庆《溧阳县志》卷九：赵应元，字子员（案：“员”误，应为“贞”），仁和人，进士，（嘉靖）四十一年任（知县），调奉新。

同治《南昌府志》卷二十三：赵应元，仁和进士，嘉靖四十四年任（知县）。

同治《六安州志》卷十八：赵应元，浙江仁和人，辛酉壬戌联捷，嘉靖（教谕）。

隆庆二年（1568）戊辰科

主考官：李春芳、殷士儋。

试题：由诲汝知（章）；舜其大知（章）；吾岂若使（二节）。

【张试】（1536—1596）

字式言，号文川，萧山城厢街道人，匠籍，县学生。治《书经》，隆庆元年（1567）丁卯科乡试中式第二十四名举人，隆庆二年（1568）戊辰科会试第四十一名，中式三甲二百五十六名进士。明年，知休宁县，设义仓赈民，毁淫祠为社学，清介素著。升工部主事，巡视南河，建瓜、仪等闸。改辰州通判，招抚天柱诸苗。万历九年（1581），改德安府通判，迁刑部郎中，时神宗久不视朝，试屡疏直言语，侵宦竖。万历十二年（1584），任建昌府同知，升抚州知府，建崇儒书院，垦七里桃花等陂，计万余亩，卒于任。检其遗箧，仅故衣数袭，残书数卷而已。（《义门张氏宗谱》有《中宪大夫江西抚州知府文川公像传》，民国《萧山县志稿》卷十五、乾隆《绍兴府志》卷四十九载其传）

《隆庆二年戊辰科进士登科录》：张试，贯浙江绍兴府萧山县，匠籍，县学生，治《书经》。字式言，行十，年三十三，四月十八日生……浙江乡试第二十四名，会试第四十一名。

《隆庆二年戊辰科会试录》：第四十一名，张试，浙江萧山县学生，《书》。

万历《湖广总志》卷二十：张试，萧山进士（同知）。

万历《扬州府志》卷八：张试，浙江萧山人，进士，万历二年任主事。

崇祯《抚州府志·官师表》：张试，浙江萧山县人，进士（知府）。

明张朝瑞辑《皇明贡举考》卷八：第三甲，三百二十三名，赐同进士出身。张试，浙江萧山县。

康熙《休宁县志》卷四：张试，号文川，萧山人，进士，隆庆三年任（知县），历抚州知州。

康熙《徽州府志》卷四：张试，号文川，浙江萧山人，进士，隆庆三年任（知县），升知州。

雍正《浙江通志》卷一百三十三：隆庆二年戊辰科罗万化榜　张试，萧山人，知府。

乾隆《绍兴府志》卷三十一：隆庆二年戊辰科罗万化榜　张试，知府。

道光《安陆县志》卷十九：张试，萧山进士，万历九年任（通判）。

同治《桂阳直隶州志》卷七：张试，萧山人（州同知）。

同治《建昌府志》卷六：张试，萧山进士，（万历）十二年任（同知）。

光绪《德安府志》卷九：张试，萧山进士，（万历）九年任（通判）。

光绪《重修安徽通志》卷一百十九：张试，萧山人，休宁知县。

民国《萧山县志稿》卷十三：隆庆二年戊辰科　张试，罗万化榜，抚州知府。

【何世学】（1534—1591）

字文甫，一字道甫，号凤亭，县学附学生，治《书经》。嘉靖三十四年（1555）乙卯科乡试中式第七十六名举人，隆庆二年（1568）戊辰科会试第二百零八名，中式三甲三百三名进士。隆庆三年（1569）任丹徒知县。敕授承德郎、都察院经历，升江南常州府司马。（光绪《丹徒县志》卷二十一、民国《萧山县志稿》卷十五载其传，《萧山何氏宗谱》有朱南雍撰《奉政大夫凤亭公传》）

《隆庆二年戊辰科进士登科录》：何世学，贯浙江绍兴府萧山县，民籍，县学附学生，治《书经》。字文甫，行十四，年三十五，九月十六日生……浙江乡试第七十六名，会试第二百八名。

《隆庆二年戊辰科会试录》：第二百八名，何世学，浙江萧山县学附学生，《书》。

《万历四年丙子科顺天府乡试录》：弥封官，文林郎、直隶保定府蠡县知县何世学文甫，浙江萧山县人，戊辰进士。

万历《常州府志》卷九：何世学，萧山人，进士，都察院经历任，九年致仕（常州府同知）。

明张朝瑞辑《皇明贡举考》卷八：第三甲三百二十三名，赐同进士出身。何世学，浙江萧山县。

康熙《镇江府志》卷二十五：何世学，字文甫，浙江萧山人，戊辰进士，隆庆三年任（丹徒县知县）。

雍正《浙江通志》卷一百三十：隆庆二年戊辰科罗万化榜　何世学，萧山人，同知。

乾隆《绍兴府志》卷三十一：隆庆二年戊辰科罗万化榜　何世学，知府，萧山人。

光绪《蠡县志》卷四：何世学，字文甫，号凤亭，浙江萧山人，进士，万历三年任（知县）。

光绪《丹徒县志》卷二十一：何世学，浙江萧山人，（隆庆）三年任（知县）。

光绪《保定府志》卷四：何世学，浙江萧山进士，（万历）三年任（蠡县知县）。

民国《萧山县志稿》卷十三：隆庆二年戊辰科　何世学，常州知府。《浙江通志》作“同知”。

【来经济】(1530—1602)

字继山，号济时，一号学可，萧山长河镇（今属滨江区）人。邑庠生，嘉靖三十七年（1558）戊午科浙江乡试第二十四名举人，隆庆二年（1568）戊辰科会试第二百十四名，中式三甲第八名进士。初为潮州府推官，改大同，晋太仆丞，转南京工部郎中，出为广西按察司佥事，备兵苍梧。（《萧山来氏家谱》有来斯行撰《宪副继山公传》，明陶望龄《陶文简公集》卷八有《贵州参议继山来公暨配周宜人墓志铭》）

《隆庆二年戊辰科进士登科录》：来经济，贯浙江昭兴府萧山县，灶籍，国子生，治《书经》。字济时，行一，年三十九，六月二十四日生……浙江乡试第二十四名，会试第二百十四名。

《隆庆二年戊辰科会试录》：第二百十四名，来经济，浙江萧山县人，监生，《书》。

《隆庆四年庚午科广东乡试录》：誊录官，潮州府推官来经济济时，浙江萧山县人，戊辰进士。

《万历四年丙子科山西乡试录》：誊录官，大同府推官来经济学可，浙江萧山县人，戊辰进士。

明张朝瑞辑《皇明贡举考》卷八：第三甲，三百二十三名，赐同进士出身。来经济，浙江萧山县。

雍正《浙江通志》卷一百三十三：隆庆二年戊辰科罗万化榜　来经

济，佥事。

乾隆《梧州府志》卷十三：来经济，万历十二年任（分巡苍梧道）。

乾隆《绍兴府志》卷三十一：隆庆二年戊辰科罗万化榜　来经济，副使。

乾隆《潮州府志》卷三十一：来经济，萧山进士（推官）。

嘉庆《四川通志》卷九十九：来经济，萧山进士（按察司副使）。

光绪《郁林州志》卷十：来经济，萧山人，万历间以按察使佥事分巡苍梧。

民国《萧山县志稿》卷十三：隆庆二年戊辰科　来经济，四川副使，《浙江通志》作"佥事"。

民国《贵州通志·职官表》：来经济，萧山人，进士（参议）。

万历二年（1574）甲戌科

主考官：吕调阳、王希烈。

试题：学如不及（章）；惟天下至（出之）；用下敬上（节）。

【王景星】（1549—1600）

字仲祥，号泰徵，萧山西兴（今属滨江区）人，民籍。县学增广生，治《书经》，嘉靖四十三年（1564）甲子科乡试第三十二名举人，万历二年（1574）甲戌科会试第二百十七名，中式三甲九十二名进士。授河南府推官，谪高邮州州判，升安徽五河县知县，敕授文林郎。

《万历二年甲戌科会试录》：第二百十七名，王景星，浙江萧山县，增广生，《书》。

《万历二年甲戌科进士登科录》：王景星，贯浙江绍兴府萧山县，民籍，县学增广生，治《诗经》。字仲祥，行二，年二十六，八月初三日生……浙江乡试第三十二名，会试第二百十七名。

《万历二年甲戌科会试小录》：赐同进士出身，第三甲，二百二十六名，王景星，绍兴府萧山县。

明张朝瑞辑《皇明贡举考》卷八：第三甲，二百二十六名，赐同进士出身。王景星，浙江萧山县。

康熙《五河县志》卷二：王景星，萧山县人，进士，万历间任（知县）。

雍正《浙江通志》卷一百三十三：万历二年甲戌科孙继皋榜　王景星，萧山人，知县。

乾隆《绍兴府志》卷三十一：万历二年甲戌科孙继皋榜　王景星，萧山人，知县。

光绪《重修安徽通志》卷一百十九：王景星，萧山人（知县）。

民国《萧山县志稿》卷十三：万历二年甲戌科　王景星，孙继皋榜，五河知县。

万历五年（1577）丁丑科

主考官：张四维、申时行。

试题：何如斯可（次矣）；回之为人（章）；我亦欲正（节）。

【蔡万里】（1547—？）

字巨卿，萧山城厢街道人，军籍。国子生，治《书经》，嘉靖四十三年（1564）甲子科乡试第三十七名，万历五年（1577）丁丑科会试第一百六十三名，中式三甲一百七十三名进士。授抚州府推官，充己卯科江西乡试对读官。调邵武府推官。

《万历五年丁丑科进士登科录》：蔡万里，贯浙江绍兴府萧山县，军籍，国子生，治《书经》。字巨卿，行二，年三十一，正月十三日生……浙江乡试第三十七名，会试第一百六十三名。

《万历五年丁丑科会试录》：第一百六十三名，蔡万里，浙江萧山县人，监生，《书》。

《万历七年己卯科江西乡试录》：对读官，抚州府推官蔡万里巨卿，浙江萧山县人，丁丑进士。

明张朝瑞辑《皇明贡举考》卷八：第三甲，二百四十一名，赐同进士出身。蔡万里，浙江萧山县。

雍正《浙江通志》卷一百三十三：万历五年丁丑科沈懋学榜　蔡万里，萧山人，同知。

乾隆《绍兴府志》卷三十一：万历五年丁丑科沈懋学榜　蔡万里，萧山人，同知。

乾隆《福建通志》卷二十五：蔡万里，萧山人，万历间（同知）。

光绪《广德州志》卷二十六：蔡万里，浙江萧山人，进士，由推官谪任（判官）。

光绪《重纂邵武府志》卷十四：蔡万里，萧山进士（同知）。

民国《萧山县志稿》卷十三：万历五年丁丑科　蔡万里，沈懋学榜，邵武府推官。《浙江通志》作同知。

万历十一年（1583）癸未科

主考官：余有丁、许国。

试题：吾之于人（章）；修身则道（节）；孔子有见（三句）。

【来三聘】（1540—1612？）

字任卿，号熙庵，萧山人，灶籍。国子生，治《书经》，隆庆四年（1570）庚午科应天府乡试中式第一百二十九名举人，万历十一年（1583）癸未科会试第六十二名，中式三甲七十八名进士。授黄梅知县，以善断疑案称。调合肥知县，俗无麦，为给种。补武选主事，迁职方郎，历礼部仪制司员外郎。万历二十二年（1594），升祠祭郎中，外转江西左参议。著有《西轺漫稿》《薄游吟稿》。（《萧山来氏家谱》有来斯行撰《右布政使熙庵公传》）

《隆庆四年庚午科应天府乡试录》：第一百二十九名，来三聘，浙江萧山县人，监生，《书》。

《万历十一年癸未科进士登科录》：来三聘，贯浙江绍兴府萧山县，灶籍，国子生，治《书经》。字任卿，行二，年三十二，十一月十五日生……应天府乡试第一百二十九名，会试第六十二名。

明张朝瑞辑《皇明贡举考》卷九：第三甲，二百七十一名，赐同进士出身。来三聘，浙江萧山县。

康熙《山东通志》卷二十四：来三聘，萧山人，万历间由进士任（历佥事、副使、按察使）。

康熙《江西通志》卷十三：来三聘，萧山人，万历间由进士任（右布政使）。

康熙《曹州志》卷七：来三聘，字任卿，萧山人，进士（兵备道）。

雍正《浙江通志》卷一百三十三：万历十一年癸未科朱国祚榜　来三聘，萧山人，江西右布政。

雍正《合肥县志·卷十一》：来三聘，萧山人，万历间任（知县），升兵部主事。

乾隆《绍兴府志》卷三十一：万历十一年癸未科朱国祚榜　来三聘，萧山人，江西右布政。

乾隆《黄梅县志·秩官表》：来三聘，万历间任（知县）。

嘉庆《庐州府志》卷十：来三聘，萧山人，进士，万历间任（合肥知县），升兵部主事。

道光《济南府志》卷二十六：来三聘，浙江萧山人，进士，（万历间）由佥事任（提刑按察使）。

光绪《江西通志》卷十三：来三聘，字任卿，浙江萧山人，万历癸未进士，左参议进右参政，（万历间）任右布政使。

民国《萧山县志稿》卷十三：万历十一年癸未科　来三聘，朱国祚榜，江西右布政。

万历二十三年（1595）乙未科

主考官：张位、刘元震。

试题：仁者其言（节）；邦有道不（哉矫）；好善优于（句）。

【来俨然】

字望之，萧山长河镇（今属滨江区）人，陕西三原籍。万历十三年（1585）乙酉科乡试中式举人，万历二十三年（1595）乙未科中式三甲一百七十四名进士。官至兵部主事，著有《自愉堂集》。（民国《太和县志》卷七、光绪《永平府志》卷五十二载其传）

雍正《陕西通志》卷三十：万历二十三年乙未朱之蕃榜　来俨然，三原人，佥事。

光绪《永平府志》卷五：来俨然，（万历）二十九年任（山海兵部分司），有传。

光绪《重修安徽通志》卷一百十九：来俨然，三原人（知县）。

民国《萧山县志稿》卷十三：万历二十三年乙未科　来俨然，兵部职方司主事，山西参政。

民国《太和县志》卷七：来俨然，万历二十四年任（知县），有传。

民国《临榆县志》卷一：来俨然，三原进士，（万历）二十九年任主事，有事实。

【王循学】(1568—1603)

字路之，一字翼龙，号约我，山阴（今属萧山浦阳镇王家村）人，民籍。国桢子。治《诗经》，万历十九年（1591）辛卯科乡试应天府中式第三十名举人，万历二十三年（1595）乙未科会试第九十四名，中式三甲一百七十五名进士。兵部观政，授保昌知县，政声隆起。万历二十八年（1600），调知南海，县故冲剧，循学剖决如流，发奸剔蠹，吏畏如神。会榷税初行，中官横暴，循学独持正义，民赖以生，榷使深衔之，而不能中。故人来见，把酒道故甚欢，语及他事，遂绝不与通，其严毅若此。服勤茹澹，不以家累，自随案牍，旁午、中夜不息，竟以劳瘁。万历三十一年（1603），卒于官。好吟咏，著有《都门岭下》等集。（光绪《广州府志》卷一百六、道光《南海县志》卷三十一、道光《广东通志》二百四十六载其传，《苎萝王氏宗谱》有《南海令路之公传》）

雍正《浙江通志》卷一百三十三：万历二十三年乙未科朱之蕃榜　王循学，知县。

乾隆《绍兴府志》卷三十一：万历二十三年乙未科朱之蕃榜　王循学，知县。

乾隆《保昌县志》卷八：王循学，浙江山阴进士，（万历）二十四年任（知县）。

嘉庆《山阴县志》卷十：万历二十三年乙未科　王循学，知县。

道光《广东通志》卷二十九：王循学，浙江山阴人，进士，（万历）

二十四年任（保昌县知县）。

道光《直隶南雄州志》卷四：王循学，浙江山阴人，进士，（万历）二十四年任（保昌县知县）。

道光《南海县志》卷十八：王循学，浙江山阴人，进士，（万历）二十八年任（知县）。

光绪《广州府志》卷十九：王循学，浙江山阴人，进士，（万历）二十八年任（南海县知县）。

万历二十六年（1598）戊戌科

主考官：沈一贯、曾朝节。

试题：《诗云》穆穆（节）；子贡曰我（章）；且夫枉尺（节）。

【倪朝宾】（1563—1629）

字初源，号翼元，萧山临浦镇梅里人，军籍。治《书经》，万历二十二年（1594）甲午科浙江乡试中式第三十七名举人，二十六年（1598）戊戌科会试第一百十六名，中式二甲三十二名进士。授刑部主事，恤刑广东，多所平反，升员外郎。寻出知延平府，有惠政，兴学校，延师儒。迁湖广按察副使，分巡上湖南道，其谳狱如前恤刑。转四川威茂道，以平寇功迁苑马寺卿。万历四十八年（1620），升陕西布政使司参政。天启二年（1622），升按察使。三年（1623），转湖广按察使。五年（1625），致仕归。晚好黄老，以寿终。著有《桃源初集》等。（民国《萧山县志稿》卷十五载其传，《古越萧邑桃源倪氏宗谱》有朱宸撰《诰授通议大夫湖广按察使翼元公传》）

《万历二十六年进士登科录》：倪朝宾，贯浙江绍兴府萧山县，军籍，县学附学生，治《书》。字翼元，行四，年三十，十月初四日生，会试第一百十六名。

雍正《浙江通志》卷一百三十三：万历二十六年戊戌科赵秉忠榜　倪朝宾，萧山人，廉使。

雍正《陕西通志》卷二十二：倪朝宾，浙江萧山人，由进士任（左参政）。

乾隆《延平府志》卷二十二：倪朝宾，萧山人，进士，（万历）三十七年任（知府）。

乾隆《绍兴府志》卷三十一：万历二十六年戊戌科赵秉忠榜　倪朝宾，萧山人，廉使。

乾隆《福建通志》卷二十四：倪朝宾，萧山人，万历间任（知府）。

道光《永州府志》卷十一：倪朝宾，浙江萧山人，戊戌进士，天启三年十月任（分衡永郴桂道），升按察使。

光绪《湖南通志》卷一百二十：倪朝宾，萧山进士，副使，分守上湖南道。

民国《萧山县志稿》卷十三：万历二十六年戊戌科　倪朝宾，赵秉忠榜，湖广按察使。

万历二十九年（1601）辛丑科

主考官：冯琦、曾朝节。

试题：畏圣人之（言）；庸德之言（五句）；是心足以（句）。

【王三才】（1568—1620）

字学参，号茂槐，萧山城厢街道人，民籍。县学生，治《书经》，万历二十五年（1597）丁酉科以经魁举乡试第二名，万历二十九年（1601）辛丑科会试第七十一名，中式二甲三名进士。授工部营缮司主事，厘奸剔弊，诸中贵莫敢干以私。万历三十二年（1604），调礼部仪制司主事，升祠祭司员外郎，迁主客司郎中。外调分巡徽宁池太兵备道佥事，升山西督学副使。文名擅海内，居心廉介，以空缺银两置儒学、常平仓以济寒士。又建太原、平阳考场，岁省千金，升本省右参政。后为山东左布政使。举卓异，晋应天府尹，上疏请节冗费，裕国用。卒赠工部侍郎。著有《书经注疏》一卷。（民国《萧山县志稿》卷十五、乾隆《太原府志》卷三十二载其传，《萧山王氏宗谱》有来谦鸣撰《南京应天府尹赠工部右侍郎谕祭茂槐公传》）

《万历二十九年辛丑科会试录》：王三才，萧山县人。

《万历二十九年辛丑科进士登科录》：王三才，贯浙江绍兴府萧山县，民籍，县学生，治《书经》。字学参，行四，年三十四，十二月二十七日生……浙江乡试第二名，会试第七十一名。

《万历二十九年辛丑科进士履历便览》：王三才，茂槐，《书》，三房。壬申十二月二十七日生。浙江绍兴府萧山县人，丁酉乡试二名，会试第七十一名，二甲三名。通政司政，授工部主事……升南直宁太按察使，调徽安道右布政……升山东左布政，升应天府尹。庚申卒。

万历《山西通志》卷八十六：王三才，萧山进士，万历间督学副使。

雍正《浙江通志》卷一百三十三：万历二十九年辛丑科张以诚榜　王三才，萧山人，工部右侍郎。

乾隆《绍兴府志》卷三十一：万历二十九年辛丑科张以诚榜　王三才，萧山人，工部右侍郎。

乾隆《池州府志》卷二十七：王三才，萧山县人，进士，万历四十三年任（监司）。

乾隆《太原府志》卷二十九：王三才，进士，万历时任右参政，迁副使，浙江萧山人。

嘉庆《重刊江宁府志》卷二十：王三才，浙江萧山人，进士，万历间任（应天府知府）。

道光《济南府志》卷二十五：王三才，浙江萧山人，进士，万历间任（左布政使）。

同治《上江两县志》卷十三：王三才，萧山进士，万历间任。

光绪《重修安徽通志》卷一百十九：王三才，萧山人（分巡道）。

民国《山东通志》卷四十九：王三才，萧山进士。

民国《萧山县志稿》卷十三：万历二十九年辛丑科　王三才，张以诚榜，工部右侍郎。

民国《山东通志》卷四十九：王三才，萧山进士（布政使）。

万历三十二年（1604）甲辰科

主考官：朱赓、唐文献。

试题：不知命无（章）；极高明而（句）；老吾老以（之幼）。

【陈伯龙】(1564—1621)

字宗问，号震东，萧山城厢街道人。廪膳生，万历二十二年（1594）甲午科乡试中式第八十名举人，三十二年（1604）甲辰科会试第四十五名，中式三甲二十七名进士。历任南直宁国，江西新建、宜春，湖广汉阳，北直献县知县。内升刑部山西清吏司主事，又升任员外郎。（民国《萧山县志稿》卷十五、顺治《光州志》卷七载其传，《长浜陈氏宗谱》有来方炜撰《震东公传》）

《万历三十二年甲辰科会试进士履历便览》：陈伯龙震东，《书》，二房。乙亥七月二十日生。萧山县人，甲午乡试八十名，会试四十五名，三甲二十七名。礼部政，授宜春知县，乙巳调新建，丁未调宁□，庚戌降光州判官，壬子升汉川知县，甲寅丁忧，丁巳除□西县知县，戊午刑部山西司主事。

万历《汉阳府志》卷七：陈伯龙，萧山人，由进士任（汉川县知县）。

顺治《光州志》卷七：陈伯龙，浙江萧山人，进士，以知县谪任（判官），见传。

康熙《袁州府志》卷五：陈伯龙，萧山人，进士，（万历）三十二年任（宜春县知县）。

康熙《南昌郡乘》卷十六：陈伯龙，字孟阳，萧山人，进士，万历三十三年任（新建县知县），调宁国县。

康熙《新建县志》卷四：陈伯龙，萧山人，（万历）三十三年任（知县）。

雍正《浙江通志》卷一百三十三：万历三十二年甲辰科杨守勤榜　陈伯龙，萧山人，刑部主事。

乾隆《绍兴府志》卷三十一：万历三十二年甲辰科杨守勤榜　陈伯龙，刑部主事，萧山人。

民国《宜春县志》卷十五：陈伯龙，萧山进士，（万历）三十二年任（知县），有治才，擢工部主事。

民国《萧山县志稿》卷十三：万历三十二年甲辰科　陈伯龙，杨守勤榜，刑部主事。

【来宗道】(1571—1638)

字子繇，号路然，萧山长河镇（今属滨江区）人，灶籍。县学生，治《诗经》，万历三十一年（1603）癸卯科乡试中式第五十二名举人，万历三十二年（1604）甲辰科会试二十名，中式三甲十三名进士。礼部观政，选翰林院庶吉士。授检讨，万历三十九年（1611）丁忧，服阕，补原职，主考万历四十五年（1617）乙卯福建乡试。四十五年（1617），升右赞善，主考四十六年（1618）戊午科应天乡试。四十七年（1619），升右谕德兼侍讲。天启元年（1621），升左谕德。明年，迁左庶子，充日讲官，寻升詹事府少詹事，加升礼部右侍郎兼翰林院侍读学士，协理詹事府。天启六年（1626），迁南京礼部尚书，署詹事府。七年（1627），调礼部尚书兼翰林学士，与阉党崔呈秀相结。同年十一月，以本官兼东阁大学士入阁，加太子太保衔。崇祯元年（1628）四月，加少保兼太子太保、户部尚书、文渊阁大学士，时人称其为“清客宰相”。同年六月二十三日，加少傅兼太子太傅，致仕。崇祯二年（1629）定逆案，宗道赎徒为民。（《明史》卷三百五十四载其传，《萧山来氏家谱》有来集之撰《大学士路然公传》）

雍正《浙江通志》卷一百三十三：万历三十二年甲辰科杨守勤榜　来宗道，萧山人，东阁大学士，少保兼太子太保，户部尚书。

乾隆《绍兴府志》卷三十一：万历三十二年甲辰科杨守勤榜　来宗道，东阁大学士，少保兼宫保，户部尚书，萧山人。

民国《萧山县志稿》卷十三：万历三十二年甲辰科　来宗道，东阁大学士，太保，户部尚书。

万历三十五年(1607)丁未科

主考官：杨道宾、黄汝良。

试题：君子之仕途（二句）；君子依乎（句）；孟子谓万（章）。

【王命禹】(1579—？)

字伯允，一字懋揆，号玉凫，萧山城厢街道人，民籍。县学生，治《书经》，万历三十四年（1606）丙午科乡试中式第八十一名举人，万历三十五年（1607）丁未科会试第一百三十七名，中式二甲三名进士。授工部主事，置一奸商于法，由是发名。晋都水司郎中，分司徐州吕梁洪，御下严而内宽，差督中河，狼矢沟溃，修筑有方，以忧去，士民怀之。著《治河八议》，后仿而行之。（民国《铜山县志》卷十六、民国《萧山县志稿》卷十五载其传，《萧山王氏宗谱》有《工部郎中玉凫公传》）

《万历三十五年丁未科进士登科录》：王命禹，贯浙江绍兴府萧山县，民籍，县学生，治《书经》。字伯允，行二，年二十九，八月十九日生……浙江乡试第八十一名，会试第一百三十七名。

雍正《浙江通志》卷一百三十三：万历三十五年丁未科黄士俊榜　王命禹，萧山人，都水司郎中。

乾隆《绍兴府志》卷三十一：万历三十五年丁未科黄士俊榜　王命禹，都水司郎中。萧山人。

乾隆《江南通志》卷一百零三：王命禹（吕梁洪工部分司）。

同治《徐州府志》卷六：王命禹，萧山人，进士，（万历）三十九年任（吕梁洪工部分司）。

民国《铜山县志》卷五：王命禹，萧山人，进士，（万历）三十九年任（监司）。

民国《萧山县志稿》卷十三：万历三十五年丁未科　王命禹，黄士俊榜，工部都水司郎中。

【来斯行】(1567—1634)

字道之，号马湖，一号槎庵，萧山长河镇（今属滨江区）人，灶籍。童年补弟子员，县学生，治《书经》，万历三十四年（1606）丙午科乡试中式第五十六名举人，万历三十五年（1607）丁未科会试第二百二十一名，中式二甲五十七名进士。授刑部主事，著《狱志》四十卷。代藩争立，礼曹莫敢言，斯行疏请贵贱有等，不宜开废立之，端朝论韪之。万历四十年（1612），典试广西。补工部，以忤要津，出为永平府推官。转兵部车驾司主事，监运辽海，著《胶莱河议》。升山东佥事，备兵天津，值莲妖构乱，身率将卒，次广川使。子燕禧先驱破之，随克山东邹、滕两县。擒白莲教首领徐鸿儒，献俘于阙下。天启七年（1627），迁贵州按察副使，升广西按察使。崇祯二年（1629），调贵州按察使，时水西蛮出掠，省会告急，诸苗长惟田阿秧最强，斯行察营弁中，有素习阿秧者，授以计，令伪奔降，不五日，函其首而还。由是，诸苗无深入意。旋以海寇出没，命移福建。崇祯三年（1630），升福建右布政使。寻卒。著有《经史典奥》六十七卷和《槎庵小乘》四十一卷。（《萧山来氏家谱》有来集之撰《方伯马湖公传》、刘宗周撰《明方伯马湖来公墓志铭》、徐如翰撰《方伯马湖来公传》、陈洪绶撰《槎庵先生传》、胡琳撰《方伯马湖来公像赞》）

《万历三十五年丁未科进士登科录》：来斯行，贯浙江绍兴府萧山县，灶籍，县学生，治《书经》。字道之，行二，年二十九，八月二十六日生……浙江乡试第五十六名，会试第二百二十一名。

康熙《永平府志》卷十四：来斯行，萧山人，进士，万历间任（山海海运通判）。

康熙《畿辅通志》卷十六：来斯行，萧山人，万历间由进士任（易州兵备道）。

雍正《浙江通志》卷一百三十三：万历三十五年丁未科黄士俊榜　来斯行，萧山人，福建右布政。

乾隆《绍兴府志》卷三十一：万历三十五年丁未科黄士俊榜　来斯行，福建右布政，萧山人。

乾隆《福州府志》卷二十九：来斯行，萧山人，福建布政司左布政。

乾隆《贵州通志》卷十七：来斯行，萧山人，进士（按察使）。

乾隆《福建通志》卷二十一：来斯行，萧山人。（布政使司左布政）

光绪《永平府志》卷五：来斯行，萧山进士，万历间任（永平理刑推官）。

光绪《平越直隶州志》卷二十三：来斯行，字马湖，浙江宁波府人（案：此处误），进士（平越分守新镇道）。

民国《卢龙县志》卷十二：来斯行，萧山进士（推官）。

民国《萧山县志稿》卷十三：万历三十五年丁未科　来斯行，福建右布政。

民国《天津县新志》卷十七：来斯行，浙江萧山县进士，（万历）二十七年任（天津道）。

万历四十四年（1616）丙辰科

主考官：吴道南、刘楚先。

试题：君子惠而（五句）；人道敏政；为人臣者（接也）。

【黄可师】

字圣孩，号大年，萧山蜀山街道史家村人。万历三十四年（1606）丙午科顺天府中式第八名举人，万历四十四年（1616）丙辰科三甲第三名进士，赐同进士出身。授行人司行人，改南京刑部陕西司主事，升本部江西司郎中，授奉政大夫，转黄州知府。撰有《文园文集》。（《萧山埭上黄氏家谱》有《郡伯大年大夫传》）

雍正《浙江通志》卷一百三十三：万历四十四年丙辰科钱士升榜　黄可师，萧山人，黄州知府。

乾隆《绍兴府志》卷三十一：万历四十四年丙辰科钱士升榜　黄可师，萧山人，黄州知府，初名师贤。

民国《萧山县志稿》卷十三：万历四十四年丙辰科　黄可师，钱士升榜，初名师贤，黄州知府。

【来复】

字阳仲，一作阳伯，萧山长河镇（今属滨江区）人，陕西三原籍。万历三十四年（1606）丙午科乡试陕西中式举人，万历四十四年（1616）丙辰科会试中式二甲第四名进士。天启中任兵备道、山西布政使司右参政。著有《述存诗集》。（民国《萧山县志稿》卷二十一、嘉庆《东台县志》卷二十、乾隆《太原府志》卷三十二、嘉庆《扬州府志》卷四十四、乾隆《江都县志》

卷十四、康熙《平阳府志》卷二十载其传）

雍正《陕西通志》卷三十：万历四十四年丙辰科钱士升榜　来复，三原人，山西布政。

雍正《浙江通志》卷一百十八：来复，三原人（承宣布政司左参政）。

乾隆《临清直隶州志》卷九：来复，陕西三原人，进士（户部榷税分司）。

乾隆《西安府志》卷四十二：万历四十四年丙辰科钱士升榜　来复，三原人，山西布政。

嘉庆《扬州府志》卷三十七：来复，三原人，进士，天启年任（兵备副使）。

同治《湖州府志》卷五：来复，陕西三原人（浙江布政使司左参政，分守浙西）。

民国《萧山县志稿》卷十三：万历四十四年丙辰科　来复，山西左布政使。

天启二年（1622）壬戌科

主考官：何宗彦、朱国祚。

试题：定公问一（邦邦乎）；思知人不（治天）；古之人所（已矣）。

【王忠陛】（1586—？）

字心翊，号峨岗，山阴（今属萧山浦阳镇）人。由郡庠生入太学，天启元年（1621）辛酉科乡试顺天中式第九十名举人，天启二年（1622）壬戌科会试第三十八名，中式三甲第五十名进士。任昆山县知县，左迁顺天府教授，转升国子监司业，又任工部都水司主事。

《天启二年壬戌科进士履历》：王忠陛莪岗，《诗》，六房。丙戌八月十九日生。山阴人，辛酉九十名，会试三十八名，三甲五十名。通政司政，本年授南直昆山知县，癸未改顺天府儒学教授，己丑升南国子监博士，转升南工部都水司主事。

雍正《浙江通志》卷一百三十三：天启二年壬戌科文震孟榜　王忠

陛，山阴人，都水司主事。

乾隆《绍兴府志》卷三十一：天启二年壬戌科文震孟榜　王忠陛，都水司主事。

同治《苏州府志》卷五十三：王忠陛。《县志》：山阴人（知县）。

光绪《昆新两县续修合志》卷十六：王忠陛，山阴人（知县）。

天启五年（1625）乙丑科

主考官：顾秉谦、魏广微。

试题：居敬而行（二句）；高明配天；遵先王之（二句）。

【来方炜】（1594—1648）

字含赤，号泽兰，萧山长河镇（今属滨江区）人，灶籍。十三岁补弟子员，天启元年（1621）辛酉科乡试中式举人，五年（1625）乙丑科中式三甲六十名进士。授侯官令，廉明方正，好接引士类。崇祯六年（1633），补嘉定令，漕赋繁重，前令昼夜督责，犹恐不及。方炜至，宽其期租，多不入缺，额至数万，已挂吏议。入觐后，百姓车载争先输纳，不旬日而足，民因为立庙焉。课士时，黄进士淳耀尚未遇，特加赏拔，后果为名家。旋内擢授东铨，历诸司，厘剔夙弊，时称“真吏部”。任满，代者至吏，适犯法，词连方炜，诏谪戍。先是达官论戍者，例皆不赴，方炜慨然至戍所。崇祯十三年（1640），黄宫灾，下诏求直言者，事雪，归里。（《萧山来氏家谱》有来集之撰《铨部泽兰公传》，光绪《嘉定县志》卷十三载其传）

雍正《浙江通志》卷一百三十三：天启五年乙丑科余煌榜　来方炜，萧山人，验封司员外。

乾隆《绍兴府志》卷三十一：天启五年乙丑科余煌榜　来方炜，萧山人，验封司员外。

乾隆《福州府志》卷三十三：来方炜，有传，天启间任（侯官县知县）。

乾隆《福建通志》卷二十二：来方炜，有传，天启间任（知县）。

嘉庆《直隶太仓州志》卷六：来方炜，崇祯元年任（知县），有传。

光绪《嘉定县志》卷十一：来方炜，有传，崇祯元年任（知县）。

民国《闽侯县志》卷五十八：来方炜，萧山人，天启乙丑进士，天启间任（侯官县知县），廉明方正，接引士类，擢吏部去。

民国《萧山县志稿》卷十三：天启五年乙丑科　来方炜，余煌榜，吏部验封司员外郎。

崇祯七年（1634）甲戌科

主考官：温体仁、吴宗达。

试题：其行己也（四句）；国有道共（以兴）；救民于火（二句）。

【王鼎铉】（1598—？）

本姓黄，字凝实，号中星，萧山蜀山街道祝家桥人，民籍。治《书经》，天启四年（1624）甲子科乡试中式举人，崇祯七年（1634）甲戌科会试二百二十七名，中式三甲一百十三名进士。授刑部观政，甲戌三月，授广东潮州府推官，升工部都水司主事。

《崇祯七年甲戌科进士三代履历便览》：王鼎铉，字凝实，号中星，《书》，二房。戊戌年九月初三日生，绍兴府萧山县人。甲子乡试，会（试）二百二十七名，三甲一百十三名，刑部观政。甲戌三月，授广东潮州府推官。

顺治《潮州府志》卷四：王鼎铉，萧山人，进士（潮州府推官）。

康熙《广东通志》卷十三：王鼎铉，萧山人，进士（推官）。

雍正《浙江通志》卷一百三十三：崇祯七年甲戌科刘理顺榜　王鼎铉，萧山人，主事。

乾隆《绍兴府志》卷三十一：崇祯七年甲戌科刘理顺榜　王鼎铉，萧山人，主事。

民国《萧山县志稿》卷十三：崇祯七年甲戌科　王鼎铉，刘理顺榜，本姓黄，工部主事。

【沈煃晃】（1607—？）

字叔子，号静咸，山阴（今属萧山）人，民籍。治《诗经》，崇祯六年

（1633）癸酉科乡试中式第四十名举人，崇祯七年（1634）甲戌科会试第二百名，中式三甲一百二十二名进士。礼部观政，授中书舍人。事父以孝闻，力为昆季营婚娶。座主薛国光权倾中外，元旦一投刺外，绝不私通，薛每憾之，十年不调。后薛败，煃晃独不与。册封闽藩，却千金馈。移铨部，乞归。居马坞山，键户著书终焉。（乾隆《绍兴府志》卷五十三有其传）

《崇祯七年甲戌科进士三代履历便览》：沈煃晃静咸，《诗》，四房。丁未年七月二十四日生，绍兴府山阴县人。癸酉乡试四十名，会二百名，三甲百二十二名，礼部观政。戊寅，授中书舍人。

康熙《山阴县志》卷二十一：崇祯七年甲戌科刘理顺榜　沈煃晃，中书。

雍正《浙江通志》卷一百三十三：崇祯七年甲戌科刘理顺榜　沈煃晃，山阴人，中书。

乾隆《绍兴府志》卷三十一：崇祯七年甲戌科刘理顺榜　沈煃晃，山阴人，中书。

崇祯十年（1637）丁丑科

主考官：张至发、孔贞运。

试题：民之所好（二句）；君子欲纳（章）；贤者在位（政刑）。

【田嘉年】（1616—1670）

一名嘉生，字静持，山阴欢潭（今属萧山进化镇）人。治《易经》，崇祯九年（1636）丙子科乡试中式第九十七名举人，十年（1637）丁丑科会试第五十一名，中式三甲一百九十名进士。兵部观政，崇祯十二年（1639）淮安府检校，授巴陵知县。甲申后，足迹不入城市，贫而训蒙，有清风高节。

康熙《山阴县志》卷二十一：崇祯十年丁丑科刘同升榜　田嘉生，知县。甲申后，足迹不入城市，贫而训蒙，有清风高节。

雍正《浙江通志》卷一百三十三：崇祯十年丁丑科刘同升榜　田嘉生，山阴人，巴陵知县。

乾隆《绍兴府志》卷三十一：崇祯十年丁丑科刘同升榜　田嘉年，巴陵知县，山阴人。

崇祯十三年（1640）庚辰科

主考官：薛国观、蔡国用。

试题：博学而笃（二句）；知斯三者（家矣）；有安社稷（节）。

【王三俊】（1609—1648）

原名含鉴，字仲朗，号玉苍，山阴朱家塔王家（今属萧山浦阳镇）人，民籍。治《诗经》，崇祯六年（1633）癸酉科乡试第六十六名举人，崇祯十三年（1640）庚辰科会试第一百一十九名，中式三甲八十七名进士。礼部观政，寻任永年知县。十四年（1641），调肥乡知县。调卢龙知县，迁福建兴化府推官，官至按察司佥事。（《苎萝王氏宗谱》有《中宪大夫福建巡海道按察使司佥事玉苍公传》）

《崇祯十三年庚辰科进士三代履历》：王三俊玉苍，《诗》，四房。己酉年十月初二日生，山阴县人。癸酉六十六名，会试第一百一十九名，三甲八十七名，礼部观政。

雍正《浙江通志》卷一百三十三：崇祯十三年庚辰科魏藻德榜　王三俊，山阴人，佥事。

乾隆《绍兴府志》卷三十一：崇祯十三年庚辰科　王三俊，佥事。

光绪《永平府志》卷五：王三俊，浙江山阴人，进士（卢龙知县）。

光绪《广平府志》卷六：王三俊，山阴进士（永年县知县）。

光绪《永平府志》卷六：王三俊，山阴进士（肥乡县知县）。

光绪《永年县志》卷二十二：王三俊，山阴，进士（知县）。

民国《肥乡县志》卷二十六：王三俊，浙江山阴人，进士，（崇祯）十四年任（知县）。

民国《莆田县志》卷十：王三俊，山阴人，进士，□□年任（推官）。

民国《卢龙县志》卷十二：王三俊，浙江山阴人，进士（知县）。

民国《交河县志》卷五：王三俊，浙江山阴县人（富庄驿驿丞）。

【韩日将】（1588—1659）

字晋阳，号进之，萧山新塘街道人。天启元年（1621）辛酉科乡试中式第八十四名举人，就德清县教谕。崇祯十三年（1640）庚辰科会试第九十六名，中式三甲九十三名进士。授江西吉安府推官，理冤狱，抑强梁。有盗逾垣入，夜已半，犹兀坐读书，盗惊逸。擢湖广道御史。以寿终于家。

《崇祯十三年庚辰科进士履历便览》：韩日将晋旸，《书》，四房。己酉年七月初八日生，浙江绍兴府萧山县人。辛酉乡试八十四名，会试第九十六名，三甲九十三名。吏部观政，辛巳，授吉安府推官。

康熙《德清县志》卷五：韩日将，萧山县人，由举人崇祯十年任（教谕），庚辰会试中式，授江西吉安府推官。

雍正《浙江通志》卷一百三十三：崇祯十三年庚辰科魏藻德榜　韩日将，萧山人，吉安推官。

乾隆《绍兴府志》卷三十一：崇祯十三年庚辰科魏藻德榜　韩日将，吉安推官。

同治《湖州府志》卷八：韩日将，萧山举人，（崇祯）十年任（德清县学教谕），中庚辰进士，授吉安推官。

光绪《吉安府志》卷十一：韩日将，浙江人进士（推官）。

民国《萧山县志稿》卷十三：崇祯十三年庚辰科魏藻德榜　韩日将，吉安府推官。

【来集之】（1613—1682）

字符成，号倘湖，萧山长河镇（今属滨江区）人。崇祯十二年（1639）己卯科乡试应天中式第五十名举人，十三年（1640）庚辰科会试中式第六十二名，殿试三甲一百五十三名进士，司李皖城。皖当张献忠蹂躏，兵贼交讧。集之日筹峙粮，夜巡雉堞。镇标将贪冒，克减兵饷，抚军不能制，集之披诚开导，给与全饷，镇兵乃安。凤督马士英募黔兵道徽祁肆掠，民与格，杀伤数兵，将治以乱民律，委集之查核，全活甚众。左良玉兵东下，集之长揖而进，独以不可造次为言，左心折，为戢兵不暴。士英稔其才，荐授兵科给事。

时马、阮比周，耻附其门，士英恚，改枢部，未几，晋太常少卿。归萧，灶户苦浮丁，创议照田均派，贫灶之困始苏。所著有《易图亲见》《读易隅通》《卦义一得》《春秋志在》《四传权衡》《樵书》《南行偶笔》《载笔》《倘湖近刻》等。（《萧山来氏家谱》有毛奇龄撰《明中宪大夫太常寺少卿倘湖来公墓碑铭》《倘湖先生自志墓铭》，民国《怀宁县志》有其传）

《崇祯十三年庚辰科进士三代履历》：来集之元成，《春秋》房。癸丑年三月十九日生，萧山县人。己卯五十名，会试六十二名，三甲一百五三名，兵部观政。

康熙《安庆府志》卷十：来集之，浙江萧山人，进士。见《政绩传》。

雍正《浙江通志》卷一百三十三：来集之，萧山人，兵部主事。

乾隆《绍兴府志》卷三十一：崇祯十三年庚辰科魏藻德榜　来集之，兵部主事，萧山人。

光绪《重修安徽通志》卷一百四十一：来集之，萧山人，崇祯壬午安庆推官。

民国《怀宁县志》卷十三：崇祯十三年庚辰科魏藻德榜　来集之，十五年任（训导），有传。

民国《萧山县志稿》卷十三：（崇祯）十三年庚辰科　来集之，魏藻德榜，兵部主事。

【来仪】（1609—1646）

字爻先，号紫峨，萧山长河镇（今属滨江区）人，山东临朐籍。崇祯三年（1630）庚午科山东乡试中式第一名举人，十三年（1640）庚辰科会试第一百五十八名，中式三甲一百五十六名进士。授河南兰阳知县。著有《幽愤集》《一斗集》《山房小录稿》等。（咸丰《青州府志》卷四十五、雍正《山东通志》卷二十八之三、光绪《临朐县志》卷十四载其传）

《崇祯十三年庚辰科进士三代履历》：来仪紫峨，《易》，三房。辛亥年十月二十九日生，临朐贯，浙江萧山人。庚午一名，会试第一百五十八名，三甲一百五十六名，工部。

《前明山东历代会试录》：崇祯十三年庚辰魏藻德榜　来仪，临朐知县。

光绪《临朐县志》卷十二：（崇祯）十三年庚辰科　来仪，河南兰阳知县，有传。

民国《萧山县志稿》卷十三:（崇祯）十三年庚辰科　来仪，山东临朐籍。

民国《山东通志》卷九十：崇祯十三年庚辰科魏藻德榜　来仪，临朐人。

【沈云祚】（1614—1644）

字子凌，号岱来，萧山瓜沥镇人，江苏太仓籍。崇祯九年（1636）丙子科中式第九十二名举人，十三年（1640）庚辰科会试第一百七十八名，中式三甲一百七十名进士。授华阳令。阵亡。著有《似郊居存稿》。（范文英撰有《沈华阳传》，《东林列传》有《沈云祚传》，民国《华阳县志》卷六载其传）

《崇祯十三年庚辰科进士三代履历》：沈云祚岱来，《易》，四房。甲寅年二月十一日生，太仓籍，长洲县人。丙子九十二名，会试第一百七十八名，三甲一百七十名，刑部观政。

雍正《四川通志》卷十二：沈云祚，江南太仓人，由进士知华阳县。献贼攻成都，城陷被执，云祚骂贼，不屈死之。

乾隆《江南通志》卷一百二十三：崇祯庚辰科魏藻德榜　沈云祚，太仓人。

民国《萧山县志稿》卷十三：沈云祚，年佚（增补）。

民国《太仓州志》卷十：（崇祯）十三年庚辰科　沈云祚，有传。

民国《华阳县志》卷六：沈云祚（知县）。

民国《吴县志》卷十二：崇祯十三年庚辰科魏藻德榜　沈云祚，子凌，太仓籍。官华阳知县，科未详，前志不载，今据府学匾额志补。

崇祯十六年（1643）癸未科

主考官：陈演、魏藻德。

试题：有德者必（章）；中也者天（句）；大舜有大（二句）。

【夏有奇】（1621—？）

字无奇，号梅梁，萧山衙前镇螺山村人。崇祯十二年（1639）己卯科乡试中式第五十九名举人，治《尚书》；十六年（1643）癸未科会试第八十九名，中式三甲第二百三十一名进士。任江西吉水知县，文选司主事、员外郎。明亡后，弃官不仕。

《崇祯十六年癸未科进士履历便览》：夏有奇梅梁，《书》，三房。辛酉年十月十八日生，浙江绍兴府萧山县人。己卯乡试五十九名，会试第八十九名，三甲二百十八名。礼部观政，甲申，授江西吉水知县。

雍正《浙江通志》卷一百三十三：崇祯十六年癸未科杨廷鉴榜　夏有奇，萧山人，知县。

乾隆《绍兴府志》卷三十一：崇祯十六年癸未科杨廷鉴榜　夏有奇，萧山人，知县。

光绪《吉水府志》卷十二：夏有奇，萧山人，进士，崇祯十七年任（知县）。

民国《萧山县志稿》卷十三：（崇祯）十六年癸未杨廷鉴榜　夏有奇，知县。

清代举人

顺治三年（1646）丙戌科

主考官：刘正宗、杜立德。

试题：多闻择其（二句）；唯天下至（其性）；耕者九一（四句）。

【方明隆】

顺治三年（1646）丙戌科乡试中式第二十三名举人。山东冠县知县。案：乾隆《绍兴府志》、道光《冠县志》、同治《孝丰县志》、同治《湖州府志》、民国《萧山县志稿》作“方明龙”。

黄安绶《国朝两浙科名录》：世祖章皇帝顺治三年丙戌浙江乡试开科，照旧制，中式一百七名。方明隆，萧山。

雍正《浙江通志》卷一百四十三：顺治三年丙戌科　方明隆，萧山人，冠县知县。

乾隆《绍兴府志》卷三十三：顺治三年丙戌科　方明龙，知县，萧山人。

道光《冠县志》卷六：方明龙，江南举人，顺治十四年任（知县）。

同治《孝丰县志》卷五：方明龙，萧山举人，顺治二年任（教谕），升冠县知县。

同治《湖州府志》卷八：方明龙，萧山举人，顺治二年任（教谕），升冠县知县。

民国《萧山县志稿》卷十三：顺治三年丙戌科　方明龙，山东冠县知县。

【任云蛟】（1613—1675）

字淡生，号澹庵，萧山城厢街道人。年十六，补邑庠增广生。顺治三年（1646）以廪生中式丙戌科乡试第五十八名举人，拣选知县。康熙五年

（1666）改授嘉善教谕，敕授修职郎。

黄安绶《国朝两浙科名录》：世祖章皇帝顺治三年丙戌浙江乡试开科，照旧制，中式一百七名。任云蛟，萧山。

雍正《浙江通志》卷一百四十三：顺治三年丙戌科　任云蛟，萧山人，嘉善教谕。

乾隆《绍兴府志》卷三十三：顺治三年丙戌科　任云蛟，教谕。

光绪《续修嘉善县志》卷十四：任云蛟，康熙五年任（教谕）。

光绪《嘉兴府志》卷三十八：任云蛟，萧山举人，康熙五年任（嘉善县教谕）。

民国《萧山县志稿》卷十三：顺治三年丙戌科　任云蛟，嘉善教谕。

【周绳烈】

见进士条。

顺治八年（1651）辛卯科

主考官：蒋超、李人龙。

试题：好仁者无（其身）；天地位焉；孔子曰德（节）。

【张洪】

萧山人，钱塘籍。顺治八年（1651）辛卯科乡试中式第二名举人。

黄安绶《国朝两浙科名录》：顺治八年辛卯科，恩诏加十五名，中式一百二十二名。张洪，钱塘。

康熙《钱塘县志》卷十：顺治八年辛卯科余恂榜　张洪，经魁，贯萧山。

雍正《浙江通志》卷一百四十三：顺治八年辛卯科　张洪，萧山人。

乾隆《绍兴府志》卷三十三：顺治八年辛卯科　张洪，经魁。

乾隆《杭州府志》卷七十一：顺治八年辛卯科　张洪，钱塘人，萧山贯。

民国《萧山县志稿》卷十三：顺治八年辛卯科　张洪，经魁，杭州人。

【丁克扬】

见进士条。

顺治十一年（1654）甲午科

主考官：熊伯龙、许作梅。

试题：吾十有五（章）；怀诸侯则（句）；我非尧舜（二句）。

【来式玉】（1632—？）

字韫生，萧山长河镇（今属滨江区）人。顺治十一年（1654）甲午科乡试中式第四十二名举人。康熙十七年（1678）授衢州教授，三十年（1691）官台州府学教授。案：康熙《衢州府志》、民国《台州府志》、民国《衢县志》、民国《萧山县志稿》“玉”作“钰”。

黄安绶《国朝两浙科名录》：顺治十一年甲午科，恩诏加七名，中式一百十四名。来式玉，萧山。

康熙《衢州府志》卷十四：来式钰，萧山县举人，（康熙）十七年任（教授）。

雍正《浙江通志》卷一百四十三：顺治十一年甲午科　来式玉，萧山人。

乾隆《绍兴府志》卷三十三：顺治十一年甲午科　来式玉。旧志作“钛玉”。

民国《台州府志》卷九十八：来式钰，字韫生，萧山举人，康熙三十年为台州教授。

民国《衢县志》卷十：来式钰，萧山举人，（康熙）十七年任（教授）。

民国《萧山县志稿》卷十三：顺治十一年甲午科　来式钰，方炜孙，衢州教授。《浙江通志》作“玉”。

【沈从龙】（1621—1682）

后改名正龙，字觉庵，一字襄臣，号阶水，山阴人（今属萧山）。顺治十一年（1654）甲午科乡试中式第六十三名举人。乌程教谕。修纂康熙《乌程县志》十二卷。案：民国《萧山县志稿》载其“十四年丁酉中式”，今据《国朝两浙科名录》改。

黄安绶《国朝两浙科名录》：顺治十一年甲午科，恩诏加七名，中式一百十四名。沈从龙，山阴。

雍正《浙江通志》卷一百四十三：顺治十一年甲午科　沈从龙，山阴人。

乾隆《乌程县志》卷四：沈从龙（教谕）。

乾隆《绍兴府志》卷三十三：顺治十一年甲午科　沈从龙。

嘉庆《山阴县志》卷十：顺治十一年甲午科　沈从龙。

同治《湖州府志》卷八：沈从龙，字襄臣，山阴举人，（康熙）十五年任，二十一年卒于官。

民国《萧山县志稿》卷十三：顺治十四年丁酉科　沈从龙，乌程教谕（据龙泉报告）。

【鲁良祀】

顺治十一年（1654）甲午科乡试中式第八十五名举人。康熙三年（1664）赴京试，卒于京。案：民国《萧山县志稿》作“鲁良骥”。

黄安绶《国朝两浙科名录》：顺治十一年甲午科，恩诏加七名，中式一百十四名。鲁良祀，萧山。

雍正《浙江通志》卷一百四十三：顺治十一年甲午科　鲁良骥，萧山人。

乾隆《绍兴府志》卷三十三：顺治十一年甲午科　鲁良祀，萧山人。

民国《萧山县志稿》卷十三：（顺治）十一年甲午科　鲁良骥。

【黄邵士】

见进士条。

【田麒生】

字留庵，山阴天乐乡欢潭（今属萧山进化镇欢潭村）人。顺治十一年（1654）甲午科乡试中式第一百零三名举人。诰赠奉政大夫，户部江南司员外郎。

黄安绶《国朝两浙科名录》：顺治十一年甲午科，恩诏加七名，中式一百十四名。田麒生，山阴。

雍正《浙江通志》卷一百四十三：顺治十一年甲午科　田麒生，山阴人。

乾隆《绍兴府志》卷三十三：顺治十一年甲午科　田麒生。

嘉庆《山阴县志》卷十：（顺治）十一年甲午科　田麒生。

顺治十四年（1657）丁酉科

主考官：张瑞征、史彪古。

试题：圣与仁（章）；舜好问仁（句）；其为气也（句）。

【任辰旦】

会试改“韩辰旦”，见进士条。

【周之麟】

见进士条。

【张际鹏】

见进士条。

【潘兆珪】

会试改“潘邵珪”，见进士条。

【沈宗龙】

萧山人，仁和籍。应节子。顺治十四年（1657）丁酉科乡试顺天中式举人。西安县学教谕。案：康熙、乾隆《萧山县志》及康熙《西安县志》《衢州府志》《仁和县志》俱为“完龙”。今据《浙江通志》。

康熙《西安县志》卷四：沈完龙，（康熙）十九年任（教谕），仁和举人。

康熙《衢州府志》卷十四：沈完龙，（康熙）十九年任西安（教谕），仁和县举人。

康熙《仁和县志》卷十一：顺治十四年丁酉科　沈完龙，衢州府教授。

雍正《浙江通志》卷一百四十三：顺治十四年丁酉科　沈宗龙，萧山人。

乾隆《绍兴府志》卷三十三：顺治十四年丁酉科　沈宗龙，萧山人，应节子，顺天中式，教谕。

民国《杭州府志》卷一百一十三：顺治十四年丁酉科　沈宗龙，仁和人，衢州教谕。

民国《萧山县志稿》卷十三：顺治十四年丁酉科　沈宗龙，应节子，顺天中式，西安教谕。

顺治十七年（1660）庚子科

主考官：张贞生、汪之洙。

试题：志于道据（三句）；《诗》云嘉乐（二节）；知者无不（四句）。

【倪涵】

顺治十七年（1660）庚子科乡试中式第七名举人。

黄安绶《国朝两浙科名录》：顺治十七年庚子科，额减旧制之半，中式五十四名。倪涵，萧山。

康熙《萧山县志》卷十七：（顺治）十七年，倪涵，亚魁。

雍正《浙江通志》卷一百四十三：顺治十七年庚子科　倪涵，萧山人。

乾隆《绍兴府志》卷三十三：顺治十七年庚子科　倪涵，萧山人。

【陈昌言】（1626—1719）

字夏声，山阴天乐乡（今属萧山进化镇曹坞村）人，钱塘籍。顺治十七年（1660）庚子科乡试中式第三十九名举人。历任儒学教谕，升授湖广宝庆府新宁县知县。

黄安绶《国朝两浙科名录》：顺治十七年庚子科，额减旧制之半，中式五十四名。陈昌言，钱塘。

康熙《金华府志》卷十二：陈昌言，绍兴府山阴县举人，康熙二十一年任（教谕）。

雍正《浙江通志》卷一百四十三：顺治十七年庚子科　陈昌言，石门人，新宁知县。

乾隆《杭州府志》卷七十一：（顺治）十七年庚子科　陈昌言，钱塘人，石门贯，新宁知县。

嘉庆《兰溪县志》卷十一：陈昌言，山阴举人，康熙二十一年任（教谕）。

乾隆《绍兴府志》卷三十三：顺治十七年庚子科　陈昌言，山阴人。《通志》：石门人。

光绪《湖南通志》卷一百二十四：陈昌言，浙江山阴举人，（康熙）五十一年任（知县）。

【傅宗】

字德孚，号西涯，萧山人，山阴籍。顺治十七年（1660）庚子科乡试中式第四十九名举人。官山西平阳府稷山县知县。以诗文行天下，与沈子孚并称"江园二子"。著有《江园诗集》。

黄安绶《国朝两浙科名录》：顺治十七年庚子科，额减旧制之半，中式五十四名。傅宗，萧山。

康熙《平阳府志》：傅宗，浙江萧山人，举人，（康熙）二十八年任（稷山县知县）。

雍正《浙江通志》卷一百四十三：顺治十七年庚子科　傅宗，山阴人。

乾隆《绍兴府志》卷三十三：顺治十七年庚子科　傅宗，萧山人。《通志》：山阴人。

乾隆《稷山县志》卷三：傅宗，萧山县举人，（康熙）二十八年任（知县）。

嘉庆《山阴县志》卷十：顺治十七年庚子科　傅宗，《府志》：萧山人，据《通志》补。

民国《萧山县志稿》卷十三：顺治十七年庚子科　傅宗，《浙江通志》：山阴籍。

案：本科民国《萧山县志稿》有载"来必选，湖广籍"，查无此人，故删。

康熙二年（1663）癸卯科

主考官：李仪古、李鹏鸣。

试题：生财有大（节）；子所雅言（章）；有大人若（节）。

【祝弘坊】

见进士条。

【来垣】

见进士条。

【陈文】（?—1749）

字三捷，萧山临浦镇人，广西籍。康熙二年（1663）癸卯科乡试广西中式举人。大挑一等，分发山西，历任垣曲、榆次等县知县，汾州府张兰镇抚民同知，解州直隶州知州。诰封奉政大夫，貤封通奉大夫、广西布政使司布政使。

光绪《垣曲县志》卷五：陈文，浙江萧山儒士，康熙五十四年任（知县）。

民国《萧山县志稿》卷十三：陈文，广西籍，山西垣曲等县知县，解州直知州。

康熙八年（1669）己酉科

主考官：吴愈圣、段昌祚。

试题：知之者不（章）；君子之道（章）；乐民之乐（二句）。

【来咨匡】（1618—1687）

字翼皇。康熙八年（1669）己酉科乡试中式第四十九名举人。康熙二十二年（1683）任金华教谕。案：《绍兴府志》作知县。

黄安绶《国朝两浙科名录》：康熙八年己酉科，恩诏加十名，中式六十四名。来咨匡，萧山。

康熙《金华县志》卷三：来咨匡，字翼皇，萧山人，由举人康熙二十二年任（教谕）。

雍正《浙江通志》卷一百四十三：康熙八年己酉科　来咨匡，萧山人。

乾隆《绍兴府志》卷三十三：康熙八年己酉科　来咨匡，知县，萧山人。

民国《萧山县志稿》卷十三：康熙八年己酉科　来咨匡，金华教谕。

【王先吉】

见进士条。

【来燕雯】

见进士条。

【潘锦】

见进士条。

康熙十一年（1672）壬子科

主考官：沈荃、姚祖项。

试题：如切如磋（六句）；夫子温良（句）；仁之实事（四句）。

【李日焜】

字次辉。康熙十一年（1672）壬子科乡试中式第二名举人。任海盐教谕，迁衢州教谕。

黄安绶《国朝两浙科名录》：康熙十一年壬子科，中式五十四名。李日焜，萧山。

雍正《浙江通志》卷一百四十三：康熙十一年壬子科　李日焜，萧山人。

乾隆《绍兴府志》卷三十三：康熙十一年壬子科　李日焜，经魁，教谕。

光绪《嘉兴府志》卷三十八：李日焜，萧山举人，康熙四十一年任（海盐教谕）。

民国《萧山县志稿》卷十三：康熙十一年壬子科　李日焜，经魁，衢州府教授。

【任乘蛟】(1638—1695)

字汉升，号粹庵，萧山城厢街道人。康熙十一年（1672）壬子科乡试中式第九名举人。临安教谕，授修职郎。苜蓿自甘，修学宫，勤月课，培植临士之上进者，不可一二计，邑士大夫于公致仕后犹言念及之。

黄安绶《国朝两浙科名录》：康熙十一年壬子科，中式五十四名。任乘蛟，萧山。

雍正《浙江通志》卷一百四十三：康熙十一年壬子科　任乘蛟，萧山人。

乾隆《绍兴府志》卷三十三：康熙十一年壬子科　任乘蛟。

乾隆《杭州府志》卷六十五：（临安）教谕任乘蛟，萧山人，举人，（康熙）三十一年任。

宣统《临安县志》卷五：任乘蛟，萧山举人，泮湖东建文昌阁，邑之文风振焉。

民国《萧山县志稿》卷十三：康熙十一年壬子科　任乘蛟。

【李日耀】

康熙十一年（1672）壬子科乡试中式第十一名举人。

黄安绶《国朝两浙科名录》：康熙十一年壬子科，中式五十四名，李日耀，萧山。

雍正《浙江通志》卷一百四十三：康熙十一年壬子科　李日耀，萧山人。

乾隆《绍兴府志》卷三十三：康熙十一年壬子科　李日耀。

民国《萧山县志稿》卷十三：康熙十一年壬子科　李日耀，日焜兄，兄弟同榜。

【韩日宣】(1620—1681)

字燕克，萧山新塘街道人。康熙十一年（1672）壬子科乡试中式第三十二名举人。候选县大尹，崇祀忠义。案：雍正《浙江通志》、民国《萧山县志稿》作“韩日昌”，今据《国朝两浙科名录》。

黄安绶《国朝两浙科名录》：康熙十一年壬子科，中式五十四名。韩日宣，萧山。

雍正《浙江通志》卷一百四十三：康熙十一年壬子科　韩日昌，萧山人。

乾隆《绍兴府志》卷三十三：康熙十一年壬子科　韩日宣，萧山人。

民国《萧山县志稿》卷十三：康熙十一年壬子科　韩日昌，《绍兴府志》作“日宣”。

【张澄】

原名捷。康熙十一年（1672）壬子科乡试顺天中式举人。江西临川知县。

雍正《浙江通志》卷一百四十三：康熙十一年壬子科　张澄，萧山人。

乾隆《绍兴府志》卷三十三：康熙十一年壬子科　张澄，萧山人，顺天中式。

民国《萧山县志稿》卷三十三：康熙十一年壬子科　张澄，顺天中式，原名捷，江西临川知县。

康熙十四年（1675）乙卯科

主考官：徐秉义、王垓。

试题：子谓子产（章）；知远之近（四句）；以友天下（节）。

【周国卿】（1627—1694）

字允伯，号恂庵，萧山所前镇来苏周村人，仁和籍。康熙十四年（1675）乙卯科乡试中式第四十四名举人，台州府黄岩县儒学教谕。案：除《国朝两浙科名录》作“国卿”外，其余均作“国龙”。

黄安绶《国朝两浙科名录》：康熙十四年乙卯科，中式五十四名。周国卿，仁和。

康熙《仁和县志》卷十：康熙十四年乙卯科　周国龙，萧山籍。

康熙《杭州府志》卷二十四：康熙十四年乙卯科　周国龙。

雍正《浙江通志》卷一百四十三：康熙十四年乙卯科　周国龙，仁和人。

乾隆《绍兴府志》卷三十三：康熙十四年乙卯科　周国龙，萧山人，《通志》：仁和，教谕。

光绪《黄岩县志》卷十一：（康熙）三十三年，周国龙，教谕，字恂庵。萧山举人，仁和籍。卒官。

民国《萧山县志稿》卷十三：康熙十四年乙卯科　周国龙，《浙江通志》：仁和籍，黄岩教谕。

民国《台州府志》卷十五：周国龙，教谕，字恂庵。萧山人，仁和籍。举人。（康熙）三十三年任。

【来孙谋】（1653—1691）

字苣燕，康熙十四年（1675）乙卯科乡试中式第四十九名举人。考授教谕。杭州孔庙《两浙文宗祖公学政碑记》载其名。

雍正《浙江通志》卷一百四十三：康熙十四年乙卯科　来孙谋，萧山人。

乾隆《绍兴府志》卷三十三：康熙十四年乙卯科　来孙谋，萧山人，经魁。

民国《萧山县志稿》卷十三：康熙十四年乙卯科　来孙谋，经魁。

康熙十六年（1677）丁巳科

是岁因军兴，并科有乡试，无会试，江西、湖广附江南，福建附浙江，山东、山西、陕西附河南。

主考官：王尹方、丁泰。

试题：譬如为山（章）；君子动而（三句）；学不厌知（圣矣）。

【王远公】（1633—1697）

本姓毛，字骥联，一字季莲，号菽畹，萧山城厢街道人。毛奇龄从子。康熙十六年（1677）丁巳科乡试中式第十八名举人。考授知县。工绘事，善绘设色牡丹，下笔清新俊逸。其水墨者，咄咄逼真。工诗词，著有《琼枝词》《菽畹集》等。

黄安绶《国朝两浙科名录》：康熙十六年丁巳科，是年任用需才，广收例监，特旨开科，中式六十七名。王远公，萧山。

雍正《浙江通志》卷一百四十三：康熙十六年丁巳科　王远公，萧山人。

乾隆《绍兴府志》卷三十三：康熙十六年丁巳科　王远公。

民国《萧山县志稿》卷十三：（康熙）十六年丁巳科　王远公，监生，本姓毛。

【周斐成】（1657—1682）

字章民，萧山所前镇来苏周村人。康熙十六年（1677）丁巳科乡试中式第四十六名举人。临洮府同知。

黄安绶《国朝两浙科名录》：康熙十六年丁巳科，是年任用需才，广收例监，特旨开科，中式六十七名。周斐成，萧山。

雍正《浙江通志》卷一百四十三：康熙十六年丁巳科　周斐成，萧山人。

乾隆《绍兴府志》卷三十三：康熙十六年丁巳科　周斐成，萧山人。

民国《萧山县志稿》卷十三：（康熙）十六年丁巳科　周斐成。

康熙十七年（1678）戊午科

主考官：项一经、李鸿霆。

试题：子张问政（章）；知所以修（四句）；及其闻一（御也）。

【毛文】（1643—1714）

字则西，号简斋，萧山城厢街道人。邑庠生，康熙十七年（1678）戊午科乡试中式第三十名举人。考授嘉兴桐乡县学教谕，丁父忧，补严州遂安县学教谕。康熙五十二年（1713）癸巳六旬万寿恩科福建同考官。

黄安绶《国朝两浙科名录》：康熙十七年戊午科，恩诏加十名，中式六十四名。毛文，萧山。

雍正《浙江通志》卷一百四十三：康熙十七年戊午科　毛文，萧山人。

乾隆《绍兴府志》卷三十三：康熙十七年戊午科　毛文，萧山人。

光绪《严州府志》卷十：毛文，萧山人，举人，康熙四十五年任

（教谕）。

民国《萧山县志稿》卷十三：（康熙）十七年戊午科　毛文，遂安教谕。

民国《遂安县志》卷四：毛文，萧山人，举人，康熙四十五年任（教谕）。

【张选】

辽东籍。康熙十七年（1678）戊午科乡试顺天中式举人。

雍正《浙江通志》卷一百四十三：康熙十七年戊午科　张选，萧山人。

乾隆《绍兴府志》卷三十三：康熙十七年戊午科　张选，萧山人，顺天中式。

民国《萧山县志稿》卷十三：（康熙）十七年戊午科　张选，顺天中式，辽东籍。

康熙二十年（1681）辛酉科

主考官：汤斌、于觉世。

试题：司马牛问（切乎）；淡而不厌（三句）；君子以仁（敬之）。

【孙谋嘉】

字尔猷，号慎斋，萧山城厢街道湖里孙村人。邑廪生，康熙二十年（1681）辛酉科乡试中式第二十四名举人。候选教谕。

黄安绶《国朝两浙科名录》：康熙二十年辛酉科，中式五十四名。孙谋嘉，萧山。

雍正《浙江通志》卷一百四十三：康熙二十年辛酉科　孙谋嘉，萧山人。

乾隆《绍兴府志》卷三十三：康熙二十年辛酉科　孙谋嘉，萧山人。

民国《萧山县志稿》卷十三：康熙二十年辛酉科　孙谋嘉，一作“嘉谋”。

【沈士本】

见进士条。

康熙二十三年（1684）甲子科

主考官：周庆曾、苏俊。

试题：大哉尧之（章）；送往迎来（三句）；左右皆曰（用之）。

【王士仁】

字心斋，萧山城厢街道人，仁和籍。康熙二十三年（1684）甲子科乡试中式第十八名举人。任慈溪教谕，以风概自厉，外事未尝有所干预，历十有八年，清峻如一日。秩满升处州教授，升河南陈州府沈丘县知县。（《慈溪县志》卷二十三载其传）

黄安绶《国朝两浙科名录》：康熙二十三年甲子科，恩诏加十名，中式六十四名。王士仁，仁和。

康熙《仁和县志》卷十：康熙二十三年甲子科　王士仁。

雍正《浙江通志》卷一百四十四：康熙二十三年甲子科　王士仁，仁和人，处州教授。

雍正《处州府志》卷八：王士仁，仁和举人，雍正三年任（教谕），升知县。

乾隆《杭州府志》卷七十一：康熙二十三年甲子科　王士仁，仁和人，处州教授。

乾隆《绍兴府志》卷三十三：康熙二十三年甲子科　《萧山县志》有王士仁，按《通志》作仁和人。

光绪《慈溪县志》卷十八：王士仁，康熙四十七年任（教谕），雍正三年升处州教授。

民国《萧山县志稿》卷十三：（康熙）二十三年甲子，王士仁，仁和籍，教谕。《浙江通志》：处州教谕。

【袁定国】

字肤公，号晓江。康熙二十三年（1684）甲子科乡试中式第五十六名举人。授广西兴安令，改宜山。秩满迁户部福建司主事，升陕西司郎中。廉洁自持，虽居曹署，与寒素无异。卒于官。

黄安绶《国朝两浙科名录》：康熙二十三年甲子科，恩诏加十名，中式六十四名。袁定国，萧山。

雍正《浙江通志》卷一百四十四：康熙二十三年甲子科　袁定国，萧山人，户部郎中。

雍正《广西通志》卷五十七：袁定国，字晓江，浙江萧山人，举人，康熙四十八年任（兴安县知县）。

乾隆《绍兴府志》卷三十三：康熙二十三年甲子科　袁定国，萧山人。

乾隆《庆远府志》卷六：袁定国，萧山举人，康熙五十年任（宜山县知县）。

民国《萧山县志稿》卷十三：袁定国，杭州籍，户部陕西司郎中。

【陈瑞鲲】(1638—1690)

本姓潘，字有孚，号瑞鲲，萧山钱清镇（今属绍兴）人。康熙二十三年（1684）甲子科乡试中式第六十三名举人。授文林郎。

黄安绶《国朝两浙科名录》：康熙二十三年甲子科，恩诏加十名，中式六十四名。陈瑞鲲，萧山。

乾隆《绍兴府志》卷三十三：康熙二十三年甲子科　陈瑞鲲，本姓潘，萧山人。

民国《萧山县志稿》卷十三:（康熙）二十三年甲子科　陈瑞鲲，本姓潘。《浙江通志》缺。

案：民国《萧山县志稿》载潘霈贞，顺天籍。经核查《萧山钱清北祠潘氏宗谱》，潘霈贞和陈瑞鲲为同一人。

康熙二十九年(1690)庚午科

主考官：张希良、王谦。

试题：君子无所（其极）；子在齐闻（章）；心之官则（得之）。

【田间来】（1656—1732）

字少平，号是庵，山阴天乐乡欢潭村（今属萧山进化镇欢潭村）人。康熙二十九年（1690）庚午科乡试中式第三名举人。龙游教谕。辑有《灵验良方汇编》四卷。

黄安绶《国朝两浙科名录》：康熙二十九年庚午科，中式五十四名。田间来，山阴。

康熙《龙游县志》卷三：田间来，山阴人，康熙庚午科举人，甲午科充福建同考官。

雍正《浙江通志》卷一百四十四：康熙二十九年庚午科　田间来，山阴人，龙游教谕。

乾隆《绍兴府志》卷三十三：康熙二十九年庚午科　田间来。

【毛远宗】

见进士条。

【田轩来】

见进士条。

康熙三十二年（1693）癸酉科

主考官：颜光敩、司铉。

试题：众恶之必（章）；择乎中庸（之矣）；附之以韩（章）。

【毛文辉】（1656—1732）

字充有，号晓江，萧山城厢街道人，仁和籍。廪生，康熙三十二年（1693）癸酉科乡试中式第八名举人。考授内阁中书，康熙三十九年（1700）改授知县，中书舍人。

黄安绶《国朝两浙科名录》：康熙三十二年癸酉科，中式五十四名。毛文辉，仁和。

雍正《浙江通志》卷一百四十四：康熙三十二年癸酉科　毛文辉，仁和人。

乾隆《杭州府志》卷七十一：康熙三十二年癸酉科　毛文辉，仁和人。

民国《萧山县志稿》卷十三：康熙三十二年癸酉科　毛文辉，中书舍人。《浙江通志》：仁和籍。《绍兴府志》缺。

【陈至言】

见进士条。

【何垣】

见进士条。

康熙三十五年（1696）丙子科

主考官：袁祐、唐孙华。

试题：公叔文子（章）；必得其禄（二句）；见其礼而（节）。

【王德炘】（1663—1715）

原名立楹，字介亭，号霜林，萧山城厢街道车里庄人。钱塘学庠生，康熙三十五年（1696）丙子科乡试中式第一名举人。任处州府缙云县教谕。（《王氏宗谱》有王朐智撰《介亭公传》）

黄安绶《国朝两浙科名录》：康熙三十五年丙子科，加额十七名，中式七十一名。王德炘，钱塘。

康熙《钱塘县志》卷十：康熙三十五年丙子科王德炘榜　王德炘，解元，萧山人，从《题名录》，教谕。

雍正《浙江通志》卷一百四十四：康熙三十五年丙子科　王德炘，钱塘人，教谕。

乾隆《杭州府志》卷七十一：康熙三十五年丙子科　王德炘，解元，钱塘贯，萧山人，教谕。

乾隆《绍兴府志》卷三十三：康熙三十五年丙子科　王德炘，钱塘籍，萧山人，解元，据《县志》补。

民国《萧山县志稿》卷十三：（康熙）三十五年丙子科　王德炘，解元，钱塘籍，缙云教谕。

【陈尧仁】

见进士条。

康熙三十八年（1699）己卯科

主考官：史夔、觉罗满保。

试题：子贡问曰（文也）；溥博如天（节）；仰不愧于（二节）。

【来楫】

见进士条。

【蔡承恩】

萧山城厢街道人。康熙三十八年（1699）己卯科乡试中式第十八名举人。

黄安绶《国朝两浙科名录》：康熙三十八年己卯科，恩诏加十名，中式八十一名。蔡承恩，萧山。

雍正《浙江通志》卷一百四十四：康熙三十八年己卯科　蔡承恩，萧山人。

乾隆《绍兴府志》卷三十三：康熙三十八年己卯科　蔡承恩。

民国《萧山县志稿》卷十三：（康熙）三十八年己卯科　蔡承恩。

【任衡】（1650—1706）

原名家驹，字午瞻，号简安。辰旦子。康熙三十八年（1699）己卯科乡试中式第七十六名举人，出任广东乐昌县令，著有《怀慈集》。（《萧山任氏家乘》有陈鹏年撰其传略）

黄安绶《国朝两浙科名录》：康熙三十八年己卯科，恩诏加十名，中式八十一名。任衡，萧山。

雍正《浙江通志》卷一百四十四：康熙三十八年己卯科　任衡，萧山人。

乾隆《绍兴府志》卷三十三：康熙三十八年己卯科　任衡，萧山人。

民国《萧山县志稿》卷十三：（康熙）三十八年己卯科　任衡。

【单国球】（1667—1717）

字止庄，萧山城厢街道人。附生，康熙三十八年（1699）己卯科乡试中式第六十一名举人。（《单氏家谱》有单广宗撰《止庄公传》）

黄安绶《国朝两浙科名录》：康熙三十八年己卯科，恩诏加十名，中式八十一名。单国球，山阴。

雍正《浙江通志》卷一百四十四：康熙三十八年己卯科　单国球，绍兴人。

乾隆《绍兴府志》卷三十三：康熙三十八年己卯科　单国球，府学，山阴人。

嘉庆《山阴县志》卷十：（康熙）三十八年己卯科　单国球。

民国《萧山县志稿》卷十三：（康熙）三十八年己卯科　单国球，《浙江通志》引《绍兴府志》作“山阴”。

康熙四十一年（1702）壬午科

主考官：傅作楫、阿尔赛。

试题：志于道据（章）；言而世为（句）；求则得之（章）。

【寿仁侯】（1668—1739）

本姓王，字修吉，号静山，萧山城厢街道人。山阴庠生，康熙四十一年（1702）壬午科乡试中式第三十三名举人。官至处州丽水教谕。

黄安绶《国朝两浙科名录》：康熙四十一年壬午科，加额十二名，中式八十三名。寿仁侯，山阴。

雍正《浙江通志》卷一百四十四：康熙四十一年壬午科　寿仁侯，山阴人，丽水教谕。

雍正《处州府志》卷八：寿仁侯，萧山人，举人，（康熙）六十年任（教谕）。

乾隆《绍兴府志》卷三十三：康熙四十一年壬午科　寿仁侯，本姓王，萧山人，教谕。

嘉庆《山阴县志》卷十：康熙四十一年壬午科　寿仁侯，本姓王，教谕。

道光《丽水县志》卷八：寿仁侯，萧山人，举人，（康熙）六十年任（教谕）。

民国《萧山县志稿》卷十三：（康熙）四十一年壬午科　寿仁侯，本姓王，山阴籍，丽水教谕。

【任沄】

见进士条。

【来珏】

见进士条。

康熙四十四年（1705）乙酉科

主考官：周起渭、谭尚箴。

试题：人之过也（章）；思事亲不（四句）；《诗》云昼尔（百谷）。

【姜承谌】

见进士条。

康熙四十七年（1708）戊子科

主考官：李先复、李绍周。

试题：大哉尧之（句）；诚之者择（千之）；孰不为事（节）。

【洪继贤】

萧山浦阳镇人。康熙四十七年（1708）戊子科乡试中式第七十一名举人。

黄安绶《国朝两浙科名录》：康熙四十七年戊子科，中式八十六名。洪继贤，萧山。

雍正《浙江通志》卷一百四十四：康熙四十七年戊子科　洪继贤，萧山人。

乾隆《绍兴府志》卷三十三：康熙四十七年戊子科　洪继贤，萧山人。

民国《萧山县志稿》卷十三：（康熙）四十七年戊子科　洪继贤。

【来文爆】

萧山长河镇（今属滨江区）人，陕西富平籍。康熙四十七年（1708）戊子科陕西乡试中式第一名举人。洪洞县知县。（《清代官员履历档案全编》载其履历）

雍正《陕西通志》卷三十二：康熙四十七年戊子科　来文爆，富平人。

乾隆《富平县志》卷六：（康熙）四十七年戊子科　来文爆，解元，洪洞知县。

乾隆《西安府志》卷八十：康熙四十七年戊子科　来文爆，富平人。

光绪《榆社县志》卷四：来文爆，雍正七年任（知县），陕西富平县，戊子科解元。

民国《萧山县志稿》卷十三：康熙四十七年戊子科　来文景，解元，山东中式。“景”一作“爆”，陕西中式，山东籍。

康熙五十年（1711）辛卯科

主考官：胡作梅、薄有德。

试题：然有是言（节）；体物而不（二节）；孟施舍似（三节）。

【沈道济】(1678—1722)

本姓来，字在仁，萧山长河镇（今属滨江区）人，仁和籍。珏之子。康熙五十年（1711）辛卯科乡试中式第二十三名举人。考授知县。

黄安绶《国朝两浙科名录》：康熙五十年辛卯科，恩诏加十名，又加额十六名，又加五经卷一名，中式一百十三名。沈道济，仁和。

雍正《浙江通志》卷一百四十四：康熙五十年辛卯科　沈道济，仁和人。

乾隆《绍兴府志》卷三十三：康熙五十年辛卯科，《萧山县志》有沈道济，《通志》作仁和人。

乾隆《杭州府志》卷七十一：（康熙）五十年辛卯科　沈道济，仁和人。

民国《萧山县志稿》卷十三：（康熙）五十年辛卯科　沈道济，本姓来，珏之子，仁和籍。

【秦立】

字总山，萧山人，寄籍山阴。康熙五十年（1711）辛卯科乡试中式第五十名举人。

黄安绶《国朝两浙科名录》：康熙五十年辛卯科，恩诏加十名，又加额十六名，又加五经卷一名，中式一百十三名。秦立，山阴。

李光地《安溪李文贞公解义三种》：后学萧山秦立……同校。

雍正《浙江通志》卷一百四十四：康熙五十年辛卯科　秦立，山阴人。

清葛祖亮《花妥楼诗》卷一：秦孝廉总山惠文稿酬教时，孝廉将归湘湖。

清葛祖亮《花妥楼诗》卷十一：曾共萧山孝廉秦总山在吴中方伯幕府，总山归送之。

乾隆《绍兴府志》卷三十三：康熙五十年辛卯科　秦立。

乾隆《句容县志》：冯少君附乩而传者也，萧山进士（案：应为举人）秦立传其事云。

民国《萧山县志稿》卷十三：（康熙）五十年辛卯科　秦立，《绍兴府志》：山阴人。

【王协灿】

见进士条。

康熙五十二年（1713）癸巳六旬万寿恩科

主考官：汪灖、吴相。

试题：博我以文（卓尔）；《诗》云维天（天也）；圣人先得（三句）。

【李求龄】（1683—1763）

字又彭，号省斋，萧山所前镇人。由府学廪生中式康熙五十二年（1713）癸巳恩科第九名举人。候选知县。著有《四书讲义日孜录》十二卷。（嘉庆《山阴县志》卷十五载其传，《天乐李氏宗谱》有王增撰《省斋公传》）

黄安绶《国朝两浙科名录》：康熙五十二年癸巳六旬万寿恩科，中式一百三名。二月乡试，八月会试。李求龄，山阴。

雍正《浙江通志》卷一百四十四：康熙五十二年癸巳科　李求龄，山阴人。

乾隆《绍兴府志》卷三十三：康熙五十二年癸巳科　李求龄。

嘉庆《山阴县志》卷十：（康熙）五十二年癸巳科　李求龄（有传）。

清王宗炎《晚闻居士遗集》卷六：君讳振华……受业于山阴李求龄先生之门。

【杨廉锦】

字遵五。康熙五十二年（1713）癸巳恩科乡试中式第九十名举人。赐国子监学正。

黄安绶《国朝两浙科名录》：康熙五十二年癸巳六旬万寿恩科，中式一百三名。二月乡试，八月会试。杨廉锦，萧山。

雍正《浙江通志》卷一百四十四：康熙五十二年癸巳科　杨廉锦，萧山人。

乾隆《绍兴府志》卷三十三：康熙五十二年癸巳科　杨廉锦，赐学正，萧山人。

民国《萧山县志稿》卷十三：（康熙）五十二年癸巳科　杨濂锦，字遵五，赐国子监学正。《绍兴府志》缺，《浙江通志》“濂”作“廉”。

【杨玠】

康熙五十二年（1713）癸巳恩科乡试中式第九十二名举人。

黄安绶《国朝两浙科名录》：康熙五十二年癸巳六旬万寿恩科，中式一百三名。二月乡试，八月会试。杨玠，萧山。

雍正《浙江通志》卷一百四十四：康熙五十二年癸巳科　杨玠，萧山人。

乾隆《绍兴府志》卷三十三：康熙五十二年癸巳科　杨玠，萧山人。

民国《萧山县志稿》卷十三：（康熙）五十二年癸巳科　杨炌，《府志》作“玠”。

【汪烈】（1685—1718）

字继文，萧山浦阳镇汪家埭人。康熙五十二年（1713）癸巳恩科乡试中式第九十六名举人。

黄安绶《国朝两浙科名录》：康熙五十二年癸巳六旬万寿恩科，中式一百三名。二月乡试，八月会试。汪烈，萧山。

雍正《浙江通志》卷一百四十四：康熙五十二年癸巳科　汪烈，萧山人。

乾隆《绍兴府志》卷三十三：康熙五十二年癸巳科　汪烈，萧山人。

民国《萧山县志稿》卷十三：（康熙）五十二年癸巳科　汪烈。

康熙五十三年（1714）甲午科

主考官：吴垣、庄令舆。

试题：子温而厉（章）；知仁勇三（乎勇）；资之深则（句）。

【张文黼】（1688—1758）

字风林，又字树声，萧山人。县学附生，康熙五十三年（1714）甲午科乡试中式第二十八名举人。康熙六十年（1721）辛丑科拣选知县，官云南澄江知府。讲求朴学。尝佐毛西河订《礼》，《西河全集》中时道及之。著有《萝江诗钞》《螺江日记》《大学偶言》。（光绪《郁林州志》卷十四载其传）

黄安绶《国朝两浙科名录》：康熙五十三年甲午科，中式一百三名。张文纛，萧山。

雍正《浙江通志》卷一百四十四：康熙五十三年甲午科　张文纛，萧山人，成都知县。

乾隆《绍兴府志》卷三十三：康熙五十三年甲午科　张文纛，萧山人，知县。《县志》：同知。

道光《新都县志》卷七：张文纛，字风林，浙江萧山举人，六年任。

嘉庆《四川通志》卷一百零五：张文纛，浙江萧山举人，乾隆二十年任。

嘉庆《成都县志》卷二：张文纛，浙江举人，雍正九年任（知县）。

光绪《郁林州志》卷十：张文纛，浙江萧山举人，以浔州同知署，有传。

民国《灌县志》卷八：张文纛，浙江萧山县举人，乾隆十年任成都水利同知，乾隆十五年兼署县事。

民国《萧山县志稿》卷十三：张文纛，成都府同知，升知府。《绍兴府志》作知县。

【何在棠】(1638—1709)

字叔成，号慕亭，改名坤，萧山城厢街道人，顺天籍。康熙五十三年（1714）甲午科乡试顺天中式举人。知县。

雍正《浙江通志》卷一百四十四：康熙五十三年甲午科　何在棠，萧山人，知县。

乾隆《绍兴府志》卷三十三：康熙五十三年甲午科　何在棠，萧山人，改名坤，顺天中式。

民国《萧山县志稿》卷十三：（康熙）五十三年甲午科　何在棠，顺天中式，改名坤。

案：民国《萧山县志稿》此科载有倪铖，查《国朝两浙科名录》《浙江通志》等，俱无此人，故删。

【潘廷伟】

字特夫，号篁村，萧山人，福建崇安籍。锦之子。康熙五十三年（1714）甲午科乡试福建中式举人。历官淮宁县知县，户部禄米仓监督。

乾隆《福建通志》卷四十一：康熙五十三年甲午林廷选榜　崇安县，潘廷伟，锦子，以知县钦差监督禄米仓务。

乾隆《陈州府志》卷十三：潘廷伟，字篁村，福建崇安县举人，雍正十三年任（淮宁县知县）。

民国《崇安县新志》卷十七：康熙五十三年甲午林廷选榜　潘廷伟，字特夫，锦之子，户部禄米仓监督。

民国《淮阳县志》卷三：潘廷伟，崇安举人，（雍正）十三年任知县。

康熙五十六年（1717）丁酉科

主考官：索泰、张懋能。

试题：古之学者（章）；是故君子（物也）；易其田畴（节）。

【孙士莹】

字斐园，萧山城厢街道人。嘉谋子。康熙五十六年（1717）丁酉科乡试中式第五十五名举人。（任弘远《趵突泉志》载其传）

黄安绥《国朝两浙科名录》：康熙五十六年丁酉科，是科停止取中《五经》卷例，中式九十九名。孙士莹，萧山。

雍正《浙江通志》卷一百四十四：康熙五十六年丁酉科　孙士莹，萧山人。

乾隆《绍兴府志》卷三十三：康熙五十六年丁酉科　孙士莹，萧山人。

民国《萧山县志稿》卷十三：（康熙）五十六年丁酉科　孙士莹，嘉谋子，知县。

【赵镐】(1691—1774)

字丰来，号岐伯，又号湘崖，萧山城厢街道人。庠生，康熙五十六年（1717）丁酉科乡试中式第五十八名举人。授归安教谕，擢山东邹县令。以公事左迁广东广州府经历，闭门自守，不事脂润。大府知其贤，檄摄文昌、陆丰令。在陆丰时，监平粜，赢息累千金。去任，悉贮之库。归，与里中老人为率真会，晚年贫甚，至课童子句读以自给，乾隆三十九年（1774）卒，年八十有四。镐身长不逾中人，蹐缩循墙行，精悍多力，尝乘车赴会试，御者颇不利于镐。镐扼其臂，御者辟易不能动，搏颡乞哀，乃宥之，盖有家学，秘而不试云。（《萧山县志稿》载其传，《萧山赵氏宗谱》有王宗炎撰《赵丰来公家传》）

黄安绶《国朝两浙科名录》：康熙五十六年丁酉科，是科停止取中《五经》卷例，中式九十九名。赵镐，萧山。

雍正《浙江通志》卷一百四十四：康熙五十六年丁酉科　赵镐，萧山人。

乾隆《绍兴府志》卷三十三：康熙五十六年丁酉科　赵镐，萧山人。

乾隆《兖州府志·职官志》：赵镐，举人，浙江萧山人，乾隆十年任（知县）。

光绪《广州府志》卷二十三：赵镐，萧山人，举人，（乾隆）十九年任（同知）。

光绪《归安县志》卷二十九：赵镐，举人，（乾隆）四年任（教谕）。

民国《萧山县志稿》卷十三：（康熙）五十六年丁酉科　赵镐，文清子，归安教谕，邹县知县。

【沈震世】(1681—？)

字存神，号省斋，萧山瓜沥镇长巷村人，顺天籍。康熙五十六年（1717）丁酉科乡试顺天中式第九十九名举人，授四川开县知县，官至山东滨州知州，诰授奉直大夫。

雍正《浙江通志》卷一百四十四：康熙五十六年丁酉科　沈世震（案：此处误），萧山人，顺天中式。

乾隆《绍兴府志》卷三十三：康熙五十六年丁酉科　沈震世，萧山人。

乾隆《新宁县志》卷三：沈震世，浙江萧山县举人，开县知县。雍正十年五月署县事，十一年七月复再署县事，乾隆二年卓异，宪令引见，三署县事，因颜其堂曰“三到堂”。

嘉庆《四川通志》卷一百零五：沈震世，浙江萧山举人，乾隆三年任（开县知县）。

咸丰《滨州志》卷七：沈震世，浙江萧山人，举人，（乾隆）十四年任（知州）。

咸丰《武定府志》卷十八：沈震世，浙江萧山人，举人，（乾隆）十四年任（知州）。

咸丰《青州府志》卷十一下：沈震世，浙江萧山人，举人，（乾隆）十三年任（知县）。

光绪《顺天府志》卷一百十八：（康熙）五十六年丁酉科　沈震世。

光绪《补纂仁寿县原志》卷三：乾隆三年（任知县），沈震世，萧山举人。

民国《寿光县志》卷六：（乾隆）十三年，沈震世，浙江萧山人，举人、知县。

民国《萧山县志稿》卷十三：（康熙）五十六年丁酉科　沈震世，士本子，顺天中式，四川开县知县，云南嵩明、山东滨州知县。一作“世震”，误。

康熙五十九年（1720）庚子科

主考官：李绂、汤之旭。

试题：行夏之时；素隐行怪（二节）；献子之于（四句）。

【黄云】

见进士条。

【来谦鸣】

见进士条。

【徐廷槐】

见进士条。

【丁传嵩】

见进士条。

雍正元年（1723）癸卯登极恩科

主考官：吕谦恒、田嘉谷。

试题：子华使于（章）；修道之谓（道也）；徐子曰仲（章）。

【沈元鋐】

见进士条。

【陈常保】（1687—1724）

字太冲，号南溪，萧山临浦镇人，广西籍。雍正元年（1723）癸卯恩科乡试中式第六十八名举人，拣选知县，例授文林郎。

黄安绶《国朝两浙科名录》：世宗宪皇帝雍正元年癸卯登极恩科，广额三十名，中式一百二十九名。四月乡试，九月会试。陈常保，萧山。

雍正《浙江通志》卷一百四十四：雍正元年癸卯科　陈常保，萧山人。

乾隆《绍兴府志》卷三十三：雍正元年癸卯科　陈常保，萧山人。

民国《萧山县志稿》卷十三：雍正元年癸卯科　陈常保，广西籍。

【何大镛】

本姓韩，萧山义桥镇人，钱塘籍。雍正元年（1723）癸卯恩科乡试中式第三十二名举人。

黄安绶《国朝两浙科名录》：世宗宪皇帝雍正元年癸卯登极恩科，广额三十名，中式一百二十九名。四月乡试，九月会试。何大镛，钱塘。

雍正《浙江通志》卷一百四十四：雍正元年癸卯科　何大镛，钱塘人。

乾隆《杭州府志》卷七十一：雍正元年癸卯科　何大镛，钱塘人。

民国《萧山县志稿》卷十三：雍正元年癸卯科　何大镛，本姓韩，钱塘籍。

【蔡林】

萧山城厢街道人。雍正元年（1723）癸卯恩科乡试中式第一百十四名举人。乾隆七年（1742）署任宁德县令，官至尤溪知县。

黄安绶《国朝两浙科名录》：世宗宪皇帝雍正元年癸卯登极恩科，广额三十名，中式一百二十九名。四月乡试，九月会试。蔡林，萧山。

雍正《浙江通志》卷一百四十四：雍正元年癸卯科　蔡林，萧山人。

乾隆《绍兴府志》卷三十三：雍正元年癸卯科　蔡林，萧山人。

乾隆《延平府志》卷二十四：蔡林，萧山人，举人，乾隆七年任（知县）。

乾隆《尤溪县志》卷五：蔡林，萧山人，举人，乾隆七年任（知县）。

乾隆《宁德县志》卷三：蔡林，萧山人，举人，乾隆七年署任（知县）

民国《萧山县志稿》卷十三：雍正元年癸卯科　蔡林，福建尤溪知县。

案：是科民国《萧山县志稿》有“赵铬，顺天中式《浙江通志》缺。”查《顺天府志》《国朝两浙科名录》均无此人。查《萧山赵氏宗谱》有赵铭，雍正癸卯正科举人，疑为雍正甲辰科武举人赵铭。故删。

雍正二年（1724）甲辰补行癸卯正科

主考官：李凤翥、王一道。

试题：斯民进三（二句）；鸿博渊泉；放勋曰劳（如此）。

【赵鉴】（1697—1760）

字宝三，萧山城厢街道人。雍正二年（1724）甲辰补行癸卯正科乡试中式第四名举人。任广东直隶连州州判，敕授文林郎。

黄安绶《国朝两浙科名录》：雍正二年甲辰补行正科，中式九十九名。

二月乡试，八月会试。赵鉴，萧山。

雍正《浙江通志》卷一百四十四：雍正二年甲辰科（是科二月乡试补癸卯科） 赵鉴，萧山人。

乾隆《绍兴府志》：雍正二年甲辰科 赵鉴，州判。

乾隆《灵山县志》卷七：赵鉴，浙江萧山举人，乾隆十四年四月署（知县）。

乾隆《连州志》卷五：赵鉴，浙江萧山县举人，乾隆六年任（州判），七年始建署永胜门外。

乾隆十三年春《缙绅新书》：连州州同（管州判事）赵鉴宝三，浙江萧山人，举人，乾隆六年二月授。

光绪《信宜县志》卷五：赵鉴，萧山举人，（乾隆）十二年署（知县）。

光绪《高州府志》卷二十二：赵鉴，浙江萧山举人，（乾隆）十二年署（信宜知县）。

民国《萧山县志稿》卷十三：（雍正）二年甲辰，赵鉴，文璧子，连州州判。一作知州，“连”作“廉”，误。

【汪来庆】（1705—1740）

本姓来，字吉临，萧山长河镇（今属滨江区）人，仁和籍。雍正二年（1724）甲辰科补癸卯正科乡试中式第二十三名举人。

黄安绶《国朝两浙科名录》：雍正二年甲辰补行正科，中式九十九名。二月乡试，八月会试。汪来庆，仁和。

雍正《浙江通志》卷一百四十四：雍正二年甲辰科 汪来庆，仁和人。

乾隆《绍兴府志》卷三十三：雍正二年甲辰科，是科《萧山志》有汪来庆，仁和籍，解元，本姓来。

乾隆《杭州府志》卷七十一：（雍正）二年甲辰科 汪来庆，仁和贯，萧山人。

民国《萧山县志稿》卷十三：（雍正）二年甲辰，汪来庆，解元（案：此处误），本姓来，仁和籍。

【丁莹】(1680—1727)

字序贤，号觉斋，萧山城厢街道人。廪膳生，雍正二年（1724）甲辰补癸卯正科乡试中式第九十九名举人。知县。

黄安绶《国朝两浙科名录》：雍正二年甲辰补行正科，中式九十九名，二月乡试，八月会试。丁莹，萧山。

雍正《浙江通志》卷一百四十四：雍正二年甲辰科　丁莹，萧山人。

乾隆《绍兴府志》卷三十三：雍正二年甲辰科　丁莹，府学，萧山人。

民国《萧山县志稿》卷十三：（雍正）二年甲辰，丁莹，知县。

雍正四年（1726）丙午科

主考官：陈万策、周有堂。

试题：吾有知乎（章）；上律天时（二句）；既竭心思（三句）。

【王人雄】(1707—?)

号健斋。雍正四年（1726）丙午科乡试中式第三名举人。乾隆十九年（1754）任直隶元氏县令。二十三年（1758）重修县志，考文征献，庶不至湮没无稽焉。著有《明代儒林传》一卷、《明代文苑略》一卷、《郊社礼器考》一卷、《资治纲目偶见录》前集十四卷后集二十三卷、《直北水利》一卷、《汉代儒学源流考》一卷、《螺庄偶吟》四卷。（《清代官员履历档案全编》有载，民国《元氏县志》载其传）

黄安绶《国朝两浙科名录》：雍正四年丙午科，仍加中《五经》卷五名，中式一百四名。王人雄，萧山。

雍正《浙江通志》卷一百四十四：雍正四年丙午科　王人雄，萧山人。

乾隆《绍兴府志》卷三十三：雍正四年丙午科　王人雄，知县。

乾隆《正定府志》卷二十五：王人雄，萧山人，举人，乾隆十九年任（元氏县知县）。

民国《元氏县志》：王人雄，浙江萧山举人，（乾隆）十九年任（知县）。

民国《萧山县志稿》卷十三：雍正四年丙午科　王人雄，直隶元氏县知县。

【凌元礼】（1703—？）

本姓徐，雍正四年（1726）丙午科乡试中式第七十八名举人，乾隆二年（1737）会试取中明通，十年（1745）选授兰溪教谕，历俸九年，截取到部，候选知县。二十一年（1756）任陕西延安府安定县知县。（《清代官员履历档案全编》有载）

黄安绶《国朝两浙科名录》：雍正四年丙午科，仍加中《五经》卷五名，中式一百四名。凌元礼，萧山。

雍正《浙江通志》卷一百四十四：雍正四年丙午科　凌元礼，萧山人。

乾隆《绍兴府志》卷三十三：雍正四年丙午科　凌元理，本姓徐，学正。

乾隆二十五年冬同升阁刻本《缙绅全书》：安吉州学正凌元礼，萧山人，举人，（乾隆）二十一年十二月选。

嘉庆《兰溪县志》卷十一：凌元礼，萧山举人，乾隆十年任（教谕）。

同治《湖州府志》卷八：凌元礼，萧山人，丁巳明通榜，（乾隆）二十二年任（安吉县教谕）。

民国《萧山县志稿》卷十三：雍正四年丙午科　凌元礼，本姓徐，兰溪教谕。《绍兴府志》作“元理”，学正。

【洪琛】

见进士条。

【沈堂】

字平山。雍正四年（1726）丙午科乡试中式第九十一名举人。乾隆元年（1736）由新城教谕升云南定远知县。

黄安绶《国朝两浙科名录》：雍正四年丙午科，仍加中《五经》卷五名，中式一百四名。沈堂，萧山。

雍正《浙江通志》卷一百四十四：雍正四年丙午科　沈堂，萧山人，新城教谕。

乾隆《绍兴府志》卷三十三：雍正四年丙午科　沈堂，知县，萧山人。

民国《萧山县志稿》卷十三：雍正四年丙午科　沈堂，云南平彝知县。《浙江通志》：新城教谕。

民国《杭州府志》卷一百六：沈堂，萧山人，雍正间任（新城教谕）。

民国《新登县志》卷十七：沈堂，萧山人，（雍正）九年任（教谕）。

民国《新纂云南通志》卷十三：雍正朝楚雄府定远县知县沈堂，浙江人。

雍正七年（1729）己酉科

主考官：任兰枝、王峻。

试题：事君能致（句）；诚则明矣（二句）；圣人治天（二句）。

【任元文】

见进士条。

【王昭智】（1678—1740）

字有临，号松涧，萧山城厢街道人，邑庠生，雍正七年（1729）己酉科乡试中式第八十四名举人。又作“王朏智”。

黄安绶《国朝两浙科名录》：雍正七年己酉科，中式一百四名。王昭智，萧山。

雍正《浙江通志》卷一百四十四：雍正七年己酉科　王朏智，萧山人。

乾隆《绍兴府志》卷三十三：雍正七年己酉科　王昭智，《省志》作“朏智”，《县志》同。

民国《萧山县志稿》卷十三：雍正七年己酉科　王朏智。《绍兴府志》作“昭智”。

【王人隆】

雍正七年（1729）己酉科乡试中式第四十七名举人。

黄安绶《国朝两浙科名录》：雍正七年己酉科，中式一百四名。王人隆，萧山。

雍正《浙江通志》卷一百四十四：雍正七年己酉科　王人隆，萧山人。

乾隆《绍兴府志》卷三十三：雍正七年己酉科　王人隆，萧山人。

民国《萧山县志稿》卷十三：雍正七年己酉科　王人隆，知县。

雍正十年（1732）壬子科

主考官：张廷璐、王瓒。

试题：君子有三（之言）；溥博如天；圣人之于（子也）。

【王人麒】

见进士条。

【张日宣】（1690—1739）

字吉士，号敬庵，萧山城厢街道人。雍正十年（1732）壬子科乡试中式第一百零三名举人，候选知县。

黄安绶《国朝两浙科名录》：雍正十年壬子科，恩诏加十名，中式一百十四名。张日宣，萧山。

雍正《浙江通志》卷一百四十四：雍正十年壬子科　张日宣，萧山人。

乾隆《绍兴府志》卷三十三：雍正十年壬子科　张日宣，萧山人。

民国《萧山县志稿》卷十三：雍正十年壬子科　张日宣。

【厉清来】

见进士条。

【王人纪】

雍正十年（1732）壬子科乡试中式第七十一名举人。

黄安绶《国朝两浙科名录》：雍正十年壬子科，恩诏加十名，中式一百十四名。王人纪，萧山。

雍正《浙江通志》卷一百四十四：雍正十年壬子科　王人纪，萧山人。

乾隆《绍兴府志》卷三十三：雍正十年壬子科　王人纪，萧山人。

民国《萧山县志稿》卷十三：雍正十年壬子科　王人纪，人骐兄，兄弟同榜。

雍正十三年（1735）乙卯科

主考官：陈德华、刘元燮。

试题：行己有耻；能尽其性（二句）；食之以时（二句）。

【吴元礼】（1682—1763）

字经百，萧山城厢街道人。邑庠廪生，雍正十三年（1735）乙卯科乡试中式第九十八名举人。当选县令，以母老不赴。本生母黄殁，念外家不祀，买田给其近支。雍正二年（1724），中学升大学，萧山以中牒稍后，不获与，元礼数力请，卒得改，人告急必赒之，造就后学，随其性之高下，柢于有成。著有《防山寇论》。（乾隆《绍兴府志》、民国《萧山县志稿》俱有其传，《萧山吴氏宗谱》有张应曾撰《孝廉经百吴公暨配傅太孺人合葬墓志铭》）

黄安绶《国朝两浙科名录》：雍正十三年乙卯科，中式一百四名。吴元礼，萧山。

雍正《浙江通志》卷一百四十四：雍正十三年乙卯科　吴元礼，萧山人。

乾隆《绍兴府志》卷三十三：雍正十三年乙卯科　吴元礼，萧山人。

民国《萧山县志稿》卷十三：雍正十三年乙卯科　吴元礼，字经百。

乾隆元年（1736）丙辰登极恩科

主考官：李凤翥、李清植。

试题：抑为之不（学也）；执其两端（三句）；以直养而（与遣）。

【孙有仁】

字克三。乾隆元年（1736）丙辰科乡试中式第十四名举人。殁于京师。

黄安绶《国朝两浙科名录》：高宗纯皇帝乾隆元年丙辰登极恩科，广额三十名，中式一百三十四名。孙有仁，萧山。

乾隆《绍兴府志》卷三十三：乾隆元年丙辰科　孙有仁，萧山人。

民国《萧山县志稿》卷十三：乾隆元年丙辰科　孙有仁。

【陈学澎】

字克年，号横溪，萧山新塘街道塘里陈人。乾隆元年（1736）丙辰科乡试中式第三十七名举人。拣选知县。（《萧山陈氏宗谱》有陈粲撰《廿一世拣选知县丙辰科举人横溪公赞》）

黄安绶《国朝两浙科名录》：高宗纯皇帝乾隆元年丙辰登极恩科，广额三十名，中式一百三十四名。陈学澎，萧山。

乾隆《绍兴府志》卷三十三：乾隆元年丙辰科　陈学澎，萧山人。

民国《萧山县志稿》卷十三：乾隆元年丙辰科　陈学澎。

【吴境】（1713—1765）

字濬封，号慕园，萧山城厢街道人。邑庠生，乾隆元年（1736）丙辰恩科乡试中式第一百零二名举人。拣选知县，例授文林郎。（《萧山吴氏宗谱》有其弟吴昞埼撰《孝廉慕园先生传》）

黄安绶《国朝两浙科名录》：高宗纯皇帝乾隆元年丙辰登极恩科，广额三十名，中式一百三十四名。吴境，萧山。

乾隆《绍兴府志》卷三十三：乾隆元年丙辰科　吴境，萧山人。

民国《萧山县志稿》卷十三：乾隆元年丙辰科　吴境，一作“镜”，误。

【俞馥】

萧山人，顺天籍。乾隆元年（1736）丙辰科乡试顺天中式举人。

民国《萧山县志稿》卷十三：乾隆元年丙辰科　俞馥，顺天籍，增补。

乾隆三年（1738）戊午科

主考官：陈大受、赵青藜。

试题：先行其言；春秋修身（句）；子路人告（人同）。

【李开渼】(1693—1781)

字迴亭。雍正七年（1729）拔贡，乾隆三年（1738）戊午科乡试中式第十五名举人。案：乾隆《海宁州志》、民国《杭州府志》、民国《萧山县志稿》作“嵘”。乾隆《萧山县志》录其诗。

黄安绶《国朝两浙科名录》：乾隆三年戊午科，中式一百四名。李开渼，萧山。

乾隆《海宁州志》卷九：李开嵘，庠姓许，改归萧山，戊午举人。

乾隆《绍兴府志》卷三十三：乾隆三年戊午科　李开渼，萧山人。

民国《杭州府志》卷一百一十二：许开嵘，《科名录》作姓李，海宁人，萧山贯。

民国《萧山县志稿》卷十三：乾隆三年戊午科　李开嵘，《绍兴府志》作“渼”。

【王锦林】(1716—1772)

字粤岩，萧山城厢街道人。邑庠生，乾隆三年（1738）戊午科乡试中式第四十九名举人，壬戌科明通，署直隶内邱、任邱两县事。二十一年（1756）任辽宁鸡泽县知县。三十一年（1766）增订乾隆《鸡泽县志》。升任涿州知州、顺天府西路同知。升任宣化府知府，诰授朝议大夫。

黄安绶《国朝两浙科名录》：乾隆三年戊午科，中式一百四名。王锦林，萧山。

乾隆《绍兴府志》卷三十三：乾隆三年戊午科　王锦林，萧山人。

乾隆《鸡泽县志》卷十二：王锦林，浙江萧山人，字粤岩，乾隆戊午举人，乾隆二十一年任。

光绪《蔚州志》卷二：王锦林，浙江萧山人，（乾隆）三十七年任（蔚州知州）。

光绪《广平府志》卷七：王锦林，萧山举人，（乾隆）二十一年任（鸡泽县知县）。

光绪《顺天府志》卷八十二：（乾隆）三十五年，王锦林，萧山人，举人，二月任（涿州知州）。

民国《涿县志》第五编：王锦林，萧山举人（知州）。

民国《萧山县志稿》卷十三：乾隆三年戊午科　王锦林。

【陶杏秀】

见进士条。

乾隆九年（1744）甲子科

主考官：王会汾、宫献瑶。

试题：《诗》可以兴（七句）；渊渊其渊；此其大略（节）。

【戴坦之】

乾隆九年（1744）甲子科乡试中式第七十六名举人。

黄安绶《国朝两浙科名录》：乾隆九年甲子科，中式一百四名。戴坦之，萧山。

乾隆《绍兴府志》卷三十三：乾隆九年甲子科　戴坦之，萧山人。

民国《萧山县志稿》卷十三：乾隆九年甲子科　戴坦之。

乾隆十二年（1747）丁卯科

主考官：王会汾、周渼。

试题：有民人焉（佞者）；得一善则（二句）；柳下惠不（句）。

【周滨】

见进士条。

【丁百川】

见进士条。

【富启英】

萧山城厢街道人，乾隆十二年（1747）丁卯科乡试中式第三十六名举人。

黄安绶《国朝两浙科名录》：乾隆十二年丁卯科，额减十名，是科始中式九十四名，永为定制。富启英，萧山。

乾隆《绍兴府志》卷三十三：乾隆十二年丁卯科　富启英，萧山人。

民国《萧山县志稿》卷十三：乾隆十二年丁卯科　富启英。

【夏甦】

见进士条。

【来学谦】（1714—1791）

字益甫，一字有光，号晨崖，萧山长河镇（今属滨江区）人。乾隆十二年（1747）丁卯科乡试中式第九十一名举人，官至义乌教谕。著有《长河诗钞》《诗学蜩音》《怀清堂稿》等。（《两浙輶轩续录》、民国《萧山县志稿》载其传，《萧山来氏宗谱》有汤鉴撰《原任义乌县教谕晨崖来君传》）

黄安绶《国朝两浙科名录》：乾隆十二年丁卯科，额减十名，是科始中式九十四名，永为定制。来学谦，萧山。

乾隆《绍兴府志》卷三十三：乾隆十二年丁卯科　来学谦，萧山人。

嘉庆《义乌县志》卷八：来学谦，萧山人，举人，乾隆四十三年任（教谕）。

民国《萧山县志稿》卷十三：乾隆十二年丁卯科　来学谦，字有光，义乌教谕。

【朱珪】

见进士条。

乾隆十五年（1750）庚午科

主考官：裘曰修、欧阳正焕。

试题：乡人皆好（章）；日月所照；有孺子歌（足矣）。

【来益清】

见进士条。

【沈岘】（1730—1789）

字佑登，号襄南，震世子，萧山瓜沥镇长巷村人。乾隆十五年（1750）庚午科乡试中式第八十九名举人。候选知县。

黄安绶《国朝两浙科名录》：乾隆十五年庚午科　沈岘，萧山。

乾隆《绍兴府志》卷三十三：乾隆十五年庚午科　沈岘，士本孙，萧山人。

民国《萧山县志稿》卷十三：乾隆十五年庚午科　沈岘，士本孙，知县。

【朱垣】

见进士条。

【张恒】

乾隆十五年（1750）庚午科乡试顺天中式举人。杭州教谕。

乾隆《杭州府志》卷六十五：张恒，萧山人，举人，（乾隆）十八年任（教谕）。

乾隆《绍兴府志》卷三十三：乾隆十五年庚午科　张恒，教谕，萧山人。

案：民国《杭州府志》云乾隆二十四年任。

嘉庆《余杭县志》卷二十：乾隆二十四年，张恒，萧山举人，教谕。

民国《萧山县志稿》卷十三：乾隆十五年庚午科顺天中式，教谕。按张恒，辛酉本省副贡。

乾隆十七年（1752）壬申孝圣宪皇后六旬圣寿恩科

主考官：李因培、秦镄。

试题：上如揖下（五句）；淡而不厌（六句）；《诗》云雨我（三句）。

【任涛】

字次山，号寿水，萧山人，钱塘籍。乾隆十七年（1752）壬申科乡试中式第八十六名举人。三十三年（1768）借补景宁训导。温雅能文，四十三年（1778），邑修志书，赞勷之力居多。（同治《景宁县志》卷八载其传）

黄安绶《国朝两浙科名录》：乾隆十七年壬申孝圣宪皇后六旬圣寿恩科，二月乡试，八月会试。任涛，萧山。

乾隆《绍兴府志》卷三十三：乾隆十七年壬申科　任涛，萧山人，训导。

同治《景宁县志》卷七：任涛，萧山人，举人，（乾隆）三十三年任（训导），有传。

光绪《处州府志》卷十五：任涛，字次山，钱塘举人，（乾隆）三十三年借补训导。

民国《萧山县志稿》卷十三：乾隆十七年壬申科　任涛，训导，钱塘籍。

【朱棻元】

见进士条。

乾隆十八年（1753）癸酉科

主考官：裘曰修、吴鹏南。

试题：邦有道危（句）；吾说夏礼（节）；牛山之木（句）。

【童学涛】

字崐源。乾隆十八年（1753）癸酉科乡试中式第六十二名举人。三十七年（1772）任山西翼城知县。公下车伊始，即以兴贤育才为先务，邑旧有义学，倾圮多年，公商诸绅士高浩等倡捐重修，一时寒士多荷陶成。其他善政多端，以年湮代远，传之不能得其详云。（民国《冀城县志》载有其传）

黄安绶《国朝两浙科名录》：乾隆十八年癸酉科　童学涛，萧山。

乾隆《绍兴府志》卷三十三：乾隆十八年癸酉科　童学涛，府学，萧山人。

乾隆四十二年秋世锦堂刻本《缙绅全书》：翼城县知县加一级童学涛，浙江萧山人，举人。（乾隆）三十七年八月题。

光绪《翼城县志》卷十一：童学涛，浙江萧山举人，（乾隆）三十七年任（山西知县），详《宦绩》。

民国《萧山县志稿》卷十三：乾隆十八年癸酉科　童学涛，山西知县。

【来淑予】(1725—1793)

字丙墅，一字亦邹，萧山长河镇（今属滨江区）人。乾隆十八年（1753）癸酉科乡试中式第四十一名举人。补黄岩、丽水教谕，处州府教授。（《萧山来氏宗谱》有徐国楠撰《修职郎丙墅来公传》）

黄安绶《国朝两浙科名录》：乾隆十八年癸酉科　来淑予，萧山。

乾隆《绍兴府志》卷三十三：乾隆十八年癸酉科　来淑予。

乾隆五十三年春西荣庆堂刻本《缙绅全书》：黄岩县教谕来淑予，萧山人，举人，（乾隆）五十二年七月补。

同治《丽水县志》卷八：来淑予，萧山人，举人，（乾隆）四十四年八月任（教谕）。

光绪《处州府志》卷十三：来淑予，萧山人，举人，（乾隆）四十四年八月任（教谕）。

民国《台州府志》卷十五：来淑予，（乾隆）五十三年任教谕。

民国《萧山县志稿》卷十三：乾隆十八年癸酉科　来淑予，字丙墅，黄岩、丽水教谕，处州府教授。

【朱筠】

见进士条。

乾隆二十一年（1756）丙子科

主考官：庄存与、鞠恺。

试题：颜渊曰愿（之志）；不可以不（者三）；士无事而（功乎）。

【郭伦】（1711—1769）

字凝初，一字叙斋，号幼山，别号九峰，萧山戴村镇张家弄村人。优贡生，乾隆二十一年（1756）丙子科乡试中式第五十三名举人，拣选知县。著有《晋记》六十八卷、《萧山赋》、《十七朝史论》二卷等。（乾隆《绍兴府志》卷五十三、《两浙輶轩录》卷三十有其传，《萧山郭氏宗谱》有孔继翔撰《郭幼山夫子传》）

黄安绶《国朝两浙科名录》：乾隆二十一年丙子科，以回部平定，恭上孝圣宪皇后徽号恩诏加十名，中式一百四名。郭伦，萧山。

乾隆《绍兴府志》卷三十三：乾隆二十一年丙子科　郭伦，萧山人。

民国《萧山县志稿》卷十三：乾隆二十一年丙子科　郭伦。

【周世官】（1708—1777）

字纪云，号况莲，萧山衙前镇人，山阴籍。乾隆二十一年（1756）丙子科乡试中式第七十六名举人。

黄安绶《国朝两浙科名录》：乾隆二十一年丙子科，以回部平定，恭上孝圣宪皇后徽号恩诏加十名，中式一百四名。周世官，山阴。

乾隆《绍兴府志》卷三十三：乾隆二十一年丙子科　周世官，山阴人。

嘉庆《山阴县志》卷十：乾隆二十一年丙子科　周世官。

民国《萧山县志稿》卷十三：乾隆二十一年丙子科　周世官。

【袁治】

字又庵，号蓼塘，萧山人。乾隆二十一年（1756）丙子科乡试顺天中式举人。三十八年（1773）任正安知州，主修《正安州志》。三十九年（1774）调黄平知州，廉正明决。（民国《黄平县志》载其传）

乾隆《绍兴府志》卷三十三：乾隆二十一年丙子科　袁治，萧山人，知州。

乾隆三十三年秋荣锦堂刻本《爵秩全本》：保安州知州加二级袁治又庵，浙江萧山人，丙子，（乾隆）三十三年十二月选。

乾隆五十三年春西荣庆堂刻本《缙绅全书》：黄平州同知（管知州事）加一级袁治又庵，浙江萧山人，丙子，（乾隆）三十九年三月调。

道光《遵义府志》卷二十八：袁治，浙江萧山举人，（乾隆）三十八年任（正安知州）。

道光《大定府志》卷二十三：袁治，浙江人，举人，乾隆三十九年八月任（黄平知州）。

光绪《续修正安州志》卷四：袁治，浙江萧山举人，乾隆三十八年任（知州），三十九年止。

民国《萧山县志稿》卷十三：乾隆二十一年丙子科　袁治，知州，顺天籍。

民国《贵州通志·宦绩志十五》：袁治，字又庵，号蓼塘，浙江萧山人。乾隆丙戌举顺天乡试，初知正安州，甲午调知黄平州，廉正明决。

案：民国《萧山县志稿》有乾隆二十三年戊寅科施步亨，顺天中式。查二十三年无乡试，故删。

乾隆二十四年（1759）己卯科

主考官：介福、汤先甲。

试题：子游为武（章）；考诸三王（一句）；（岁十一月）一句；“近海出明珠”，得“圆”字。

【来起峻】

见进士条。

【张遵路】

字青衢，乾隆二十四年（1759）己卯科乡试中式第七十八名举人。案：

乾隆《绍兴府志》载顺天中式，查《国朝两浙科名录》，乾隆二十四年乡试有张之名录。

黄安绶《国朝两浙科名录》：乾隆二十四年己卯科　张遵路，萧山。

乾隆《绍兴府志》卷三十三：乾隆二十四年己卯科　张遵路，会稽人，顺天中式。

民国《萧山县志稿》卷十三：乾隆二十四年己卯科　张遵路，《绍兴府志》：会稽人，顺天中式。

【张学古】（1731—1796）

字又山，又字汝师，号藜亭，萧山城厢街道人。二十二岁登乙榜，诣部考授州判，又考取景山官学教习，期满候选，复应京兆，乾隆二十四年（1759）己卯科乡试顺天中式第十九名举人。授湖北荆州府远安县知县。乾隆四十年（1775）充笔花书院，改文昌书院山长。著有《大初余籁》。（《义门张氏宗谱》有王宗炎撰《敕授文林郎湖北荆州府远安县知县藜亭张公传》）

乾隆《绍兴府志》卷三十三：乾隆二十四年己卯科　张学古，知县，萧山人。

乾隆二十五年冬同升阁刻本《缙绅全本》：景山官学教习张学古又山，浙江萧山人，己卯，（乾隆）二十二年十二月补。

乾隆三十年冬荣锦堂刻本《爵秩全本》：远安县知县张学古，浙江萧山人，举人，（乾隆）二十九年教习，六月选。

咸丰《远安县志》卷四：张学古，浙江萧山县，副榜。（乾隆）二十九年任（知县）。

民国《萧山县志稿》卷十三：乾隆二十四年己卯科　张学古，顺天中式。

【沈苏翰】

字文苑，萧山瓜沥镇长巷村人。乾隆二十四年（1759）己卯科乡试中式第八十五名举人，拣选知县。

黄安绶《国朝两浙科名录》：乾隆二十四年己卯科　沈苏翰，萧山。

乾隆《绍兴府志》卷三十三：乾隆二十四年己卯科　沈苏翰，萧山人。

民国《萧山县志稿》卷十三：乾隆二十四年己卯科　沈苏翰，一作“瀚”。

【张应曾】

见进士条。

【王家宾】

见进士条。

乾隆二十五年（1760）庚辰孝圣宪皇后七旬圣寿恩科

主考官：观保、秦泰钧。

试题：樊迟请学（节）；执柯以伐（三句）；今有璞玉（琢之）；“楼观沧海日”，得“东”字。

【吴斐】

见进士条。

【王世腾】

见进士条。

乾隆二十七年（1762）壬午科

主考官：彭启丰、李宗宝。

试题：加我数年（二句）；必因其材（二句）；鲁之春秋（则史）；“涉江采芙蓉”，得“馨”字。

【任炎】（1734—1777）

字司皞，号西亭，萧山城厢街道人。乾隆二十七年（1762）壬午科乡试中式第四十名举人。《海屿诗话》评其云：“西亭诗多真朴，唯咏物则不脱不黏，扫尽瞿宗吉、谢宗可习气。”著有《西亭文稿》《西亭诗稿》。（《两浙

辅轩录》有其传）

黄安绶《国朝两浙科名录》：乾隆二十七年壬午科　任炎，萧山。

《乾隆二十七年浙江乡试录》：第四十名任炎，萧山县学附学生，《书》。

乾隆《绍兴府志》卷三十三：乾隆二十七年壬午科　任炎，萧山人。

民国《萧山县志稿》卷十三：乾隆二十七年壬午科　任炎。

乾隆三十年（1765）乙酉科

主考官：曹秀先、钱大昕。

试题：其事上也（二句）；吾学周礼；大而化之（之中）；“八月其获”，得“登”字。

【张凤池】（1743—？）

字艮庵。乾隆三十年（1765）乙酉科乡试中式第五十三名举人。龙泉训导，嘉庆四年（1799）升湖北建始县知县。（《清代官员履历档案全编》有载）

黄安绶《国朝两浙科名录》：乾隆三十年乙酉科　张凤池。

乾隆《绍兴府志》卷三十三：乾隆三十年乙酉科　张凤池，萧山人。

嘉庆《建始县志》：张凤池，浙江绍兴府萧山县举人，嘉庆四年任（知县）。

嘉庆六年夏奎文阁刻本《缙绅全书》：建始县知县加一级张凤池艮庵，浙江萧山人，乙酉，（嘉庆）四年六月调。

道光《建始县志》卷三：张凤池，浙江萧山举人。

同治《增修施南府志》卷十九：建始，张凤池，浙江萧山举人，（嘉庆）四年任。

光绪《处州府志》卷十四：张凤池，萧山举人，五十三年任（训导）。

光绪《龙泉县志》卷七：张凤池，萧山举人，乾隆五十三年任（训导）。

民国《萧山县志稿》卷十三：乾隆三十年乙酉科　张凤池，训导。

【潘庭筠】

见进士条。

乾隆三十三年（1768）戊子科

主考官：博卿额、陆锡熊。

试题：吾何执执（三句）；日省月试；由尧舜至（三节）；“桂林一枝”，得“丹”字。

【汪辉祖】

见进士条。

【沈元铠】（1726—1773）

字庐山，萧山瓜沥镇人。乾隆三十三年（1768）戊子科乡试中式第四十名举人。拣选知县，授文林郎。

黄安绶《国朝两浙科名录》：乾隆三十三年戊子科　沈元铠，萧山。

乾隆《绍兴府志》卷三十三：乾隆三十三年戊子科　沈元铠，萧山人。

民国《萧山县志稿》卷十三：乾隆三十三年戊子科　沈元铠。

【萧濂】

见进士条。

【王承钺】（1717—1791）

字蓼溆，号星航，萧山城厢街道人。邑廪生，乾隆三十三年（1768）戊子科乡试中式第九十四名举人。候选知县，敕授文林郎。著有《西爽轩诗集》。（《萧山车里王氏家谱》有陶元藻撰《星航公像赞》，《两浙輶轩录》有其传）

黄安绶《国朝两浙科名录》：乾隆三十三年戊子科　王承钺，萧山。

乾隆《绍兴府志》卷三十三：乾隆三十三年戊子科　王承钺，萧山人。

民国《萧山县志稿》卷十三：乾隆三十三年戊子科　王承钺。

【朱学濂】（1743—？）

字若溪，萧山人，仁和籍。乾隆三十三年（1768）戊子科乡试中式第八名举人。嘉庆五年（1800）知渭南县，由陕西同州府潼关厅同知，嘉庆十二年分卓异签升直隶广平府知府。（《清代官员履历档案全编》有载）

黄安绶《国朝两浙科名录》：乾隆三十三年戊子科　朱学濂，仁和。

乾隆《绍兴府志》卷三十三：乾隆三十三年戊子科　朱学濂，杭州籍，萧山人。

乾隆《杭州府志》卷七十一：乾隆三十三年戊子科　朱学濂，府学。

乾隆五十三年春西荣庆堂刻本《缙绅全书》：临漳县知县加一级朱学濂，浙江人，举人，（乾隆）五十三年二月调。

嘉庆六年夏奎文阁刊本《缙绅全书》：潼关厅抚民同知加一级朱学濂若溪，浙江仁和人，举人，（乾隆）五十九年二月升。

嘉庆《续修潼关厅志　续潼关县志》卷中：朱学濂，仁和人，举人，乾隆五十九年任（同知）。

道光《榆林府志》卷十四：朱学濂（署任榆林府知府）。

道光《重辑渭南县志》卷三：朱学濂，浙江仁和举人，（嘉庆）五年任（渭南知县）。

咸丰《同州府志》卷七：朱学濂，（乾隆）五十九年同知。

民国《萧山县志稿》卷十三：乾隆三十三年戊子科　朱学濂，仁和籍。

【单瑞龙】

见进士条。

【田赋均】

号锦沙，山阴欢潭（今属萧山进化镇）人，宜兴籍。乾隆三十三年（1768）戊子科乡试顺天中式第一百十三名举人，授太平府训导。

《乾隆戊子科顺天乡试录》：第一百十三名田赋均，顺天府大兴籍，俊秀监生，《易经》。

嘉庆《重修宜兴县志》卷二：乾隆三十三年戊子科　田赋均，顺天中式，太平府训导。

光绪《重修安徽通志》卷一百三十：田赋均，宜兴人，举人，太平府训导。

民国《当涂县志》：田赋均，宜兴举人，乾隆四十九年任（训导）。

乾隆三十五年（1770）庚寅孝圣宪皇后八旬圣寿恩科

主考官：全魁、边继祖。

试题：赐也女以（非也）；舟车所至（二句）；不得于心（四句）；“空水共澄鲜”，得“分”字。

【倪名皋】

萧山浦阳镇横塘倪村人。乾隆三十五年（1770）庚寅科乡试中式第六十九名举人。文林郎，候选知县。

黄安绶《国朝两浙科名录》：乾隆三十五年庚寅孝圣宪皇后八旬圣寿恩科　倪名皋，萧山。

乾隆《绍兴府志》卷三十三：乾隆三十五年庚寅科　倪名皋，萧山人。

民国《萧山县志稿》卷十三：乾隆三十五年庚寅科　倪名皋，“名”作“鸣”。

【来有容】（1741—1780）

字元度，萧山长河镇（今属滨江区）人。乾隆三十五年（1770）庚寅科乡试中式第七十八名举人。候选知县。

黄安绶《国朝两浙科名录》：乾隆三十五年庚寅孝圣宪皇后八旬圣寿恩科　来有容，萧山。

乾隆《绍兴府志》卷三十三：乾隆三十五年庚寅科　来有容，萧山人。

民国《萧山县志稿》卷十三：乾隆三十五年庚寅科　来有容，字符度，知县。“容”作“蓉”，误。

【吴秉钧】（1736—1806）

字揆叙，号鉴塘，萧山义桥镇昇光村塘坞人。乾隆三十五年（1770）庚寅科乡试中式第九十二名举人。四十年（1775）任咸安宫教习，四十六年（1781）大挑二等，四十七年（1782）署寿昌县教谕，是年授江山县教谕，历署昌化、孝丰、象山教谕。五十七年（1792）授黄岩教谕。（《吴氏宗谱》有王廷镕撰《敕授文林郎吴鉴塘公传》）

黄安绶《国朝两浙科名录》：乾隆三十五年庚寅孝圣宪皇后八旬圣寿恩科　吴秉钧，萧山。

乾隆《绍兴府志》卷三十三：乾隆三十五年庚寅科　吴秉钧，教谕，萧山人。

民国《萧山县志稿》卷十三：乾隆三十五年庚寅科　吴秉钧，教谕。

民国《象山县志》卷五：吴秉钧，（乾隆）三十二年任（教谕），萧山举人。

【沈文炳】

见进士条。

【朱锡彤】（1749—1798）

字伯弨，号晴岩，萧山蜀山街道人。顺天府学附生，乾隆三十五年（1770）庚寅恩科乡试顺天中式第二百零七名举人。充四库全书馆誊录，议叙分发山东，补福山县知县，调掖县知县，升胶莱盐运分司通判加五级。嘉庆元年（1796），覃恩敕授儒林郎。（《大兴朱氏家乘》有其子朱澄撰《先考伯弨府君行述》）

乾隆五十三年西荣庆堂刻本《缙绅全书》：掖县知县加一级朱锡彤，顺天大兴人，举人，（乾隆）五十二年三月调。

道光《济南府志》卷三十：朱锡彤，（乾隆）五十六年七月任（历城知县）。

道光《重修胶州志》卷八：朱锡彤，直隶大兴举人，（乾隆）五十七年任（胶莱运判）。

光绪《增修登州府志》卷二十八：朱锡彤，大兴举人，（乾隆）四十八年任（福山县知县）。

光绪《增修登州府志》卷三十三：朱锡彤，大兴举人，（乾隆）四十九年任（文登县知县）。

光绪《文登县志》卷五：朱锡彤，大兴举人，（乾隆）四十九年任（知县）。

光绪《顺天府志》卷一百十八：乾隆三十五年庚寅恩科　朱锡彤，山东胶莱运判。

民国《福山县志稿·职官志第三》：朱锡彤，顺天大兴举人，（乾隆）四十八年任（知县）。

民国《增修胶志》卷十四：朱锡彤，直隶大兴举人，（乾隆）五十七年任（胶莱运判）。

民国《萧山县志稿》卷十三：乾隆三十五年庚寅科　朱锡彤，胶莱盐运判，大兴籍。

乾隆三十六年（1771）辛卯科

主考官：庄存与、刘校之。

试题：诵《诗》三百（章）；或学而知（三句）；故几同类（二句）；"秋日悬清光"，得"霞"字。

【杨锡瓒】

乾隆三十六年（1771）辛卯科乡试中式第十一名举人。文林郎，候选知县。

黄安绶《国朝两浙科名录》：乾隆三十六年辛卯科　杨锡瓒，萧山。

乾隆《绍兴府志》卷三十三：乾隆三十六年辛卯科　杨锡瓒，萧山人。

民国《萧山县志稿》卷十三：乾隆三十六年辛卯科　杨锡瓒。

【任锟】（1728—1805）

字紫峰，号筠轩，萧山城厢街道人。邑庠生，乾隆三十六年（1771）辛卯科乡试中式第八十七名举人。截取知县。

黄安绶《国朝两浙科名录》：乾隆三十六年辛卯科　任锟，萧山。

乾隆《绍兴府志》卷三十三：乾隆三十六年辛卯科　任锟，萧山人。

民国《萧山县志稿》卷十三：乾隆三十六年辛卯科　任锟。

【陶廷珍】

字效川，号午庄，会稽人，居萧山。乾隆三十年（1765）乙酉科拔贡，乾隆三十六年（1771）辛卯科乡试中式第九名举人，分发甘肃知县。乾隆四十八年（1783）代理山丹知县，五十三年（1788）借补肃州直隶州州同，卒于官。著有《午庄赋草》《天目》《远游》《鸡唱》《仇池》《关河》等集。（《晚晴簃诗汇》《两浙輶轩录》有载，《会稽陶氏宗谱》有《肃州州同效川先生传》）

黄安绶《国朝两浙科名录》：乾隆三十六年辛卯科　陶廷珍，会稽。

乾隆《绍兴府志》卷三十三：乾隆三十六年辛卯科　陶廷珍，府学，知县。

乾隆五十三年春西荣庆堂刻本《缙绅全书》：肃州州同陶廷珍，浙江会稽人，辛卯，（乾隆）五十二年六月题。

道光《镇番县志》卷六：（乾隆）五十年，陶廷珍，浙江会稽县举人（知县）。

道光《山丹县志》卷七：陶廷珍，浙江会稽人，（乾隆）四十八年正月署理，八月离任（知县）。

民国《萧山县志稿》卷十三：乾隆三十六年辛卯科　陶廷珍，会稽籍。

【沈岱】（1713—1795）

字岳宗，士本孙，萧山瓜沥镇长巷村人，北直籍。乾隆三十六年（1771）辛卯科八旬钦赐举人。

民国《萧山县志稿》卷十三：乾隆三十六年辛卯科　沈岱，八旬钦赐举人，北直籍。

案：是科民国《萧山县志稿》有吴钜，查《国朝两浙科名录》等均无载，《萧山吴氏宗谱》也未记载真为举人，故删。

乾隆三十九年（1774）甲午科

主考官：蒋元益、林树蕃。

试题：天下有道（子由）；及其无穷（系焉）；《诗》云周虽（谓也）；"云叠海潮齐"，得"连"字。

【王宗炎】

见进士条"王宗琰"。

【曹之升】

见进士条。

【郑应简】

见进士条。

【张兆梅】

乾隆三十九年（1774）甲午科乡试中式第八十三名举人。

黄安绶《国朝两浙科名录》：乾隆三十九年甲午科　张兆美，萧山。

乾隆《绍兴府志》卷三十三：乾隆三十九年甲午科　张兆梅，萧山人。

民国《萧山县志稿》卷十三：（乾隆）三十九年甲午科　张兆梅。

【裘如熊】（1731—1816）

字启仁，谱名如荣，山阴天乐乡（今属进化镇裘家坞村）人。乾隆三十九年（1774）甲午科中式第六十一名举人。拣选知县。

黄安绶《国朝两浙科名录》：乾隆三十九年甲午科　裘如熊，会稽。

乾隆《绍兴府志》卷三十三：乾隆三十九年甲午科　裘如熊，会稽人。

【蔡雄】

见进士条。

【沈镐】(1737—1833)

字开周，号玉泉，萧山瓜沥镇长巷村人，仁和籍。乾隆三十九年（1774）甲午科顺天乡试中式举人。大挑一等，任山东莱阳县知县。

嘉庆六年夏奎文阁刊本《缙绅全书》：莱阳县知县加一级沈镐，顺天大兴人，举人，（乾隆）五十六年三月题。

民国《萧山县志稿》卷十三：（乾隆）三十九年甲午科　沈镐，山东莱阳知县。

民国《杭州府志》卷一百一十二：（乾隆）三十九年甲午科　沈镐，仁和人。

民国《莱阳县志》卷三：沈镐，顺天大兴人，（乾隆）五十六年任（知县）。

乾隆四十二年（1777）丁酉科

主考官：彭元瑞、茅元铭。

试题：齐一变至（章）；设其裳衣；子产听郑（二句）；“地有湖山美”，得“梅”字。

【郑豹文】(1737—1814)

字南荣，号蔚斋，晚年更名凤仪，萧山城厢街道人。乾隆四十二年（1777）丁酉科乡试中式第二十四名举人，考取誊录补三通馆。后以知县用，改京职，补国子监学正，升助教，左迁翰林院典簿。赠文林郎，例赠奉直大夫。著有《周易大义图说》。（民国《萧山郑氏宗谱》有汤金钊撰《南荣公传》）

黄安绶《国朝两浙科名录》：乾隆四十二年丁酉科　郑豹文，萧山。

乾隆《绍兴府志》卷三十三：乾隆四十二年丁酉科　郑豹文，萧山人。

嘉庆元年冬荣庆堂刊本《缙绅全书》：镶蓝旗广业堂学录加三级郑豹文，浙江萧山县人，举人。

嘉庆六年夏奎文阁刊本《缙绅全书》：镶蓝旗修道堂助教加一级郑豹文，浙江萧山人，举人。

民国《萧山县志稿》卷十三：乾隆四十二年丁酉科　郑豹文。

【吴守信】(1744—1805)

字葆墀，号芳汀，萧山城厢街道人。乾隆四十二年（1777）丁酉科乡试中式第三十五名举人。永康训导，次授修职郎。

黄安绶《国朝两浙科名录》：乾隆四十二年丁酉科　吴守信，萧山。

乾隆《绍兴府志》卷三十三：乾隆四十二年丁酉科　吴守信，萧山人。

嘉庆元年冬《缙绅全书》：永康县训导吴守信芳汀，萧山人，举人，（乾隆）五十五年二月选。

民国《萧山县志稿》卷十三：乾隆四十二年丁酉科　吴守信，永康训导。

【董王锡】

字恭甫，号谦山，浙江归安（今属湖州）人，萧山籍。乾隆四十二年（1777）丁酉科乡试中式第五十七名举人。乾隆五十六年（1791）官金华教谕。著有《爱莲居诗稿》。（《两浙輶轩录》有载）

黄安绶《国朝两浙科名录》：乾隆四十二年丁酉科　董王锡，归安。

乾隆《绍兴府志》卷三十三：乾隆四十二年丁酉科　董王锡，萧山人。

乾隆《绍兴府志》卷二十九：萧山学训导董王锡，归安人，廪贡，乾隆二十五年任（萧山学训导）。

乾隆二十五年冬同升阁刻本《缙绅全书》：萧山复设训导，董王锡，归安人，贡生，（乾隆）二十四年九月补。

乾隆五十三年春西荣庆堂刻本《缙绅全书》：金华县教谕董王锡，归安人，举人，（乾隆）四十八年七月选。

嘉庆《嘉兴县志》卷十八：董王锡，归安人，廪贡。（乾隆）二十年任（教谕）。

同治《湖州府志》卷十三：乾隆四十二年丁酉科　董王锡，字恭甫，金华教谕。

光绪《归安县志》卷三十二：乾隆四十二年丁酉科　董王锡，字恭甫，金华教谕。

光绪《富阳县志》卷三：董王锡，（乾隆四十一年）任（教谕），籍失。

民国《萧山县志稿》卷十三：乾隆四十二年丁酉科　董王锡，归安籍。

【傅廷机】（1743—1825）

字迅之，号觉轩，萧山临浦镇横山傅村人。乾隆四十二年（1777）丁酉科乾乡试中式第六十八名举人，选授衢州府常山县学训导。

黄安绶《国朝两浙科名录》：乾隆四十二年丁酉科　傅廷机，萧山。

乾隆《绍兴府志》卷三十三：乾隆四十二年丁酉科　傅廷机，萧山人。

嘉庆六年夏奎文阁刊本《缙绅全书》：常山县训导傅廷机，萧山人，举人，（乾隆）六十年十二月选。

光绪《常山县志》卷三十七：萧山县举人，嘉庆元年任（训导）。

民国《萧山县志稿》卷十三：乾隆四十二年丁酉科　傅廷机，字觉轩，常山教谕。“机”：一作“玑”。

【富国凝】

萧山城厢街道人。乾隆四十二年（1777）丁酉科乡试中式第八十六名举人，山西绛县知县。案：乾隆《绍兴府志》、民国《萧山县志稿》作“富国宁”。

黄安绶《国朝两浙科名录》：乾隆四十二年丁酉科　富国凝，萧山。

乾隆《绍兴府志》卷三十三：乾隆四十二年丁酉科　富国宁，萧山人。

嘉庆六年夏奎文阁刊本《缙绅全书》：绛县知县加一级富国宁，浙江萧山人，丁酉，（嘉庆）五年四月题。

民国《萧山县志稿》卷十三：乾隆四十二年丁酉科　富国宁，山西绛县知县。

【王武培】（1734—1790）

字益周，号瀫斋，萧山城厢街道人。乾隆四十二年（1777）丁酉科乡试中式第七十四名举人。候选知县。著有《水竹山房诗稿》。（《两浙輶轩录》有载）

黄安绶《国朝两浙科名录》：乾隆四十二年丁酉科　王武培，萧山。

乾隆《绍兴府志》卷三十三：乾隆四十二年丁酉科　王武培，萧山人。

民国《萧山县志稿》卷十三：乾隆四十二年丁酉科　王武培。

【徐震】（1742—1799）

字肯堂，号儆斋，萧山北干街道井亭徐人。乾隆四十二年（1777）丁酉科乡试中式第七十七名举人，例授知县。（《萧山徐氏宗谱》有徐国楠撰《例授文林郎截取知县举人肯堂公家传》）

黄安绶《国朝两浙科名录》：乾隆四十二年丁酉科　徐震，萧山。

乾隆《绍兴府志》卷三十三：乾隆四十二年丁酉科　徐震，萧山人。

民国《萧山县志稿》卷十三：乾隆四十二年丁酉科　徐震，知县。

【陈梦松】（1750—1809）

字青友，萧山临浦镇人，广西临桂籍。乾隆四十二年（1777）丁酉科乡试广西中式举人，嘉庆六年（1801）辛酉科大挑一等，分发湖南，历署湖南常宁、黔阳等县知县，补授华容县知县，调署临湘县知县，兼署岳州通判。敕授文林郎，晋封儒林郎。（《民国绍萧陈氏宗谱》有其子陈秉仁撰《青友公行略》）

乾隆《绍兴府志》卷三十三：乾隆四十二年丁酉科　陈梦松，萧山人，广西中式。

嘉庆《临桂县志》卷二十五：乾隆四十二年丁酉科　陈梦松，湖南知县。

同治《黔阳县志》卷二十八：陈梦松，广西临桂人，举人，嘉庆十三年代理（知县）。

同治《常宁县志》卷四：陈梦松，临桂举人，（嘉庆）十一年署

（知县）。

光绪《华容县志》卷八：陈梦松，广西临桂举人，嘉庆十四年署任（知县）。

民国《萧山县志稿》卷十三：乾隆四十二年丁酉科　陈梦松，广西中式，湖南常宁等县知县，岳州通判。

乾隆四十四年（1779）己亥七旬万寿恩科

主考官：王杰、吴省钦。

试题：升车必正（节）；一撮土之（二句）；亟其乘屋；“经训乃菑畬”，得“锄”字。

【何其荧】（1758—1803）

字师韩，号葭汀，萧山城厢街道人。少时意气豪华，过目成诵，年十七，补县学生，乾隆四十四年（1779）己亥恩科乡试中式第七名举人，六试礼部不中，选直隶州州同。有《小春浮稿》行世。（《萧山湘湖志》选其诗，《两浙輶轩录》、杨钟羲《雪桥诗话余集》有载，《晚闻居士遗集》有王宗炎撰《何葭汀别传》）

黄安绶《国朝两浙科名录》：乾隆四十四年己亥七旬万寿恩科　何其荧，萧山。

《乾隆己亥恩科各省乡试齿录浙江榜》：何其荧，字师韩，号葭汀。行四，戊寅年生，萧山廪生。曾祖锡宗，祖沅，父植。

乾隆《绍兴府志》卷三十三：乾隆四十四年己亥科　何其荧，萧山人。

民国《萧山县志稿》卷十三：乾隆四十四年己亥科　何其荧。

【朱锡经】（1754—1810）

字习之，号古华，一号静轩，萧山蜀山街道人，顺天籍。珪子。附学生，乾隆四十四年（1779）己亥科乡试顺天中式举人。嘉庆元年（1796）覃恩一品荫升，刑部贵州司郎中，补授中官太仆寺少卿，户部郎中。编有《南崖府君年谱》三卷。（《清代官员履历档案全编》有载，《大兴朱氏家乘》有

朱锡庚撰《先习之从兄行状》）

《乾隆己亥恩科各省乡试齿录顺天榜》：朱锡经，字习之，号静轩。行四，甲戌年生，顺天大兴廪生。曾祖登俊，祖文炳，父珪。

嘉庆六年夏奎文阁刊本《缙绅全书》：刑部广西司员外郎加一级朱锡经，顺天大兴人，荫生。

光绪《顺天府志》卷一百十八：（乾隆）四十四年己亥恩科　朱锡经，珪子，太仆寺少卿。

民国《萧山县志稿》卷十三：乾隆四十四年己亥科　朱锡经。

【徐国楠】

见进士条。

【柳超】（1742—？）

字维宁，号东河，山阴天乐乡三泉王村（今属萧山所前镇）人。乾隆四十四年（1779）己亥恩科乡试中式第二十九名举人，石门县教谕。

黄安绶《国朝两浙科名录》：乾隆四十四年己亥七旬万寿恩科　柳超，山阴。

《乾隆己亥恩科各省乡试齿录浙江榜》：柳超，字维宁，号东河。行五，壬戌年生，山阴附生。曾祖玉玑，祖日章，父祖园，子善继。

乾隆《绍兴府志》卷三十三：乾隆四十四年己亥科　柳超，山阴人。

嘉庆六年夏奎文阁刊本《缙绅全书》：石门县教谕柳超，山阴人，举人，（嘉庆）元年四月选。

嘉庆《石门县志》卷十一：柳超，山阴举人，嘉庆元年任（教谕）。

嘉庆《山阴县志》卷十：（乾隆）四十四年己亥科　柳超，教谕。

光绪《嘉兴府志》卷三十九：柳超，山阴举人，嘉庆元年任（石门县教谕）。

【陶廷琡】

见进士条。

【朱庆颐】

见进士条。

乾隆四十五年（1780）庚子科

主考官：罗源汉、温常绶。

试题：乡人饮酒（节）；所以辨贤也；自西自东（二句）；“千潭一月印”，得“符”字。

【葛应曾】（1755—？）

字斌三，号鉴湖，山阴天乐乡（今属萧山进化镇）人。乾隆四十五年（1780）庚子科乡试中式第三十八名举人。任直隶顺德府南和县知县，升直隶州知州，诰授奉政大夫，晋封武翼都尉。

黄安绶《国朝两浙科名录》：乾隆四十五年庚子科　葛应曾，山阴。

乾隆《绍兴府志》卷三十三：乾隆四十五年庚子科　葛应曾，山阴人。

嘉庆《山阴县志》卷十：乾隆四十五年庚子科　葛应曾，知县。

光绪《抚宁县志》卷十：葛应曾，浙江山阴人，举人，嘉庆九年署（知县）。

光绪《永平府志》卷七：葛应曾，浙江山阴举人，（嘉庆）十九年署任（抚宁知县）。

民国《衢县志》卷十：葛应曾，（道光）四年任（县学教谕），绍兴举人。

【周炳彦】

字若麟。乾隆四十五年（1780）庚子科乡试中式第三十三名举人。

黄安绶《国朝两浙科名录》：乾隆四十五年庚子科　周炳彦，萧山。

乾隆《绍兴府志》卷三十三：乾隆四十五年庚子科　周炳彦，萧山人。

民国《萧山县志稿》卷十三：乾隆四十五年庚子科　周炳彦。

【王鋕】(1728—1781)

字东铭，萧山城厢街道人。邑增生，乾隆四十五年（1780）庚子科乡试中式第八十三名举人，候选知县。

黄安绶《国朝两浙科名录》：乾隆四十五年庚子科　王鋕，萧山。

乾隆《绍兴府志》卷三十三：乾隆四十五年庚子科　王鋕，萧山人。

民国《萧山县志稿》卷十三：乾隆四十五年庚子科　王鋕。

【周乡书】

萧山人，山东临邑籍。邑廪生，乾隆四十五年（1780）庚子科乡试山东中式举人。

《山东省科考名录汇编》：周乡书，乾隆四十五年举人。

乾隆《绍兴府志》卷三十三：乾隆四十五年庚子科　周乡书，萧山人，山东中式。

道光《济南府志》卷四十二：乾隆四十五年庚子科　周乡书，临邑人。

同治《临邑县志》卷八：乾隆庚子科　周乡书。

民国《萧山县志稿》卷十三：乾隆四十五年庚子科　周乡书，山东中式。

民国《山东通志》卷一百：乾隆四十五年庚子科　周乡书，临沂人。

【王绍兰】

见进士条。

乾隆四十八年（1783）癸卯科

主考官：吴玉纶、邱庭漋。

试题：逸民伯夷（节）；所以劝亲（句）；存乎人者（二句）；“竹箭有筠”，得“如”字。

【来陈珍】(1731—1795)

字毓英，一字玉斋，萧山长河镇（今属滨江区）人。乾隆四十八年（1783）癸卯科乡试中式第二十八名举人。候选县正堂。著有《烬余录》。

黄安绶《国朝两浙科名录》：乾隆四十八年癸卯科　来陈珍，萧山。

乾隆《绍兴府志》卷三十三：乾隆四十八年癸卯科　来陈珍，府学，萧山人。

民国《萧山县志稿》卷十三：乾隆四十八年癸卯科　来陈珍，字毓英，知县。

乾隆五十一年(1786)丙午科

主考官：吴省兰、邱庭漋。

试题：居其所而（句）；武王缵太（句）；段千木逾（二句）；“湖清霜镜晓”，得“寻”字。

【来汝缘】(1760—1823)

字引升，号晓山，萧山长河镇（今属滨江区）人。乾隆五十一年（1786）丙午科乡试中式第二名举人。嘉庆十六年（1811）二月任武进知县，常州府通判。

黄安绶《国朝两浙科名录》：乾隆五十一年丙午科　来汝缘，萧山。

乾隆《绍兴府志》卷三十三：乾隆五十一年丙午科　来汝缘，萧山人。

道光《昆新两县志》卷十四：来汝缘引升，萧山人，（嘉庆）二年署（新阳知县）。

光绪《武进阳湖县志》卷十八：来汝缘，浙江萧山人，举人，十六年二月任（知县）。

光绪《靖江县志》：嘉庆十八年，来汝缘，浙江萧山人，举人署（知县）。

民国《萧山县志稿》卷十三：乾隆五十一年丙午科　来汝缘，字引升，经魁，武进、阳湖知县，常州府通判。

【汪光诰】

原名继坊，萧山瓜沥镇人。乾隆五十一年（1786）丙午科乡试中式六十九名举人，候选直隶州同知。处州府教授，嘉善训导，慈溪教谕。

黄安绶《国朝两浙科名录》：乾隆五十一年丙午科　汪光诰，萧山。

乾隆《绍兴府志》卷三十三：乾隆五十一年丙午科　汪继坊，府学，萧山人。

光绪《处州府志》卷十三：汪光诰，举人，（嘉庆）二十二年六月任（教授）。

光绪《嘉兴府志》卷三十八：汪光诰，萧山举人，（嘉庆）二十五年任（嘉善训导）。

光绪《重修嘉善县志》卷十四：汪光诰，萧山人，举人，（嘉庆）二十五年任（训导）。

光绪《慈溪县志》卷十八：汪光诰，浙江萧山人，乾隆丙午举人，慈溪教谕。见《汪世钤乡试序齿录》。

民国《萧山县志稿》卷十三：乾隆五十一年丙午科　汪继坊，辉祖子，改名光诰，处州府教授，嘉善、慈溪教谕。

【夏念祖】（1750—1801）

字敬身，号方谷，萧山临浦镇人，钱塘籍。廪膳生，乾隆五十一年（1786）丙午科乡试中式六十二名举人。拣选知县，大挑二等，钦授湖州府乌程县教谕。

黄安绶《国朝两浙科名录》：乾隆五十一年丙午科　夏念祖，钱塘。

嘉庆六年夏奎文阁刊本《缙绅全书》：乌程县教谕夏念祖，杭州人，举人，（嘉庆）五年五月选。

同治《湖州府志》卷八：夏念祖，钱塘举人，（嘉庆）五年任（乌程县教谕）。

民国《杭州府志》卷一百一十二：乾隆五十一年丙午科　夏念祖，钱塘人，乌程教谕。

【於士宏】（1729—1791）

字体乾，号问云，又号汾筠，萧山义桥镇人。禀膳生，乾隆五十一年（1786）丙午科乡试中式第七十八名举人，例授文林郎。（乾隆《绍兴府志》卷五十九有其传）

黄安绶《国朝两浙科名录》：乾隆五十一年丙午科　於士宏，萧山。

乾隆《绍兴府志》卷三十三：乾隆五十一年丙午科　於士宏，萧山人。

民国《萧山县志稿》卷十三：乾隆五十一年丙午科　於士宏。

【朱锡黻】（1752—？）

字玉川，号叔章，萧山蜀山街道人。顺天府学廪贡生，充四库馆誊录。乾隆五十一年（1786）丙午科乡试顺天中式举人。拣选山东，补王家岗盐大使。嘉庆元年（1796），覃恩敕授征仕郎。（《大兴朱氏家乘》有《玉川公行状节略》）

光绪《顺天府志》卷一百十八：乾隆五十一年丙午科　朱锡黻，山东盐课大使。

民国《萧山县志稿》卷十三：乾隆五十一年丙午科　朱锡黻，大兴籍，山东王家岗盐大使。

乾隆五十三年（1788）戊申豫行正科

主考官：邹炳泰、莫瞻菉。

试题：为命裨湛（章）；言其上下（句）；颂其诗读（二句）；“八月枚乘笔”，得“秋”字。

【陆以庄】

见进士条。

【陈三祝】(1744—1796)

字兆祈，号康衢，萧山临浦镇人。乾隆五十三年（1788）戊申豫行正科乡试中式第三十二名举人。候补文林郎，拣选知县。

黄安绶《国朝两浙科名录》：乾隆五十三年戊申豫行正科　陈三祝，萧山。

乾隆《绍兴府志》卷三十三：乾隆五十三年戊申科　陈三祝，萧山人。

民国《萧山县志稿》卷十三：乾隆五十三年戊申科　陈三祝。

【孙企奭】

乾隆五十三年（1788）戊申豫行正科乡试中式第三十三名举人。衢县教谕。

黄安绶《国朝两浙科名录》：乾隆五十三年戊申豫行正科　孙企奭，萧山。

乾隆《绍兴府志》卷三十三：乾隆五十三年戊申科　孙企奭，萧山人。

民国《萧山县志稿》卷十三：乾隆五十三年戊申科　孙企奭。

民国《衢县志》卷十：孙企奭，（嘉庆）七年（任县学教谕），绍兴举人。

【葛楙青】(1753—1793)

谱名步洲，字莱峰，萧山临浦镇人。乾隆三十八年（1773）登县庠，乾隆五十三年（1788）戊申豫行正科乡试中式第四十三名举人。（《萧邑苎萝葛氏宗谱》有裘如熊撰《孝廉葛莱峰公传》）

黄安绶《国朝两浙科名录》：乾隆五十三年戊申豫行正科　葛楙青，萧山。

乾隆《绍兴府志》卷三十三：乾隆五十三年戊申科　葛楙青，萧山人。

民国《萧山县志稿》卷十三：乾隆五十三年戊申科　葛楙青。

【周岐彦】（1746—1812）

字凤冈，号天山，萧山所前镇来苏周村人。乾隆五十一年（1786）丙午科副榜，乾隆五十三年（1788）戊申豫行正科乡试中式第三十五名举人，拣选知县。

黄安绥《国朝两浙科名录》：乾隆五十三年戊申豫行正科　周岐彦，萧山。

乾隆《绍兴府志》卷三十三：乾隆五十三年戊申科　周岐彦，萧山人。

民国《萧山县志稿》卷十三：乾隆五十三年戊申科　周岐彦，顺天中式（案：此处误）。

【许炜】（1758—1806）

原名大韶，字炳烈，号燡堂，萧山浦沿街道许家里（今属滨江区）人。乾隆五十三年（1788）戊申豫行正科乡试中式第六十一名举人，拣选知县。（《萧山子湖许氏宗谱》有来清曙撰《燡堂公传》）

黄安绥《国朝两浙科名录》：乾隆五十三年戊申豫行正科　许炜，萧山。

乾隆《绍兴府志》卷三十三：乾隆五十三年戊申科　许炜，萧山人。

民国《萧山县志稿》卷十三：乾隆五十三年戊申科　许炜。

【来宗敏】

见进士条。

【韩城】（1762—？）

谱名起霞，字晓苍，萧山新塘街道一都韩人。邑庠生，乾隆五十三年（1788）戊申豫行正科乡试中式第七十六名举人。

黄安绥《国朝两浙科名录》：乾隆五十三年戊申豫行正科　韩城，萧山。

乾隆《绍兴府志》卷三十三：乾隆五十三年戊申科　韩城，萧山人。

民国《萧山县志稿》卷十三：乾隆五十三年戊申科　韩城。

【朱锡爵】(1765—1837)

字达斋，又字吉人，号尊一，萧山蜀山街道人，顺天籍。府学廪生，乾隆五十三年（1788）戊申恩科乡试顺天中式举人。山东布政使司布政使。（《大兴朱氏家乘》有《达斋公行状节略》）

乾隆《河南府志》卷十九：乾隆登封尉朱锡爵，大兴籍。

嘉庆《重刊江宁府志》卷二十一：朱锡爵，直隶大兴人，举人（知府）。

嘉庆《如皋县志》卷十二：（嘉庆）四年，朱锡爵，顺天大兴县人，举人，署事（知县）。

道光《济南府志》卷二十九：朱锡爵，顺天大兴人，举人，（嘉庆）十四年九月由布政使护理，十七年三月由布政使再护理（巡抚）。

道光《济南府志》卷二十九：朱锡爵，字吉人，顺天大兴人，举人，（嘉庆）十四年正月由按察使署任（布政使）。

道光《苏州府志》卷五十七：朱锡爵，顺天大兴人，举人，（吴县知县）。

道光《苏州府志》卷五十七：朱锡爵（元和县知县）。

道光《苏州府志》卷五十九：（嘉庆）七年正月二十七日，朱锡爵署（吴县知县）。

道光《苏州府志》卷五十九：（嘉庆）九年六月初二日，朱锡爵署（元和县知县）。

同治《重修山阳县志》：朱锡爵，大兴人，举人，（嘉庆）十年任，十一年再任（知府）。

光绪《淮安府志》卷十三：朱锡爵，大兴人，举人，（嘉庆）十年任（知府）。

光绪《通州直隶州志》卷八：朱锡爵，顺天大兴人，（嘉庆）四年由举人署（如皋县知县）。

光绪《顺天府志》卷一百十八：乾隆五十三年戊申科　朱锡爵，珪子，山东布政使。

民国《萧山县志稿》卷十三：乾隆五十三年戊申科　朱锡爵，顺天籍，山东布政使护巡抚。

【朱锡庚】（1762—1830）

字矢甫，一字少河，萧山蜀山街道人，顺天籍。乾隆五十三年（1788）戊申恩科乡试顺天中式举人。山西候选直隶州试用知县，历署临汾、曲沃、襄陵、夏县知县，辽州、直隶州知州。以廉洁自持。嘉庆十五年（1810）归里，遂专力古文，编辑家乘，建置祭田，校刻《笥河诗文集》。（《大兴朱氏家乘》有《少河公行状节略》）

光绪《顺天府志》卷一百十八：乾隆五十三年戊申科　朱锡庚，署山西潞安知府。

民国《萧山县志稿》卷十三：乾隆五十三年戊申科　朱锡庚，顺天籍，知州。

乾隆五十四年（1789）己酉八旬万寿恩科

主考官：窦光鼐、程昌期。

试题：君子矜而（章）；优优大哉（三句）；则有庆庆（二句）；“视履考祥”，得“祥”字。

【傅淦】

见进士条。

【陆泌】

见进士条。

【钟山】

字振元，号少安，萧山钱清镇（今属绍兴）人。郡庠生，乾隆五十四年（1789）己酉八旬万寿恩科乡试中式第四十二名举人。大挑二等，借补处州云和县训导，敕授修职郎。

黄安绥《国朝两浙科名录》：乾隆五十四年己酉八旬万寿恩科　钟

山，萧山。

乾隆《绍兴府志》卷三十三：乾隆五十四年己酉科　钟山，萧山人。

同治《云和县志》卷十：钟山，字少安，萧山人，举人，（嘉庆）十年任（训导）。

光绪《处州府志》卷十五：钟山，字少安，萧山举人，（嘉庆）十年任（训导）。

民国《萧山县志稿》卷十三：乾隆五十四年己酉科　钟山，云和训导。

乾隆五十七年（1792）壬子科

主考官：金士松、曹振镛。

试题：君子易事（器之）；悠久所以（句）；文王以民（灵沼）；“五经为众说郛”，得“含”字。

【单沄】(1760—1819)

字雅川，号宁斋，一号凝斋，萧山城厢街道人。乾隆五十七年（1792）壬子科乡试中式第十九名举人。历任江苏宝应、常熟、江阴、长洲知县。荐举卓异，充辛酉科江南同考官。署江南盐法道，补授淮徐兵备道。告养回籍，诰封三品中议大夫。

黄安绶《国朝两浙科名录》：乾隆五十七年壬子科　单沄，萧山。

乾隆《绍兴府志》卷三十三：乾隆五十七年壬子科　单沄，萧山人。

嘉庆《扬州府志》卷三十八：单沄，萧山人，举人（嘉庆）三年任（宝应县知县）。

嘉庆六年夏奎文阁刊本《缙绅全书》：江阴县知县加一级单沄宁斋，浙江萧山人，壬子，（嘉庆）四年四月调。

道光《重修宝应县志》卷十：单沄，萧山人，举人，（嘉庆）三年任（宝应县知县）。

道光《江阴县志》卷十二：单沄，字凝斋，浙江萧山人，举人，（嘉庆）四年任（知县），有传。

光绪《常昭合志稿》卷十九：单沄，（嘉庆）三年署任（常熟知县），萧山人，举人。

民国《萧山县志稿》卷十三：乾隆五十七年壬子科　单沄，宝应、长洲知县，官至淮徐道。

【来珩】

见进士条。

【戴元藻】

字墨川。乾隆五十七年（1792）壬子科乡试中式第八十七名举人。孝丰训导。

黄安绶《国朝两浙科名录》：乾隆五十七年壬子科　戴元藻，萧山。

乾隆《绍兴府志》卷三十三：乾隆五十七年壬子科　戴元藻，萧山人。

同治《孝丰县志》卷五：戴沅藻，萧山人，（嘉庆）十一年任（训导）。

民国《萧山县志稿》卷十三：乾隆五十七年壬子科　戴元藻，字墨川，孝丰教谕。

【来燕】（1765—？）

字翼亭，萧山长河镇（今属滨江区）人，云南昆明籍。乾隆五十七年（1792）壬子科乡试云南中式举人。

道光《昆明县志》卷五：乾隆壬子科　来燕。

民国《萧山县志稿》卷十三：乾隆五十七年壬子科　来燕，云南中式。

【来寿昌】

见进士条。

乾隆五十九年（1794）甲寅以纪元六十载特开国庆恩科

主考官：吴省钦、戴均元。

试题：尖子之墙（四句）；纯亦不已；日以追蠡（力与）；“共登青云梯”，得“登”字。

【汤金钊】

见进士条。

【陈家騄】

见进士条。

【朱澄】

见进士条。

案：本科民国《萧山县志稿》有倪名皋，查《国朝两浙科名录》，为乾隆三十五年（1770）庚寅科举人。

乾隆六十年（1795）乙卯科

主考官：吴省钦、洪梧。

试题：利与命与仁；官盛任使；方里而井（二句）；“飞流界道”，得“台”字。

【孔传曾】

见进士条。

【俞鸿】

乾隆六十年（1795）乙卯科钦赐举人，嘉庆元年（1796）丙辰科钦赐翰林院检讨。

嘉庆《山阴县志》卷十：乾隆六十年乙卯科　俞鸿，钦赐举人。

《光绪甲午恩科会试俞省三朱卷》：从堂曾伯叔俞鸿，乾隆乙卯科举人，嘉庆丙辰科钦赐翰林院检讨。

嘉庆三年（1798）戊午科

主考官：吴省兰、蒋祥墀。

试题：周因于殷（段）；燕毛所以（句）；欲得不屑（节）；“桂馨一山”，得“颜”字。

【何丙炎】

见进士条“何丙咸”。

【王廷镕】（1765—1819）

字赤冶，号午亭，萧山城厢街道车里庄人。邑庠生，嘉庆三年（1798）戊午科乡试中式第三十七名举人。

黄安绶《国朝两浙科名录》：仁宗睿皇帝嘉庆三年戊午科，以元年授受登极，广额三十名，中式一百二十四名。王廷镕，萧山。

民国《萧山县志稿》卷十三：嘉庆三年戊午科　王廷镕。

【瞿明】（1771—1826）

字瑞彰，号鉴斋，萧山河上镇大桥村人。嘉庆三年（1798）戊午科乡试中式第一百零四名举人。大挑二等，署淳安县教谕，以教谕衔管临海县训导事。例授修职郎，貤赠儒林郎，内阁中书加二级。

黄安绶《国朝两浙科名录》：仁宗睿皇帝嘉庆三年戊午科，以元年授受登极，广额三十名，中式一百二十四名。瞿明，萧山。

民国《萧山县志稿》卷十三：嘉庆三年戊午科　瞿明，临海训导。

民国《台州府志》卷十五：瞿明，道光元年任（临海县学）训导，绍兴举人。

嘉庆五年（1800）庚申遵纯庙九旬称庆前旨仍开恩科

主考官：曹诚、黄因琏。

试题：昔者先王（臣也）；使天下之（左右）；不知足而（蒉也）；“陈言务去”，得“难”字。

【朱涂】(1778—1817)

字临初，号兰实，萧山蜀山街道人，大兴籍。嘉庆五年（1800）庚申科顺天乡试恩赐举人。江苏候补道，历署上海兵备道、江宁盐法道，补授江安督粮道。（《大兴朱氏家乘》有《兰实公行述节略》）

同治《上海县志》卷十二：朱涂，大兴人，钦赐举人，（嘉庆）十八年署（分巡道），后补道署。

光绪《松江府续志》卷二十：朱涂，大兴人，钦赐举人（监司）。见《上海志》。

光绪《顺天府志》卷一百十八：（嘉庆五年庚申恩科）恩赐　朱涂，江苏江安督粮道。

民国《萧山县志稿》卷十三：嘉庆五年庚申科　朱涂，文正孙，由勋旧赐举人，江安粮道。

【盛唐】

见进士条。

【袁曾桀】(1759—？)

字公望，号继堂，袁治子。顺天宝坻附学生，嘉庆五年（1800）庚申科顺天中式第一百六十五名举人。

《嘉庆五年庚申科顺天乡试同年齿录》：袁曾桀，字公望，号继堂，行八，己卯年十月初二日寅时生，顺天府宝坻县附生，民籍……乡试第一百六十五名。

光绪《顺天府志》卷一百十八：嘉庆五年庚申恩科　袁曾桀。

【王孙益】

萧山城厢街道人。嘉庆五年（1800）庚申科乡试中式第九十名举人，福建清流、长泰知县。

黄安绶《国朝两浙科名录》：嘉庆五年庚申遵纯庙九旬称庆前旨仍开恩科　王孙益，萧山。

民国《萧山县志稿》卷十三：嘉庆五年庚申科　王孙益，福建清流、长泰知县。

【任以治】（1758—1827）

字轩芝，又字宪兹，号雁城，萧山义桥镇牌轩村人。廪膳生，乾隆五十四年（1789）己酉拔贡，朝考一等第四名，钦取教习第八名，补镶红旗官学教习，期满引见，以知县用。嘉庆五年（1800）庚申科乡试顺天中式第三十名举人。教习，知县。十二年（1807）修《萧山任氏家乘》十六卷。著有《怡山诗文集》十六卷、《经训管窥》、《秋灯诗话》十卷等十余种。（《两浙輶轩录》、民国《萧山县志稿》有载）

民国《萧山县志稿》卷十三：嘉庆五年庚申科　任以治，知县，顺天籍。

【瞿昂】

见进士条。

嘉庆六年（1801）辛酉科

主考官：文宁、周兆基。

试题：子夏曰富（远矣）；今夫天斯（段）；君子引而（从之）；“鱼跃顺流”，得“鱼”字。

【何其照】（1766—1831）

字鉴寰，又字涵亭，号冠霞，萧山城厢街道人。嘉庆六年（1801）辛酉科乡试中式第十五名举人。大挑二等，选授永嘉训导。任处州府训导、候选知县，特授文林郎。

黄安绶《国朝两浙科名录》：嘉庆六年辛酉科　何其照，萧山。

道光十一年冬京都荣觐堂刊本《缙绅全书》：永嘉县复设训导，何其照，绍兴人，举人，（道光）七年十一月调。

光绪《永嘉县志》卷九：何其照，萧山人，嘉庆辛酉举人，道光八年任（训导）。

民国《萧山县志稿》卷十三：嘉庆六年辛酉科　何其照，字涵亭，永嘉教谕。

【单潮】

字驾鳌，萧山城厢街道人，德清籍。嘉庆六年（1801）辛酉科乡试中式第八十八名举人。陕西知县。

黄安绶《国朝两浙科名录》：嘉庆六年辛酉科　单潮，德清。

嘉庆《德清县续志》卷六：（嘉庆）六年辛酉科　单潮，字驾鳌。

同治《湖州府志》卷十三：（嘉庆）六年辛酉科　单潮。

民国《萧山县志稿》卷十三：嘉庆六年辛酉科　单潮，德清籍，陕西知县。

嘉庆九年（1804）甲子科

主考官：潘世恩、卢荫溥。

试题：君子不可（四句）；则可以赞（句）；易其田畴（章）；"试院煎茶"，得"泉"字。

【沈承祚】

萧山临浦镇人。嘉庆九年（1804）甲子科乡试中式第三十三名举人。

黄安绶《国朝两浙科名录》：嘉庆九年甲子科　沈承祚，山阴。

【汪继培】

见进士条。

【宋京】（1775—1850）

字文海，号容斋，萧山蜀山街道人。嘉庆九年（1804）甲子科乡试中式第四十一名举人。选授松阳县训导。

黄安绶《国朝两浙科名录》：嘉庆九年甲子科　宋京，萧山。

道光十七年冬京都本立堂刊本《缙绅全书》：松阳县训导宋京，绍兴人，举人，（道光）四年二月选。

光绪《处州府志》卷十四：宋京，萧山县举人，（道光）四年八月署任（松阳训导）。

光绪《松阳县志》卷七：宋京，萧山举人，（道光）四年八月任（训导）。

民国《萧山县志稿》卷十三：嘉庆九年甲子科　宋京，教谕。

【周京】(1760—1825)

字吉士，号南冈，萧山所前镇人。嘉庆九年（1804）甲子科乡试中式第五十二名举人。拣选知县。

黄安绶《国朝两浙科名录》：嘉庆九年甲子科　周京，萧山。

民国《萧山县志稿》卷十三：嘉庆九年甲子科　周京。

【钱栤勋】

见进士条。

【王宗彬】

见进士条。

嘉庆十二年(1807)丁卯科

主考官：万承风、吴荣光。

试题：天何言哉（生焉）；在上位不（无怨）；舜之居环（几希）；“挂席拾海月”，得“平”字。

【来清曙】(1776—1857)

字鉴盘，号新斋，萧山长河镇（今属滨江区）人。嘉庆十二年（1807）丁卯科乡试中式第十九名举人。道光八年（1828）任海盐训导。

黄安绶《国朝两浙科名录》：嘉庆十二年丁卯科　来清曙，萧山。

道光三十年秋北京荣禄堂刊本《缙绅全书》：海盐县复设训导，来清曙，绍兴人，举人，（道光）八年四月选。

光绪《嘉兴府志》卷三十八：来清曙，萧山举人，（道光）八年任（海盐训导）。

光绪《海盐县志》卷二：（道光）八年，来清曙，萧山举人，训导。

民国《萧山县志稿》卷十三：嘉庆十二年丁卯科　来清曙，字鉴盘，海盐训导。

【倪嘉乐】（1778—1815）

字象成，一字亚林，号珊园，萧山义桥镇新坝村下埠自然村人。廪膳生，嘉庆十二年（1807）丁卯科乡试中式第四十五名举人。拣选知县，例授文林郎。

黄安绶《国朝两浙科名录》：嘉庆十二年丁卯科　倪嘉乐，萧山。

民国《萧山县志稿》卷十三：嘉庆十二年丁卯科　倪嘉乐。

【任载】（1769—1825）

原名皓，字远白，又字三台。郡庠生，嘉庆十二年（1807）丁卯科乡试中式第五十一名举人。大挑，选授龙泉教谕，敕授修职郎。案：民国《萧山县志稿》“载”作“戴”，今据《国朝两浙科名录》。

黄安绶《国朝两浙科名录》：嘉庆十二年丁卯科　任载，萧山。

光绪《龙泉县志》卷七：任载，萧山人，举人，（道光）六年任（教谕）。

光绪《处州府志》卷十四：任载，萧山举人，（道光）六年任（龙泉教谕）。

民国《萧山县志稿》卷十三：嘉庆十二年丁卯科　任戴，龙泉教谕。一作“载”。

【陆夔祁】（1780—？）

字圣卿，号时帘，别号晴帘，又号双麋，改名夔鼐，萧山城厢街道人。

嘉庆十二年（1807）丁卯科乡试中式第五十二名举人。河南舞阳、卢氏知县，敕授文林郎。案：民国《萧山县志稿》云改名“燮鼎”，疑“燮鼐”之误。

黄安绶《国朝两浙科名录》：嘉庆十二年丁卯科　陆燮祁，萧山。

道光《舞阳县志》卷七：陆燮鼐，萧山人，丁卯举人，（道光）十四年任（知县）。

民国《萧山县志稿》卷十三：嘉庆十二年丁卯科　陆燮祁，知县。改名燮鼎。

【朱瀛】

见进士条。

【汪桂葆】

见进士条。

【钟大章】（1785—？）

字鲁裁，一字绍尧，号凤宾，萧山钱清镇（今属绍兴）人，顺天籍。大兴县庠生，嘉庆十二年（1807）丁卯科乡试顺天中式第一百九十名举人，十三年（1808）戊辰科会试，挑取誊录，以知县用。

民国《萧山县志稿》卷十三：嘉庆十二年丁卯科　钟大章，顺天籍。

【来以南】（1760—1841）

字召荫，号菊潭，萧山长河镇（今属滨江区）人，顺天籍。嘉庆十二年（1807）丁卯科乡试顺天中式第一百七十九名举人。大挑二等，遵例改籍，例授通判，慈溪、分水教谕，江山训导。案：嘉庆十二年顺天乡试录“来以南”作“吴以南”。

道光十年冬京都英秀堂刊本《缙绅全书》：江山县训导来以南，绍兴人，举人，（道光）五年十一月选。

同治《江山县志》卷六：来以南，绍兴人，举人，（道光）六年任（训导）。

光绪《慈溪县志》卷十八：来以南，绍兴萧山人，嘉庆丁卯顺天举人，道光五年九月初二日署任（教谕）。

光绪《处州府志》卷十四：来以南，举人，（道光）三年署（训导）。

光绪《分水县志》卷六：来以南，萧山举人，嘉庆二十四年署（教谕）。

光绪《严州府志》卷十一：来以南，萧山县举人，嘉兴二十四年署（教谕）。

民国《萧山县志稿》卷十三：嘉庆十二年丁卯科　来以南，集之玄孙，唯宽子，原名大受。慈溪、分水教谕，江山训导，顺天籍。榜姓“吴”，一作“胡”。

【傅学灏】

见进士条。

【徐望之】（1762—1812）

谱名道一，更名大酉，字晓曾，号仰斋，别号岢峰，山阴肇家桥（今属萧山进化镇肇家桥村）人。嘉庆十二年（1807）丁卯科乡试中式第九十二名举人。

黄安绶《国朝两浙科名录》：嘉庆十二年丁卯科　徐望之，山阴。

嘉庆十三年（1808）戊辰五旬万寿恩科

主考官：周兆基、李振翥。

试题：仲弓问仁（大祭）；《诗》云嘉乐（申之）；见其礼而（二句）；“楼观沧海日”，得“观”字。

【何鲲】（1786—？）

字丽天，号小谢，又号约斋，萧山城厢街道人，钱塘籍。嘉庆十三年（1808）戊辰科乡试中式第十九名举人。由国史馆誊录官议叙以知县，道光十一年（1831）二月选授广西思恩县知县，十二年（1832）壬辰科广西乡试同考官，十五年（1835）调补临桂县知县。大计保荐卓异，十七年（1837）升补太平府明江同知，历署泗城、浔州、南宁等府同知。二十一年（1841），经前任两广总督、前任广西巡抚遵旨保荐，钦奉朱笔圈出，于二十四年（1844）赴部引见一次，二十七年（1847）七月补授陕西榆林府知府。三次护理延、榆、绥道篆务。咸丰三年（1853）大计卓异，四年（1854）五月俸满。张祥河评价其“人明晰，颇有才，近加历练，堪资表率”。（《清代官员履历档案全编》有载）

黄安绶《国朝两浙科名录》：嘉庆十三年戊辰五旬万寿恩科　何鲲，萧山。

道光十一年《缙绅全书》：思恩县知县加一级何鲲约斋，浙江萧山人，戊辰十一年二月选。

道光二十八年冬京都荣禄堂刊本《缙绅全书》：榆林府知府加一级何鲲约斋，浙江萧山人，举人，（道光）二十七年七月升。

民国《续修陕西通志稿》卷十三：何鲲，浙江萧山县人，进士（案：此处误），道光二十七年升任（榆林府知府），至咸丰元年仍在。

民国《萧山县志稿》卷十三：嘉庆十三年戊辰科　何鲲，陕西延榆绥兵备道。

民国《凌云县志》第四编：何鲲，浙江钱塘县，道光二十八年任（泗城府知府）。

【沈锡庚】(1783—1832)

原名沈谦，字鸣盛，号青士，萧山瓜沥镇人。嘉庆十三年（1808）戊辰科乡试中式第二十六名举人。国子监学正，钦派仓场监督，俸满，截取同知，敕授文林郎，晋封中议大夫。著有《古今体诗骈体文》。

黄安绶《国朝两浙科名录》：嘉庆十三年戊辰五旬万寿恩科　沈锡庚，萧山。

道光十年冬京都荣觐堂刊本《缙绅全书》：国子监学正沈锡庚青士，浙江萧山人，戊辰。

道光十一年冬京都荣觐堂刊本《缙绅全书》：国子监衙门率性堂学正加一级沈锡庚青士，浙江萧山人，戊辰。

民国《萧山县志稿》卷十三：嘉庆十三年戊辰科　沈锡庚。

【倪曾达】(1738—？)

字邃川，号午桥，萧山义桥镇新坝村人。嘉庆十三年（1808）戊辰科乡试中式第二十五名举人。

黄安绶《国朝两浙科名录》：嘉庆十三年戊辰五旬万寿恩科　倪曾达，萧山。

民国《萧山县志稿》卷十三：嘉庆十三年戊辰科　倪曾达。

【丁海林】(1788—？)

原名元士，字珊洲，号花屿，萧山戴村镇人。邑庠生，嘉庆十三年（1808）戊辰科乡试中式第三十八名举人。截取知县。

黄安绶《国朝两浙科名录》：嘉庆十三年戊辰五旬万寿恩科　丁海林，萧山。

民国《萧山县志稿》卷十三：嘉庆十三年戊辰科　丁海林。

【陆云枢】(1783—1843)

原名柱，字砥中，号莼圃，一号辰甫，萧山城厢街道人。嘉庆十三年（1808）戊辰科乡试中式第四十七名举人。道光六年（1826）大挑二等，十年（1830）二月选授慈溪教谕，翰林院待诏，授文林郎，候选知县加四级，诰赠朝议大夫。晋赠中宪大夫，著有《淡以成轩诗文集》。

黄安绶《国朝两浙科名录》：嘉庆十三年戊辰五旬万寿恩科　陆云枢，萧山。

道光十一年冬京都荣觐堂刊本《缙绅全书》：慈溪县教谕陆云枢辰甫，绍兴人，举人。（道光）九年十月选。

光绪《慈溪县志》卷十八：陆云枢，绍兴萧山人，嘉庆戊辰举人，道光十年二月十八日任，二十三年十一月二十三日卒于官。

民国《萧山县志稿》卷十三：嘉庆十三年戊辰科　陆云枢，慈溪教谕。

【何煊】

见进士条"何炳"。

【陈粲】(1778—1850)

字仲宣，号漱斋，一号赋楼，萧山新塘街道塘里陈人。嘉庆十三年（1808）戊辰恩科乡试中式第七十八名举人。拣选知县，翰林院典簿。（《萧山陈氏宗谱》有丁海林撰《截取知县翰林院典簿赋楼陈公传》）

黄安绶《国朝两浙科名录》：嘉庆十三年戊辰五旬万寿恩科　陈粲，萧山。

民国《萧山县志稿》卷十三：嘉庆十三年戊辰科　陈粲，知县，翰林院典簿。

【姚庆元】

见进士条。

【陈蕖】

原名灏，榜名金蕖，字巨源，号香海，萧山人，顺天大兴籍。监生，嘉庆十三年（1808）戊辰科乡试顺天中式第四十一名举人。嘉庆二十一年（1816）任获嘉县令，官至河南光州知州。

道光《河内县志》卷六：陈蕖，大兴籍，浙江人，举人，嘉庆二十三年署任（知县）。

民国《获嘉县志》卷十二：陈蕖，字香海，嘉庆二十一年为获嘉令。

民国《萧山县志稿》卷十三：嘉庆十三年戊辰科　陈蕖，原名灏，字巨源，获嘉知县，河南光州知州，顺天籍。一作"金蕖"。

【王贻桂】

见进士条。

【张德尊】(1781—1809)

本姓葛，原名埈梁，榜名凤芝，字飞梅，号琴台，山阴天乐乡（今属萧山进化镇）人。嘉庆十三年（1808）戊辰科乡试中式第十四名举人。会试挑取誊录，又考取文颖馆教习，期满以知县用。历任湖南新宁，广东琼山、高要县知县，历署湖南邵阳、广东澄迈、定安等县知县，广东海防分府。充道光二年（1822）壬午科湖南乡试同考官。升授同知，直隶州知州。诰授奉政大夫，晋封朝议大夫。编著有道光《新宁县志》三十二卷等。

黄安绶《国朝两浙科名录》：嘉庆十三年戊辰五旬万寿恩科　张德尊，山阴。

道光《琼州府志》卷二十四：张德尊，浙江山阴举人，十二年任（琼山县知县）。

道光《宝庆府志》卷十五：（道光）三年癸未，张德尊，浙江山阴人（邵阳县知县），五年五月去。

道光《重辑新宁县志》卷十八：张德尊，浙江山阴举人，道光二年任（知县）。

光绪《邵阳县志》卷七：张德尊，山阴举人，（道光）三年代（知县）。

光绪《湖南通志》卷一百二十四：张德尊，浙江山阴举人，道光二年任（新宁县知县）。

民国《琼山县志》卷二十一：张德尊，浙江山阴举人，（道光）十二年任（知县）。

民国《萧山县志稿》卷十三：嘉庆十三年戊辰科　张凤芝，山阴籍。

【郑起昌】(1777—1841)

字思赞，号梅林，官名行恕，萧山蜀山街道人，山西阳曲县籍。嘉庆十三年（1808）戊辰恩科山西中式第一名举人。拣选知县，教谕，敕授修职郎，例封文林郎。撰刊道光《阳曲县志》十四卷。

道光《阳曲县志》卷五：郑起昌，解元，原籍浙江，官静乐县训导，撰修邑乘。

光绪《垣曲县志》卷五：郑起昌，太原解元，嘉庆二十二年任（教谕）。

民国《萧山县志稿》卷十三：嘉庆十三年戊辰科　郑起昌，山西解元，教谕，山西阳曲县籍。

【丁堃】

嘉庆十三年（1808）戊辰恩科举人，钦赐国子监学正。

民国《萧山县志稿》卷十三：嘉庆十三年戊辰科　丁堃，钦赐举人。

【蔡应鳌】

嘉庆十三年（1808）戊辰恩科举人，钦赐国子监学正。

民国《萧山县志稿》卷十三：嘉庆十三年戊辰科　蔡应鳌，钦赐举人。

【叶时】

嘉庆十三年（1808）戊辰科乡试中式举人。

民国《萧山县志稿》卷十三：嘉庆十三年戊辰科　叶时，钦赐举人，未会试卒。

嘉庆十五年（1810）庚午科

主考官：刘镮之、穆彰阿。

试题：享礼有容（如也）；人道敏政（卢也）；为我作君（之乐）；“海上涛头一线来”，得“楼”字。

【金石声】

见进士条。

【陈诗】

见进士条。

【王端履】

见进士条。

【史记】（1782—1850）

原名济光，字柱辉，号龙门，萧山城厢街道人。廪膳生，嘉庆十五年（1810）庚午科中式第八十七名举人。敕授文林郎，截取知县。

黄安绶《国朝两浙科名录》：嘉庆十五年庚午科　史记，萧山。

民国《萧山县志稿》卷十三：嘉庆十五年庚午科　史记。

【钟峻】（1791—？）

字云章，号仙香，一号青岩，又号筠庄，萧山城厢街道人。嘉庆十五年（1810）庚午科乡试中式第八十八名举人。道光乙未科会试大挑一等，以知县用，补江西饶州府万年县知县，署建昌府广昌县事。历充江西乡试同考官，劝捐海疆捐输出力，赏假六品衔，卒于官，敕授承德郎。案：民国《萧山县志稿》“峻”作“俊”，今据《国朝两浙科名录》。

黄安绶《国朝两浙科名录》：嘉庆十五年庚午科　钟峻，萧山。

道光二十年冬京都荣禄堂刊本《缙绅全书》：万年县知县加一级钟峻筠庄，浙江萧山人，庚午，（道光）十七年八月补。

咸丰六年春北京荣禄堂刊本《缙绅全书》：筹饷事例十二月分发各省试用人员，钟俊，浙江人，福建。

同治《广昌县志》卷四：钟峻，浙江举人，（道光）十六年十一月任（知县）。

同治《饶州府志》卷十一：钟峻，萧山人，举人，道光十八年任（万年邑令）。

同治《万年县志·职官志总论》：钟峻，号筠庄，浙江萧山县举人，道光十八年任（县令）。

民国《萧山县志稿》卷十三：嘉庆十五年庚午科　钟俊，一作“峻”。

【蔡鼎】（1789—？）

改名聘珍，字可三，号蓉士，一号笛椽，又号棣川，别署七宝生。俊秀监生，嘉庆十五年（1810）庚午科乡试顺天中式第八十名举人。湖北长乐县知县。著有《小诗航诗钞》《小诗航杂著》《鹢退居文存》。

道光十七年冬京都本立堂刊本《缙绅全书》：长乐县知县加一级蔡聘珍笛椽，浙江萧山人，庚午，（道光）十七年八月调。

同治《宜昌府志》卷八：蔡聘珍，萧山举人，选长乐县。

光绪《荆州府志》卷三十四：蔡聘珍，浙江举人（江陵知县）。

光绪《长乐县志》卷六：蔡聘珍，浙江萧山举人，道光十八年二月二十三日选授，三月三十日以委办万户沱盐务卸任。

光绪《江陵县志》卷十七：蔡聘珍笛椽，萧山举人（江陵知县）。

民国《萧山县志稿》卷十三：嘉庆十五年庚午科　蔡聘珍，初名以元，榜名鼎，湖北长乐知县，顺天籍。

案：是科民国《萧山县志稿》有倪望焜，经查为副贡，故删。

嘉庆十八年（1813）癸酉科

主考官：汪廷珍、于德培。

试题：子曰刚毅（近仁）；车同轨书（同文）；存乎人者（言也）；“会稽竹箭”，得“南”字。

【丁樾】（1783—？）

原名世英，字世荫，号绿天，又号影香。庠生，例授修职郎，晋文林郎。嘉庆十八年（1813）癸酉科乡试中式第二十四名举人。拣选知县，道光六年（1826）大挑二等，署湖州府孝丰县学训导，选授严州府遂安县学训导。捐城工议叙，钦加二级。俸满，各大宪保举知县。

黄安绶《国朝两浙科名录》：嘉庆十八年癸酉科　丁樾，萧山。

道光三十年秋北京荣禄堂刊本《缙绅全书》：遂安县复设训导，丁樾影香，绍兴人，拔贡，（道光）十四年二月选。

民国《遂安县志》卷四：丁樾，（道光）十五年任（训导）。

民国《萧山县志稿》卷十三：嘉庆十八年癸酉科　丁樾，教谕。

【汤纶】(1794—1834)

字掌丝，一字默存，萧山城厢街道人。由县学生中式嘉庆十八年（1813）癸酉科第十九名举人。例授文林郎，候选知县。（《夏孝汤氏宗谱》有汤金钊撰《皇清例授文林郎嘉庆癸酉科举人候选知县掌丝侄传》）

黄安绶《国朝两浙科名录》：嘉庆十八年癸酉科　汤纶，萧山。

民国《萧山县志稿》卷十三：嘉庆十八年癸酉科　汤纶，金钊侄。

【陈楠】

字廷贤，号让园，萧山城厢街道人。廪贡生，嘉庆十八年（1813）癸酉科乡试中式第三十三名举人。敕授文林郎，拣选知县。道光六年（1826）大挑二等，浙省崇文书院监院，历桐乡县训导，升嘉善教谕。著有《见真吾斋文稿》。

黄安绶《国朝两浙科名录》：嘉庆十八年癸酉科　陈楠，萧山。

光绪《桐乡县志》卷八：陈楠，萧山人，举人，（道光）十二年任（训导）。

光绪《重修嘉善县志》卷十四：陈楠，萧山人，举人，同治九年任（教谕）。

民国《萧山县志稿》卷十三：嘉庆十八年癸酉科　陈楠，嘉善教谕。

【郭振声】(1789—1838)

字亦金，萧山戴村镇张家弄村人。嘉庆十八年（1813）癸酉科乡试中式第五十七名举人。正白旗教习，敕赐儒林郎，云南富民知县。

黄安绶《国朝两浙科名录》：嘉庆十八年癸酉科　郭振声，萧山。

民国《萧山县志稿》卷十三：嘉庆十八年癸酉科　郭振声，训导，云南富民知县。

民国《新纂云南通志》卷十三：郭振声，浙江人，（道光年间）任富民知县。

【倪觉民】（1783—1830）

字鲁川，号尹田，萧山义桥镇新坝村下埠自然村人，杭州商籍。增广生，嘉庆十八年（1813）癸酉科乡试中式第八十六名举人。拣选知县，例授文林郎，诰赠奉直大夫。

黄安绶《国朝两浙科名录》：嘉庆十八年癸酉科　倪觉民，钱塘。

民国《萧山县志稿》卷十三：嘉庆十八年癸酉科　倪觉民，杭州籍。

民国《杭州府志》卷一百一十三：嘉庆十八年癸酉科　倪觉民，钱塘人。

【朱沄】

字梅亭，山阴天乐乡（今属萧山浦阳镇朱家塔）人。嘉庆十八年（1813）癸酉科乡试中式第七十六名举人。拣选知县。

黄安绶《国朝两浙科名录》：嘉庆十八年癸酉科　朱沄，山阴。

【来学醇】

见进士条。

【韩之锦】（1779—1849）

改名羹卿，又改名胜良，字心田，一字昼云，号二桥，萧山义桥镇人，寄籍顺天大兴。嘉庆元年（1796）县试入庠，七年（1802）拔补入廪，肄业敷文、紫阳书院。嘉庆十八年（1813）癸酉科乡试顺天中式第二十九名举人。考取宗室教习，太常寺博士，诰授奉直大夫。著有《文起堂诗集》《瓶花诗舫诗集》。

光绪《顺天府志》卷一百十八：嘉庆十八年癸酉科　韩之锦。

民国《萧山县志稿》卷十三：嘉庆十八年癸酉科　韩之锦。

【张志彦】

见进士条。

【徐国森】(1777—1827)

字卫宸，号星躔，萧山北干街道人。邑廪生，候选儒学训导，嘉庆十八年（1813）癸酉科乡试中式第九十名举人。拣选知县，例授文林郎。（《萧山徐氏家谱》有朱庆祺撰《例授文林郎截取知县癸酉科举人星躔公家传》）

黄安绶《国朝两浙科名录》：嘉庆十八年癸酉科　徐国森，萧山。

民国《萧山县志稿》卷十三：嘉庆十八年癸酉科　徐国森，训导。

【何枚】(1770—1831)

原名何麟，字小皋，号勋台，何异兰子，萧山戴村镇人，顺天籍。嘉庆十八年（1813）癸酉科乡试顺天中式第一百九十九名举人。钱塘教谕。

光绪《顺天府志》卷一百十八：嘉庆十八年癸酉科　何枚。

民国《萧山县志稿》卷十三：嘉庆十八年癸酉科　何枚，原名麟，钱塘教谕，顺天籍。

嘉庆二十一年(1816)丙子科

主考官：顾德庆、李振庸。

试题：夫达也者（四句）；所求乎子（能也）；高于曰禹（一章）；“攀桂仰天高”，得“秋”字。

【韩凤修】

见进士条。

【何怀德】(1775—1834)

原名暹，字新之，号垕庵，又号须訾，萧山城厢街道人。邑庠增广生，嘉庆二十一年（1816）丙子科乡试中式第三十名举人。拣选知县。

黄安绶《国朝两浙科名录》：嘉庆二十一年丙子科，是科杭州乍浦驻防举行乡试，加额三名，中式九十七名。何怀德，萧山。

民国《萧山县志稿》卷十三：嘉庆二十一年丙子科　何怀德。

【韩应虹】（1785—1828）

字星桥，萧山临浦镇蒲山韩村人。嘉庆二十一年（1816）丙子科乡试中式第四十八名举人，道光六年（1826）大挑二等，例授修职郎，候补衢州府西安县教谕。（《萧邑蒲山韩氏宗谱》有何树滋撰《教谕星桥公传》）

黄安绶《国朝两浙科名录》：嘉庆二十一年丙子科，是科杭州乍浦驻防举行乡试，加额三名，中式九十七名。韩应虹，萧山。

民国《萧山县志稿》卷十三：嘉庆二十一年丙子科　韩应虹，衢州西安教谕。

【蔡以煊】（1793—？）

字启亭，号晓楼，萧山城厢街道人。嘉庆二十一年（1816）丙子科乡试中式第五十七名举人。案：民国《萧山县志稿》、《嘉庆丙子科浙江乡试同年齿录》“煊”作“烜”，今据《国朝两浙科名录》。

黄安绶《国朝两浙科名录》：嘉庆二十一年丙子科，是科杭州乍浦驻防举行乡试，加额三名，中式九十七名。蔡以煊，萧山。

民国《萧山县志稿》卷十三：嘉庆二十一年丙子科　蔡以烜，一作“煊”。

【瞿士樟】（1762—？）

字章木，号豫堂，萧山河上镇大桥村人。嘉庆二十一年（1816）丙子科乡试中式第八十五名举人。例授文林郎。

黄安绶《国朝两浙科名录》：嘉庆二十一年丙子科，是科杭州乍浦驻防举行乡试，加额三名，中式九十七名。瞿士樟，萧山。

民国《萧山县志稿》卷十三：嘉庆二十一年丙子科　瞿士樟。

【郭秋水】（1785—1882）

字蓉川，号小湖，萧山戴村镇张家弄村人。嘉庆二十一年（1816）丙子科乡试中式第九十四名举人。

黄安绶《国朝两浙科名录》：嘉庆二十一年丙子科，是科杭州乍浦驻防举行乡试，加额三名，中式九十七名。郭秋水，萧山。

民国《萧山县志稿》卷十三：嘉庆二十一年丙子科　郭秋水。

【周邦彦】（1780—1824）

原名周新，字铜士，号莲坡，萧山戴村镇石盖村人，顺天籍。嘉庆二十一年（1816）丙子科乡试顺天中式举人。文颖馆誊录，文水知县，敕授文林郎。

民国《萧山县志稿》卷十三：嘉庆二十一年丙子科　周邦彦，周钊之孙，文水县知县，顺天籍。

【金文藻】

见进士条“童文藻”。

嘉庆二十三年（1818）戊寅六旬万寿恩科

主考官：王引之、李裕堂。

试题：曰既富矣（一节）；忠信重禄（二段）；民事不可（乘屋）；“芦花风起夜湖来”，得“来”字。

【蔡熊】（1780—？）

字梦白，号竹山，萧山城厢街道人。县学附生，嘉庆二十三年（1818）戊寅科乡试中式第十二名举人。

黄安绶《国朝两浙科名录》：嘉庆二十三年戊寅六旬万寿恩科　蔡熊，萧山。

《嘉庆戊寅科乡试蔡熊朱卷》：蔡熊，字梦白，号竹山，行一。乾隆辛丑年十二月初九日生，浙江绍兴府萧山县学附生，民籍……乡试中式第十二名……住萧山县城内蔡家弄独木厅。

民国《萧山县志稿》卷十三：嘉庆二十三年戊寅科　蔡熊。

【赵烇】

字晓庄，萧山城厢街道杜湖社区人。嘉庆二十三年（1818）戊寅科乡试中式第五十四名举人。案：民国《萧山县志稿》“烇”作“奎”，今据《国朝两浙科名录》。

黄安绶《国朝两浙科名录》：嘉庆二十三年戊寅六旬万寿恩科　赵烇，萧山。

民国《萧山县志稿》卷十三：嘉庆二十三年戊寅科　赵奎，一作“烇”，字晓庄。

【王致云】(1782—1850)

原名桂秀，字寅生，号裔庭，萧山临浦镇人。嘉庆二十三年（1818）戊寅科乡试中式第六十一名举人。道光六年（1826）礼闱报罢，大挑一等，以知县用，分发陕西神木县知县。道光十七年（1837）充乡试同考官。敕授文林郎。纂修《神木县志》。（《苎萝王氏宗谱》有瞿堇元撰《敕授文林郎例授奉政大夫裔庭王公传》）

黄安绶《国朝两浙科名录》：嘉庆二十三年戊寅六旬万寿恩科　王致云，萧山。

道光《榆林府志》卷十四：王致云，浙江萧山人，举人，道光十四年任（神木县知县）。

道光十七年冬京都本立堂刊本《缙绅全书》：神木县知县加一级王致云，浙江萧山人，举人，（道光）十二年十二月补。

道光《神木县志》卷五：王致云，浙江萧山人，举人，道光十四年任（知县）。

光绪《蒲城县新志》卷八：王致云，浙江萧山举人，（道光）十二年七月任（知县）。

民国《续修陕西通志稿》卷十六：王致云，浙江萧山县人，举人，道光十二年七月任（蒲城县知县）。

民国《萧山县志稿》卷十三：嘉庆二十三年戊寅科　王致云，字寅生，陕西神木县知县。

【高春瑞】

嘉庆二十三年（1818）戊寅科乡试中式第九十二名举人。

黄安绶《国朝两浙科名录》：嘉庆二十三年戊寅六旬万寿恩科　高春瑞，萧山。

民国《萧山县志稿》卷十三：嘉庆二十三年戊寅科　高春瑞。

【蔡金兰】

萧山城厢街道人。嘉庆二十三年（1818）戊寅科乡试中式第九十四名举人。

黄安绶《国朝两浙科名录》：嘉庆二十三年戊寅六旬万寿恩科　蔡金兰，萧山。

民国《萧山县志稿》卷十三：嘉庆二十三年戊寅科　蔡金兰。

【叶树勋】

号策亭，萧山钱清镇（今属绍兴）人，顺天籍。嘉庆二十三年（1818）戊寅恩科乡试顺大中式举人。道光二年（1822）拣选知县；六年（1826）大挑二等，即选钱塘教谕。

民国《淮阳县志》卷三：叶树勋，大兴监生，（嘉庆）二十八年任（吏目）。

民国《萧山县志稿》卷十三：嘉庆二十三年戊寅科　叶树勋，教谕，顺天籍。

民国《杭州府志》卷一百二：叶树勋，萧山人（教谕）。

【施肇奎】（1793—1840）

谱名步亨，字鹤浦，邑庠生，萧山坎山镇人，寄籍顺天府。嘉庆二十三年（1818）戊寅恩科乡试中式举人。特授安徽和州直隶州州同。

光绪《重修安徽通志》卷一百三十二：施肇奎，浙江人，举人，和州州同。

光绪《直隶和州志》卷十一:(道光)十七年，施肇奎，州同，浙江举人。

民国《萧山县志稿》卷十三：嘉庆二十三年戊寅科　施肇基，“基”一作“奎”；通州籍，一作山西籍。

嘉庆二十四年(1819)己卯科

主考官：王鼎、伍长华。

试题：昔者偃也(四句)；载华岳而(二句)；昏暮叩人(水火)；“圆灵冰镜”，得“圆”字。

【陈绍型】

见进士条。

【於灿文】

见进士条。

【王勉】

字孟斋。嘉庆二十四年(1819)己卯科乡试中式第二十一名举人。金华县学训导。(光绪《处州府志》卷十四载其传)

黄安绶《国朝两浙科名录》：嘉庆二十四年己卯科　王勉，萧山。

《嘉庆己卯科乡试浙江同年谱》：王勉，萧山县人。

民国《萧山县志稿》卷十三：嘉庆二十四年己卯科　王勉，教谕。

【许炳】

见进士条。

【任泩】

见进士条。

【王焕祖】

嘉庆二十四年（1819）己卯科乡试中式第九十六名举人。宁海县教谕。

黄安绶《国朝两浙科名录》：嘉庆二十四年己卯科　王焕祖，萧山。

道光二十八年冬京都荣禄堂刊本《缙绅全书》：宁海县复设教谕，王焕祖，绍兴人，举人，（道光）十九年三月补。

咸丰九年冬北京荣晋斋刊本《缙绅全书》：严州府教授王焕祖，绍兴人，举人，九年十月降。

光绪《宁海县志》卷七：王焕祖，萧山举人，（道光）二十年庚子任（教谕）。

民国《萧山县志稿》卷十三：嘉庆二十四年己卯科　王焕祖。

民国《台州府志》卷十五：王焕祖，（道光）二十年任教谕，萧山举人。

【钟调梅】

字长发，号晓声，原讳亮山，萧山钱清镇（今属绍兴）人，直隶平泉州籍。嘉庆二十四年（1819）己卯科乡试顺天中式第一百八十三名举人。

《嘉庆己卯科顺天乡试同年齿录》：钟调梅，直隶平泉人。

道光《承德府志》卷三十五：嘉庆己卯科　钟调梅，平泉州人。

民国《萧山县志稿》卷十三：嘉庆二十四年己卯科　钟调梅，顺天籍。

【徐青照】

见进士条。

道光元年（1821）辛巳登极恩科

主考官：王引之、吴孝铭。

试题：节用而爱（二句）；修身则道（二句）；大舜有大（入者）；“月照海门秋”，得“秋”字。

【丁丽泉】(1796—1845)

又名淦，字豫川，号丽泉，一号顺伯，萧山城厢街道人。道光元年（1821）辛巳科乡试中式第三名举人。拣选知县。案:《道光辛巳恩科浙江乡试同年齿录》、民国《萧山县志稿》作“丁淦”。

黄安绶《国朝两浙科名录》：宣宗成皇帝道光元年辛巳登极恩科，中式一百二十六名。丁丽泉，萧山。

《道光辛巳恩科浙江乡试同年齿录》：丁淦，字豫川，号丽泉。行一，嘉庆丙辰年六月初九日丑时生，绍兴府萧山人。

民国《萧山县志稿》卷十三：道光元年辛巳科　丁淦。

【高爌】(1791—？)

谱名丙曦，原名棨，字丽斋，号雅望，一号小云，萧山钱清镇（今属绍兴）人。道光元年（1821）辛巳科乡试中式第二十九名举人。广东镇平知县。

黄安绶《国朝两浙科名录》：宣宗成皇帝道光元年辛巳登极恩科，中式一百二十六名。高爌，萧山。

《道光辛巳恩科浙江乡试同年齿录》：高爌，原名棨，字丽斋，号雅望，一号小云。行一，乾隆辛亥年十一月初十日吉时生。绍兴府萧山人。

民国《萧山县志稿》卷十三：道光元年辛巳科　高丙曦，更名爌，广东镇平知县。

【瞿堇元】(1801—1862)

字伯鳌，号小山，萧山河上镇大桥村人。瞿明子。道光元年（1821）辛巳科乡试中式第五十一名举人。大挑二等，以教谕衔任桐乡训导。世袭云骑尉，从祀忠义祠。（《萧山瞿氏宗谱》有韩钦撰《瞿君小山家传》）

黄安绶《国朝两浙科名录》：宣宗成皇帝道光元年辛巳登极恩科，中式一百二十六名。瞿堇元，萧山。

《道光辛巳恩科浙江乡试同年齿录》：瞿堇元，字伯鳌，号小山。行一，嘉庆辛酉年四月十九日吉时生.绍兴府萧山人。曾祖汝楫，恩贡生；祖景熊，布政司理问；父明，嘉庆戊午举人，临海县训导。

光绪《桐乡县志》卷八：（道光）二十年，瞿堇元，萧山人，举人（训导）。

民国《萧山县志稿》卷十三：道光元年辛巳科　瞿堇元，桐乡训导。殉难，入忠义祠。

【傅籛】（1798—1852）

原名师籛，字又铿，号芝堂，萧山临浦镇横山傅sf人。傅淦子。道光元年（1821）辛巳恩科乡试中式第七十三名举人。天台县儒学教谕。

黄安绶《国朝两浙科名录》：宣宗成皇帝道光元年辛巳登极恩科，中式一百二十六名。傅籛，萧山。

《道光辛巳恩科浙江乡试同年齿录》：傅籛，字又铿，号芝堂。行三，嘉庆庚申年六月二十三日吉时生.绍兴府萧山人。曾祖大木，太学生；祖蓁；父淦，乾隆己酉举人，内阁中书，军机处行走。

民国《萧山县志稿》卷十三：道光元年辛巳科　傅籛，字芝堂，天台教谕。

【施绍唐】（1788—？）

字肇堂，号麟台。道光元年（1821）辛巳恩科乡试中式第七十六名举人。

黄安绶《国朝两浙科名录》：宣宗成皇帝道光元年辛巳登极恩科，中式一百二十六名。施绍唐，萧山。

《道光辛巳恩科浙江乡试同年齿录》：施绍唐，字肇堂，别号麟台。行二，乾隆己酉年十一月初七日生，绍兴府萧山人。

民国《萧山县志稿》卷十三：道光元年辛巳科　施绍唐。

【韩复初】（1789—1837）

字皆备，一字震林，号渔堂，萧山义桥镇横筑塘村人。道光元年（1821）辛巳恩科乡试中式第八十二名举人。道光十五年（1835）挑取教谕，例授修职郎。

黄安绶《国朝两浙科名录》：宣宗成皇帝道光元年辛巳登极恩科，中式一百二十六名。韩复初，萧山。

《道光辛巳恩科浙江乡试同年齿录》：韩复初，字震林，号渔堂。行一，辛亥年十月二十八日辰时生，绍兴府萧山人。

民国《萧山县志稿》卷十三：道光元年辛巳科　韩复初。

【许棠】（1793—1846）

原名明召，字荫南，号芾斋，萧山浦沿街道许家里村（今属滨江区）人。道光元年（1821）辛巳恩科乡试中式第一百零三名举人。拣选知县，诰赠奉直大夫。

黄安绶《国朝两浙科名录》：宣宗成皇帝道光元年辛巳登极恩科，中式一百二十六名。许棠，萧山。

《道光辛巳恩科浙江乡试同年齿录》：许棠，字荫南，号芾斋。行二，乾隆癸丑年六月初九日午时生，绍兴府萧山人。

民国《萧山县志稿》卷十三：道光元年辛巳科　许棠。

【骆奎祺】

见进士条。

【吴钟愔】（1773—？）

字静和，号朴庵，一号静叔，萧山城厢街道人，顺天籍。嘉庆丙子科优贡生，道光元年（1821）辛巳恩科乡试顺天中式第五十九名举人。拣选知县，例授文林郎。

《道光辛巳恩科顺天乡试录》：吴钟愔，字静和，号朴庵，一号静叔。行三，乾隆癸巳年八月二十九日生，浙江萧山人。

民国《萧山县志稿》卷十三：道光元年辛巳科　吴钟愔，顺天籍。

【陈元麒】（1786—？）

字恂如，号石卿，萧山人，顺天东安籍。道光元年（1821）辛巳恩科顺天中式第一百九十八名举人。

《道光辛巳恩科顺天乡试录》：陈元麒，字恂如，号石卿。行一，乾隆丙午年正月十二日生，顺天东安人。

光绪《顺天府志》卷一百十八：道光元年辛巳恩科　陈元麒（东安县）。

民国《安次县志》卷四：道光元年辛巳恩科　陈元麒，城内人，官光州知州，在任有政绩。

民国《萧山县志稿》卷十三：道光元年辛巳科　陈元麒，一作“麟”，顺天籍。

【钟锡瑞】

见进士条。

道光二年（1822）壬午科

主考官：顾皋、陈銮。

试题：巍巍乎舜（一节）；忠恕违道（不远）；书曰丕显（六句）。

【朱城】

见进士条。

【田襄】

山阴天乐乡欢潭（今属萧山进化镇欢潭村）人。道光二年（1822）壬午科乡试中式第八十一名举人。候选布政使，封儒林郎，诰赠奉直大夫。

黄安绶《国朝两浙科名录》：道光二年壬午科　田襄，山阴。

【高枚】

见进士条。

【徐梁】（1774—1830）

字殿需，号长山，号杏堂，萧山河上镇鲍坞村人。道光二年（1822）壬午科乡试中式第九十四名举人。吏部拣选知县，候补文林郎。（《萧山鲍坞

徐氏宗谱》有朱城撰《长山公传》）

黄安绶《国朝两浙科名录》：道光二年壬午科　徐梁，萧山。

民国《萧山县志稿》卷十三：道光二年壬午科　徐梁。

道光五年（1825）乙酉科

主考官：王鼎、赵柄。

试题：子曰知者（三句）；明乎郊社（三句）；文王之回（四句）；“景星如半月”，得“光”字。

【徐光简】（1801—1871）

字竹书，号畏斋，萧山北干街道人，仁和籍。邑庠生，道光五年（1825）乙酉科乡试中式第一名举人。截取知县，借补福建浔美场盐大使，调补莲河场盐大使，咸丰八年（1858）、九年（1859）福建乡试受卷官，即补同知加一级。

黄安绶《国朝两浙科名录》：道光五年乙酉科　徐光简，萧山。

《道光乙酉科乡试同年齿录》：徐光简，字竹书，号畏斋。行二，嘉庆辛酉年八月二十三日生。绍兴府萧山县学附生，中式第一名。

咸丰六年荣晋斋刊本《缙绅全书》：福建盐场大使徐光简，浙江萧山人，举人，（咸丰）五年十二月授。

民国《萧山县志稿》卷十三：（道光）五年乙酉科　徐光简，解元，仁和籍，知县，福建浔美场、莲河场盐大使。

【王茂南】（1772—?）

号水轩。道光五年（1825）乙酉科乡试中式第十五名举人。

黄安绶《国朝两浙科名录》：道光五年乙酉科　王茂南，萧山。

《道光乙酉科乡试同年齿录》：王茂南，号水轩。行七，乾隆壬辰年十月初五日生，绍兴府萧山县学附监生，中式第十名（案：应为第十五名）。

民国《萧山县志稿》卷十三：（道光）五年丁酉科　王茂南。

【傅球】（1791—1843）

字树天，号璞庵，萧山临浦镇横山傅村人。道光五年（1825）乙酉科乡试中式第十四名举人。大挑二等，即选儒学教谕。

黄安绶《国朝两浙科名录》：道光五年乙酉科　傅球，萧山。

《道光乙酉科乡试同年齿录》：傅球，字树天，号璞庵。行二，乾隆辛亥年二月初三日生，绍兴府萧山县学附生，中式十四名，大挑教谕。

民国《萧山县志稿》卷十三：（道光）五年乙酉科　傅球。

【王端临】（1789—？）

字与咸，号敬甫，萧山城厢街道人。道光五年（1825）乙酉科乡试中式第四十二名举人。

黄安绶《国朝两浙科名录》：道光五年乙酉科　王端临，萧山。

《道光乙酉科乡试同年齿录》：王端临，字与咸，号敬甫。行九，乾隆己酉年七月二十一日生。绍兴府萧山县学附生，中式四十二名。

民国《萧山县志稿》卷十三：（道光）五年乙酉科　王端临。

【蔡种善】（1794—？）

字赉周，一字耘非，号小白，萧山城厢街道人，钱塘籍。道光五年（1825）乙酉科乡试中式第七十七名举人。案：民国《萧山县志稿》作“蔡钟善”。

黄安绶《国朝两浙科名录》：道光五年乙酉科　蔡种善，萧山。

《道光乙酉科乡试同年齿录》：蔡种善，字赉周，号小白。行二，乾隆甲寅年十二月十三日生，杭州府钱塘县廪贡生，中式七十七名。

光绪《上虞县志》卷首：蔡种善，字耘非，钱塘人，原籍萧山，道光乙酉举人，十一年六月任（教谕）。

民国《萧山县志稿》卷十三：（道光）五年乙酉科　蔡钟善，知县。一作“种善”，钱塘籍。

【蔡师善】（1794—？）

原名霆，字振轩，号子春，萧山城厢街道人。道光五年（1825）乙酉科乡试中式第八十四名举人。案：民国《萧山县志稿》作“蔡霆”。

黄安绶《国朝两浙科名录》：道光五年乙酉科　蔡师善，萧山。

《道光乙酉科乡试同年齿录》：蔡师善，原名霆，字振轩，号子春。行七，乾隆甲寅年六月二十七日生，绍兴府萧山县学附生，中式八十四名。

民国《萧山县志稿》卷十三：（道光）五年乙酉科　蔡霆。

【郁丙焘】（1788—？）

字建蕃，号辛田，一号树荣。道光五年（1825）乙酉科乡试中式第九十七名举人。选授开化县教谕。

黄安绶《国朝两浙科名录》：道光五年乙酉科　郁丙焘，萧山。

《道光乙酉科乡试同年齿录》：郁丙焘，字建蕃，号辛田。行三，乾隆癸丑年九月十二日生，绍兴府萧山县学增生，中式九十七名。

民国《萧山县志稿》卷十三：（道光）五年乙酉科　郁丙焘，开化教谕。

【傅士珍】（1804—1854）

字献廷，号雪樵，一号省岩，云南昆明人，祖籍浙江萧山西兴镇（今属滨江区）。道光五年（1825）乙酉科乡试云南中式第二十二名举人。十五年（1835）大挑二等，以教职用；二十年（1840）选授罗平州学正；二十八年（1848）永昌匪徒滋事，随同剿办出力，云贵总督林则徐上其功，得以知县用；二十九年（1849）选授山东武城县知县；咸丰二年（1852）正月兼署夏津县知县，十二月以捐助军饷，赏加同知衔。充咸丰二年（1852）壬子科乡试同考官；四年（1854）三月粤匪扰冠县，被杀。（《萧山傅氏宗谱》有其子婿倪恩龄撰《晋封知县山东冠县知县傅公传》；邹钟《志远堂文集》卷四有《书傅雪樵大令传后》；《冠县志》卷六有其传，卷九有李道修撰《傅公墓碑》、朱瑞果撰《傅公殉难纪略》）

《道光乙酉科云南乡试同年齿录》：傅士珍，字献廷，号省岩。行四，嘉庆丙寅年十二月二十四日生，云南府昆明县廪生，原籍浙江绍兴府萧山县，中式二十二名。

道光《昆明县志》卷五：道光乙酉科　傅士珍，官山东武城县知县。

《粤氛纪事》卷五：冠县殉难　三月，知县傅士珍，云南昆明人，同妻妾姊侄女幕友同殉。

民国《山东通志》卷五十九：（咸丰）三年，傅士珍，云南人，是年任，四年城陷殉难。

民国《萧山县志稿》卷十三：（道光）五年乙酉，傅士珍，山东冠县知县，咸丰甲寅三月在任殉难，恩恤云骑尉，世袭。云南昆明籍。一作副贡。

【朱甘霖】（1800—？）

字沛之，号子泽，萧山蜀山街道人，顺天籍。府学生，道光五年（1825）乙酉科恩赐举人。景山官学教习，选安徽旌德县知县，调补灵璧县知县，升直隶州。

同治《六安州志》卷十八：朱甘霖，顺天大兴籍，举人，（道光）二十八年任（知县）。

同治《宜都县志》卷三下：朱甘霖，大兴人，乙酉举人，同治五年任，见在官（知县）。

光绪《重修安徽通志》卷一百三十三：朱甘霖，大兴人，举人，灵璧知县。

光绪《霍山县志》卷六：朱甘霖，大兴县举人，（道光）二十八年任（知县）。

民国《萧山县志稿》卷十三：（道光）五年乙酉科　朱甘霖，文正曾孙，钦赐举人，灵璧知县，大兴籍。

道光八年（1828）戊子科

主考官：李宗瀚、但明伦。

试题：以服事殷（之德）；诚者非自（四句）；盈科而后（三句）；“湖光尽处天容阔”，得“天”字。

【蔡璋】

见进士条。

【韩树森】（1796—1838）

改名树藩，字椿庭，一字愚谷，又字贯槎，号北塘，一号博唐，萧山义桥镇湘东村横筑塘村人。县学附生，道光八年（1828）戊子科乡试中式第十名举人，十五年（1835）大挑二等教谕，例授修职郎。

黄安绶《国朝两浙科名录》：道光八年戊子科　韩树森，萧山。

《道光戊子科乡试韩树森朱卷》：韩树森，字椿庭，一字愚谷，号北塘。行一，嘉庆丁巳年三月二十七日生，绍兴府萧山县学附生，民籍……乡试中式第十名……住萧山南门外横筑塘。

民国《萧山县志稿》卷十三：道光八年戊子科　韩树森，教谕。

【徐光第】

见进士条。

【徐以松】（1781—1852）

字秦封，号筠堂，一号梦斋，萧山河上镇鲍家坞人。道光八年（1828）戊子科乡试中式第二十六名举人。吏部拣选知县，候补文林郎。（《萧山鲍坞徐氏宗谱》有朱凤标撰《孝廉晴峰公序文》）

黄安绶《国朝两浙科名录》：道光八年戊子科　徐以松，萧山。

民国《萧山县志稿》卷十三：道光八年戊子科　徐以松。

【朱凤标】

见进士条。

【蔡炳勋】（1789—？）

字志安，号卣香，萧山城厢街道人。道光八年（1828）戊子科乡试中式第四十一名举人。大挑二等，授江山县学教谕。

黄安绶《国朝两浙科名录》：道光八年戊子科　蔡炳勋，萧山。

道光二十三年冬京都荣禄堂刊本《缙绅全书》：江山县复设教谕，蔡炳勋，绍兴人，举人，（道光）二十三年六月选。

同治《江山县志》卷六：蔡炳勋，绍兴人，举人，（道光）二十四年任（教谕）。

民国《萧山县志稿》卷十三：道光八年戊子科　蔡炳勋，江山教谕。“炳”一作“丙”。

【曹嗣融】（1791—1847）

字朗中，号乐也，一字小谷，萧山蜀山街道人，钱塘籍。道光八年（1828）戊子科乡试中式第二十四名举人，拣选知县。道光十五年（1835）大挑二等，选授石门县训导，历署龙泉县训导、金华府学训导、淳安县学教谕。

黄安绶《国朝两浙科名录》：道光八年戊子科　曹嗣融，萧山。

道光二十三年冬京都荣禄堂刊本《缙绅全书》：石门县复设训导，曹嗣融，湖州人，举人，（道光）二十三年六月选。

光绪《嘉兴府志》卷三十九：曹嗣融，钱塘举人，（道光）二十四年任（石门教谕）。

光绪《龙泉县志》卷七：曹嗣融，杭州人，举人，道光年间任（教谕）。

光绪《石门县志》卷六：（道光）二十四年，曹嗣融，钱塘举人（训导）。

民国《杭州府志》卷一百一十三：道光八年戊子科　曹嗣融，钱塘人，石门训导。

民国《萧山县志稿》卷十三：道光八年戊子科　曹嗣融，石门训导，钱塘籍，一作副贡。

【来嗣尹】（1791—1863）

字复师，一字松亭、淞亭、淞庭，萧山长河镇（今属滨江区）人。道光八年（1828）戊子科乡试中式第五十四名举人，国子监学录。著有《眉林书屋存稿》八卷、《周易折中经》四卷。（《萧山来氏宗谱》有马传煦撰《来淞庭太夫子家传》）

黄安绶《国朝两浙科名录》：道光八年戊子科　来嗣尹，萧山。

民国《萧山县志稿》卷十三：道光八年戊子科　来嗣尹，学谦孙，字淞亭，国子监学录。

【胡元灯】（1788—？）

字绮檐，号问樵，萧山河上镇人。道光八年（1828）戊子科乡试中式第七十名举人。

黄安绶《国朝两浙科名录》：道光八年戊子科　胡元灯，萧山。

民国《萧山县志稿》卷十三：道光八年戊子科　胡元灯。

【楼镜蓉】（1803—1863）

字应元，号杏园，萧山楼塔镇人。道光八年（1828）戊子科乡试中式第八十四名举人。道光十五年（1835）考取宗室官学汉教习，二十四年（1844）大挑二等。咸丰三年（1853）选授杭州府昌化县训导。

黄安绶《国朝两浙科名录》：道光八年戊子科　楼镜蓉，萧山。

民国《萧山县志稿》卷十三：道光八年戊子科　楼镜蓉，昌化教谕。

【瞿嘉祜】（1808—？）

字吉人，号又皋，萧山河上镇大桥村人，顺天大兴籍。道光八年（1828）戊子科乡试顺天中式举人。内阁中书，授教谕，诰封儒林郎。

道光二十九年夏北京荣升堂刊本《缙绅全书》：汉票签内阁中书加一级瞿嘉祜，顺天宛平人，举人。

光绪《顺天府志》卷一百十八：道光八年戊子科　瞿嘉祜（宛平）。

民国《萧山县志稿》卷十三：道光八年戊子科　瞿嘉祜，昂子，内阁中书，教谕，顺天宛平籍。“嘉”一作“家”。

【叶森】（1795—？）

原名舟，字柳城，号古槎，一号小坡，萧山钱清镇（今属绍兴）人，顺天府宛平籍。监生，道光八年（1828）戊子科乡试顺天中式第二百十五名举人。国史馆誊录，官至河南偃师知县。

《顺天戊子科履历》：叶森，字柳城，号古槎，一号小坡。行一，乾隆乙卯年八月十一日吉时生。浙江萧山县人，顺天宛平籍，监生。国史馆誊录官，议叙知县。

光绪《顺天府志》卷一百十八：道光八年戊子科　叶森（宛平）。

民国《萧山县志稿》卷十三：道光八年戊子科　叶森，原名舟，河南偃师知县，顺天籍。

【王煦】（1801—？）

字欣木，号绉石，萧山衙前镇新发王村人，钱塘籍。道光八年（1828）戊子科乡试中式第二十五名举人。定海教谕。

黄安绶《国朝两浙科名录》：道光八年戊子科　王煦，钱塘。

民国《萧山县志稿》卷十三：道光八年戊子科　王煦，字绉石，杭州籍。

民国《杭州府志》卷一百一十三：道光八年戊子科　王煦，钱塘人。

案：民国《萧山县志稿》有举人韩之麟，查此科顺天乡试录无此人。后查《萧山湘南韩氏宗谱》卷十一，云其“一名楚英，号振斋，廪贡生，道光戊子科顺天乡试挑取誊录，期满选授杭州府钱塘县儒学训导，三次俸满，推升教谕”，知其非举人，故删。

道光十一年（1831）辛卯五旬万寿恩科

主考官：何凌汉、王炳瀛。

试题：可与适道（四句）;《诗》云鸢飞（二句）；鲁之春秋（则灾）；“几点诚心一颗珠”，得“珠”字。

【潘恭寿】

字履谦，号带铭，本姓施，萧山钱清镇（今属绍兴）人，仁和籍。道光十一年（1831）辛卯科乡试中式第一名举人。天台县训导。

黄安绶《国朝两浙科名录》：道光十一年辛卯五旬万寿恩科　潘恭寿，仁和。

咸丰六年荣晋斋刊本《缙绅全书》：天台县训导潘恭寿，杭州人，举人，（咸丰）六年八月选。

民国《杭州府志》卷一百一十三：道光十一年辛卯成皇帝五旬万寿恩科　潘恭寿，解元，仁和人，知县。

民国《台州府志》卷十五：潘恭寿，字带铭，仁和解元，由知县改，（咸丰）六年任训导。一作十年任。

民国《萧山县志稿》卷十三：道光十一年辛卯科　潘恭寿，解元，本姓施，仁和籍。按即施庭筠之后。

【钟廷赞】(1808—1870)

字益堂，萧山钱清镇（今属绍兴）人。道光十一年（1831）辛卯科乡试中式第十六名举人。历任桐乡教谕、温州教授，敕授文林郎。

黄安绶《国朝两浙科名录》：道光十一年辛卯五旬万寿恩科　钟廷赞，萧山。

咸丰十年春北京荣禄堂刊本《缙绅全书》：桐乡县教谕钟廷赞，绍兴人，举人，（咸丰）六年十月选。

同治九年秋北京荣晋斋刊本《缙绅全书》：温州府教授钟廷赞，绍兴人，举人，（同治）八年二月选。

光绪《桐乡县志》卷八：钟廷赞，萧山人，举人，咸丰七年任（教谕），同治三年复任。

民国《萧山县志稿》卷十三：道光十一年辛卯科　钟贤，一作“廷赞”，嘉兴桐乡教谕。

【黄琣】

字爱吾，号小溪。由附生中式道光十一年（1831）辛卯恩科第二十八名举人。道光二十四年（1844）大挑二等，选遂昌县训导。著有《吾斋文集》。

黄安绶《国朝两浙科名录》：道光十一年辛卯五旬万寿恩科　黄琣，萧山。

咸丰十年春北京荣禄堂刊本《缙绅全书》：遂昌县训导，黄琣，绍兴人，举人，（咸丰）十年二月选。

光绪《处州府志》卷十四：黄琣，萧山举人，咸丰六年正月代任（松阳训导）。

光绪《松阳县志》卷七：黄珸，萧山举人，（咸丰）六年正月任（训导）。

光绪《遂昌县志》卷六：黄珸，萧山举人，咸丰间任（训导）。

民国《萧山县志稿》卷十三：道光十一年辛卯科　黄珸，遂昌训导。

【郑卿】（1795—1858）

字勤牧，号莲舫，谱名家梓。道光十一年（1831）辛卯恩科乡试中式第四十四名举人。截取知县，例授文林郎，敕授修职郎，淳安县教谕。（民国《萧山郑氏宗谱》有钟宝华撰《文林郎截取知县严州府淳安教谕莲舫郑公家传》）

黄安绶《国朝两浙科名录》：道光十一年辛卯五旬万寿恩科　郑卿，萧山。

民国《萧山县志稿》卷十三：道光十一年辛卯科　郑卿。

【蔡五辰】

见进士条。

【凌锦江】

见进士条。

【倪丹林】（1798—1841）

改名倪炳，字晓枫，一字益斋，号文甫，又号晓枫，萧山义桥镇新坝村人，寄籍顺天府宛平县。由府学增广生中式道光十一年（1831）辛卯恩科顺天第七十八名举人。拣选知县，例授文林郎。

《道光辛卯恩科顺天乡试同年齿录》：倪丹林，字益斋，号晓枫。行六，嘉庆甲子年七月初八日吉时生。顺天府宛平县增广生，民籍，祖籍浙江，乡试第七十八名。

光绪《顺天府志》卷一百十八：道光十一年辛卯科　倪丹林，原籍浙江，字益斋（宛平）。

民国《萧山县志稿》卷十三：道光十一年辛卯科　倪丹林。

【沈玉琪】

字佛华，萧山人，钱塘籍。道光十一年（1831）辛卯科乡试中式第八十一名举人。官国子监学正。

黄安绶《国朝两浙科名录》：道光十一年辛卯五旬万寿恩科　沈玉琪，钱塘。

民国《杭州府志》卷一百一十三：道光十一年辛卯成皇帝五旬万寿恩科　沈玉琪，钱塘人，国子监学正。

民国《萧山县志稿》卷十三：道光十一年辛卯科　沈玉琪，钱塘籍。

【鲁庆元】

见进士条。

【孙炳昌】（1795—？）

字仪吉，号一亭，萧山临浦镇塘郎孙村人，顺天府大兴县籍。副榜贡生，候补誊录，议叙知县。嘉庆二十四年（1819）己卯科挑取誊录第一百零八名，道光五年（1825）乙酉科挑取誊录第七十名，道光八年（1828）戊子科中式副榜第三十名。道光十一年（1831）辛卯乡试顺天中式第一百五十六名举人。

《孙炳昌朱卷》：孙炳昌，字仪吉，号一亭，嘉庆丁巳年八月初三日申时生，顺天府大兴县人，民籍。副榜贡生，候补誊录，议叙知县，祖籍浙江绍兴府萧山县……世居萧山县塘上村。

光绪《顺天府志》卷一百十八：道光十一年辛卯科　孙炳昌，字仪吉。

道光十二年（1832）壬辰补行正科

主考官：李宗昉、韩大信。

试题：举贤才曰（所知）；后世有述（二句）；以遏徂莒（四句）；“因云洒润”，得“流”字。

【瞿生瑞】(1801—1880)

字尚芝，一字上之，号腾蛟，萧山河上镇大桥村人，杭州籍。道光十二年（1832）壬辰补行正科乡试中式第二名举人。历任广东嘉应州知州、虎门同知，咸丰二年（1852）壬子科同考官，诰授奉政大夫。（《萧山大桥瞿氏宗谱》有瞿应申撰《府君尚芝公行述》）

黄安绶《国朝两浙科名录》：道光十二年壬辰补行正科　瞿生瑞，杭府。

《道光壬辰科直省乡试同年齿录》：浙江中式举人九十七名，瞿生瑞，字上之，号尚芝，辛酉生，杭州府人，祖籍绍兴府萧山县。江西候补直隶州州同。

道光十七年冬京都本立堂刊本《缙绅全书》：筹备经费事例八月二十五卯分发各省试用人员，直州同瞿生瑞，浙江人，广东。

道光三十年秋北京荣禄堂刊本《缙绅全书》：廪嘉应州州同瞿生瑞，浙江仁和人，举人，（道光）二十八年正月补。

光绪《惠州府志》卷二十：瞿生瑞，浙江人，（仁）和人，举人，（道光）二十六年任（县丞）。

光绪《广州府志》卷二十三：瞿生瑞，祖籍江华（案：应为浙江）仁和人，举人，（咸丰）二年任（虎门厅同知）。

民国《东莞县志》卷四十二：瞿生瑞，湖广籍（案：此处误），仁和人，举人，（咸丰）元年三月任（虎门厅同知）。

民国《萧山县志稿》卷十三：道光十二年壬辰科　瞿生瑞，广东嘉应州知州，户门同知，杭州籍。

民国《杭州府志》卷一百一十三：道光十二年壬辰补行正科　瞿生瑞，仁和人，虎门同知。

【陈以璁】(1812—？)

字瑨皆，号珊海，又号惕斋，萧山新塘街道人。道光十二年（1832）壬辰补行正科乡试中式第四名举人。

黄安绶《国朝两浙科名录》：道光十二年壬辰补行正科　陈以璁，萧山。

《道光壬辰科直省乡试同年齿录》：浙江中式举人九十七名，陈以璁，字瑨皆，号珊海，又号惕斋。嘉庆壬申年生，绍兴府萧山县人。

民国《萧山县志稿》卷十三：道光十二年壬辰科　陈以璁。

【来金诏】（1801—？）

原名望，字奉墀，号凤池，一号蔚堂，萧山长河镇（今属滨江区）人。道光十二年（1832）壬辰补行正科乡试中式第五十八名举人。拣选知县。

黄安绶《国朝两浙科名录》：道光十二年壬辰补行正科　来金诏，萧山。

《道光壬辰科直省乡试同年齿录》：浙江中式举人九十七名，来金诏，字奉墀，号凤池，一号蔚堂。壬戌生，绍兴府萧山县人，子时彦、时俊、时旸。

民国《萧山县志稿》卷十三：道光十二年壬辰科　来金诏，字蔚堂，原名望。

【吴金台】（1788—？）

字企堂，号云仙，萧山新塘街道转坝头人。道光十二年（1832）壬辰补行正科乡试中式第八十六名举人。钦加同知衔，官至湖南祁阳县知县。

黄安绶《国朝两浙科名录》：道光十二年壬辰补行正科　吴金台，萧山。

《道光壬辰科直省乡试同年齿录》：浙江中式举人九十七名，吴金台，字企堂，号云仙，乾隆癸丑生，绍兴府萧山县人。子家鸿、家鹏、家鹄。

咸丰六年春北京荣禄堂刊本《缙绅全书》：祁阳县知县加一级吴金台云仙，浙江萧山人，壬辰，（咸丰）五年五月选。

光绪《湖南通志》卷一百二十三：吴金台，浙江举人，咸丰六年任（祁阳知县）。

民国《祁阳县志》卷六：吴金台，浙江举人，咸丰六年二月任（知县）。

民国《萧山县志稿》卷十三：道光十二年壬辰科　吴金台，祁阳知县。

【汪树基】（1806—1846）

字翼天，号笃园，萧山浦阳镇汪家埭人，顺天籍。道光十二年（1832）壬辰补行正科乡试中式第九十名举人。拣选知县，大挑二等，候选教谕。

黄安绶《国朝两浙科名录》：道光十二年壬辰补行正科　汪树基，萧山。

《道光壬辰科直省乡试同年齿录》：浙江中式举人九十七名，汪树基，字翼天，号笃园。嘉庆丙寅生，绍兴府萧山县人，甲辰大挑二等。子庆琪、庆瑞、庆珄。

民国《萧山县志稿》卷十三：（道光）十二年壬辰科　汪树基，顺天籍。

【陶恩培】

见进士条。

【陶斯曾】（1795—？）

字春晖，号子固，又号留仙，萧山城厢街道人，会稽籍。道光十二年（1832）壬辰补行正科乡试顺天中式第一百七十一名举人。

《陶斯曾朱卷》：陶斯曾，字春晖，号子固，号留仙。行四，乾隆乙卯年二月初六日吉时生，浙江绍兴府会稽县廪贡，候选训导，副贡生，民籍……戊子中式顺天乡试副榜第三名，乡试中式第一百七十一名，住萧山县西门内横河。

《道光壬辰科直省乡试同年齿录》：顺天中式举人二百四十五名，陶斯曾，字春晖，号子固，又号留仙。乾隆乙卯年生，浙江绍兴府会稽县人。

民国《萧山县志稿》卷十三：道光十二年壬辰科　陶斯曾，一作“增”，一作戊子，会稽籍，顺天中式。

【陈应元】（1812—1855）

字春生，一字伯渊，号东桥，萧山临浦镇人，广西临桂籍。道光十二年（1832）壬辰科广西中式举人。道光二十四年（1844）甲辰恩科大挑一等，分发河工，试用期满呈请改归地方，签分山东，以知县候补。历代理山东济宁州金乡、鱼台等县知县；署理青州府诸城，曹州府巨野、城武等县知县。钦加五品衔，奏署济宁直隶州知州。咸丰五年（1855）剿办土匪事宜殉难，御赐祭葬，入祀名宦祠。（光绪《鱼台县志》卷四、民国《济宁直隶州续志》卷十有其传）

咸丰《济宁直隶州续志》卷一：陈应元，广西临桂县人，道光壬辰科举人，（道光）二十年八月任（金乡县知县）。

咸丰《金乡县志》卷七：陈应元，字东桥，临桂举人。明果有为，志除贼匪。咸丰四年署济宁州，五年赴金乡捕盗，竟被戕，钦加知州衔，祀忠义祠。

光绪《增修诸城县续志》卷六：陈应元，广西临桂人，举人，咸丰元年代理（知县）。

民国《萧山县志稿》卷十三：道光十二年壬辰科　陈应元，山东泰安等县知县，济宁直知州，广西籍。

道光十四年（1834）甲午科

主考官：吴椿、徐宝善。

试题：绘事后素（后乎）；发强刚毅（二句）；胶鬲举于（二句）；“云开雁路长”，得“长”字。

【谢恩溥】（1811—？）

原名谢泩，字水生，号春塘，萧山浦阳镇人。道光十四年（1834）甲午科中式第四名举人。青田县训导。

黄安绶《国朝两浙科名录》：道光十四年甲午科，中式九十六名。谢恩溥，萧山。

咸丰九年冬北京荣晋斋刊本《缙绅全书》：青田县训导谢恩溥，绍兴人，举人，（咸丰）八年九月选。

民国《萧山县志稿》卷十三：道光十四年甲午科　谢泩，改名溥恩（案：此处误），教谕。

【汪世钤】（1801—？）

字公望，号睦斋，萧山瓜沥镇人。道光十四年（1834）甲午科乡试中式第九名举人。官至开化训导。

黄安绶《国朝两浙科名录》：道光十四年甲午科，中式九十六名。汪世钤，萧山。

《道光甲午科乡试汪世钤朱卷》：汪世钤，字公望，号睦斋。行一，嘉庆壬戌年七月十六日生，浙江萧山县学附生，民籍……乡试中式第九名……世居东乡大义村，今迁县城，在南门内汪家弄。

道光三十年秋北京荣禄堂刊本《缙绅全书》：开化县训导汪世铃，绍兴人，举人，（道光）二十五年正月选。

光绪《开化县志》卷四：汪世铃，萧山举人，戊申年任（训导）。

民国《萧山县志稿》卷十三：道光十四年甲午科　汪世铃，开化训导。

【崔巍】（1812—？）

字镇南，号古香，萧山城厢街道人。道光十四年（1834）甲午科乡试中式第五十三名举人。

黄安绶《国朝两浙科名录》：道光十四年甲午科，中式九十六名。崔巍，萧山。

民国《萧山县志稿》卷十三：道光十四年甲午科　崔巍。

【陈辛禄】（1797—？）

字理辉，号调甫，萧山城厢街道人。道光十四年（1834）甲午科乡试中式第五十七名举人。

黄安绶《国朝两浙科名录》：道光十四年甲午科，中式九十六名。陈辛禄，萧山。

民国《萧山县志稿》卷十三：道光十四年甲午科　陈辛禄。

【张百揆】

见进士条。

【何增筠】

见进士条。

【周绍濂】（1788—？）

字文川，号莲峰，萧山钱清镇（今属绍兴）人。廪生，道光十四年（1834）甲午科乡试中式第九十三名举人。

黄安绶《国朝两浙科名录》：道光十四年甲午科，中式九十六名。周绍濂，萧山。

民国《萧山县志稿》卷十三：道光十四年甲午科　周绍濂。

【钟瀛】

见进士条。

【田祥】

见进士条。

道光十五年（1835）乙未孝和睿皇后六旬圣寿恩科

主考官：翁心存、张琴。

试题：不知命无（二节）；博厚则高（物也）；书曰天降（上帝）；"满山寒叶雨声来"，得"秋"字。

【陈縠旦】（1793—1863）

字卓人，一字锡龄，号惺斋，萧山戴村方溪村人。县学附生，道光十五年（1835）乙未科乡试中式第十九名举人。（《萧山里石溪陈氏宗谱》有倪梦麟撰《例授文林郎惺斋陈公暨德配例授孺人朱孺人合传》）

黄安绶《国朝两浙科名录》：道光十五年乙未孝和睿皇后六旬圣寿恩科，中式九十六名。陈縠旦，萧山。

民国《萧山县志稿》卷十三：道光十五年乙未科　陈縠旦，字惺斋。

【陶秉淳】（1798—？）

原名业，字广劭，号清甫，萧山浦阳镇人。道光五年（1825）乙酉科拔贡生，候选教谕。道光十五年（1835）乙未科乡试中式第二十一名举人。候选知县，敕授文林郎。

黄安绶《国朝两浙科名录》：道光十五年乙未孝和睿皇后六旬圣寿恩科，中式九十六名。陶秉淳，萧山。

民国《萧山县志稿》卷十三：道光十五年乙未科　陶秉淳，原名业。

【来学时】（1804—1853）

原名家驷，字圣兼，一字师圣，号仰山，萧山长河镇（今属滨江区）人。县学增生，道光十五年（1835）乙未科乡试中式第七十四名举人。

黄安绶《国朝两浙科名录》：道光十五年乙未孝和睿皇后六旬圣寿恩科，中式九十六名。来学时，萧山。

民国《萧山县志稿》卷十三：道光十五年乙未科　来学时，字仰山，原名家驷。

【倪梦麟】

见进士条。

【倪丹书】（1798—1838）

字以恒，又字敬斋，号鹤汀，萧山义桥镇新坝村下埠自然村人，寄籍顺天府宛平县。由附生中式道光十五年（1835）乙未恩科顺天乡试第七十四名举人。拣选知县，敕赠文林郎，广西平乐府富川县知县，诰赠中宪大夫。

光绪《顺天府志》卷一百十八：道光十五年乙未科　倪丹书，字鹤汀（宛平）。

民国《萧山县志稿》卷十三：道光十五年乙未科　倪丹书，顺天籍。

【王璋】（1789—？）

字叔皮，号灌生，萧山城厢街道人，顺天籍。廪生，道光十五年（1835）乙未恩科乡试顺天中式第八十名举人。候选国子监学录。

民国《萧山县志稿》卷十三：道光十五年乙未科　王璋，字叔皮，国子监学录，内阁中书，顺天籍。

【郭世亨】

见进士条。

【蔡锡龄】(1811—?)

字梦九，号圣符，又号眉峰，萧山城厢街道人。直隶保定府清苑县籍。附生，肄业莲池书院。道光十五年（1835）乙未恩科乡试顺天中式第五十八名举人。道光二十四年（1844）大挑知县。历任山西河津、永和县知县。案：民国《萧山县志稿》作“蔡锡麟”。

《蔡锡龄朱卷》：蔡锡龄，字梦九，号圣符，又号眉峰。行九，嘉庆壬申年八月二十九日吉时生。直隶保定府清苑县附生，民籍，肄业莲池书院……乡试中式第五十八名……住保定府城内，原籍绍兴府萧山县。

咸丰十年春北京荣禄堂刊本《缙绅全书》：河津县知县加一级蔡锡龄，直隶清苑人，乙未，（咸丰）三年四月调。

咸丰十年春北京荣禄堂刊本《缙绅全书》：永和县知县加一级蔡锡龄，直隶清苑人，乙未，（咸丰）七年八月调。

光绪《河津县志》卷五：蔡锡龄，直隶清苑举人，（咸丰）三年任（知县）。

民国《清苑县志》：（道光）乙未科　蔡锡龄。

民国《萧山县志稿》卷十三：道光十五年乙未科　蔡锡麟，山西永和知县。

【蔡耀孙】(1810—?)

字百嘉，号黎生，萧山城厢街道人。道光十五年（1835）乙未科乡试中式第九十名举人。历官仙居教谕、咸宁知县。

黄安绶《国朝两浙科名录》：道光十五年乙未孝和睿皇后六旬圣寿恩科，中式九十六名。蔡耀孙，萧山。

道光二十九年夏北京荣升堂刊本《缙绅全书》：仙居县复设教谕，蔡耀孙，绍兴人，举人，（道光）二十八年十一月选。

同治《咸宁县志》卷五：蔡耀孙，由举人咸丰年间任（知县）。

光绪《仙居县志》卷十：蔡耀孙，字藜生，萧山举人（教谕）。

民国《台州府志》卷十五：蔡耀孙，教谕，字藜生，萧山举人（仙居教谕）。

民国《萧山县志稿》卷十三：道光十五年乙未科　蔡耀孙，湖北咸宁知县。

道光十七年(1837)丁酉科

主考官：吴其濬、萧良城。

试题：子曰行己（二节）；远之则有（二句）；若伊尹莱（二句）；“十里沙限明月中”，得“限”字。

【蔡召南】

见进士条。

【蔡乾】(1812—?)

字正元，号健庵，萧山城厢街道人。道光十七年（1837）丁酉科乡试中式第六名举人。殉难。

黄安绶《国朝两浙科名录》：道光十七年丁酉科，中式九十六名。蔡乾，萧山。

民国《萧山县志稿》卷十三：道光十七年丁酉科　蔡乾。

【张锡戊】(1796—?)

字椒圃，一字惟吉，号小塍。廪贡生，民籍，国子监肄业，期满候选复设训导。萧山城厢街道人。道光十七年（1837）丁酉科乡试中式第二十六名举人。道光二十九年（1849）任嘉善县学教谕，升内阁中书，议叙同知加三级从三品衔，诰授中议大夫。

黄安绶《国朝两浙科名录》：道光十七年丁酉科，中式九十六名。张锡戊，萧山。

光绪《嘉兴府志》卷三十八：张锡戊，萧山举人，（道光）二十九年任（嘉善教谕）。

光绪《重修嘉善县志》卷十五：张锡戊，字椒圃，萧山人，举人，道光己酉任教谕。课士严慎，优恤备至。

民国《萧山县志稿》卷十三：道光十七年丁酉科　张锡戊，嘉善教谕。

【谢元淑】（1801—1863）

原名应会，改名元勋，字性甫，号燕堂，萧山浦阳镇谢家村人。邑增广生，道光十四年（1834）中式副车。道光十七年（1837）丁酉科乡试中式第四十三名举人。道光二十四年（1844）甲辰科奉旨大挑二等，署衢州府常山县教谕兼理训导，选授建德县教谕，敕授文林郎。

黄安绶《国朝两浙科名录》：道光十七年丁酉科，中式九十六名。谢元淑，萧山。

同治四年秋北京荣禄堂刊本《缙绅全书》：建德县教谕谢元勋，绍兴人，举人，（同治）四年二月选。

民国《萧山县志稿》卷十三：道光十七年丁酉科　谢元淑，严州建德教谕。

【谢元焯】（1810—1860）

原名以淦，改名继申，字西岩，号卓甫，萧山浦阳镇谢家村人。太学生，道光十七年（1837）丁酉科乡试中式第五十三名举人。候选知县，敕授文林郎。

黄安绶《国朝两浙科名录》：道光十七年丁酉科，中式九十六名。谢元焯，萧山。

民国《萧山县志稿》卷十三：道光十七年丁酉科　谢元焯卓甫。

【钟荣桂】

谱名耀南，原名斌，字芗林，号颜山，又号肖堂，萧山钱清镇（今属绍兴）人，宛平籍。道光十七年（1837）丁酉科乡试顺天中式第三十名举人。署河南长葛县知县，卒于官。

光绪《顺天府志》卷一百十八：道光十七年丁酉科　钟荣桂（宛平）。

民国《萧山县志稿》卷十三：道光十七年丁酉科　钟荣桂，顺天籍。

【叶兆晋】

原名叶嶰，字汝封，萧山钱清镇（今属绍兴）人，顺天籍。道光十七年（1837）丁酉科乡试顺天中式第二百四十一名举人。觉罗官学教习。著有《碎海楼自怡草》一卷。

道光二十三年《缙绅全书》：觉罗官学教习（正白旗）叶兆晋，顺天宛平县人，举人。

光绪《岢岚州志》卷六：叶兆晋，浙江萧山县人，顺天府宛平县籍，举人，（咸丰）四年任（监司）。

民国《襄陵县志》卷十五：叶兆晋，顺天府宛平县人，举人，咸丰六年任（知县）。

民国《重修安泽县志》卷八：同治年，叶兆晋，举人，浙江人（知县），并有其传。

民国《萧山县志稿》卷十三：道光十七年丁酉科　叶嶰，改名兆晋，山西壶关知县、岢岚州知州。

【陈鏁】（1803—？）

字子声，又字定甫，号丹崖，又号桂舫，别号谷孙，萧山临浦镇人。广西籍。道光十七年（1837）丁酉科乡试中式举人。拣选知县，咸丰二年（1852）守崇出力，奏请奖叙，奉旨着免选知县，本班以知州，不论双单月，遇缺归部选用。选授山西太原府岢岚州知州，调署大同府浑源州知州。派充咸丰八年（1858）戊午科山西乡试同考官，调补朔州知州。复充咸丰九年（1859）己未科乡试同考官，派充同治元年（1862）壬戌恩科乡试收掌官。诰授奉直大夫，晋封朝议大夫。著有《小停云馆诗钞》《粤西画征录》《粤西铃阁丛谈》《春秋公族姓氏考》《碧萝吟馆随笔》等。

民国《萧山县志稿》卷十三：道光十七年丁酉科　陈鏁，广西籍，山西岢岚等知州、泽州府同知。

【沈赓飏】

字谨庵，一字瓒玉，号金岩，萧山瓜沥镇人，山阴籍。道光十七年（1837）丁酉科乡试中式第八十四名举人。钦加按察使衔，赏戴花翎，福建候补道，知延平府事。

黄安绶《国朝两浙科名录》：道光十七年丁酉科，中式九十六名。沈赓扬，山阴。

咸丰六年春荣晋斋刊本《缙绅全书》：南雄州州同，沈赓扬，浙江山阴人，举人，（咸丰）三年十二月选。

光绪《广州府志》卷二十七：沈赓扬，浙江绍兴人，举人，（咸丰）六年任（新安县知县）。

民国《南平县志·职官志第十一》：沈赓扬，举人，（同治）十二年四月任（知府）。

民国《萧山县志稿》卷十三：道光十七年丁酉科　沈赓飏山辉，一作“扬”，知府，顺天籍。

道光十九年（1839）己亥预行正科

主考官：麟魁、陶庆增。

试题：季康子问（一章）；故君子居（一句）；仁者如射（二句）；赋得“数家临末自成村”，得“家”字。

【谢元瀛】（1810—1860）

字恂甫，号芷香，萧山浦阳镇谢家村人。县学附生，道光十九年（1839）己亥预行正科乡试中式第五十名举人。咸丰三年（1853）癸丑科大挑一等，分发四川，历任双流、南江、苍溪县知县，敕授文林郎。

黄安绶《国朝两浙科名录》：道光十九年己亥预行正科，中式九十六名。谢元瀛，萧山。

《道光己亥科乡试谢元瀛朱卷》：谢元瀛，字恂甫，号芷香。行一，嘉庆丙子年四月二十一日吉时生，绍兴府萧山县学附生，民籍……乡试中式第五十名……住南门外桃源乡。

民国《双流县志》卷二：谢元瀛，浙江萧山县举人，咸丰五年署（知县）。

民国《萧山县志稿》卷十三：道光十九年己亥科　谢元瀛，字芷香，四川双流等县知县。

民国《南江县志》第三编：谢元瀛，浙东人，咸丰时任（知县）。

【丁先甲】(1795—?)

字文宾，号瓣香。廪膳生，道光十九年（1839）己亥预行正科乡试中式第六十四名举人。拣选知县。

黄安绶《国朝两浙科名录》：道光十九年己亥预行正科，中式九十六名。丁先甲，萧山。

民国《萧山县志稿》卷十三：道光十九年己亥科　丁先甲。

【何树滋】(1807—1852)

原名兆济，字若川，号芦庄，萧山临浦镇人。杭郡庠生，道光十九年（1839）己亥预行正科乡试中式第七十二名举人。拣选知县，诰赠奉政大夫。（《萧山何氏宗谱》有韩钦撰《邑孝廉何君芦庄家传》）

黄安绶《国朝两浙科名录》：道光十九年己亥预行正科，中式九十六名。何树滋，钱塘。

民国《杭州府志》卷一百一十三：道光十九年己亥预行正科，何树滋，钱塘人。

民国《萧山县志稿》卷十三：道光十九年己亥科　何树滋，钱塘籍。

【蔡玉】

字子佩，萧山城厢街道人。道光十九年（1839）己亥预行正科乡试中式第九十二名举人。案：民国《萧山县志稿》云“或作蔡葵”，查《国朝两浙科名录》有蔡葵其人，富阳人，两人非同一人。《蔡以瑺朱卷》：蔡葵，道光己亥科举人。

黄安绶《国朝两浙科名录》：道光十九年己亥预行正科，中式九十六名。蔡玉，萧山。

民国《萧山县志稿》卷十三：道光十九年己亥科　蔡玉，或作蔡葵。

【汤修】（1811—1871）

字敏斋，晚年自号泔翁，萧山城厢街道人。汤金钊次子。道光十七年（1837）丁酉科乡试挑取誊录。道光十九年（1839）己亥预行正科乡试顺天中式第二十四名举人。援例授内阁中书，二十六年（1846）题补。咸丰元年（1851）题管典籍，二年（1852）升侍读学士，三年（1853）记名御史，四年（1854）授福建道监察御史，转掌云南道监察御史，迁顺天府府丞，转通政使副使、大理寺少卿、太常寺正卿；充咸丰五年（1855）乙卯科乡试顺天提调官，实录馆详校，国史馆校对，内阁本衙门撰文，诰授通议大夫。晋封资政大夫。（汤纪尚《盘薖文甲集》有《先太常府君行述》）

道光二十八年冬京都荣禄堂刊本《缙绅全书》：汉票签中书舍人加一级汤修，浙江萧山县人，举人。

咸丰四年春北京荣禄堂刊本《缙绅全书》：侍读加一级汤修，浙江萧山县人，举人。

咸丰六年春北京荣禄堂刊本《缙绅全书》：通政使司副使加三级汤修，浙江萧山县人，举人。

咸丰十年春北京荣禄堂刊本《缙绅全书》：太常寺卿加三级汤修，浙江萧山县人，举人。

光绪刻本《国朝御史题名录》：汤修，字敏斋，号□□，浙江萧山县人。己亥科举人，（咸丰四年）由内阁侍读补授福建道御史，官至太常寺少卿。

民国《萧山县志稿》卷十三：道光十九年己亥科　汤修，太常寺卿，通政司副使。

【萧汝霖】（1818—？）

即罗庆椿，又名萧咏，字仲篪，又字又岩。萧濂孙。道光十九年（1839）己亥预行正科乡试顺天中式第一百二十七名举人。同治五年（1866）任富阳教谕，十二年（1873）补授山西交城县知县，光绪六年（1880）升甘肃会宁县知县。性廉介，有德量，视民如子，兴利除弊，唯日孜孜。修城垣，清赋役，讼无冤狱。就育婴堂旧址改修孤贫院，收养贫民。尤重学校，建书院以养士，躬督课艺。其训士之勤恳，虽贤师塾不过焉。

《道光己亥科顺天乡试录》：第一百二十七名罗庆椿仲篪，年三十三岁，顺天宛平。监生。

同治二年夏北京荣禄堂刊本《缙绅全书》：仁和县教谕萧汝霖，绍兴人，举人，（咸丰）六年十一月选。

同治六年冬北京荣禄堂刊本《缙绅全书》：富阳县教谕萧汝霖，绍兴人，举人，（同治）四年十月选。

光绪《顺天府志》卷一百十八：道光十九年己亥预行正科　罗庆椿。

光绪七年夏荣禄堂刊本《缙绅全书》：会宁县知县加一级萧汝霖，浙江萧山人，举人，（光绪）四年四月选。

光绪《富阳县志》卷三：萧汝霖，萧山举人，（同治）五年任（教谕），有传。

光绪《甘肃新通志》卷六十：萧汝霖，字又岩，浙江萧山举人，光绪六年授会宁知县。

民国《杭州府志》卷一百四：萧汝霖，山阴人，举人，（同治）五年任（教谕）。

民国《萧山县志稿》卷十三：萧汝霖，字又岩，同治五年富阳教谕，升甘肃会宁镇番知县，《富阳县志》有传。

民国《萧山县志稿》卷十三：道光十九年己亥科　罗庆春，顺天，即萧咏。

案：民国《萧山县志稿》萧汝霖为增补，《国朝两浙科名录》亦无载其科。后在《清代官员履历档案全编》查得：光绪四年四月臣萧汝霖，浙江绍兴府萧山县人，年六十一岁，道光己亥科举人，现任富阳县教谕，奉文截取。

【顾鸿逵】

见进士条。

【郑锡瀛】

见进士条。

【孙琳】

萧山临浦镇人。道光十九年（1839）己亥科乡试中式第三十七名举人。

黄安绶《国朝两浙科名录》：道光十九年己亥预行正科，中式九十六名。孙琳，山阴。

道光二十年（1840）庚子六旬万寿恩科

主考官：成观宣、何冠英。

试题：望之俨然（三句）；知耻近乎（一句）；子不通功（四句）；“山色空蒙雨亦奇”，得“奇”字。

【来福藻】（1819—1846）

原名庆长，字江清，号谷荪，萧山长河镇（今属滨江区）人。道光二十年（1840）庚子恩科乡试中式第六十名举人。拣选知县。

黄安绶《国朝两浙科名录》：道光二十年庚子六旬万寿恩科，中式九十五名。来福藻，萧山。

民国《萧山县志稿》卷十三：道光二十年庚子科　来福藻，字谷荪，知县。

【陈庆云】（1807—？）

字长卿，号蔼亭，萧山新塘街道人。道光二十年（1840）庚子恩科乡试中式第七十四名举人。拣选知县，选授淳安教谕，殉难。

黄安绶《国朝两浙科名录》：道光二十年庚子六旬万寿恩科，中式九十五名。陈庆云，萧山。

咸丰九年冬北京荣晋斋刊本《缙绅全书》：陈庆云，绍兴人，举人，（咸丰）八年十一月选（淳安教谕）。

光绪《淳安县志》卷六：陈庆云，咸丰年任（教谕），殉难，见《浙江忠义录》。

光绪《严州府志》卷三十六：陈庆云，淳安县教谕。

民国《萧山县志稿》卷十三：道光二十年庚子科　陈庆云，义乌教谕。

【单焕】（1803—1862）

原名福堂，字祥和，一字桂山，号芗畦，萧山城厢街道人。道光二十年（1840）庚子恩科乡试中式第九十二名举人。拣选知县，例授文林郎。著有《七经精义》《国策国语节要》《禹贡粹语》《国语国策精华录》。

黄安绶《国朝两浙科名录》：道光二十年庚子六旬万寿恩科，中式九十五名。单焕，萧山。

民国《萧山县志稿》卷十三：道光二十年庚子科　单焕。

民国《海宁州志稿》卷三十三：单焕，字桂山，号芗畦，萧山人，道光庚子举人。为海昌张氏馆甥，故居城中最久，辛酉之乱，复徙硖石，次年冬卒。

【高延祜】

见进士条。

【高延祉】（1818—1851）

字汉章，一字受轩，号筠坡，萧山钱清镇（今属绍兴）人，顺天宛平籍。道光二十年（1840）庚子恩科乡试顺天中式第一百六十二名举人。由景山官学期满，以知县拣发广西，官广西隆安县知县。谥“壮节”。（《清史稿》载其传）

《道光庚子科顺天乡试录》：第一百六十二名高延祉，宛平。

民国《隆安县志》卷二：高延祉，浙江萧山人，举人，（咸丰）元年署（知县），详《宦绩》。

民国《萧山县志稿》卷十三：道光二十年庚子科　高延祉，广西隆安知县，谥“壮节”，顺天。

【何瑞图】（1809—1869）

原名炳藻，改名鼎勋，字子铭，号小塘，一号瀛帆，萧山长河镇（今属滨江区）人，顺天承德籍。挑取誊录，道光二十年（1840）庚子恩科乡试顺天中式第二百三十四名举人。国史馆议叙知县，选授四川崇宁知县，咸丰五年（1855）乙卯科乡试同考官，调署射洪大邑县事，大计卓异，钦加同知衔，奏调雅安县知县，赏戴花翎，同知直隶州。覃恩朝议大夫，貤赠通议大夫。（《萧山何氏宗谱》有张之万撰《花翎同知直隶州四川雅安县知县何君传》）

《道光庚子科顺天乡试录》：第二百三十四名何瑞图，承德。

同治《大邑县志》卷八：何鼎勋，字小塘，顺天举人，浙江萧山籍，（咸丰）七年署任（知县）。

光绪《新修潼川府志》卷十九：何鼎勋，浙江萧山县举人，（咸丰五年）十月署（射洪县知县）。

民国《萧山县志稿》卷十三：道光二十年庚子科　何鼎勋，字小塘，初名炳藻，榜名瑞图，顺天中式，四川崇宁、雅安知县。

民国《崇宁县志》卷一：何鼎勋，咸丰间任（知县）。

道光二十三年（1843）癸卯科

主考官：侯桐、杨能格。

试题：子曰加我（二章）；文武之政（四句）；是其日夜（濯也）；“兵气销为日月光”，得“光”字。

【来煦】

见进士条。

【孔广泉】

见进士条。

【孔继中】

见进士条。

【倪涛】

见进士条。

【倪福谦】(1813—1881)

原名筠，字远徽，号菉轩，萧山义桥镇新坝村下埠自然村人，寄籍顺天府宛平县。道光二十三年（1843）癸卯科乡试顺天中式第二百二十六名举人。简发贵州知县，改省河南，署彰德府涉县知县，特授汝宁府遂平县知县。钦加同知衔，诰授奉政大夫。

光绪六年春荣华堂刊本《缙绅全书》：遂平县知县加一级倪福谦，顺天宛平人，举人，（光绪）二年十二月补。

光绪《顺天府志》卷一百十八：道光二十三年癸卯科　倪福谦（宛平）。

民国《萧山县志稿》卷十三：道光二十三年癸卯科　倪福谦，河南涉县知县，顺天。

【丁逢吉】(1809—？)

字辰庆，又字仁卿，号心葵，萧山城厢街道人。顺天府学增广生，道光二十三年（1843）癸卯科乡试顺天中式第二百三十二名举人，道光二十七年（1847）会试挑取誊录，充国史馆誊录官。三十年（1850），改归原籍。咸丰元年（1851）议叙，以知县用；四年（1854）选授云南呈贡县知县；八年（1858），省城军务出力，保奏开缺，以同知直隶州知州用，赏戴蓝翎，十月委署普洱府分防思茅同知。诰授奉直大夫。

道光二十年冬京都荣禄堂刊本《缙绅全书》：布政司衙门经历，丁逢吉，顺天宛平人，监生，（道光）十六年十二月补。

咸丰五年冬北京荣禄堂刊本《缙绅全书》：呈贡县知县加一级丁逢

吉，浙江钱塘人，举人，（咸丰）四年二月选。

光绪《顺天府志》卷一百十八：道光二十三年癸卯科　丁逢吉。

光绪《惠州府志》卷二十：丁逢吉，顺天宛平人，（道光）二十四年任（知县）。

光绪《新修潼川府志》卷十九：丁逢吉，顺天宛平县人，（道光）三十年十月署（乐至县知县）。

民国《新纂云南通志》卷十三：丁逢吉，浙江萧山人，（咸丰四年）呈贡县知县。

民国《新纂云南通志》卷十三：丁逢吉，浙江萧山人，思茅厅同知。

民国《萧山县志稿》卷十三：道光二十三年癸卯科　丁逢吉，顺天。

【周玉衡】(1806—1875)

原名罕炘，字自珍，又字澧香，萧山所前镇人，寄籍顺天府。道光二十三年（1843）癸卯科乡试顺天中式第八十二名举人。拣发湖南知县，升辰州府知府。赏戴蓝翎，历署湖南衡阳、邵阳、溆浦、永顺等县知县，永绥、凤凰等厅同知，郴州直隶州知州，辰州府知府，诰授通奉大夫。（《周氏宗谱》有翁同龢撰《辰州公家传》）

《道光癸卯科顺天乡试录》：中式二百三十九名，第八十二名周玉衡，大兴。

同治《永顺府志》卷七：周玉衡，浙江萧山县举人，由永绥厅同知署，咸丰十一年任（永顺县知县），并有其传。

宣统《永绥厅志》卷二十：周玉衡，浙江萧山人，寄籍顺天大兴，举人，（光绪）十年八月署（同知）。

民国《萧山县志稿》卷十三：道光二十三年癸卯科　周玉衡，湖南辰州府知府，顺天。

民国《溆浦县志》卷十五：周玉衡，浙江萧山人，大兴举人，咸丰九年九月署（知县）。

【孙安焘】(1818—?)

字仲平，号心樵，又号星桥，萧山临浦镇人，顺天大兴籍。炳昌子。监生，道光二十三年（1843）癸卯科乡试顺天中式举人。咸丰三年（1853）大挑一等，分发湖北。

《道光二十三年癸卯科直省同年全录》：孙安焘星桥，行二，戊寅生，顺天府大兴县监生，原籍浙江绍兴府萧山县。

同治《公安县志》卷三：孙安焘，直隶举人。

光绪《荆州府志》卷三：孙安焘，直隶举人。

光绪《顺天府志》卷一百十八：道光二十三年癸卯科　孙安焘。

道光二十四年（1844）甲辰孝和睿皇后七旬圣寿恩科

主考官：朱嶟、恽光宸。

试题：谨权量（一节）；待其人而（二节）；以天下养（二句）；“潮头欲过满江风”，得“风”字。

【来其鉴】（1813—1863）

字字鲸，一字虚堂，号宝珊。道光二十四年（1844）甲辰恩科乡试中式第十七名举人。咸丰八年（1858）任常山县儒学教谕，世袭云骑尉。（《萧山来氏宗谱》有来杰撰《常山县教谕宝三公墓志铭》）

黄安绶《国朝两浙科名录》：道光二十四年甲辰孝和睿皇后七旬圣寿恩科，是科停止驻防乡试，仍照旧额，中式九十四名。来其鉴，萧山。

咸丰九年冬北京荣晋斋刊本《缙绅全书》：常山县复设教谕，来其鉴，绍兴人，举人，（咸丰）八年九月选。

民国《萧山县志稿》卷十三：道光二十四年甲辰科　来其鉴，常山教谕，同治癸亥三月殉难，恩恤云骑尉，崇祀忠义祠。

【蔡珍】（1800—？）

字宝亭，号抑士，萧山城厢街道人。道光二十四年（1844）甲辰恩科乡试中式第三十八名举人。拣选知县。

黄安绶《国朝两浙科名录》：道光二十四年甲辰孝和睿皇后七旬圣寿恩科，是科停止驻防乡试，仍照旧额，中式九十四名。蔡珍，萧山。

民国《萧山县志稿》卷十三：道光二十四年甲辰科　蔡珍。

【郁树森】（1815—？）

字宝堂，号懋甫，又号玉阶，萧山城厢街道人。道光二十四年（1844）甲辰科乡试中式第四十二名举人。候选知县，敕授文林郎。

黄安绶《国朝两浙科名录》：道光二十四年甲辰孝和睿皇后七旬圣寿恩科，是科停止驻防乡试，仍照旧额，中式九十四名。郁树森，萧山。

民国《萧山县志稿》卷十三：道光二十四年甲辰科　郁树森。

【陈以瑞】（1800—？）

字辑虞，号沂香，萧山新塘街道人。道光二十四年（1844）甲辰恩科乡试中式第四十三名举人。拣选知县。

《道光甲辰恩科直省同年录》：陈以瑞，字辑虞，号沂香，行十三。嘉庆壬戌正月二十八日生，绍兴府萧山县附生，民籍。

黄安绶《国朝两浙科名录》：道光二十四年甲辰孝和睿皇后七旬圣寿恩科，是科停止驻防乡试，仍照旧额，中式九十四名。陈以瑞，萧山。

民国《萧山县志稿》卷十三：道光二十四年甲辰科　陈以瑞。

【田祚】（1818—1884）

字寅生，又字符持，号幼斋，又号寿荪，萧山进化镇欢潭村人。道光二十四年（1844）甲辰科乡试中式第八十五名举人。咸丰三年（1853）考取景山官学教习，次年谒选以知县拣发江苏，五年（1855）摄篆吴江，九年（1859）八月官丹徒县知县兼署镇江府粮捕通判。（《欢潭田氏宗谱》有其子田兆林撰《皇清诰授通议大夫晋通奉大夫赏戴花翎钦加三品衔江苏候补知府显考寿荪府君行状》、俞樾撰《寿荪公传》、蒋鸿藻撰《寿荪公焚黄祭文》）

黄安绶《国朝两浙科名录》：道光二十四年甲辰孝和睿皇后七旬圣寿恩科，是科停止驻防乡试，仍照旧额，中式九十四名。田祚，山阴。

【施亿承】（1802—？）

改名本，字儆斋，一字小瑛，号海门，萧山瓜沥镇人。道光二十四年

（1844）甲辰科乡试中式第七十一名举人。工部员外郎。

黄安绶《国朝两浙科名录》：道光二十四年甲辰孝和睿皇后七旬圣寿恩科，是科停止驻防乡试，仍照旧额，中式九十四名。施亿承，萧山。

民国《萧山县志稿》卷十三：道光二十四年甲辰科　施亿承，改名本，工部屯田司郎中。

【张友声】（1818—？）

字耕书，又字巽斋。道光二十四年（1844）甲辰科乡试中式第七十五名举人。於潜县训导。

黄安绶《国朝两浙科名录》：道光二十四年甲辰孝和睿皇后七旬圣寿恩科，是科停止驻防乡试，仍照旧额，中式九十四名。张友声，萧山。

同治六年冬北京荣禄堂刊本《缙绅全书》：於潜县训导张友声，绍兴人，举人，（同治）五年七月选。

民国《杭州府志》卷一百五：张友声，绍兴人，举人，（同治）五年任（於潜训导）。

民国《萧山县志稿》卷十三：道光二十四年甲辰科　张友声。

【沈凤翔】（1810—1873）

原名晋，字云轩，号少亭，萧山钱清镇清风村（今属绍兴）人。道光二十四年（1844）甲辰恩科乡试中式第九十名举人。候选兵马司副指挥，福建分缺先用同知。钦加知府衔，任永春直隶州知州，摄福鼎县知县。咸丰八年（1858）、九年（1859）、十一年（1861），同治元年（1862）壬戌恩科正科福建乡试同考官。诰授朝议大夫。著有《历朝韵史》《心知文集》《劫余诗草》。（《萧山长巷沈氏宗谱》有李勋煌撰《朝议大夫福建永春直隶州知州云轩沈公传》，梁章钜《楹联丛话》有“沈云轩晋，萧山之名孝廉也。工诗善酒，以大挑分发吾闽，荐擢司马，历署永春、龙岩各州，并权福鼎。政声卓著，闽人德之。己未科分校秋闱，林锡三学士即出其门下，以名翰林为毅庙师。云轩哲嗣兆桂，克承父志，筮仕闽疆，以司马亦权福邑，后先辉映，一时称之”）

黄安绶《国朝两浙科名录》：道光二十四年甲辰孝和睿皇后七旬圣寿恩

科，是科停止驻防乡试，仍照旧额，中式九十四名。沈凤翔，萧山。

民国《萧山县志稿》卷十三：道光二十四年甲辰科　沈凤翔，改名晋，知县，一作兵马司副指挥。

民国《永春县志》卷十二：沈晋，萧山举人，（咸丰）八年三月署（知州）。

【瞿绩凝】

见进士条。

【瞿世荣】

萧山河上镇大桥村人，顺天宛平籍。附生，道光二十四年（1844）甲辰科乡试顺天中式第一百四十三名举人。

光绪《武阳志余》卷八：（道光）二十四年甲辰科　瞿世荣，宛平籍。

光绪《顺天府志》卷一百十八：（道光）二十四年甲辰恩科　瞿世荣。

光绪《武进阳湖县志》卷十九：（道光）二十四年甲辰科　瞿世荣，宛平籍。

【陈以昌】（1809—1871）

字五其，又字伯京，号飏生，萧山新塘街道人。道光二十四年（1844）甲辰科乡试顺天中式第一百一十名举人。官工部虞衡司员外郎。

道光二十八年冬京都荣禄堂刊本《缙绅全书》：额外司员外郎，陈以昌，浙江萧山人，监生。

民国《萧山县志稿》卷十三：道光二十四年甲辰科　陈以昌，工部虞衡司员外郎，顺天。

民国《杭州府志》卷一百一十三：道光二十四年甲辰孝和睿皇后七旬万寿恩科　陈以昌，钱塘人，工部员外郎，顺天中式。

【陆和钧】（1824—？）

原名秉铨，字掌衡，一字和伯，号鞠生，萧山城厢街道人，寄籍顺天府宛平县。附生，道光二十四年（1844）甲辰科乡试顺天中式第一百零六名举人。著有《登瀛琐迹乐府》四卷。

《道光甲辰恩科直省同年录》：陆和钧，字掌衡，一字和伯，号鞠生。行一，道光甲申八月初十日吉时生。顺天府宛平县附生，民籍。祖籍浙江萧山县。

光绪六年春荣华堂刊本《缙绅全书》：南宫县复设训导，陆和钧，顺天人，举人，（同治）九年十二月选。

民国《萧山县志稿》卷十三：道光二十四年甲辰科　陆和钧，原名秉铨，顺天。

【葛以简】（1806—？）

字东甫，一字居敬，又字小凌，山阴天乐乡（今属萧山进化镇）人。葛云飞子。道光二十四年（1844）甲辰科钦赐文举人。历任甘肃阶州直隶州知州，宁夏府盐捕谈判，平凉府盐茶同知，委署庆阳府知府，护理平庆泾兵备道，赏戴花翎，诰授中宪大夫。

道光三十年秋荣禄堂刊本《缙绅全书》：阶州知州加一级葛以简，浙江山阴人，举人，（道光）二十六年七月选。

咸丰五年冬荣禄堂刊本《缙绅全书》：平凉府盐茶同知葛以简，浙江山阴人，甲辰，（咸丰）三年七月补。

光绪《甘肃新通志》卷五十二：葛以简，道光二十八年任（阶州直隶州知州）。

光绪《阶州直隶州续志》卷二十三：葛以简，山阴人，道光二十八年以忠荫授阶州，改建正明书院，重修城垣，士民感之。

光绪《海城县志》卷八：葛以简，咸丰五年任（盐茶厅同知）。

案：民国《萧山县志稿》有道光二十五年己巳科蒋炘远，查道光无己巳科乡试，查会试录亦无，故删。

道光二十六年（1846）丙午科

主考官：周祖培、王景淳。

试题：曰有澹台（室也）；子曰武王（周公）；《诗》云迨天（牖户）；“卓

辈观群书”，得“观”字。

【韩镇】(1837—？)

字叔仙，号定九，又号其山，萧山临浦镇蒲山韩村人。由优行邑庠生中式道光二十六年（1846）丙午科第三名举人。癸丑考取内廷咸安宫官学教习，拣选知县，敕授文林郎。（《萧邑蒲山韩氏宗谱》有孔继中撰《敕授文林郎韩叔仙孝廉暨德配两陶孺人合传》）

黄安绶《国朝两浙科名录》：道光二十六年丙午科　韩镇，萧山。

《道光丙午科浙江乡试同年录》：第三名，韩镇，年一十六岁，萧山县附学生。

民国《萧山县志稿》卷十三：道光二十六年丙午科　韩镇。

【丁文藻】(1797—1860)

字赠华，号云九。国学生，候选布政司理问。道光二十六年（1846）丙午科乡试中式第三十五名举人。拣选知县，诰封中宪大夫。

黄安绶《国朝两浙科名录》：道光二十六年丙午科　丁文藻，萧山。

《道光丙午科浙江乡试同年录》：第三十五名，丁文藻，年二十六，萧山县职监生。

民国《萧山县志稿》卷十三：道光二十六年丙午科　丁文藻。

【钟宝华】

见进士条。

【陈锡华】(1796—？)

原名海澜，字啸堂，一字小唐，另字静涵，号唐叔，萧山新塘街道人。道光二十六年（1846）丙午科乡试中式第六十八名举人。拣选知县。著有《易例总龟》《禹贡管见》《春秋备说》《师竹斋吟稿》。

黄安绶《国朝两浙科名录》：道光二十六年丙午科　陈锡华，萧山。

《道光丙午科浙江乡试同年录》：第六十八名，陈锡华，年五十一岁，萧山县附生。

民国《萧山县志稿》卷十三：道光二十六年丙午科　陈锡华，知县。

【林凤辉】

见进士条。

【陈润】（1810—？）

字荃谱，一字迁补，号润斋，绍兴籍。廪膳生，道光二十六年（1846）丙午科乡试中式第五十七名举人。拣选知县。著有《润斋诗集》。

黄安绶《国朝两浙科名录》：道光二十六年丙午科　陈润，萧山。

《道光丙午科浙江乡试第玖房同门朱卷》：陈润，字闰斋，号荃谱。行一，嘉庆庚午年五月二十五日吉时生，绍兴府学廪膳生，萧山县民籍，中式第五十七名。

《道光丙午科浙江乡试同年录》：第五十七名，陈润，年三十六岁，绍兴府廪生。

民国《萧山县志稿》卷十三：道光二十六年丙午科　陈润。

【谢一飞】（1796—1854）

字念庭，号紫峰，改名元熙，萧山浦阳镇谢家村人。邑庠生，道光二十六年（1846）丙午科乡试中式第八十名举人。拣选知县，敕授文林郎。

黄安绶《国朝两浙科名录》：道光二十六年丙午科　谢一飞，萧山。

《道光丙午科浙江乡试第玖房同门朱卷》：谢一飞，原名元坦，字霞轩，一字紫峰。行一，嘉庆丙辰年十一月二十二日生，绍兴府萧山县学附生，民籍，中式第八十名。

《道光丙午科浙江乡试同年录》：第八十名，谢一飞，年五十一岁，萧山县学附生。

民国《萧山县志稿》卷十三：道光二十六年丙午科　谢一飞，字紫峰。

【沈云骏】（1824—1889）

字仲骧，号悟香，萧山瓜沥镇芙蕖湾人，仁和籍。道光二十六年（1846）丙午科乡试中式第七十七名举人。考取宗学教习，补授内阁中书，署侍读，历充玉牒馆收掌校对官、国史馆分校，记名外用，补授云南云龙州知州，钦加知府衔。赏戴蓝翎，改发湖北，署武昌府通山县知县，实授归州知州。同治九年（1870）、光绪五年（1879）乡试同考官，诰授朝议大夫。光绪八年（1882）续修《归州志》十卷。（《萧山长巷沈氏宗谱》有《湖北归州知州仲穰公传》）

黄安绶《国朝两浙科名录》：道光二十六年丙午科　沈云骏，仁和。

《道光丙午科浙江乡试第玖房同门朱卷》：沈云骏，字仲穰。行二，道光丁亥年十月十二日吉时生。杭州府仁和县学附生，民籍。中式第七十七名。

《道光丙午科浙江乡试同年录》：第七十七名，沈云骏，年二十岁，仁和县学附生。

咸丰九年冬北京荣晋斋刊本《缙绅全书》：中书舍人沈云骏仲穰，浙江仁和县人，丙午。

光绪《归州志》卷三：沈云骏，浙江仁和举人，光绪二年任（知州），五年、十二年两次复任，有传。

光绪十三年冬北京荣禄堂刊本《缙绅全书》：归州知州沈云骏，浙江仁和人，举人，（光绪）二年六月补。

民国《杭州府志》卷一百一十三：道光二十六年丙午科　沈云骏，仁和人，归州知州。

民国《萧山县志稿》卷十三：道光二十六年丙午科　沈云骏，内阁中书，湖北通山知县。仁和籍，顺天。

【葛应棠】

号约生，山阴天乐乡山头埠村（今属萧山进化镇）人。道光二十六年（1846）丙午科乡试中式第六十名举人。知县。

黄安绶《国朝两浙科名录》：道光二十六年丙午科　葛应棠，山阴。

《道光丙午科浙江乡试同年录》：第六十名，葛应棠，年三十岁，绍兴府附生。

【沈洪】（1821—1879）

谱名济邦，改名念本，字九其，号再青，萧山瓜沥镇人，顺天密云籍。

锡庚次子。道光二十六年（1846）丙午科乡试顺天中式第一百十七名举人。咸丰三年（1853）大挑二等，内阁中书，户部贵州司实缺主事，遇缺题补员外郎。道衔花翎，诰授中议大夫。

《道光丙午科顺天乡试同年录》：第一百十七名，沈洪，年二十六岁，顺天府密云县廪生。

咸丰六年荣晋斋刊本《缙绅全书》：额外司员主事、山西司行走沈念本再青，浙江萧山人，丙午。

同治六年荣禄堂刊本《缙绅全书》：额外司员主事、云南兼山东司行走沈济邦再青，浙江萧山人，丙午举人。

光绪《顺天府志》卷一百十八：道光二十六年丙午科　沈洪，改名念本。

民国《萧山县志稿》卷十三：道光二十六年丙午科　沈洪，一作“宏”，原名济邦，中书户部主事，顺天。

【施承荣】

案：民国《萧山县志稿》卷十三有施承荣，查当年顺天乡试录等均无载，故删去。

【范年民】（1820—？）

本姓於，灿文孙，字问陶，号金门，又号小筠，萧山义桥镇人，顺天籍。监生，道光二十六年（1846）丙午科乡试顺天中式第二十二名举人。

《道光丙午科顺天乡试同年录》：第二十二名，范年民，年二十七岁，顺天大兴县监生。

光绪《顺天府志》卷一百十八：道光二十六年丙午科　范年民（大兴）。

民国《萧山县志稿》卷十三：道光二十六年丙午科　本姓於，或作“范丰年”，顺天。

道光二十九年（1849）己酉科

主考官：文瑞、章琼。

试题：君子惠而（五句）；居天下之（四句）；正已而不（一句）。

【王养寿】（1827—？）

字道甫，号稻篁，萧山城厢街道人。绍兰子。拔贡生，道光二十九年（1849）己酉科乡试中式第二十三名举人。大挑一等，直隶交河县知县。运同衔，赏戴花翎。

黄安绶《国朝两浙科名录》：道光二十九年己酉科　王养寿，萧山。

《道光己酉科直省同年录》：王养寿，字道甫，号稻篁。行六，道光丁亥十一月十八日生，萧山县拔贡生，大挑一等，现官直隶交河县知县。运同衔，赏戴花翎。

同治八年冬荣禄堂刊本《缙绅全书》：霸州州同驻永定河王养寿，浙江萧山人，举人，（同治）八年六月补。

光绪《保定府志》卷六：王养寿，萧山举人，同治五年任博野（知县）。

光绪二年夏北京斌升堂刊本《缙绅全书》：花翎、运同衔、交河县知县王养寿稻篁，浙江萧山人，己酉，（同治）十年九月补。

光绪《永平府志》卷七：王养寿，浙江萧山举人，光绪元年任（昌黎知县）。

民国《交河县志》卷五：王养寿，浙江绍兴府萧山县举人，同治十一年任，光绪二年回任（清河县知县）。

民国《昌黎县志》卷六：王养寿，浙江萧山人，举人，光绪元年署任（知县）。

民国《萧山县志稿》卷十三：道光二十九年己酉科　王养寿，知县。

【黄金阶】（1819—？）

字佩章，号菊堂，一号小涯，萧山蜀山街道人。由附生中式道光二十九年（1849）己酉科顺天第二十九名举人。咸丰三年（1853）拣发直隶，以州同试用，历任芦台分府曲阳县知县。授奉政大夫。

黄安绶《国朝两浙科名录》：道光二十九年己酉科　黄金阶，萧山。

《道光己酉科直省同年录》：黄金阶，字菊堂，号小涯。行二，嘉庆己卯六月二十一日生，萧山县附生。

光绪《吴桥县志》卷六：黄金杰（案：此处误），浙江萧山人，举人，咸丰六年任（县丞）。

光绪《重修曲阳县志》卷二：黄金阶，（咸丰）八年十一月任（知县）。

民国《萧山县志稿》卷十三：道光二十九年己酉科　黄金阶，曲阳知县。

【黄炳勋】（1819—？）

原名黄茂，字稼轩，萧山蜀山街道人。道光二十九年（1849）己酉科乡试顺天中式第二十一名举人。拣发安徽，任泾县知县，署理天长、休宁、祁门、定远、霍山、望江等县知县；历充同治六年（1867）丁卯科江南乡试誊录官、九年（1870）庚午科收卷官、十二年（1873）癸酉科同考官。钦加同知衔，诰赠奉直大夫。

《道光己酉科直省同年录》：黄炳勋，原名茂，字稼轩。行一，嘉庆己卯三月十六日生，大兴县增生，原籍浙江萧山县。拣发安徽，现官候补知县，加同知衔。

光绪《重修安徽通志》卷一百三十五：黄炳勋，原名茂，顺天人，举人，（同治七年）泾县知县。

光绪《泗虹合志》卷八：黄茂，大兴籍，萧山人，举人，知县，（咸丰）四年任（天长县）。

光绪《霍山县志》卷六：黄炳勋，萧山县举人，（同治）十三年署。

光绪《凤阳县志》卷六下：黄炳勋，山阴举人，同治七年任（知县）。

民国《萧山县志稿》卷十三：黄茂，泾县、天长知县，顺天中式。

【何鋆】（1804—1863）

谱名镇，字安廷，号问梅，萧山城厢街道人。邑增生，道光二十九年（1849）己酉科乡试中式第四十二名举人。敕授文林郎。两膺候选知县，即用知县。著有《问梅小阁诗草》。

黄安绶《国朝两浙科名录》：道光二十九年己酉科　何鋆，萧山。

《道光己酉科直省同年录》：何鋆，字安亭，号问梅。行二，嘉庆甲子四月十一日生，萧山县增生。

民国《萧山县志稿》卷十三：道光二十九年己酉科　何鋆。

【蔡珏】(1809—？)

字子驹，号升甫，萧山城厢街道人。县学增生，道光二十九年（1849）己酉科乡试中式第六十二名举人。案：民国《萧山县志稿》缺。

黄安绶《国朝两浙科名录》：道光二十九年己酉科　蔡珏，萧山。

《道光己酉科直省同年录》：蔡珏，字子驹，号升甫。行一，嘉庆己巳八月二十九日生，萧山县增生。

【戴星】(1797—？)

字亮民，号云史。岁贡生，道光二十九年（1849）己酉科乡试中式第五十一名举人。景宁县训导，卒于官。

黄安绶《国朝两浙科名录》：道光二十九年己酉科　戴星，萧山。

《道光己酉科直省同年录》：戴星，字亮民，号云史。行四，乾隆丁巳十月十六日生，萧山县岁贡生，候选训导。

同治《景宁县志》卷七：戴星，萧山人，举人，十一年任（训导），卒于官。

民国《萧山县志稿》卷十三：道光二十九年己酉科　戴星，景瑆县（案：此处误，应为景宁县）训导。

【陈应春】(1821—1880)

字熙台，号小楼，别号扃户子，萧山新塘街道塘里陈人。陈粲三子。道光二十九年（1849）己酉科乡试中式第五十五名举人。拣选知县。

黄安绶《国朝两浙科名录》：道光二十九年己酉科　陈应春，萧山。

《道光己酉科直省同年录》：陈应春，字熙台，号小楼。行十，道光甲申三月十五日生，萧山县附生。

民国《萧山县志稿》卷十三：道光二十九年己酉科　陈应春。

【来椭】(1809—1861)

原名三畏，字渐鸿，号秋塘，萧山长河镇（今属滨江区）人。道光二十九年（1849）己酉科乡试中式第五十六名举人。拣选知县，例授文林郎，给事中。奉请钦恤，恩恤都察院经历，入忠义祠。

黄安绶《国朝两浙科名录》：道光二十九年己酉科　来椾，萧山。

《道光己酉科直省同年录》：来椾，字渐鸿，号秋塘。行一，嘉庆己巳五月二十五日生，萧山县附生。

民国《萧山县志稿》卷十三：道光二十九年己酉科　来椾，字秋塘。辛酉被匪迫胁，呕血卒，恩恤都察院经历衔。一子，崇祀忠义祠。

【陈以孚】（1815—？）

字饶卿，又字稚卿，萧山新塘街道人。道光二十九年（1849）己酉科乡试中式第七十一名举人。候选内阁中书。

黄安绶《国朝两浙科名录》：道光二十九年己酉科　陈以孚，萧山。

《道光己酉科直省同年录》：陈以孚，字饶卿，又字稚卿。行五，嘉庆丙子五月十五日生，萧山县附生。

《道光己酉科乡试陈以孚朱卷》：陈以孚，字饶卿，又字稚卿。行五，嘉庆丙子年五月十五日吉时生。浙江绍兴府萧山县学附生，民籍……乡试中式第七十一名……萧山东门外涝湖庄。

民国《萧山县志稿》卷十三：道光二十九年己酉科　陈以孚，内阁中书。

【杨凤藻】（1818—1862）

字水生，号青庵，一号清庵，萧山坎山镇人。邑庠生，道光二十九年（1849）己酉科乡试中式第七十三名举人。钦加国子监学正衔。

黄安绶《国朝两浙科名录》：道光二十九年己酉科　杨凤藻，萧山。

《道光己酉科直省同年录》：杨凤藻，字水生，号青庵。行二，嘉庆戊寅七月十六日生，绍萧山县附生。

《道光乙酉科乡试杨凤藻朱卷》：杨凤藻，字水生，号青庵。行二，嘉庆戊寅年七月十六日吉时生。绍兴府萧山县学附生，民籍……乡试中式第七十三名……住萧山东门外坎山三岔路。

民国《萧山县志稿》卷十三：道光二十九年己酉科　杨凤藻，字钦安，庚申起义，包村殉难。

【王言】(1815—?)

字如园，号兰舫，一号碧山，萧山坎山镇人，大兴籍。道光十九年（1839）副贡，道光二十九年（1849）己酉科乡试顺天中式举人。福建莆田场盐大使，升用知县。

《道光己酉科直省同年录》：王言，字如园，号兰舫，一号碧山。行三，嘉庆己亥十二月二十九日生。浙江萧山县副贡生。

同治六年冬北京荣禄堂刊本《缙绅全书》：惠安场大使王言，浙江萧山人，举人，（咸丰）十年二月补。

民国《萧山县志稿》卷十三：道光二十九年己酉科　王言，福建盐大使，顺天中式。

【宋远】(1811—1859)

原名鉍，字望之，号秉方，萧山人，大兴籍。道光二十九年（1849）己酉科乡试顺天中式举人。选定海厅教谕。

《道光己酉科直省同年录》：宋远，字望之，号秉方。行一，嘉庆癸酉七月十九日生。浙江山阴县廪贡生。

民国《萧山县志稿》卷十三：道光二十九年己酉科　宋远，顺天中式。

【来棐】(1824—1890)

字笃齐，号敉卿，一号梯青，萧山长河镇襄七房（今属滨江区）人，顺天府大兴籍。道光二十九年（1849）己酉科乡试顺天中式举人。官福建屏南、寿宁知县，加同知衔。案：民国《萧山县志稿》“棐”作“斐”，今据顺天乡试录。

《道光己酉科直省同年录》：来棐，字笃齐，号敉卿，一号梯青。行二，道光乙酉八月二十七日生。大兴监生，祖籍浙江萧山县。

光绪《顺天府志》卷一百十八：道光二十九年己酉科　来棐。

光绪《屏南县志》卷十三：来棐，顺天大兴举人（知县）。

民国《萧山县志稿》卷十三：道光二十九年己酉科　来斐，顺天中式，字梯青，福建屏南、寿宁知县。

【张霞】（1815—？）

字蔚然，号霭堂，一号锦城，萧山城厢街道人，顺天大兴籍。道光二十九年（1849）己酉科乡试顺天中式举人。官至户部员外郎。

《道光己酉科直省同年录》：张霞，字蔚然，号霭堂，一号锦城。行三，嘉庆丁丑二月二十四日生。大兴县附生，原籍浙江萧山县，官至户部员外郎。

咸丰九年冬北京荣晋斋刊本《缙绅全书》：员外郎、福建司行走张霞霭堂，浙江萧山人，己酉。

光绪《顺天府志》卷一百十八：道光二十九年己酉科　张霞（大兴）。

民国《萧山县志稿》卷十三：道光二十九年己酉科　张霞，顺天中式。

【郑锡鸿】（1818—？）

字心士，号直斋，一号志斋，萧山蜀山街道人，寄籍大兴县。豹文孙。国学生，道光二十九年（1849）己酉科乡试顺天中式举人。拣发山东寿光县知县。

同治八年冬荣禄堂刊本《缙绅全书》：费县知县加一级郑锡鸿，顺天大兴人，举人，（同治）七年又四月补。

光绪《顺天府志》卷一百十八：道光二十九年己酉科　郑锡鸿，字芷斋。

光绪《增修登州府志》卷二十六：郑锡鸿，大兴举人，光绪元年二月任（蓬莱县知县）。

光绪《费县志》卷三：（同治）七年，郑锡鸿，顺天大兴举人，署任（知县）。

光绪《沾化县志》卷五：郑锡鸿，顺天大兴举人，（咸丰）七年四月代（知县）。

光绪《蓬莱县续志》卷六：郑锡鸿，顺天大兴举人，光绪元年二月任（知县），八年二月回任。

光绪七年夏荣禄堂刊本《缙绅全书》：蓬莱县知县加一级郑锡鸿，顺天大兴人，己酉，（同治）十三年十月补。

光绪十一年冬北京荣禄堂刊本《缙绅全书》：寿光县知县郑锡鸿，顺天大兴人，己酉，（光绪）十年六月调。

民国《邹平县志》卷十二：郑锡鸿，直隶大兴，己酉举人，（咸丰）十一年任（知县）

民国《莱阳县志》卷三：郑锡鸿，顺天大兴举人，（光绪）三年八月由蓬莱县调署（知县）。

民国《寿光县志》卷六：（光绪）十一年，郑锡鸿，顺天大兴人，举人（知县）。

民国《莱芜县志》卷十：郑锡鸿，顺天大兴举人，（咸丰）四年任（知县）。

民国《夏津县志续编》卷六：（光绪）七年，郑锡鸿，顺天大兴人，举人（知县）。

民国《萧山县志稿》卷十三：道光二十九年己酉科　郑锡鸿，字志斋，一作“锡洲”，顺天中式。

【任济江】（1808—1871）

字月舫，萧山城厢街道人，顺天宛平籍。道光二十九年（1849）己酉科乡试顺天中式举人。候补光禄寺署正。

咸丰六年春北京荣禄堂刊本《缙绅全书》：筹饷事例十二月分发各省试用人员，任济江，浙江人。

民国《萧山县志稿》卷十三：道光二十九年己酉科　任济江，顺天中式。

案：是科民国《萧山县志稿》有任凤翔，查为咸丰五年（1855）顺天中式举人，故移至咸丰五年乙卯科。

咸丰元年（1851）辛亥登极恩科

主考官：吕贤基、沈桂芬。

试题：必也射乎（三句）；思事亲（一句）；子男五十（子男）。

【陆观礼】

字仲瞻，号慎吾，萧山城厢街道人。肄业诂经精舍。咸丰元年（1851）辛亥科乡试中式第二十二名举人。候选知县加四级，诰授朝议大夫。著有《三礼通解》《小学说约》。

黄安绶《国朝两浙科名录》：文宗显皇帝咸丰元年辛亥登极恩科，中式一百二十四名。陆观礼，萧山。

民国《萧山县志稿》卷十三：咸丰元年辛亥科　陆观礼。

【沈成枚】（1824—1900）

字吉臣，萧山瓜沥镇人。咸丰元年（1851）辛亥恩科乡试中式第八十六名举人。捐升内阁中书。

黄安绶《国朝两浙科名录》：文宗显皇帝咸丰元年辛亥登极恩科，中式一百二十四名。沈成枚，萧山。

民国《萧山县志稿》卷十三：咸丰元年辛亥科　沈成枚。

【郑锡淳】

见进士条“郑锡泰”。

【来世兴】

案：民国《萧山县志稿》卷十三载，咸丰元年辛亥科来世兴，顺天。查《咸丰辛亥恩科顺天乡试录》及科举名录，无此人，故删。

【周光祖】

见进士条。

【田福畴】（1815—1862）

原名仓，字砚畦，号米山，山阴天乐乡（今属萧山进化镇）人，钱塘籍。咸丰元年（1851）辛亥科乡试中式第五十七名举人。候选知县。同治元年

（1862）卒于包村之战。（《山阴天乐欢潭田氏宗谱》有田明恕撰《敕授文林郎咸丰辛亥恩科举人候选知县砚畦公传》）

黄安绶《国朝两浙科名录》：文宗显皇帝咸丰元年辛亥登极恩科，中式一百二十四名。田福畴，钱塘。

【俞寅森】（1808—？）

字楚楠，号小帆，一号兆堂，萧山浦阳镇横江俞村人。道光二十三年（1843）癸卯科荐卷，咸丰元年（1851）辛亥恩科乡试中式第一百零二名举人。拣选知县，改官严州府建德县教谕。

黄安绶《国朝两浙科名录》：文宗显皇帝咸丰元年辛亥登极恩科，中式一百二十四名。俞寅森，山阴。

光绪十一年冬北京荣禄堂刊本《缙绅全书》：建德县教谕俞寅森，绍兴人，举人，（同治）八年十一月选。

光绪《严州府志》卷十一：俞寅森，字小帆，山阴县举人，同治九年五月任（建德教谕），同治十三年由本学教谕兼理（训导）。

民国《建德县志》卷九：俞寅森，山阴举人，（同治）九年任（教谕），十三年兼理训导。

【许俊魁】

见进士条。

咸丰二年（1852）壬子科

主考官：锡龄、刘书年。

试题：知者不失八（二句）；所求乎于（四句）；是地利不（和也）。

【汤煊】（1828—1900）

字斐斋，一字芾栽，又字莲士。由县学廪膳生中式咸丰二年（1852）壬子科乡试第二名举人。考取国子监学正，咸丰十一年（1861）改官湖南知县。历任道州醴陵临湘县知县，光绪七年（1881）调补浏阳县知县，八年（1882）

壬午科湖南乡试同考官，知府用在任直隶州知州。光绪十年（1884）自请开缺，引疾致仕，过班知府加三级，晋通议大夫。监修同治《醴陵县志》十四卷。

黄安绶《国朝两浙科名录》：咸丰二年壬子科　汤煊，萧山。

《咸丰壬子科浙江乡试同年齿录》：汤煊，字斐斋，号莲士。行二，道光九年二月初十日吉时生。绍兴府萧山县学廪膳生，民籍……乡试中式第二名，世居萧山县西门外。

同治《醴陵县志》卷七：汤煊，字斐斋，浙江萧山举人，（同治）十年署（知县）。

光绪二年夏北京斌升堂刊本《缙绅全书》：临湘县知县加一级汤煊，浙江萧山人，举人，（同治）十三年六月补。

光绪六年春荣华堂刊本《缙绅全书》：浏阳县知县加一级汤煊，浙江萧山人，举人，（同治）十年九月调。

光绪《道州志》卷四：汤煊，浙江举人（知州）。

光绪《湖南通志》卷一百二十三：汤煊，浙江萧山举人，光绪二年任（浏阳县知县），十三年任（临湘县知县）。

民国《萧山县志稿》卷十三：咸丰二年壬子科　汤煊，亚元，知县。

【陈汧】（1830—？）

改名启焜，字云舫，又字午生，萧山新塘街道人。咸丰二年（1852）壬子科乡试中式第三名举人。内阁中书，协办侍读，本衙门撰文方略馆校对。特用知府，记名同知，钦加五品衔。（《清代官员履历档案全编》载其履历）

《咸丰壬子科乡试陈汧朱卷》：陈汧，字云舫，又字午生。行一，道光庚寅年十一月初十日吉时生。浙江绍兴府萧山县监生，民籍……乡试中式第三名……住萧山东门外涝湖庄。

黄安绶《国朝两浙科名录》：咸丰二年壬子科　陈汧，萧山。

同治十三年秋荣禄堂刊本《缙绅全书》：汉标签中书舍人加一级陈启焜，浙江萧山县人，举人。

光绪二年夏北京斌升堂刊本《缙绅全书》：典籍加一级陈启焜，浙江萧山县人，举人。

光绪七年夏荣禄堂刊本《缙绅全书》：侍读加一级陈启焜，浙江萧山县人，举人。

民国《萧山县志稿》卷十三：咸丰二年壬子科　陈汧，更名启焜，内阁中书。

民国《杭州府志》卷一百一十三：咸丰二年壬子科　陈汧，钱塘人，萧山贯。

【蔡玉瀛】(1810—？)

字颉韩，号秋圃，萧山城厢街道人，寄籍仁和。廪生，肄业诂经精舍。咸丰二年（1852）壬子科乡试中式第六十九名举人。主讲安徽休宁翠岩文会。

黄安绶《国朝两浙科名录》：咸丰二年壬子科　蔡玉瀛，仁和。

《咸丰壬子科浙江乡试录》：蔡玉瀛，字颉韩，号秋圃。行一，嘉庆甲戌年九月二十九日吉时生。杭州府仁和县学廪生，民籍。肄业诂经精舍……乡试中式第六十九名，住省城丰药桥东。

民国《萧山县志稿》卷十三：咸丰二年壬子科　蔡玉瀛，一作"玉林"，仁和。

民国《杭州府志》卷一百一十三：咸丰二年壬子科　蔡玉瀛，仁和人。

【朱肯堂】(1810—？)

字克家，号卓庵，山阴天乐乡（今属萧山浦阳镇朱家塔）人。监生，咸丰二年（1852）壬子科中式第二十四名举人。茌平县丞。

黄安绶《国朝两浙科名录》：咸丰二年壬子科　朱肯堂，山阴。

《咸丰二年壬子科乡试朱肯堂朱卷》：朱肯堂，字克家，号卓庵。行一，嘉庆癸酉年五月十四日吉时生。浙江绍兴府山阴县监生，民籍……乡试中式第二十四名……住山阴天乐乡鹊竿村。

民国《茌平县志》卷八：朱肯堂，咸丰六年（县丞），浙江山阴，监生（案：此处误）。

【周邦干】(1814—1858)

谱名邦泰，原名焕金，字大受，号水生，萧山所前金鸡山村人，仁和籍。

道光十九年（1839）堂备，咸丰二年（1852）壬子科乡试中式第七十名举人。拣选知县。

黄安绶《国朝两浙科名录》：咸丰二年壬子科　周邦干，仁和。

《咸丰壬子科浙江乡试同年齿录》：周邦干，原名焕金，字水生，号作舟。行一，嘉庆甲戌年十二月初二日吉时生。浙江杭州府仁和县学附生，民籍……乡试中式第七十名，现住金鸡山。

民国《萧山县志稿》卷十三：咸丰二年壬子科　周邦干，仁和。

民国《杭州府志》卷一百一十三：咸丰二年壬子科　周邦干，仁和人。

【夏锡麒】

见进士条。

【蔡壬】（1810—？）

原名昌元，字长卿，号善甫，萧山城厢街道人。廪膳生，咸丰二年（1852）壬子科乡试中式第七十一名举人。拣选知县。

黄安绶《国朝两浙科名录》：咸丰二年壬子科　蔡壬，萧山。

《咸丰二年壬子科乡试蔡壬朱卷》：蔡壬，原名昌元，字长卿，号善甫。行一，嘉庆癸酉年四月二十四日吉时生。绍兴府萧山县学廪膳生，民籍……乡试中式第七十一名……世居萧山南街锁匠门内。

民国《萧山县志稿》卷十三：咸丰二年壬子科　蔡壬。

【蔡玉田】（1821—1861）

字紫笙，号听珂，萧山城厢街道人，寄籍仁和。肄业诂经精舍。咸丰二年（1852）壬子科乡试中式第七十五名举人。著有《蓝芝山馆诗钞》。（《两浙辅轩续录》有载）

黄安绶《国朝两浙科名录》：咸丰二年壬子科　蔡玉田，仁和。

《咸丰壬子科浙江乡试同年齿录》：蔡玉田，字听珂，号紫生。行二，道光辛巳年十一月初五日吉时生。杭州府学廪生，民籍。肄业诂经精舍……乡试中式第七十五名，住省城丰药桥东。

民国《萧山县志稿》卷十三：咸丰二年壬子科　蔡玉田。

民国《杭州府志》卷一百一十三：咸丰二年壬子科　蔡玉田，玉瀛弟。

【何炳葵】（1824—？）

字子丹，号双珊，一号爽山，改名炳章，萧山长河镇（今属滨江区）人。邑庠生，肄业敷文书院。咸丰二年（1852）壬子科乡试中式第八十二名举人。江苏金山、宝应、沭阳知县。

黄安绶《国朝两浙科名录》：咸丰二年壬子科　何炳葵，萧山。

《咸丰壬子科浙江乡试同年齿录》：何炳葵，字子丹，号爽山。行二，道光壬辰年四月初六日吉时生。浙江绍兴府萧山县学附生，民籍。肄业敷文书院……乡试中式第八十二名……世居城内百尺楼，现徙邑西长河庄。

同治《续纂扬州府志》卷六：何炳葵，萧山人，举人，（咸丰）十一年任（宝应县知县）。

光绪《重修丹阳县志》卷十三：何炳葵，浙江萧山人，举人（知县）。

民国《宝应县志》卷九：（咸丰）十一年，何炳葵，萧山举人（知县）。

民国《重修沭阳县志》卷九：何炳葵，浙江萧山人，举人，（咸丰）五年署（知县）。

民国《萧山县志稿》卷十三：咸丰二年壬子科　何炳葵，字爽山，一作“丙葵”，一作“丙章”，江苏金山、宝应、沭阳知县。

【陈羲】（1809—？）

字西渔，号萝庄，萧山新塘街道下浦村人。咸丰二年（1852）壬子科乡试中式第三十六名举人。咸丰六年（1856）挑取誊录。著有《如是止斋遗集》。

黄安绶《国朝两浙科名录》：咸丰二年壬子科　陈羲，萧山。

《咸丰壬子科浙江乡试同年齿录》：陈羲，字仲昉，号庋云，别号西渔。行十七，嘉庆己巳年三月初一日吉时生。绍兴府萧山县学咨部优行廪膳生，民籍……乡试中式第三十六名，住萧山县东门外渔家浜。

民国《萧山县志稿》卷十三：咸丰二年壬子科　陈羲。

【韩庆荣】（1824—1863）

谱名韩台，字砺川，一字燕金，号琴圃，又号芹谱，别署芍卿，萧山义桥镇牌轩村人。县学附生，咸丰二年（1852）壬子科乡试中式第四十六名举人，例赠文林郎。（《韩氏宗谱》有蔡以瑺撰《韩琴圃公传》）

黄安绶《国朝两浙科名录》：咸丰二年壬子科　韩庆荣，萧山。

《咸丰二年壬子科乡试韩庆荣朱卷》：韩庆荣，字砺川，号琴圃，又号芹谱，别署芍卿。行三，道光甲申年十月初十日吉时生。浙江绍兴府萧山县学附生，民籍……乡试中式第四十六名……住本邑南门外牌轩庄。

民国《萧山县志稿》卷十三：咸丰二年壬子科　韩庆荣。

【陆金垣】（1806—？）

字宇仪，号橘庄，萧山钱清镇腾蛟桥村（今属绍兴）人。咸丰二年（1852）壬子科乡试中式第三十八名举人。

黄安绶《国朝两浙科名录》：咸丰二年壬子科　陆金垣，萧山。

《咸丰壬子科浙江乡试同年齿录》：陆金垣，字宇仪，号橘庄。行一，嘉庆丙寅年十月十八日吉时生。绍兴府学廪膳生，萧山县民籍……乡试中式第三十八名，现住钱清镇腾蛟桥。

民国《萧山县志稿》卷十三：咸丰二年壬子科　陆金垣。

【祝铨】（1818—1861）

字子衡，号皋村，山阴天乐乡祝家塔村（今属萧山进化镇）人。咸丰二年（1852）壬子科乡试中式第五十二名举人。

黄安绶《国朝两浙科名录》：咸丰二年壬子科　祝铨，山阴。

《咸丰二年壬子科乡试祝铨朱卷》：祝铨，字子衡，号皋村。行一，道光甲午年正月初七日吉时生。浙江绍兴府山阴县学附生，民籍……乡试中式第五十二名……世居山阴天乐乡祝家塔村。

【曹庆鹏】（1820—？）

字云程，号寅孙，萧山蜀山街道人，钱塘籍。嗣融子。咸丰二年（1852）壬子科乡试中式第五十三名举人。同治十年（1871）大挑二等，选授湖州府长兴县教谕。

黄安绶《国朝两浙科名录》：咸丰二年壬子科　曹庆鹏，钱塘。

《咸丰壬子科浙江乡试同年齿录》：曹庆鹏，字云程，号寅孙。行二，嘉庆庚辰年九月二十一日吉时生。浙江杭州府钱塘县学附生，商籍……乡试中式第五十三名，现住杭城尚义坊。

同治十三年冬北京荣晋斋刊本《缙绅全书》：长兴县教谕曹庆鹏，杭州人，举人，（同治）十一年七月选。

同治《长兴县志》卷十九：曹庆鹏，号云程，钱塘人，举人，同治十二年二月任（教谕）。

民国《杭州府志》卷一百一十三：咸丰二年壬子科　曹庆鹏，钱塘人，长兴教谕。

民国《萧山县志稿》卷十三：咸丰二年壬子科　曹庆鹏，钱塘籍，一作副贡，长兴教谕。

【蒋春桂】（1810—1877）

原名尊彝，字南屏，榜名春桂，改名洽金，字湘舟，萧山临浦镇人。邑庠生，咸丰二年（1852）壬子科乡试中式第五十五名举人。户部江南司主事，钦差捐铜局总办，诰授中宪大夫。

黄安绶《国朝两浙科名录》：咸丰二年壬子科　蒋春桂，萧山。

《咸丰壬子科浙江乡试同年齿录》：蒋春桂，字洽金，号湘舟。行一，嘉庆甲戌年五月初三日吉时生。绍兴府萧山县学附生，民籍……乡试中式第五十五名，住萧山临浦镇。

民国《萧山县志稿》卷十三：咸丰二年壬子科　蒋春桂。

【黄庆珍】

见进士条。

【来景昌】

字衡峰。咸丰二年（1852）壬子科乡试顺天中式第一百六十一名举人，即选知县。

民国《萧山县志稿》卷十三：咸丰二年壬子科　来景昌，原名献琛，字衡峰，顺天。“景”一作“锦”，一作“庆”，误。

光绪《顺天府志》卷一百十八：咸丰二年壬子科　来景昌（宛平）。

咸丰五年(1855)乙卯科

主考官：周玉麒、景其濬。

试题：子曰道不同不相为谋;《诗》云伐柯（四句）；为是其智（二句）。

【韩钦】

见进士条。

【林煊】

见进士条。

【沈祖培】(1833—1881)

原名藻芬，字宽甫，号黍崖，萧山瓜沥镇长巷村人。咸丰五年（1855）乙卯科乡试中式第二十八名举人。拣选广西知县，钦加同知衔。历署罗城、义宁、荔浦、灵川、灌阳，补授陆川，调补凌云等县知县。同治三年（1864）甲子、六年（1867）丁卯、九年（1870）庚午等科广西乡试同考官，诰授奉政大夫。

黄安绶《国朝两浙科名录》：咸丰五年乙卯科，是科以捐输军饷，加额一名，中式九十五名。沈祖培，萧山。

《咸丰五年浙江乡试录》：第二十八名，沈祖培，年二十一岁，萧山县学附生。

《咸丰乙卯科乡试沈祖培朱卷》：沈祖培，字宽甹，号黍崖。行三，道光丙申年九月初六日吉时生。绍兴府萧山县学附生，民籍……乡试中式第二十八名……住萧山东门外芙蕖环。

民国《萧山县志稿》卷十三：咸丰五年乙卯科　沈祖培，更名藻芬，广西义宁知县。

民国《陆川县志》卷七：沈藻芬，浙江萧山举人，（同治）十一年署，十二年任（知县）。

民国《灵川县志》卷八：沈藻芬，进士（案：此处误），（同治）八年任（知县）。

【丁文杰】（1821—？）

字仰斋，号天香。咸丰五年（1855）乙卯科乡试中式第三十名举人。宁波府鄞县教谕。

黄安绶《国朝两浙科名录》：咸丰五年乙卯科，是科以捐输军饷，加额一名，中式九十五名。丁文杰，萧山。

《咸丰五年浙江乡试录》：第三十名，丁文杰，年三十五岁，萧山县学增生。

民国《萧山县志稿》卷十三：咸丰五年乙卯科　丁文杰。

【陆登瀛】（1811—？）

字朗如，一字柳圃，号秋圃，谱名贡珍，萧山城厢街道人。咸丰五年（1855）乙卯科乡试中式第三十四名举人。孝丰训导，杭州府学教授。

黄安绶《国朝两浙科名录》：咸丰五年乙卯科，是科以捐输军饷，加额一名，中式九十五名。陆登瀛，萧山。

同治《湖州府志》卷八：陆贡珍，萧山举人，（同治）六年任（孝丰训导）。

同治《孝丰县志》卷五：陆贡珍，字秋圃，萧山乙卯举人，（同治）六年三月任（训导）。

同治十三年秋荣禄堂刊本《缙绅全书》：孝丰县训导陆贡珍，绍兴人，举人，（同治）五年八月选。

光绪十一年冬北京荣禄堂刊本《缙绅全书》：杭州府教授，陆贡珍，绍兴人，举人，（光绪）八年四月升。

民国《杭州府志》卷一百一：陆贡珍，萧山人，举人，（光绪）八年十一月任（教授）。

民国《萧山县志稿》卷十三：咸丰五年乙卯科　陆贡珍，榜名登瀛，孝丰训导，杭州府学教授。

【陆嵇】（1810—？）

字叔琴，号芥帆，萧山城厢街道人。廪膳生，咸丰五年（1855）乙卯科乡试中式第七十一名举人。拣选知县。

黄安绶《国朝两浙科名录》：咸丰五年乙卯科，是科以捐输军饷，加额一名，中式九十五名。陆嵇，萧山。

《咸丰五年浙江乡试录》：第七十一名，陆嵇，年四十四岁，萧山县学廪生。

民国《萧山县志稿》卷十三：咸丰五年乙卯科　陆嵇。

【徐良弼】（1823—1867）

原名增秩，字晋阶，号松麓，萧山北干街道人。光简子。咸丰五年（1855）乙卯科乡试中式第七十七名举人。即补教谕，拣选知县。

黄安绶《国朝两浙科名录》：咸丰五年乙卯科，是科以捐输军饷，加额一名，中式九十五名。徐良弼，萧山。

《咸丰五年浙江乡试录》：第七十七名，徐良弼，年三十岁，萧山县学附生。

民国《萧山县志稿》卷十三：咸丰五年乙卯科　徐良弼。

【瞿肇源】（1814—？）

字芹波，萧山河上镇大桥村人。咸丰五年（1855）乙卯科乡试中式第七十八名举人。（《萧山大桥瞿氏宗谱》有瞿葆常撰《琴斋府君行略》）

黄安绶《国朝两浙科名录》：咸丰五年乙卯科，是科以捐输军饷，加额一名，中式九十五名。瞿肇源，萧山。

《咸丰五年浙江乡试录》：第七十八名，瞿肇源，年四十二岁，萧山县学附生。

民国《萧山县志稿》卷十三：咸丰五年乙卯科　瞿肇源，一作“兆源”。

【陶守廉】（1818—？）

字砥儒，号肖农，一号省农，萧山城厢街道人。廷珍孙，肄业诂经精舍。道光二十九年（1849）己酉科拔贡。咸丰五年（1855）乙卯科乡试中式第九十五名举人。特授江苏元如县知县，宝山县知县，三品衔江苏候补知府，诰授通议大夫。

黄安绶《国朝两浙科名录》：咸丰五年乙卯科，是科以捐输军饷，加额一名，中式九十五名。陶守廉，会稽。

《道光庚戌科朝考等第齿录》：陶守廉，字砥儒，号省农。行一，嘉庆庚辰年七月初三日吉时生。浙江绍兴府学咨部优行廪膳生，民籍，肄业诂经精舍……朝考二等第八名，覆试二等第三名，钦点教谕。

《咸丰五年浙江乡试录》：第九十五名，陶守廉，年三十六岁，会稽县拔贡生。

同治八年冬荣禄堂刊本《缙绅全书》：宝山县知县加一级陶守廉，浙江会稽人，监生，（同治）五年十一月补。

同治《苏州府志》卷五十八：陶守廉，同治三年二月二十一日任（元和知县）。

同治《江山县志》卷六：陶守廉，绍兴人，举人，（咸丰）八年任（教谕）。

光绪《宝山县志》卷七：（同治）六年，陶守廉，字肖农，浙江会稽人，举人，八月任（知县）。

民国《吴县志》卷三：陶守廉肖农，会稽人，举人，（同治）三年二月二十一日任（元和知县）。

民国《萧山县志稿》卷十三：咸丰五年乙卯科　陶守廉。

【沈兆嵊】（1808—1861）

谱名庆兰，字原山，号又筠，萧山瓜沥镇人。杭州府仁和县附生，咸丰五年（1855）乙卯科中式第六十六名举人。咸丰十一年（1861）在籍殉难。

黄安绶《国朝两浙科名录》：咸丰五年乙卯科，是科以捐输军饷，加额一名，中式九十五名。沈兆嵘，仁和。

《咸丰五年浙江乡试录》：第六十六名，沈兆嵘，年四十六岁，仁和县学附生。

民国《杭州府志》卷一百一十三：咸丰五年乙卯科　沈兆嵘，仁和人。

民国《萧山县志稿》卷十三：咸丰五年乙卯科　沈兆嵘，仁和。

【任凤翔】（1808—？）

字竹轩，号馥塘，萧山戴村镇人。顺天府宛平县附贡生，道光十五年（1835）乡试中式副榜第八名，十九年（1839）乡试中式副榜第三十五名，二十二年（1842）乡试中式副榜第十一名。咸丰五年（1855）乙卯科顺天中式第一百五十八名举人。深州安平县教谕。

《咸丰乙卯科顺天乡试齿录》：任凤翔，字竹轩，号馥塘，又号乙园。行四，嘉庆戊辰年九月二十七日吉时生。顺天府宛平县副榜贡生，民籍。深州安平县教谕……乙未乡试中式副榜第八名，己亥乡试中式副榜第三十五名，癸卯乡试中式副榜第十一名，本科乡试中式第一百五十八名。

同治五年夏北京荣禄堂刊本《缙绅全书》：安平县复设教谕，任凤翔馥塘，顺天人，副榜，（咸丰）元年七月选。

光绪《顺天府志》卷一百十八：咸丰五年乙卯科　任凤翔。

民国《萧山县志稿》卷十三：咸丰五年乙卯科　任凤翔，原名泰交。

【朱球】（1825—？）

字庚三，号梦白，山阴天乐乡（今属萧山浦阳镇朱家塔）人。咸丰五年（1855）乙卯科乡试中式第八十七名举人。

黄安绶《国朝两浙科名录》：咸丰五年乙卯科，是科以捐输军饷，加额一名，中式九十五名。朱球，山阴。

《咸丰五年浙江乡试录》：第八十七名，朱球，年三十一岁，绍兴府学附生。

案：是科民国《萧山县志稿》有沈庆兰，查《长巷沈氏宗谱》即沈兆塬，故删。

咸丰八年（1858）戊午科

主考官：宝鋆、马佩瑶。

试题：有志于仁（矣元恶也）；凡为天下（一也）；故天将降（节）。

【钟观豫】（1835—1894）

字慎斋，号官余，又号逸舫，萧山钱清镇（今属绍兴）人。咸丰八年（1858）戊午科乡试中式第十五名举人。义乌县学训导。著有《梅湖小草》。

黄安绶《国朝两浙科名录》：咸丰八年戊午科，是科以捐输军饷，加额五名，中式九十九名，十月补行。钟观豫，萧山。

同治五年夏北京荣禄堂刊本《缙绅全书》：义乌县复设训导，钟观豫，绍兴人，举人，（同治）三年八月选。

民国《台州府志》卷十五：（光绪）十二年，钟观豫，教谕，字慎斋，萧山举人，四月署，十一月卸。

民国《平阳县志》卷二十四：钟观豫，（同治）五年署（教谕）。

民国《萧山县志稿》卷十三：咸丰八年戊午科　钟观豫，平阳、义乌、临安训导，临海教谕。

【钟宝芬】（1822—1863）

原名启英，学名棠，字诵清，号邵村，萧山临浦镇人。廪膳生，咸丰八年（1858）戊午科乡试中式第二十三名举人。拣选知县，敕授文林郎。

黄安绶《国朝两浙科名录》：咸丰八年戊午科，是科以捐输军饷，加额五名，中式九十九名，十月补行。钟宝芬，萧山。

民国《萧山县志稿》卷十三：咸丰八年戊午科　钟宝棻。

【陆沛霖】（1831—?）

字慰三，号雨川，萧山城厢街道人。咸丰八年（1858）戊午科乡试中式第二十四名举人。拣选知县。

黄安绶《国朝两浙科名录》：咸丰八年戊午科，是科以捐输军饷，加额五名，中式九十九名，十月补行。陆沛霖，萧山。

民国《萧山县志稿》卷十三：咸丰八年戊午科　陆沛霖。

【张凤扬】（1823—1863）

字世扬，一字竹云，号建楼，萧山义桥镇人。增广生，咸丰八年（1858）戊午科乡试中式第二十五名举人。拣选知县。咸丰十一年（1861）在西兴杀贼殉难，钦恤世袭云骑尉。

黄安绶《国朝两浙科名录》：咸丰八年戊午科，是科以捐输军饷，加额五名，中式九十九名，十月补行。张凤扬，萧山。

民国《萧山县志稿》卷十三：咸丰八年戊午科　张凤扬。

【施湘】（1807—？）

字涧南，号蘅帆，一字小天，萧山坎山镇人。咸丰八年（1858）戊午科乡试中式第三十二名举人。训导。

黄安绶《国朝两浙科名录》：咸丰八年戊午科，是科以捐输军饷，加额五名，中式九十九名，十月补行。施湘，萧山。

民国《萧山县志稿》卷十三：咸丰八年戊午科　施湘，训导。

【汪世金】（1827—1883）

字缄三，号砺臣，又号芙汀，萧山瓜沥镇人。咸丰八年（1858）戊午科乡试中式第五十四名举人。拣发直隶热河候补知县，历署平泉州知州、丰宁县知县，调补建昌县知县，升用同知直隶州，升补知府。覃恩先换顶戴，署张家口抚民知府。诰授朝议大夫。

黄安绶《国朝两浙科名录》：咸丰八年戊午科，是科以捐输军饷，加额五名，中式九十九名，十月补行。汪世金，萧山。

同治八年冬荣禄堂刊本《缙绅全书》：题调建昌县，升用同知，直隶州知县加三级汪世金砺臣，浙江萧山人，举人，（同治）七年十二月补。

光绪十年春北京荣华堂刊本《缙绅全书》：独石口抚民同知、知府用汪世金砺臣，浙江萧山人，戊午，（光绪）七年十一月授。

民国《萧山县志稿》卷十三：咸丰八年戊午科　汪世金，建昌知县。

【何福滋】（1829—1861）

字子蕃，号雁初，萧山城厢街道人。邑庠生，咸丰八年（1858）戊午科乡试中式第五十八名举人。拣选知县。咸丰十一年（1861）殉难，世袭云骑尉。

黄安绶《国朝两浙科名录》：咸丰八年戊午科，是科以捐输军饷，加额五名，中式九十九名，十月补行。何福滋，萧山。

民国《萧山县志稿》卷十三：咸丰八年戊午科　何福滋。

【蔡梦齐】（1812—1861）

字又思，一字得庵，别字璞斋，萧山城厢街道人。咸丰八年（1858）戊午科乡试中式第六十八名举人。

黄安绶《国朝两浙科名录》：咸丰八年戊午科，是科以捐输军饷，加额五名，中式九十九名，十月补行。蔡梦齐，萧山。

民国《萧山县志稿》卷十三：咸丰八年戊午科　蔡梦齐。

【章夏谟】（1833—1891）

字禹钧，号雨菌，一号啸琴，萧山长河镇章家里（今属滨江区）人。由邑庠生中式咸丰八年（1858）戊午科乡试第八十八名举人。拣选知县，例赠文林郎，历任嘉善、景宁、金华等县教谕。

黄安绶《国朝两浙科名录》：咸丰八年戊午科，是科以捐输军饷，加额五名，中式九十九名，十月补行。章夏谟，仁和。

光绪《嘉兴府志》卷三十六：章夏谟，仁和举人，（同治）十年署（教谕）。

光绪六年春荣华堂刊本《缙绅全书》：金华县教谕章夏谟，杭州人，举人，（同治）十一年正月选。

光绪十七年春北京荣禄堂刊本《缙绅全书》：西安县教谕章夏谟，杭州人，举人，（光绪）十年十一月选。

民国《杭州府志》卷一百一十三：咸丰八年戊午科　章夏谟，仁和人，金华教谕。

民国《萧山县志稿》卷十三：咸丰八年戊午科　章夏谟，字禹钧，嘉善、金华西安、鄞县教谕。

民国《衢县志》卷十：章夏谟，（同治）十二年选（教谕），仁和举人。

【施之博】

见进士条。

咸丰九年（1859）己未三旬万寿恩科

主考官：钟启峋、汪承元。

试题：舜有臣五人（至）乱臣十八；齐庄中正（二句）；有安社稷（一节）。

【陈福申】（1807—？）

字子谦，号庄山，又号歉庵，萧山城厢街道人，会稽籍。咸丰九年（1859）己未恩科乡试中式第十二名举人。殉难。

黄安绶《国朝两浙科名录》：咸丰九年己未三旬万寿恩科　陈福申，会稽。

民国《萧山县志稿》卷十三：咸丰九年己未科　陈福申，会稽籍。

【朱庚】

见进士条。

【郁崑】

见进士条。

【蔡以珍】（1817—？）

字献其，一字叔廉，号菊川，萧山城厢街道人。咸丰九年（1859）己未恩科乡试中式第三十一名举人。同治间笔花书院学官。

黄安绶《国朝两浙科名录》：咸丰九年己未三旬万寿恩科　蔡以

珍，萧山。

民国《萧山县志稿》卷十三：咸丰九年己未科　蔡以珍。

【蔡以莹】(1816—？)

字砚香，一字伯生，号彦湘，萧山城厢街道人。笔花书院掌教，拣选知县。咸丰九年（1859）己未恩科乡试中式第三十二名举人。协修同治《嵊县志》。

同治《嵊县志》：拣选知县蔡以莹，萧山人，己未举人。

民国《萧山县志稿》卷十三：咸丰九年己未科　蔡以莹。

【谢宝树】

见进士条。

【单椿年】(1837—1872)

字纪千，号敦山，萧山义桥镇人。咸丰九年（1859）己未恩科乡试中式第四十四名举人。拣发知县，改捐教职。钦加内阁中书衔，严州府分水县训导。

黄安绶《国朝两浙科名录》：咸丰九年己未三旬万寿恩科　单椿年，萧山。

《咸丰己未科乡试单椿年朱卷》：单椿年，字纪千，号敦山。行二，道光丁酉年十二月初六日巳时生。绍兴府萧山县学附生，民籍……乡试中式第四十四名……住萧山南门内牌轩弄。

同治八年冬荣禄堂刊本《缙绅全书》：分水县训导单椿年，绍兴人，举人，（同治）七年八月选。

光绪《分水县志》卷六：同治八年，单椿年，萧山举人，十一月任（训导），十年七月会试回任。

光绪《严州府志》卷十一：单椿年，萧山县举人，同治八年四月任（训导），十年正月会试，七月回任。

民国《萧山县志稿》卷十三：咸丰九年己未科　单椿年。

【沈成烈】

见进士条。

【林梯青】（1829—1891）

字瑶史，号云坡，萧山城厢街道人。邑庠生，咸丰九年（1859）己未恩科乡试中式第七十一名举人。拣选知县，考取宗室官学教习，选授金华府兰溪县教谕，重修光绪《兰溪县志》。覃恩加九级，升授衢州府教授加盐提举衔，候选内阁中书，敕授文林郎。诰封奉政大夫。（《萧山东门林氏宗谱》有姚莹俊撰《敕授文林郎诰封奉政大夫盐课提举司衔候选内阁中书升任衢州府教授兰溪县教谕林君家传》）

黄安绶《国朝两浙科名录》：咸丰九年己未三旬万寿恩科　林梯青，萧山。

同治九年秋北京荣晋斋刊本《缙绅全书》：兰溪县教谕林梯青，绍兴人，举人，（同治）八年十一月选。

光绪十六年春北京顺济局刊本《缙绅全书》：衢州府教授林梯青，绍兴人，举人，（光绪）十六年二月选。

光绪《兰溪县志》卷四：林梯青，号云坡，萧山举人，（同治）九年任（教谕）。

民国《衢县志》卷十：林梯青，由兰溪升，绍兴举人（教授）。

民国《萧山县志稿》卷十三：咸丰九年己未科　林梯青，兰溪教谕，衢州教授。

【来凤郊】

见进士条。

【倪承志】（1821—？）

字佑申，又字守迂，号远楼，萧山义桥镇新坝村人。咸丰九年（1859）己未恩科乡试中式第七十四名举人。殉难。

黄安绶《国朝两浙科名录》：咸丰九年己未三旬万寿恩科　倪承志，萧山。

《咸丰己未科乡试倪承志朱卷》：倪承志，字佑申，又字守迂，号远楼。

行一，道光癸未年五月十二日吉时生。浙江绍兴府学廪膳生，萧山县民籍……乡试中式第七十四名……萧山南门外新霸镇。

民国《萧山县志稿》卷十三：咸丰九年己未科　倪承志。

【吴凤阶】（1836—？）

字仪三，号霞轩，仁和籍。县学附生，咸丰九年（1859）己未恩科乡试中式第七十七名举人。官工部额外司主事。性极明干，乡里义举勇于从事，不辞劳瘁。工画兰，著有《味兰室诗钞》。

黄安绶《国朝两浙科名录》：咸丰九年己未三旬万寿恩科　吴凤阶，仁和。

《咸丰己未科乡试吴凤阶朱卷》：吴凤阶，字仪三，号霞轩。行一，道光丙申年七月十四日吉时生。杭州府仁和县学附生，商籍……乡试中式第七十七名……住梅东高桥河下曹亭弄内。

同治八年冬荣禄堂刊本《缙绅全书》：工部额外司主事、都泵司行走吴凤阶霞轩，浙江仁和人，己未举人。

光绪三十年夏北京荣禄堂刊本《缙绅全书》：工部额外司主事、都水司行走吴凤阶霞轩，浙江仁和人，己未举人。

民国《杭州府志》卷一百一十三：咸丰九年己未科　吴凤阶，仁和人，工部主事。

民国《萧山县志稿》卷十三：咸丰九年己未科　吴凤阶，仁和，一作副贡。

【韩棪】（1832—？）

字余廉，号柳桥，萧山义桥镇人，仁和籍。咸丰九年（1859）己未恩科乡试中式第六十五名举人。拣选知县。殉难。

黄安绶《国朝两浙科名录》：咸丰九年己未三旬万寿恩科　韩棪，仁和。

民国《杭州府志》卷一百一十三：咸丰九年己未科　韩棪，钱塘人，一作仁和人。

民国《萧山县志稿》卷十三：咸丰九年己未科　韩棪，字柳桥，仁和籍。按明伦堂提名作仁和，“副”应是“附生”之“附”，误，据南区报告更正。

同治元年（1862）壬戌科

【陈士绶】（1836—？）

字若卿，号幼舫，一号稚甫，萧山临浦镇人。广西临桂县附贡生，候选直隶州同。同治元年（1862）壬戌科乡试顺天中式第一百三十三名举人。案：民国《萧山县志稿》缺。

同治十二年秋北京荣禄堂刊本《缙绅全书》：滁州知府用，知州加一级陈士绶若卿，广西临桂籍，浙江萧山人，壬戌，五年五月选。

光绪《滁州志》卷四：陈士绶，号若卿，临桂人，举人，同治六年任，七年卸，九年再任，十一年卸，十二年再任，是年卸。

光绪《泗虹合志》卷八：陈士绶，临桂人，举人，署知州。按《通志》作（同治）六年任，误。

案：李鸿章于同治六年（1867）有“陈应元父子建专祠片”。

【陈允孚】（1825—1867）

字惕凡，号仲宽，一号悔庵，萧山临浦镇人，广西临桂籍。同治元年（1862）壬戌科乡试广西中式第八十名举人。同治六年（1867）在湖北天门县剿贼阵亡。

《陈允孚朱卷》：陈允孚，字惕凡，号仲宽，一号悔庵。行三，道光乙未年四月二十五日吉时生。系广西桂林府临桂县例监生，民籍，原籍浙江绍兴府萧山县……丁酉科中式副榜第三十八名，乡试中式第八十名。

光绪《临桂县志》卷六：（同治）元年壬戌乡试恩科补行戊午正科　陈允孚。

民国《萧山县志稿》卷十三：同治元年壬戌科　陈允孚，广西中式。

【单恩溥】（1837—1894）

字吉甫，号第花，又号棣华，萧山城厢街道人，寓居海宁硖石镇。同治元年（1862）壬戌科乡试顺天中式第四十一名举人。任遂昌训导，丁母忧，选

嘉兴。江南机器局广方言馆中文教席。著有《匏庐偶笔》等。（《单氏家谱》有董念棻撰《棣华公传》）

《同治壬戌科乡试单恩溥朱卷》：单恩溥，字吉甫，号第花，又号棣华。行一，道光庚子年七月二十九日吉时生。系浙江绍兴府萧山县附监生，民籍……乡试中式第四十一名……世居萧山西门内西河下。

光绪二年夏斌升堂刊本《缙绅全书》：遂昌县训导单恩溥，绍兴人，举人，（同治）十二年三月选。

光绪二十年秋北京松竹斋刊本《缙绅全书》：嘉兴县教谕单恩溥，绍兴人，举人，（光绪）十六年十一月选。

光绪《遂昌县志》卷六：单恩溥，萧山举人，光绪六年任（训导）。

光绪《处州府志》卷十四：单恩溥，字棣华，萧山举人，（同治）十二年任（遂昌训导）。

光绪《嘉兴县志》卷十七：单恩溥，萧山举人，（光绪）十七年任（教谕）。

民国《萧山县志稿》卷十三：同治四年乙丑科（案：此处误） 单恩溥，遂昌训导，嘉兴教谕，顺天。

【朱寯瀛】

字芷青，萧山蜀山街道人，大兴籍。同治元年（1862）壬戌科乡试顺天中式举人。历官河南知府。有《金粟山房诗钞》《素园晚稿》《佛冈宦辙诗》《汴游冰玉稿》《周滨集》《陈州集》《上瑞堂集》等。

光绪二十八年秋荣禄堂刊本《缙绅全书》：国子监崇志堂助教朱寯瀛芷青，顺天大兴县人，举人。

光绪三十年冬荣禄堂刊本《缙绅全书》：佛冈厅花翎三品衔知府用直隶同知朱寯瀛芷青，顺天大兴人，举人，（光绪）二十八年八月选。

民国《淮阳县志》卷三：朱寯瀛，顺天大兴举人，（宣统）二年署任（知县）。

同治三年（1864）甲子并补行咸丰戊午科

【胡国栋】（1840—？）

见进士条“胡燏棻”。

同治四年（1865）乙丑补行咸丰辛酉科并同治壬戌登极恩科

主考官：（宗室）瑞联、董兆奎。

试题：君子无众寡（三句）；得一善（三句）；禹思天下（一节）。

【陈庆祚】（1826—？）

谱名江，字颍门，一字紫庭，锡华子，萧山新塘街道人。廪膳生，同治四年（1865）乙丑科乡试中式第三名举人。拣选知县。

黄安绶《国朝两浙科名录》：穆宗毅皇帝同治四年补行咸丰辛酉科并同治壬戌登极恩科，是年并科，取中加捐饷定额十二名，又恩诏广额三十名，通共中式二百三十名。陈庆祚，萧山。

《同治乙丑补行咸丰辛酉并同治壬戌科乡试陈庆祚朱卷》：陈庆祚，谱名江，字颍门，一字紫庭。行四，道光己丑年五月二十三日吉时生。浙江绍兴府萧山县学廪膳生，民籍……乡试中式第三名……东门外涝湖庄。

民国《萧山县志稿》卷十三：同治四年乙丑科　陈庆祚，拣选知县。

【蔡以瑺】

见进士条。

【来凤闻】（1843—1887）

字紫垣，号巩金，萧山长河镇（今属滨江区）人。县学附生，同治四年（1865）乙丑补行咸丰辛酉科并同治壬戌恩科乡试中式第三十八名举人。知县。（《萧山来氏宗谱》有来震源撰《四叔紫垣公行实》）

黄安绶《国朝两浙科名录》：穆宗毅皇帝同治四年补行咸丰辛酉科并同治壬戌登极恩科，是年并科，取中加捐饷定额十二名，又恩诏广额三十名，通共中式二百三十名。来凤闾，萧山。

《同治乙丑补行咸丰辛酉并同治壬戌科乡试来凤闾朱卷》：来凤闾，字紫垣，号巩金。行四，道光癸卯二月十三日吉时建生。绍兴府萧山县学附生，民籍……乡试中式第三十八名……住西门外长河庄。

民国《萧山县志稿》卷十三：同治四年乙丑科　来凤闾，字紫恒，福藻四子，知县。

【陆锡蕃】（1830—？）

字晋荣，号蓉卿，又号肖帆，陆嵇子，萧山城厢街道人。肄业崇文书院。同治四年（1865）乙丑补行咸丰辛酉科并同治壬戌恩科乡试中式第六十六名举人。拣选知县，台州太平县教谕。

黄安绶《国朝两浙科名录》：穆宗毅皇帝同治四年补行咸丰辛酉科并同治壬戌登极恩科，是年并科，取中加捐饷定额十二名，又恩诏广额三十名，通共中式二百三十名。陆锡蕃，萧山。

《同治乙丑补行咸丰辛酉并同治壬戌科乡试陆锡蕃朱卷》：陆锡蕃，字晋荣，号蓉卿，又号肖帆。行一，道光壬辰年八月初三日吉时生。浙江绍兴府萧山县学优行附生，民籍。肄业崇文书院……乡试中式第六十六名……世居萧邑东门外淘沙埭，现寓城内何家弄。

光绪十三年冬荣禄堂刊本《缙绅全书》：太平县复设教谕，陆锡蕃，绍兴人，举人，（光绪）十年三月选。

民国《萧山县志稿》卷十三：同治四年乙丑科　陆锡蕃，太平教谕。

民国《台州府志》卷十五：陆锡蕃，（太平县）教谕，字蓉卿，萧山人，（同治）十一年六月任，光绪十四年甄别，革职。

【戚襄】

谱名元祥，字赞之，号梦熊。同治四年（1865）乙丑补行咸丰辛酉科并同治壬戌恩科乡试中式第七十六名举人。咸丰十一年（1861）创办义团，保举直隶州州同，调署庆元县学教谕，签掣福建盐大使，选授松阳训导。

黄安绶《国朝两浙科名录》：穆宗毅皇帝同治四年补行咸丰辛酉科并同治壬戌登极恩科，是年并科，取中加捐饷定额十二名，又恩诏广额三十名，通共中式二百三十名。戚襄，萧山。

光绪六年春荣华堂刊本《缙绅全书》：松阳县训导戚襄，绍兴人，举人，（光绪）四年十二月选。

光绪《余姚县志》卷十九：同治四年乙丑辛酉、壬戌科　戚襄，萧山籍。

民国《萧山县志稿》卷十三：同治四年乙丑科　戚襄，字赞之，松阳训导。

【来成】（1818—1887）

字又峰，号禄门，萧山长河镇（今属滨江区）人。同治四年（1865）乙丑补行咸丰辛酉科并同治壬戌恩科乡试中式第一百零一名举人。拣选知县。好诗酒、围棋、草书，著有《槐荫轩诗存》。（《萧山来氏宗谱》有徐致祥撰《诰赠朝议大夫例授文林郎赐进士出身拣选知县又峰公暨曹太恭人合传》）

黄安绶《国朝两浙科名录》：穆宗毅皇帝同治四年补行咸丰辛酉科并同治壬戌登极恩科，是年并科，取中加捐饷定额十二名，又恩诏广额三十名，通共中式二百三十名。来成，萧山。

民国《萧山县志稿》卷十三：同治四年乙丑科　来成，字又峰，知县。

【沈受谦】

见进士条。

【陈光煦】

见进士条。

【韩锦涛】（1840—？）

字百川，号蓉仙。邑庠生，同治四年（1865）乙丑补行咸丰辛酉科并同治壬戌恩科乡试中式第一百二十名举人。内阁中书衔，庆元县教谕，署长兴县训导，青田县教谕。

黄安绶《国朝两浙科名录》：穆宗毅皇帝同治四年补行咸丰辛酉科并同

治壬戌登极恩科，是年并科，取中加捐饷定额十二名，又恩诏广额三十名，通共中式二百三十名。韩锦涛，萧山。

同治十年冬斌升堂刊本《缙绅全书》：庆元县复设教谕，韩锦涛，绍兴人，举人，（同治）八年九月选。

光绪十六年春北京顺济局刊本《缙绅全书》：青田县复设教谕，韩锦涛，绍兴人，举人，（光绪）十四年四月选。

光绪《处州府志》卷十四：韩锦涛，字百川，萧山举人，（同治）九年任（教谕），十年复任，十三年七月回任。

民国《萧山县志稿》卷十三：同治四年乙丑科　韩锦涛。

【徐锡祉】

见进士条。

【蔡清源】

字鉴塘。同治四年（1865）乙丑补行咸丰辛酉科并同治壬戌恩科乡试中式第一百五十九名举人。教谕。

黄安绶《国朝两浙科名录》：穆宗毅皇帝同治四年补行咸丰辛酉科并同治壬戌登极恩科，是年并科，取中加捐饷定额十二名，又恩诏广额三十名，通共中式二百三十名。蔡清源，萧山。

民国《萧山县志稿》卷十三：同治四年乙丑科　蔡清源，教谕。

【黄绶章】

字鹤楼，由附生中式同治四年（1865）乙丑补行咸丰辛酉科并壬戌恩科第一百七十九名举人。拣选知县，改就教职。

黄安绶《国朝两浙科名录》：穆宗毅皇帝同治四年补行咸丰辛酉科并同治壬戌登极恩科，是年并科，取中加捐饷定额十二名，又恩诏广额三十名，通共中式二百三十名。黄绶章，萧山。

民国《萧山县志稿》卷十三：同治四年乙丑科　黄绶章。

【施作梅】(1829—1885)

谱名焕文，字子和，号企堂，萧山义桥镇湘东村人。同治四年（1865）乙丑补行咸丰辛酉科并壬戌恩科乡试中式第一百八十七名举人。武义教谕。（《萧山施氏家谱》有姚莹俊撰《施企唐先生传》）

黄安绶《国朝两浙科名录》：穆宗毅皇帝同治四年补行咸丰辛酉科并同治壬戌登极恩科，是年并科，取中加捐饷定额十二名，又恩诏广额三十名，通共中式二百三十名。施作梅，萧山。

光绪六年春荣华堂刊本《缙绅全书》：武义县复设教谕，施作梅，绍兴人，举人，（光绪）五年七月选。

民国《萧山县志稿》卷十三：同治四年乙丑科　施作梅，武义教谕。

【陈五昌】

字亩初，号正卿，萧山城厢街道人。陈楠子。郡廪生，同治四年（1865）乙丑补行咸丰辛酉科并壬戌恩科乡试中式第二百零四名举人。例授文林郎，剡山书院掌教。

黄安绶《国朝两浙科名录》：穆宗毅皇帝同治四年补行咸丰辛酉科并同治壬戌登极恩科，是年并科，取中加捐饷定额十二名，又恩诏广额三十名，通共中式二百三十名。陈五昌，萧山。

民国《萧山县志稿》卷十三：同治四年乙丑科　陈五昌。

【施耿光】(1836—1868)

谱名发光，字觐徽，号显卿，萧山瓜沥镇人，山阴籍。同治四年（1865）乙丑补行咸丰辛酉科并同治壬戌恩科乡试中式第二百十五名举人。拣选知县，例授文林郎。

黄安绶《国朝两浙科名录》：穆宗毅皇帝同治四年补行咸丰辛酉科并同治壬戌登极恩科，是年并科，取中加捐饷定额十二名，又恩诏广额三十名，通共中式二百三十名。施耿光，山阴。

民国《萧山县志稿》卷十三：同治四年乙丑科　施耿光，字显卿，山阴。

【朱福荣】(1841—1892)

字申甫，号伯华，一号筱珊，萧山人。同治四年（1865）乙丑补行咸丰辛酉科并同治壬戌恩科乡试中式第二百二十三名举人。监司，署直隶清河道道员。编有《博野蒋氏寄存书目》。

黄安绶《国朝两浙科名录》：穆宗毅皇帝同治四年补行咸丰辛酉科并同治壬戌登极恩科，是年并科，取中加捐饷定额十二名，又恩诏广额三十名，通共中式二百三十名。朱福荣，山阴。

《同治乙丑补行咸丰辛酉并同治壬戌科乡试朱福荣朱卷》：朱福荣，字申甫，号伯华，一号筱珊。行一，道光辛丑年十月二十三日吉时生。浙江绍兴府山阴县民籍……乡试中式第二百二十三名……萧山迁居山阴。

光绪二年夏斌升堂刊本《缙绅全书》：主事、奉天司行走朱福荣伯庚，浙江山阴人，辛酉、壬戌。

【黄中理】

见进士条。

同治六年（1867）丁卯并补行甲子科

主考官：张沄卿、张之洞。

试题：吾自卫反（章）；宗庙之礼（二句）；左右皆曰贤（察之）。

【傅赍予】(1845—1917)

字子佛，号少梅，一号耒畬，萧山西兴镇（今属滨江区）人。县学附生，崇文书院、东城讲舍、诂经精舍肄业。同治六年（1867）丁卯并补行甲子科乡试中式第三十二名举人。同治八年（1869）任嘉兴府海盐县教谕，钦加内阁中书。光绪二十一年（1895）任山东高密知县，纂修《高密县志》。

黄安绶《国朝两浙科名录》：同治六年丁卯并补行甲子科，是年并科取中，加捐饷定额二十名，又广一次，中额二十六名，通共中式二百三十四名。

傅赉予，萧山。

《同治丁卯补行甲子科乡试傅赉予朱卷》：傅赉予，字子佛，号少梅。行一，道光戊申年十二月十三日吉时生。绍兴府萧山县学附生，民籍。崇文书院、东城讲舍、诂经精舍肄业……乡试中式第三十二名……世居本邑西门外马湖北甸画桥头。

光绪六年夏斌升堂刊本《缙绅全书》：海盐县教谕傅赉予，绍兴人，举人，（同治）八年二月选。

民国《高密县志》卷十二：傅赉予，萧山举人，光绪二十一年任（知县）。

民国《萧山县志稿》卷十三：同治六年丁卯科　傅赉予，字少梅，鼎干子，海盐教谕，山东高密知县。

【林福豫】（1844—1876）

又名克郡，字子诒，号乃赓，一号锡甫，萧山城厢街道人。由廪生中式同治六年（1867）丁卯并补行甲子科第三十七名举人。会试荐卷四次，考取教习，充觉罗官学，期满，光绪二年（1876）由吏部带领引见，奉旨以知县用。例授文林郎。（《萧山东门林氏宗谱》有钱振常撰《敕授文林郎诰封奉直大夫教习知县丁卯举人子诒家传》）

黄安绶《国朝两浙科名录》：同治六年丁卯并补行甲子科，是年并科取中，加捐饷定额二十名，又广一次，中额二十六名，通共中式二百三十四名。林福豫，萧山。

《同治丁卯补行甲子科乡试林福豫朱卷》：林福豫，原名燕，字子诒，号锡甫。行一，道光甲辰年八月初七日吉时生。浙江绍兴府萧山县学廪膳生，民籍……乡试中式第三十七名……世居萧山东门外竹场下，现居横河月牙池。

民国《萧山县志稿》卷十三：同治六年丁卯科　林福豫，知县。

【来之杰】（1828—1872）

字卓生，号寄凡，萧山长河镇（今属滨江区）人。恩贡生，试用训导。同治六年（1867）丁卯并补行甲子科乡试中式第七十名举人。国子监学录

衔，署嘉善、太平训导，钱塘教谕。（《萧山来氏宗谱》有来鸿瑨撰《嘉善训导卓生公墓表》）

黄安绶《国朝两浙科名录》：同治六年丁卯并补行甲子科，是年并科取中，加捐饷定额二十名，又广一次，中额二十六名，通共中式二百三十四名。来之杰，萧山。

《同治丁卯补行甲子科乡试来之杰朱卷》：来之杰，字卓生，号寄凡。行九，道光辛卯年十一月二十四日吉时生。绍兴府萧山县恩贡生，试用训导，前署杭州府钱塘县儒学教谕，民籍……乡试中式第七十名……世居长河庄孔家皋。

同治十年冬斌升堂刊本《缙绅全书》：嘉善县复设训导，来之杰，绍兴人，举人，（同治）九年十二月选。

光绪《嘉兴府志》卷三十八：同治十年，来之杰，萧山举人。

光绪《重修嘉善县志》卷十四：同治十年，（训导）来之杰，字卓生，萧山人丁卯举人，卒于官。

民国《台州府志》卷十五：来之杰，训导，字竹荪，萧山举人，（同治）六年十一月署，九年二月卸。

民国《萧山县志稿》卷十三：同治六年丁卯科　来之杰，钱塘，嘉善教谕。

民国《杭州府志》卷一百二：来之杰，萧山人，（同治）六年署（钱塘县教谕）。

【金作砺】（1820—？）

字丽川，萧山所前镇人。同治六年（1867）丁卯并补行甲子科乡试中式第一百二十八名举人。

黄安绶《国朝两浙科名录》：同治六年丁卯并补行甲子科，是年并科取中，加捐饷定额二十名，又广一次，中额二十六名，通共中式二百三十四名。金作砺，萧山。

《同治丁卯科并补甲子科浙江乡试同年齿录》：金作砺，字丽川。行二，嘉庆庚辰年十二月二十三日吉时生。浙江绍兴府萧山县学附生，民籍……乡试中式一百二十八名，住南门外湊沿庄。

民国《萧山县志稿》卷十三：同治六年丁卯科　金作砺。

【何增荣】（1821—1873）

字子坚，号芝鉴，又号安甫，萧山城厢街道人。廪膳生，同治六年（1867）丁卯并补行甲子科乡试中式第一百三十八名举人。嘉兴府平湖县学教谕。（《萧山何氏宗谱》有来薇卿撰《拣选知县嘉兴府平湖县教谕子坚何公传》）

黄安绶《国朝两浙科名录》：同治六年丁卯并补行甲子科，是年并科取中，加捐饷定额二十名，又广一次，中额二十六名，通共中式二百三十四名。何增荣，萧山。

《同治丁卯补行甲子科乡试何增荣朱卷》：何增荣，字子坚，号芝鉴。行二，道光辛巳年八月二十日吉时生。绍兴府萧山县学廪膳生，民籍……乡试中式第一百三十八名……住城中何家弄。

光绪《平湖县志》卷十：何增荣，（同治）十一年任（教谕），有传。

民国《萧山县志稿》卷十三：同治六年丁卯科　何增荣，平湖教谕。

【丁鸿逵】（1837—1866）

谱名应龙，字雁臣，号荻舫，又号樵珊，又号马门，萧山城厢街道人。邑庠生，肄业敷文书院。例赠文林郎，敕封儒林郎。同治六年（1867）丁卯并补行甲子科乡试中式第一百八十七名举人。拣选知县。著有《焚余记闻》及诗草。

黄安绶《国朝两浙科名录》：同治六年丁卯并补行甲子科，是年并科取中，加捐饷定额二十名，又广一次，中额二十六名，通共中式二百三十四名。丁鸿逵，萧山。

《同治丁卯补行甲子科乡试丁鸿逵朱卷》：丁鸿逵，字雁臣，号荻舫，又号樵珊。行一，道光丁酉年十一月二十二日吉时生。浙江绍兴府萧山县学优行附生，民籍。肄业敷文书院……乡试中式第一百八十七名……祖居萧邑城西绣衣坊，现借居萧邑城东凤堰桥下岸竹场河。

民国《萧山县志稿》卷十三：同治六年丁卯科　丁鸿逵。

【王修】(1845—?)

字省之，号性资，萧山城厢街道人。县学附生，军功保举训导。同治六年（1867）丁卯并补行甲子科乡试中式第二百三名举人。内阁中书衔，金华府义乌教谕。

黄安绶《国朝两浙科名录》：同治六年丁卯并补行甲子科，是年并科取中，加捐饷定额二十名，又广一次，中额二十六名，通共中式二百三十四名。王修，萧山。

《同治丁卯补行甲子科乡试王修朱卷》：王修，字省之，号性资。行二，道光乙巳年十一月十三日吉时生。浙江绍兴府萧山县学附生，军功保举训导，民籍……乡试中式第二百三名……住城内西河下第五桥。

民国《萧山县志稿》卷十三：同治六年丁卯科　王修，字省之，义乌教谕。

【陈以咸】

见进士条。

【吴受颐】(1841—?)

谱名家莪，字子禄，又字必百，萧山城厢街道人。廪膳生，同治六年（1867）丁卯并补行甲子科乡试中式第二百十三名举人。同治十年（1871）辛未科考取觉罗汉学教习第一名，十三年（1874）甲戌科考取内阁中书，由教习期满引见，分发江苏候补知县。光绪五年（1879）己卯、八年（1882）壬午科江南乡试同考官，壬午科武闱乡试弥封官，十一年（1885）乙酉科江南乡试内收掌官，十四年（1888）戊子科江南乡试誊录官，十五年（1889）己丑恩科江南乡试弥封官，钦加同知衔加三级。

黄安绶《国朝两浙科名录》：同治六年丁卯并补行甲子科，是年并科取中，加捐饷定额二十名，又广一次，中额二十六名，通共中式二百三十四名。吴受颐，萧山。

《同治丁卯补行甲子科乡试吴受颐朱卷》：吴受颐，字子禄，又字必百。

行六，道光乙巳年三月初十日吉时生。浙江绍兴府学廪膳生，萧山县民藉……浙江乡试中式第二百十三名……世居东门外道源桥后弄。

民国《萧山县志稿》卷十三：同治六年丁卯科　吴受颐，觉罗教习，内阁中书，江苏知县。

【任凤璋】(1831—？)

字子印，号书田，城厢街道人。咸丰十一年（1861）辛酉科选拔第一名，同治六年（1867）丁卯并补行甲子科乡试顺天中式第五十九名举人，保和殿覆试钦取一等第十九名。云和训导。

《同治丁卯科乡试任凤璋朱卷》：任凤璋，字子印，号书田。行一，道光辛卯年二月初五日吉时生。系浙江绍兴府萧山县选拔贡生，民籍……辛酉科选拔第一名，顺天乡试中式第五十九名，保和殿覆试钦取第一等第十九名……世居萧山东门外毛家河，现住城中衙后弄。

光绪十九年夏文宝堂刊本《缙绅全书》：云和县训导，绍兴人，举人，（光绪）四年八月选。

民国《萧山县志稿》卷十三：同治六年丁卯科　任凤璋，云和教谕，顺天。

【施庆修】(1841—？)

字东壁，号小峰，萧山瓜沥镇人，顺天籍。太学生，同治元年（1862）壬戌科顺天乡试荐卷，同治三年（1864）甲子科乡试顺天中试第一百二十八名誊录，同治六年（1867）丁卯科乡试顺天中式第一百二十一名举人。光绪二年（1876）丙子科会试房荐，挑取二十七名誊录。刑部主事、安徽司主稿。

同治十二年冬荣禄堂刊本《缙绅全书》：刑部主事、安徽司行走施庆修小峰，浙江萧山人，丁卯举人。

光绪三十一年春荣宝斋刊本《缙绅全书》：湖广司主事施庆修，浙江萧山县人，举人。

民国《萧山县志稿》卷十三：同治六年丁卯科　施庆修，训导，顺天。

【金葆恒】（1840—？）

原名澍，字子霖，一字翡江，号竺严，改名受鋆，山阴渔临庄（今属萧山所前镇）人，山阴籍。县学附生，肄业紫阳书院。同治六年（1867）丁卯并补行甲子科乡试中式第八十四名举人。选常山县教谕，奉委衢州府训导，复选余杭训导。著有《味蓿轩诗钞》一卷。（《绍兴渔临关金氏宗谱》有金炳麟撰《竺严公行述》、王念学撰《竺岩公像赞》）

黄安绶《国朝两浙科名录》：同治六年丁卯并补行甲子科，是年并科取中，加捐饷定额二十名，又广一次，中额二十六名，通共中式二百三十四名。金葆恒，萧山。

《金葆恒朱卷》：金葆恒，原名澍，字子霖，一字翡江，号竺严。行一，道光壬寅年四月三十日吉时生。绍兴府山阴县学附生，民籍。紫阳书院肄业……乡试中式八十四名，住渔临庄。

光绪二十年冬北京善成堂刊本《缙绅全书》：余杭县复设训导，金葆恒，绍兴人，举人，（光绪）八年八月选。

民国《萧山县志稿》卷十三：同治六年丁卯科　金葆恒，山阴籍。

【李锡彬】

见进士条。

【沈樾】（1821—1877）

原名国桢，字维周，又字荫甫，号雅斋，原名蓉镜，萧山所前镇池头沈人。同治六年（1867）丁卯并补行甲子科乡试中式第一百四十八名举人，光绪二年（1876）丙子科礼部会试朝考一等第十名。奉旨以大挑知县即用。著有《纲鉴辑略》《织帘吟馆诗钞》等。（《山阴天乐沈氏宗谱》有沈有增撰《志雅斋公行略》）

黄安绶《国朝两浙科名录》：同治六年丁卯并补行甲子科，是年并科取中，加捐饷定额二十名，又广一次，中额二十六名，通共中式二百三十四名。沈樾，山阴。

《同治丁卯并补甲子科浙江乡试同年齿录》：沈樾，谱名国桢，原名蓉镜，字荫甫，号雅斋。行二，道光甲申年七月二十五日吉时生。绍兴府学廪膳生，山阴县民籍。现在紫阳书院肄业……乡试中式第一百四十八名，世居山阴天乐乡池头庄。

同治九年（1870）庚午科

主考官：刘有铭、李文田。

试题：不以其道（成名）；《诗》云予怀（有伦）；孔子曰大哉（句）。

【王玉藻】（1842—？）

字笏轩，号蓉轩，一号蓉舫，萧山临浦镇汀头王村人。同治九年（1870）庚午科乡试中式第六十七名举人。奉化教谕。

黄安绶《国朝两浙科名录》：同治九年庚午科，是科加捐饷，定额十名，又广一次，中额八名，通共中式一百十二名。王玉藻，萧山。

光绪《奉化县志》卷七：王玉藻，萧山人，举人，（光绪）七年十二月到任（训导），二十年十二月卸事。

光绪二十一年夏北京善成堂刊本《缙绅全书》：奉化县训导王玉藻，绍兴人，举人，（光绪）七年六月选。

民国《衢县志》卷十：王玉藻，（同治）十二年署（教授），萧山举人。

民国《萧山县志稿》卷十三：同治九年庚午科　王玉藻，字蓉舫，奉化教谕。

【林国柱】

见进士条。

【蔡斯溥】（1815—？）

字润生，又字博泉，萧山城厢街道人。同治九年（1870）庚午科乡试中式第一百十二名举人。

黄安绶《国朝两浙科名录》：同治九年庚午科，是科加捐饷，定额十名，又广一次，中额八名，通共中式一百十二名。蔡斯溥，萧山。

《同治九年庚午科乡试蔡斯溥朱卷》：蔡斯溥，字润生，又字博泉。行二，嘉庆戊寅年五月初四日吉时生。浙江绍兴府萧山县学附生，民籍……乡试中式第一百十二名……世居城内西河第五桥。

民国《萧山县志稿》卷十三：同治九年庚午科　蔡斯溥。

【傅培基】

见进士条。

【周枚】（1836—？）

字吉臣，号蝶庄，山阴杨汛桥江南周人，萧山籍。同治九年（1870）庚午科乡试中式第二十五名举人。

黄安绶《国朝两浙科名录》：同治九年庚午科，是科加捐饷，定额十名，又广一次，中额八名，通共中式一百十二名。周枚，会稽。

《同治庚午科乡试周枚朱卷》：周枚，字吉臣，号蝶庄。行四，道光丁酉年六月初五日吉时生。绍兴府会稽县学附生，民籍……乡试中式二十五名……住郡城木莲巷。

民国《萧山县志稿》卷十三：同治九年庚午科　周枚，会稽籍。

【孔继昌】（1827—1885）

字奎辅，一字少溪，号树孙，又号暮萱，萧山长河镇（今属滨江区）人，贵州籍。肄业敷文、崇文、紫阳书院，东城精舍。同治九年（1870）庚午科乡试贵州中式第六十四名举人。拣选知县，例赠奉直大夫。

民国《萧山县志稿》卷十三：同治九年庚午科　孔继昌，传曾从孙，贵州籍，见《采芹录》。一作己巳，误。

民国《贵州通志》：同治八年己巳科　孔继昌，贵阳籍。

【喻文熙】（1838—？）

字小珩，号志茂，萧山人，广东海阳籍。同治九年（1870）庚午科乡试广东中式第九十六名举人。案：《萧山县志稿》云为同治六年（1867）丁卯科举人，后查《同治六年丁卯科广东乡试同年录》并无喻文熙。查《海阳县志》，喻文熙为同治九年（1870）庚午科举人，故改。

光绪《海阳县志》卷十五：同治九年庚午科　喻文熙。

民国《萧山县志稿》卷十三：同治六年丁卯科　喻文熙，广东籍。

同治十二年（1873）癸酉科

主考官：徐致祥、（宗室）宝廷。

试题：人之过也（至）斯知仁矣；天命之谓（三句）；天子适诸（三章）。

【李治钧】（1820—？）

字衡石，号莲风，萧山新塘街道西许村。优行廪膳生，同治十二年（1873）癸酉科乡试中式第十六名举人。乐清教谕。

黄安绶《国朝两浙科名录》：同治十二年癸酉科，是科加定额十名，大婚礼成，恩诏加广三十名，又因捐饷加一次，中额三名，通共中式一百三十七名。李治钧，萧山。

《同治十二年癸酉科乡试李治钧朱卷》：李治钧，字衡石，号莲风。行二，道光甲午年九月初八日吉时生。浙江绍兴府萧山县学优行廪膳生，民籍……乡试中式第十六名……世居东门外西许村。

民国《萧山县志稿》卷十三：同治十二年癸酉科　李治钧，字莲风，乐清教谕。

【俞霖】（1839—？）

谱名开益，字望三，又字网珊，号友山，萧山西兴镇（今属滨江区）人，仁和籍。同治十二年（1873）癸酉科乡试中式第二十五名举人。光绪六年（1880）大挑二等，考取国史馆誊录，授永康教谕。（《百官俞氏家谱》有戴仁煦撰《开益公暨德配王太君合传》）

黄安绶《国朝两浙科名录》：同治十二年癸酉科，是科加定额十名，大婚礼成，恩诏加广三十名，又因捐饷加一次，中额三名，通共中式一百三十七名。俞霖，仁和。

《同治癸酉科乡试俞霖朱卷》：俞霖，谱名开益，字望三，又字网珊，号友川。行三，道光己亥年九月初六日吉时生。浙江杭州府仁和县学附生，民籍……乡试中式第二十五名……原籍绍兴府萧山县，世居西陵镇。

光绪十四年夏荣禄堂刊本《缙绅全书》：永康县复设教谕，俞霖，湖州人，举人，（光绪）十三年二月选。

光绪《永康县志》卷五：俞霖，字望三，仁和人，癸酉举人，光绪十三年任（教谕）。

民国《杭州府志》卷一百一十三：同治十二年癸酉科　俞霖，仁和人。

民国《萧山县志稿》卷十三：同治十二年癸酉科　俞霖，字望三，永康教谕，仁和。

【汪望庚】(1855—1917)

字又青，一字蔓仙，萧山坎山镇人。同治十二年（1873）癸酉科乡试中式第三十四名举人。国子监学正，山东历城、鱼台知县，济宁知州。（光绪《昌邑县续志》卷八有其传）

黄安绶《国朝两浙科名录》：同治十二年癸酉科，是科加定额十名，大婚礼成，恩诏加广三十名，又因捐饷加一次，中额三名，通共中式一百三十七名。汪望庚，萧山。

《同治癸酉科乡试汪望庚朱卷》：汪望庚，字又青，一字蔓仙。行五，咸丰乙卯年正月二十九日吉时生。绍兴府萧山县学附生，民籍……乡试中式第三十四名……本邑东门外坎山镇中街。

光绪二十六年春荣禄堂刊本《缙绅全书》：城武县知县汪望庚，浙江萧山人，举人，（光绪）二十二年四月补。

光绪《昌邑县续志》卷八：光绪二十一年，汪望庚，有传（知县）。

民国《萧山县志稿》卷十三：同治十二年癸酉科　汪望庚，字又辛，山东历城、鱼台知县，济宁州知州。

民国《济宁直隶州续志》卷十：汪望庚，浙江萧山人，举人，（光绪）二十四年任（知州）。

民国《济宁直隶州续志》卷十：汪望庚，浙江萧山人，癸酉举人，（光绪）十七年二月署任（金乡县知县）。

民国《济宁直隶州续志》卷十：汪望庚，浙江萧山人，（光绪）十八年八月任（鱼台县知县）。

民国《续修历城县志》卷三十三：汪望庚，浙江萧山举人，（光绪）二十三年署任（知县）。

民国《临沂县志》卷七：汪望庚，浙江萧山人，由举人（光绪）二十二年任（知县）。

【汤鼎燺】(1836—1909)

字章甫，萧山城厢街道郑家弄人。咸丰八年（1858）戊午科优贡，同治十二年（1873）癸酉科乡试中式第一百名举人。赏戴花翎，四品衔，拣选知县。历任处州府训导、秀水教谕、金华教授。晚年掌教笔花院。著《求知居文集》《伴蟫窝吟草》等。

黄安绶《国朝两浙科名录》：同治十二年癸酉科，是科加定额十名，大婚礼成，恩诏加广三十名，又因捐饷加一次，中额三名，通共中式一百三十七名。汤鼎燺，萧山。

《汤鼎禧朱卷》：汤鼎禧，原名烈彰，字章甫。行三，道光丙申年正月初七日吉时生。浙江绍兴府萧山县优贡誊录，教习教职，民籍……戊午科浙江优贡第六名，朝考一等第七名，钦取已未科教习第二十二名，钦取已未科顺天乡试誊录第一名，钦授正蓝旗官学第四馆教习，期满引见，以教职用。历署青田、浦江、慈溪县教谕，历委乌程、遂昌县教谕，癸酉科浙江乡试中式第一百名……世居萧山县城内郑家弄。

光绪三十三年春荣禄堂刊本《缙绅全书》：处州府复设训导，汤鼎燺，绍兴人，举人，（光绪）三十年九月选。

光绪《桐乡县志》卷八：（同治）十二年，汤鼎禧，萧山人，举人，（训导）。

光绪《处州府志》卷十三：汤鼎燺，绍兴优贡，同治五年三月署任（青田县教谕）。

光绪《嘉兴府志》卷三十七：汤鼎燺，萧山举人，同治十三年署（秀水县训导）。

光绪《慈溪县志》卷十八：汤鼎熺，字章甫，绍兴萧山人，咸丰戊午优贡，同治九年三月初九日署任（教谕）。

光绪《青田县志》卷八：同治五年，汤鼎熺，绍兴优贡，三月初一日署（教谕）。

光绪《浦江县志》卷七：汤鼎熺，萧山人优贡，字新甫，（同治）六年六月署任（训导）。

民国《萧山县志稿》卷十三：同治十二年癸酉科　汤鼎熺，处州府训导、秀水教谕、金华教授。

【汤鼎烜】

见进士条。

【来观瀛】（1854—？）

字熙培，号春山，萧山长河镇（今属滨江区）人。同治十二年（1873）癸酉科乡试中式第一百十五名举人。拣选知县，改授嘉善教谕。

黄安绶《国朝两浙科名录》：同治十二年癸酉科，是科加定额十名，大婚礼成，恩诏加广三十名，又因捐饷加一次，中额三名，通共中式一百三十七名。来观瀛。

光绪三十三年春荣禄堂刊本《缙绅全书》：嘉善县教谕来观瀛，绍兴人，举人，（光绪）二十九年五月选。

民国《萧山县志稿》卷十三：同治十二年癸酉科　来观瀛，字春山，嘉善教谕。

【陈吉】（1843—？）

字少韩，萧山新塘街道人。廪膳生，同治十二年（1873）癸酉科乡试中式第一百三十五名举人。教谕。

黄安绶《国朝两浙科名录》：同治十二年癸酉科，是科加定额十名，大婚礼成，恩诏加广三十名，又因捐饷加一次，中额三名，通共中式一百三十七名。陈吉，萧山。

《同治癸酉科乡试陈吉朱卷》：陈吉，字少韩。行一，道光甲辰年十一月十三日吉时生。绍兴府萧山县廪膳生，民籍……乡试中式第一百三十五名。

民国《萧山县志稿》卷十三：同治十二年癸酉科　陈吉，教谕。

【朱有基】（1857—1917）

原名守均，字伯平，萧山新塘街道人。凤标孙。监生，同治十二年（1873）恩赏举人，报捐内阁中书侍读，外务部员外郎郎中，特授江西建昌府知府，历署吉安府知府、九江府知府，升任四川川东道。赏加二品衔，诰授资政大夫，晋封光禄大夫。

光绪十九年冬松竹斋刊本《缙绅全书》：汉票签中书舍人中书朱有基，浙江萧山县人，举人。

光绪三十年秋荣禄堂刊本《缙绅全书》：外务部继算司郎中朱有基，浙江萧山县人，举人。

民国《巴县志》卷六：朱有基，浙江萧山举人，宣统二年任（川东兵备道）。

民国《萧山县志稿》卷十三：同治十二年癸酉科　朱有基，文端孙，钦赐举人，内阁中书，四川川东道。

光绪元年（1875）乙亥登极恩科

主考官：（宗室）奎润、逢润古。

试题：子贡曰贫而无谄（至）好礼者也；忠恕违遣（至）亦勿施于人；天下大悦（至）武王烈。

【王绍羲】（1825—1891）

字引年，号仰之，一号九眉，萧山临浦镇人。咸丰四年（1854）入邑庠，光绪元年（1875）乙亥恩科乡试中式第七名举人。例授文林郎，拣选知县。（《苎萝王氏宗谱》有王化撰《孝廉引年公传》）

黄安绶《国朝两浙科名录》：今上皇帝光绪元年乙亥登极恩科，中式一百三十四名。王绍羲，萧山。

民国《萧山县志稿》卷十三：光绪元年乙亥科　王绍羲，字引年。

【郁昌耿】(1839—?)

字覲穆，号史卿，一字徽山，萧山城厢街道人。树森子。县学附生，兼袭云骑尉世职，肄业敷文、紫阳两书院。光绪元年（1875）乙亥科乡试中式第二十五名举人。

黄安绶《国朝两浙科名录》：今上皇帝光绪元年乙亥登极恩科，中式一百三十四名。郁昌耿，萧山。

《光绪乙亥科乡试郁昌耿朱卷》：郁昌耿，字覲穆，号史卿，一字徽山。行二，道光己亥年九月十九日吉时生。浙江绍兴府萧山县学附生，兼袭云骑尉世职，民籍。肄业敷文、紫阳两书院……乡试中式第二十五名……祖居萧邑蒋家桥，现住市心桥下岸。

民国《萧山县志稿》卷十三：光绪元年乙亥科　郁昌耿。

【沈乙辉】(1839—1879)

原名兆杰，号君藜，字士生，萧山钱清镇清风村（今属绍兴）人。晋之子。同治六年（1867）丁卯并补行甲子科副榜，光绪元年（1875）乙亥恩科乡试中式第八十六名举人。例封朝议大夫。有《西园山房文集》行世。（《萧山长巷沈氏宗谱》有任塍撰《孝廉士生沈君传》）

黄安绶《国朝两浙科名录》：今上皇帝光绪元年乙亥登极恩科，中式一百三十四名。沈乙辉，萧山。

民国《萧山县志稿》卷十三：光绪元年乙亥科　沈乙辉。

【汤懋功】(1836—?)

谱名懋中，字晴初，号揆生，萧山城厢街道人。同治七年（1868）岁贡，光绪元年（1875）乙亥恩科乡试中式第八十七名举人。诰授中宪大夫，选授泰顺训导，升用内阁中书，到阁行走。

黄安绶《国朝两浙科名录》：今上皇帝光绪元年乙亥登极恩科，中式一百三十四名。汤懋功，萧山。

《光绪乙亥科乡试汤懋功朱卷》：汤懋功，谱名懋中，字晴初，号揆生。

行二，道光己亥年六月二十一日吉时生。浙江绍兴府萧山县岁贡，候选训导，民籍……乡试中式第八十七名，世居萧城郑家弄。

光绪三十年冬荣禄堂刊本《缙绅全书》：额外中书舍人汤懋功晴初，浙江萧山人，乙亥。

民国《萧山县志稿》卷十三：光绪元年乙亥科　汤懋功，泰顺训导，内阁中书。

【蒋志圻】（1851—？）

原名怀，字子京，号叙庭，萧山临浦镇人。邑庠生，光绪元年（1875）乙亥恩科乡试中式第一百十八名举人。光绪二年（1876）荐卷，三年（1877）、六年（1880）堂备，历任武康、浦江训导，国子监学正，覃恩加六级，随带加二级，敕授文林郎，晋封奉政大夫。

黄安绶《国朝两浙科名录》：今上皇帝光绪元年乙亥登极恩科，中式一百三十四名。蒋志圻，萧山。

光绪十九年冬松竹斋刊本《缙绅全书》：武康县训导蒋志圻，绍兴人，举人，（光绪）十一年八月选。

光绪三十年夏荣禄堂刊本《缙绅全书》：浦江县训导蒋志圻，绍兴人，举人，（光绪）二十九年十一月选。

光绪《浦江县志》卷七：蒋志圻，萧山人，号叙庭，乙亥举人，三十年四月任（训导）。

民国《萧山县志稿》卷十三：光绪元年乙亥科　蒋志圻，武康、浦江训导，国子监学正。

【来志周】（1834—？）

本姓章，字亚香，号上珍，萧山长河镇（今属滨江区）人。光绪元年（1875）乙亥恩科乡试中式第一百二十一名举人。

黄安绶《国朝两浙科名录》：今上皇帝光绪元年乙亥登极恩科，中式一百三十四名。来志周，萧山。

《光绪乙亥科乡试来志周朱卷》：来志周，本姓章，字亚香，号上珍。行一，道光甲午年六月廿一日吉时生。浙江绍兴府萧山县学监生，民籍……

乡试中式第一百二十一名……世居萧山西门外蓝田庄。

民国《萧山县志稿》卷十三：光绪元年乙亥科　来志周，字亚香，本姓章。

【倪家祓】(1852—?)

字兰序，萧山义桥镇新坝村下埠自然村人。倪梦麟子。光绪元年（1875）乙亥恩科乡试中式第一百二十四名举人。国史馆誊录，知县。

黄安绶《国朝两浙科名录》：今上皇帝光绪元年乙亥登极恩科，中式一百三十四名。倪家祓，萧山。

民国《萧山县志稿》卷十三：光绪元年乙亥科　倪家祓，字兰叙。

【徐佐尧】(1847—?)

更名沅，一作“垚”，又名坤元，字芝庭，号秋崖。光第子。国学生，分省通判，加盐提举衔。光绪元年（1875）乙亥恩科乡试顺天中式第九十一名举人。大挑一等。河南光山、祥符知县，信阳州、裕州知州。

《光绪乙亥恩科顺天乡试同年齿录》：第九十一名，徐佐尧，年二十七岁，浙江绍兴府萧山县民籍，俊秀监生，候选通判。

光绪二十三年夏荣禄堂刊本《缙绅全书》：裕州知州徐佐垚，浙江萧山人，举人，（光绪）十九年九月补。

光绪二十六秋《爵秩全览》：裕州知州徐佐尧，浙江萧山县人，举人。

民国《萧山县志稿》卷十三：光绪元年乙亥科　徐佐尧，更名沅，一作“垚”，河南光山、祥符知县，信阳州、裕州知州。

民国《禹县志》：徐佐垚，字秋崖，萧山人，举人，（光绪）二十五年署（知县）。

【陆庆衔】(1852—?)

字冰如，号紫珊，一号光甫，改名凤衔，字丹起，萧山城厢街道人，顺天大兴籍。府学附生。光绪元年（1875）乙亥恩科乡试顺天中式第二百三十九名举人。保和殿覆试三等第三十六名。

《光绪乙亥恩科顺天乡试录》：第二百三十九名，陆庆衔，年二十二岁，顺天府大兴县民籍，府学附生。

《光绪乙亥恩科顺天乡试同年齿录》：陆庆衔，字冰如，号紫珊，一号光甫。行二，咸丰壬子年五月初九日吉时生。系顺天府学附生，大兴县民籍，祖籍浙江萧山县，乡试中式第二百三十九名，保和殿覆试三等第三十六名。

光绪《顺天府志》卷一百十八：光绪元年乙亥恩科　陆庆衔，改名凤衔，字丹起，觉罗学教习。

民国《萧山县志稿》卷十三：光绪元年乙亥科　陆庆衔。

【王乃本】（1850—？）

直隶遵化丰润县籍。监生，光绪元年（1875）乙亥恩科乡试顺天中式第一百三十一名举人。咸安宫教习。

《光绪乙亥恩科顺天乡试同年齿录》：第一百三十一名，王乃本，年二十六岁，直隶遵化州丰润县民籍，俊秀监生。

光绪《丰润县志》卷五：王乃本，乙亥恩科举人，咸安宫教习。

光绪《遵化通志》卷三十二：光绪元年乙亥恩科　王乃本，咸安宫教习（丰润县）。

民国《萧山县志稿》卷十三：光绪元年乙亥科　王乃本，顺天。

【韩骧】（1845—？）

改名鹿麐，字献廷，号荪农，顺天籍。光绪元年（1875）乙亥恩科乡试顺天中式第一百二十二名举人。国子监学正。

《光绪乙亥恩科顺天乡试同年齿录》：第一百二十二名，韩骧，年三十一岁，顺天府大兴县民籍，优贡生。

同治《归州志》卷五：韩骧，浙江萧山人，道光二十年（吏目）。

光绪《顺天府志》卷一百十八：光绪元年乙亥恩科　韩骧，改名鹿麐，字荪农，国子学正。

民国《萧山县志稿》卷十三：光绪元年乙亥科　韩骧，顺天。

光绪二年（1876）丙子科

主考官：潘斯濂、王先谦。

试题：序爵所以辨贵贱（贤也）；子曰君子不可受也；非圣人而能若是（二句）。

【何文澜】

见进士条。

【韩佩琮】（1851—？）

字筠森，又字芸省，改名泽梴，萧山临浦镇蒲山韩村人。光绪二年（1876）丙子科乡试中式第二十二名举人。光绪三年（1877）考取国子监学正，四年（1878）考取汉誊录充实录官誊录。议叙分发知县。

黄安绶《国朝两浙科名录》：光绪二年丙子科，中式一百四名。韩佩琮，萧山。

民国《萧山县志稿》卷十三：光绪二年丙子科　韩佩琮，改名泽梴，知县。

【朱伯增】（1851—1909）

字子益，一字柏墫，号冕庄，萧山新塘街道人。县学附生，崇文、紫阳书院，诂经精舍、东城讲舍肄业。光绪二年（1876）丙子科乡试中式第二十五名举人。因浙江海运出力，保以知县，选用知州。诰授奉政大夫，晋封朝议大夫。（民国《萧山朱家坛朱氏宗谱》有傅德谦《冕庄朱公传》）

黄安绶《国朝两浙科名录》：光绪二年丙子科，中式一百四名。朱伯增，萧山。

《光绪丙子科乡试朱伯增朱卷》：朱伯增，字子益，一字柏墫，号冕庄。行一，咸丰甲寅年九月十八日吉时生。浙江绍兴府萧山县学附生，民籍，崇文、紫阳书院，诂经精舍、东城讲舍肄业……乡试中式第二十五名……世居本邑东门外朱家坛。

民国《萧山县志稿》卷十三：光绪二年丙子科　朱伯增。

【王锡祺】（1836—？）

原名扬，字显庭，萧山衙前新发王村人。同治三年（1864）入学，光绪二年（1876）丙子科乡试中式第七十六名举人。拣选知县，光绪四年（1878）选授台州府宁海教谕，十年（1884）俸满保升知县。

黄安绶《国朝两浙科名录》：光绪二年丙子科，中式一百四名。王锡祺，萧山。

光绪二十八年春荣禄堂刊本《缙绅全书》：宁海县复设教谕，王锡祺，绍兴人，举人，（光绪）四年三月任。

光绪三十三年春荣禄堂刊本《缙绅全书》：宁海县训导王锡祺，绍兴人，举人，（光绪）三十一年九月选。

光绪《宁海县志》卷七：王锡祺，字显廷，萧山人，丙子举人，光绪四年任（教谕）。

民国《台州府志》卷十五：王锡祺，教谕，字宪廷，萧山县人，（光绪）四年七月任（宁海教谕），（光绪）九年二月会试去。

民国《杭州府志》卷一百一十三：王锡祺，钱塘人。

民国《萧山县志稿》卷十三：光绪二年丙子科　王锡祺，台州宁海教谕。

案：是科民国《萧山县志稿》据《黄阁河朱氏宗谱》云朱梁济为萧山人，然家谱亦云大兴派下因世远年湮，殊难细查，只照朱起鹏朱卷世数抄录，故今据朱梁济朱卷改，朱梁济非萧山人。

光绪五年（1879）己卯科

主考官：乌拉喜崇阿、恽彦彬。

试题：国有道，不变塞焉，强哉矫（三句）；诸侯之宝三，土地、人民、政事（二句）；子欲善而民善矣，君子之德风，小人之德草（三句）。

【汤学坚】（1829—1901）

字厚初，号固亭，别号拙宜。县学附生，光绪五年（1879）己卯科乡试中式第七十七名举人。内阁中书，历任衢州西安、江山县学教谕，赠文林郎。

黄安绶《国朝两浙科名录》：光绪五年己卯科，中式一百四名。汤学坚，萧山。

《光绪五年己卯科浙江乡试同年全录》：第七十七名，汤学坚，年五十一岁，萧山县附贡生。

《光绪己卯科浙江乡试同年齿录》：汤学坚，字厚初，号固亭，别号拙宜。行一，道光己丑年十月十二日吉时生。浙江绍兴府萧山县附贡生，候选训导，民籍……乡试中式第七十七名……世居西门外，现住城中陶家弄。

光绪二十六年春荣禄堂刊本《缙绅全书》：西安县教谕，绍兴府人，举人，（光绪）十七年九月选。

民国《衢县志》卷十：汤学坚，（光绪）十八年选（教谕），萧山举人。

民国《萧山县志稿》卷十三：光绪五年己卯科　汤学坚。

【朱起鹏】（1841—？）

原名启煦，字天衢，萧山蜀山街道人，顺天籍。优附生，同治元年（1862）壬戌恩科副贡，四年（1865）考取汉教习，充补正黄旗官学汉教习，候选教谕。光绪五年（1879）己卯科乡试顺天中式第九十九名举人。

同治八年冬荣禄堂刊本《缙绅全书》：八旗官学教习，正黄旗，朱启煦藜阁，顺天大兴县人，壬戌、乙丑。

《光绪己卯科顺天乡试录》：第九十九名，朱起鹏，年三十九岁，顺天府大兴县副贡生。

光绪十六年春北京顺济局刊本《缙绅全书》：复挑河工一等举人，朱起鹏，直隶人，东河。

光绪《顺天府志》卷一百十八：光绪五年己卯科　朱起鹏，字天衢（大兴）。

民国《萧山县志稿》卷十三：光绪五年己卯科　朱起鹏，顺天。

案：是科民国《萧山县志稿》有朱材济、朱梁济，经查《朱梁济朱卷》为江苏人，故删。

【葛献青】（1843—1891）

原名懋洪，字礼东，一字吟巢，山阴天乐乡（今属萧山进化镇）人。廪贡生，光绪五年（1879）己卯科乡试中式第二十五名举人。任台州太平县教谕，授文林郎。

黄安绶《国朝两浙科名录》：光绪五年己卯科，中式一百四名。葛献青，山阴。

《光绪五年己卯科浙江乡试同年全录》：第二十五名，葛献青，年三十七岁，山阴县廪贡生。

《光绪己卯科浙江乡试同年齿录》：葛献青，原名懋洪，字礼东，号吟巢。行一，道光癸卯年三月初六日吉时生。绍兴府山阴县四十二都一图廪贡生，民籍……乡试中式第二十五名，住天乐乡山头步。

光绪十七年春荣禄堂刊本《缙绅全书》：太平县复设教谕，葛献青，绍兴人，举人，（光绪）十六年十月选。

民国《台州府志》卷十五：（光绪）十七年，葛献青，教谕，字吟巢，绍兴人，三月任，十一月卒。

【许在衡】

见进士条。

【朱光谦】（1844—？）

原名坒，字仲廉，号逊斋，又号涤新，自号一清逸叟，萧山新塘街道人，仁和籍。光绪五年（1879）己卯科乡试中式第八十八名举人。光绪十五年（1889）大挑教职，未选，呈请注销教职，改归截取举人本班。光绪二十四年（1898）签掣四川重庆府大足县令。加捐同知衔，覃恩加一级，调办荣县经征局。宣统三年（1911）夏奉调回省，未及旬日，铁路国有风潮顿起，川督赵尔丰政策乖张，官民交閧，水陆梗塞，次年正月八日言旋，三月八日抵杭，民国十一年（1922）重游泮水。敕授奉政大夫。

黄安绶《国朝两浙科名录》：光绪五年己卯科，中式一百四名。朱光谦，仁和。

《光绪己卯科乡试朱光谦朱卷》：朱光谦，字仲廉，号逊斋，又号涤新。行二，道光甲辰年正月十二日吉时生。浙江杭州府仁和县学附生，商籍，原籍萧山……乡试中式第八十八名……世居萧山朱家坛，现寓杭城菜市桥三圣巷内。

民国《萧山县志稿》卷十三：光绪五年己卯科　朱光谦，仁和。

民国《杭州府志》卷一百一十三：光绪五年己卯科，朱光谦，仁和人，大足知县。

民国《大足县志》卷四：朱光谦，举人，宣统元年己酉任（知县）。

光绪八年（1882）壬午科

主考官：许应骙、朱琛。

试题：后进于礼（先进）；人莫不饮（味也）；关市讥而（二句）。

【陈庚】（1852—？）

字章之，号旭斋，萧山进化镇安山陈人。光绪八年（1882）壬午科乡试中式第四名举人。（李慈铭《荀学斋日记》载陈庚为第三名）

黄安绶《国朝两浙科名录》：光绪八年壬午科，中式一百四名。陈庚，山阴。

《光绪壬午科浙江乡试同年齿录》：陈庚，字风山，号旭斋。行一，道光乙巳年十二月十三日吉时生。绍兴府山阴县四十一都一图附生，民籍…乡试中式第四名，住天乐乡安山陈。

【韩启西】（1854—？）

字定生，号二山，萧山临浦镇蒲山韩村人。光绪八年（1882）壬午科乡试中式第十四名举人。

黄安绶《国朝两浙科名录》：光绪八年壬午科，中式一百四名。韩启西，萧山。

《光绪壬午科乡试韩启西朱卷》：韩启西，字定生，号二山。行六，咸丰丁巳年十一月二十六日吉时生。浙江绍兴府萧山县学廪膳生，民籍。肄业崇文书院……乡试中式第十四名……世住南门外蒲山庄，现寓城中何家弄。

民国《萧山县志稿》卷十三：光绪八年壬午科　韩启西。

【姚夔】(1844—?)

字石史，号镜西，改莹俊，萧山城厢街道人。岁贡生，肄业崇文、紫阳书院。光绪八年（1882）壬午科乡试中式第五十名举人。总纂民国《萧山县志稿》。著有《说文假借统征》、《说文解字证信》、《巽庐诗草》八卷、《巽庐先生文集》四卷。

黄安绶《国朝两浙科名录》：光绪八年壬午科，中式一百四名。姚夔，萧山。

《光绪壬午科乡试姚夔朱卷》：姚夔，字石史，号镜西。行二，道光甲辰年七月初八日吉时生。绍兴府萧山县岁贡生，民籍。肄业崇文、紫阳书院……乡试中式第五十名……住萧邑凤堰桥下街富饶弄。

民国《萧山县志稿》卷十三：光绪八年壬午科　姚夔，改名莹俊，字镜西。

【孔广运】(1849—?)

字听樵，号听巢，改名广聪，萧山城厢街道西河下人。光绪八年（1882）壬午科乡试中式第五十七名举人。由员外郎军功保举，以直隶州知州分发河南陕州等，以知府用，加三品衔，诰授荣禄大夫。撰有《陕州金石志》一卷。

黄安绶《国朝两浙科名录》：光绪八年壬午科，中式一百四名。孔广运，萧山。

《光绪壬午科浙江乡试十四房同门姓氏》：孔广运，号听巢。行七。绍兴府萧山县监生，民籍，中式第五十七名。

光绪《陕州直隶州续志》卷五：孔广聪，浙江萧山县举人（陕州直隶州知州）。

民国《萧山县志稿》卷十三：光绪八年壬午科　孔广聪，榜作广运，河南许州知州。

民国《许昌县志》卷九：孔广聪，字听樵，浙江绍兴萧山监生，（光绪）

二十年十二月代理，二十八年又代理（直隶许州知州）。

田士懿《金石著述名家考略》再续卷：孔广聪，字听樵，浙江萧山人，光绪中举人，官河南陕州、直隶州知州。纂《陕州金石志》一卷。

【王观澜】(1840—?)

字鹤汀，号心水，萧山坎山镇人。县学增生，副榜第十一名。光绪八年（1882）壬午科乡试中式第六十八名举人。象山训导。

黄安绶《国朝两浙科名录》：光绪八年壬午科，中式一百四名。王观澜，萧山。

《同治六年补行甲子科并丁卯科乡试王观澜朱卷》：王观澜，字鹤汀，号心水。行二，道光庚子年正月二十七日吉时生。浙江绍兴府萧山县学增生，民籍……乡试中式副榜第十一名……住本邑东门外坎山镇西。

民国《萧山县志稿》卷十三：光绪八年壬午科　王观澜，象山训导。

【来熊】

见进士条。

光绪十一年（1885）乙酉科

主考官：白桓、潘衍桐。

试题：曰夫子何（使乎）；子曰吾说（一节）；公孙丑问（否乎）。

【任晋恒】(1839—?)

字幼和，一字常伯，号立方，萧山城厢街道人。县学增生，肄业敷文书院。光绪十一年（1885）乙酉科乡试中式第三十五名举人。

黄安绶《国朝两浙科名录》：光绪十一年乙酉科，是科复驻防乡试，中额一名，共中式一百五名。任晋恒，萧山。

《光绪乙酉科浙江乡试同年齿录》：任晋恒，字常伯，一字幼和，号立方。行一，道光壬寅年二月初五日吉时生。绍兴府萧山县学增生，民籍。肄业敷文书院……乡试中式第三十五名，世居本邑城中十字弄。

民国《萧山县志稿》卷十三：光绪十一年乙酉科　任晋恒。

【沈似㜐】

见进士条。

【黄丙寿】（1858—1912）

字见安，一字僴庵，号彦庵，萧山蜀山街道人。县学咨部优行廪膳生，肄业诂经精舍，敷文、崇文、紫阳三书院。光绪十一年（1885）乙酉科拔贡第一名，光绪十一年（1885）乙酉科乡试中式第五十四名举人。光绪二十一年（1895）考取宗学教习，期满即选知县。著有《南强文钞》。案：《萧山县志稿》载王丙寿，今据朱卷。

黄安绶《国朝两浙科名录》：光绪十一年乙酉科，是科复驻防乡试，中额一名，共中式一百五名。黄丙寿，萧山。

《黄丙寿朱卷》：黄丙寿，字见安，一字僴盦。行一，咸丰戊午年十二月十一日吉时生。浙江绍兴府萧山县拔贡生，民籍。肄业诂经精舍，敷文、崇文、紫阳三书院……本科选拔第一名乡试中式第五十四名会试……世居萧山南门外埭上德星庄。

民国《萧山县志稿》卷十三：光绪十一年乙酉科　王丙寿，改元寿，宗学教习。

【沈祖燕】

见进士条。

【王曾望】（1860—1896）

原名葆礽，字慰侬，号幼衡，萧山闻堰街道人。光绪十一年（1885）乙酉科乡试中式第八十六名举人。光绪十二年（1886）会试堂备，十五年（1889）考取觉罗宫汉教习。议叙知县。

黄安绶《国朝两浙科名录》：光绪十一年乙酉科，是科复驻防乡试，中额一名，共中式一百五名。王曾望，萧山。

《光绪乙酉科浙江乡试同年齿录》：王曾望，字慰侬，又字葆礽，号幼蘅。

行一，咸丰庚申年六月初八日吉时生。浙江绍兴府萧山县学附生，民籍……乡试中式第八十六名，世居萧山南门外王村，今迁居闻堰镇。

民国《萧山县志稿》卷十三：光绪十一年乙酉科　王曾望，字幼衡。

【王履咸】

见进士条。

【陆钟琦】

见进士条。

【陆钟岱】

见进士条。

光绪十四年（1888）戊子科

主考官：钱桂森、吴树梅。

试题：述而不作（二句）；今天下（三句）；夏后氏五（三句）。

【汤震】

见进士条“汤寿潜”。

【黄之霖】（1848—1916）

字砭牧，号醴荪，萧山蜀山街道埭上黄人，仁和籍。光绪十四年（1888）戊子科乡试中式第十四名举人。截取知县。

黄安绶《国朝两浙科名录》：光绪十四年戊子科，中式一百六名。黄之霖，仁和。

民国《萧山县志稿》卷十三：光绪十四年戊子科　黄之霖，字醴荪，仁和。

【韩寿祺】(1838—？)

字祺笙，又字琪荪，一字蕲孙，萧山闻堰街道韩家埭村人。附贡生，兼袭云骑尉。光绪十四年（1888）戊子科乡试中式第十九名举人。天台、临海教谕。

黄安绥《国朝两浙科名录》：光绪十四年戊子科，中式一百六名。韩寿祺，萧山。

《韩寿祺朱卷》：字琪荪，一字蕲孙。行一，道光戊戌年七月二十八日吉时生。系浙江绍兴府萧山县附贡生，兼袭云骑尉，民籍……乡试中式第十九名……世住本邑西门外四都韩家埭。

光绪二十六年夏荣禄堂刊本《缙绅全书》：临海县教谕韩寿祺，绍兴人，举人，（光绪）二十一年六月选。

民国《萧山县志稿》卷十三：光绪十四年戊子科　韩寿祺，字琪笙，天台、临海教谕。

民国《台州府志》卷十五：（光绪）二十一年，韩寿祺，教谕，字蕲孙，萧山举人（临海县学教谕）。

【黄同寿】(1864—1891)

字子契，一字福康，号新庄，萧山蜀山街道人。肄业敷文、崇文、紫阳三书院并诂经精舍。县咨部优行廪生，光绪十四年（1888）戊子科乡试中式第二十一名举人。拣选知县。

黄安绥《国朝两浙科名录》：光绪十四年戊子科，中式一百六名。黄同寿，萧山。

《黄同寿朱卷》：黄同寿，字子契，一字新庄。行二，同治甲子年正月初九日吉时生。浙江绍兴府萧山县咨部优行廪生，民籍。肄业敷文、崇文、紫阳三书院并诂经精舍……乡试中式第二十一名……世居萧山南门外埭上德星庄。

民国《萧山县志稿》卷十三：光绪十四年戊子科　黄同寿，字星庄。

【田宝祺】

谱名燕喜，字祥伯，号春农，山阴天乐乡欢潭（今萧山进化镇欢潭村）人。光绪十四年（1888）戊子科乡试中式第四十三名举人。候选知县，敕授文林郎。

黄安绶《国朝两浙科名录》：光绪十四年戊子科，中式一百六名。田宝祺，山阴。

【戚扬】

见进士条。

【陈学文】（1858—1922）

改名翼亮，字尧甫，号惺庵，萧山城厢街道人，祖籍诸暨，钱塘籍。廪贡生，光绪十四年（1888）戊子科乡试中式第八十六名举人。严州府儒学训导，俸满保升江苏试用知县。历充严州府双峰书院掌教，严州府中学堂监督，萧山劝学所巡警局养老堂总董，本省谘议局议员、政务会议厅议员、资政院候补议员、民国临时省议会议员，第一届选举参众两院萧山县初选举监督，萧山县豫大积谷仓正主任，教育会会长。著有《诗古文词》。

黄安绶《国朝两浙科名录》：光绪十四年戊子科，中式一百六名。陈学文，钱塘。

《光绪戊子科乡试陈学文朱卷》：陈学文，字凤台，一字行余，号尧夫。行二，咸丰己未正月廿二日吉时生。浙江杭州府优行廪贡生，候选训导。肄业诂经精舍，敷文、崇文、紫阳三书院。钱塘县商籍，原籍绍兴诸暨……乡试中式第八十六名……现居萧山东门外九华桥。

宣统《诸暨县志》卷二十五：光绪十四年戊子正科　陈学文，商籍，寄钱塘，更名仪亮，字尧夫，官严州府训导，居紫岩乡店口。

民国《萧山县志稿》卷十三：光绪十四年戊子科　陈学文，改翼亮，杭州籍。

【蒋志型】（1864—？）

原名恂，字典卿，号翊卿，洽金孙，萧山临浦镇人。光绪九年（1883）癸未岁试入郡庠，十年（1884）甲申科试一等，补增广生，十一年（1885）乙酉乡试荐卷。肄业敷文、崇文书院。光绪十四年（1888）戊子科乡试中式第八十八名举人。内阁中书，仁和教谕。

黄安绶《国朝两浙科名录》：光绪十四年戊子科，中式一百六名。蒋志型，绍兴。

光绪二十八年春《爵秩全览》：仁和县复设训导，蒋志型，绍兴府人，举人。

光绪三十一年春荣宝斋刊本《缙绅全书》：仁和县复设训导，蒋志型，绍兴人，举人，（光绪）二十七年六月选。

民国《杭州府志》卷一百二：蒋志型，绍兴人，举人，（光绪）二十七年任（教谕）。

民国《萧山县志稿》卷十三：光绪十四年戊子科　蒋志型，内阁中书，仁和教谕。

【屠佩环】

见进士条。

【黄传鼎】

见进士条“黄韩鼎”。

【李凤威】（1842—1902）

谱名九兰，曾用名庆宸，改名凤威，字畹香，别字梅孙，山阴天乐乡（今属萧山所前镇）人。同治三年（1864）甲子补行壬戌岁试，光绪十四年（1888）戊子科中式第六十一名举人。

黄安绶《国朝两浙科名录》：光绪十四年戊子科，中式一百六名。李凤威，山阴。

【王维涵】(1859—?)

字养吾，初字容甫，又字镜秋，萧山衙前新发王村人，仁和籍。光绪十四年（1888）戊子科乡试中式第四十九名举人。福建盐大使。

黄安绶《国朝两浙科名录》：光绪十四年戊子科，中式一百六名。王维涵，仁和。

《光绪戊子科乡试王维涵朱卷》：王维涵，字养吾，初字容甫，又字镜秋。行一，咸丰己未年八月三十日吉时建生。杭州府仁和县学附生，民籍……乡试中式第四十九名……世居杭城七宝寺巷内，现住羊坝头九刀庙前。

光绪二十四年秋荣禄堂刊本《缙绅全书》：光绪二十四年新旧海防郑工筹饷事例五月分发各省试用人员，王维涵，浙江人，福建。

民国《杭州府志》：十四年戊子科　王维涵，仁和人。

民国《萧山县志稿》卷十三：光绪十四年戊子科　王维涵，字容甫，杭州籍，福建盐大使。

光绪十五年（1889）己丑恩科

主考官：李文田、陈鼎。

试题：由孔子而（一节）；君子之道（五句）；日月星辰（一句）。

【韩拜旒】(1852—1934)

字殿赓，号爽亭，萧山义桥镇人。肄业敷文、崇文书院。同治十一年（1872）入县学第二十九名，光绪十一年（1885）乙酉科优贡第三名，朝考第二等第十六名，钦用教职。光绪十五年（1889）己丑恩科乡试中式第十六名举人。历任长兴、江山、永康、寿昌等县教谕，黄岩、建德、开化等县训导。民国元年（1912），任义桥养蒙小学校长，著有《十三经明堂考》《周洛邑三庙考》《古历通范》《抱琴斋经说》等。曾两次主持重修《永思堂韩氏家谱》。

黄安绶《国朝两浙科名录》：光绪十五年恩科，是年举行归政典礼，恩诏加广三十名，共中式一百三十七名。韩拜旒，萧山。

《光绪乙酉科优贡韩拜旒朱卷》：韩拜旒，字殿赓，谱名垲堂，字爽亭。行三，咸丰戊午年十月初六日吉时生。浙江绍兴府萧山县学附生，民籍。肄业敷文、崇文两书院，诂经精舍……优贡生第三名……世居南门外义桥。

《光绪己丑科浙江乡试同年齿录》：韩拜旒，字殿赓，谱名垲堂，字爽亭。行三，咸丰戊午年十月初六日吉时生。浙江绍兴府萧山县优贡，试用训导，前署湖州府长兴县教谕，民籍。肄业敷文、崇文两书院，诂经精舍……乙酉科优贡第三名，朝考第二等第十六名，钦用教职，乡试中式第十六名，世居南门外义桥。

光绪三十二年秋荣宝斋刊本《缙绅全书》：平湖县复设训导，绍兴人，优贡，（光绪）二十九年九月选。

民国《台州府志》卷十五：（光绪）十六年，韩拜旒，训导，字垲堂，萧山举人，十月署（黄岩县学教谕），十七年十二月卸。

民国《平湖县续志》卷六：韩拜旒，字爽亭，萧山人，举人，（光绪）三十三年二月任（训导），三十三年五月升（教谕）。

民国《建德县志》卷九：韩拜旒，萧山举人，（光绪）十九年九月署（训导）。

民国《萧山县志稿》卷十三：光绪十五年己丑科　韩拜旒。

【周易藻】(1864—1936)

字芹生，号璐琴，晚号遁叟，萧山戴村镇人。光绪十五年（1889）己丑恩科乡试中式第三十一名举人。考取内阁中书，大挑二等，以教谕用，指分江苏候补知县，历充萧山劝学所总董、高等小学校长、县参议会议员、第三区学务委员、县参事会会员等职。著有《萧山湘湖志》等。

黄安绶《国朝两浙科名录》：光绪十五年恩科，是年举行归政典礼，恩诏加广三十名，共中式一百三十七名。周易藻，萧山。

《光绪己丑科浙江乡试同年齿录》：周易藻，字芹生，一字君玉，号璐琴。行一，同治丙寅年九月初六日吉时生。浙江绍兴府萧山县学附生，民籍。肄业敷文、崇文、紫阳三书院，诂经精舍……乡试中式第三十一名，世住南门外马谷，移居许孝乡丁村。

民国《萧山县志稿》卷十三：光绪十五年己丑科　周易藻。

【俞省三】

见进士条。

【黄謇寿】（1863—1902）

字石卿，一字尔康，萧山蜀山街道人。肄业紫阳书院。光绪十五年（1889）己丑恩科乡试中式第六十三名举人。天台教谕。

黄安绶《国朝两浙科名录》：光绪十五年恩科，是年举行归政典礼，恩诏加广三十名，共中式一百三十七名。黄謇寿，萧山。

《光绪己丑科浙江乡试同年齿录》：黄謇寿，字石卿，一字尔康。行一，同治癸亥年八月十二日吉时生。绍兴府萧山县附生，民籍。肄业紫阳书院。乡试中式第六十三名，世居萧山南门外埭上德星庄。

光绪三十年秋荣禄堂刊本《缙绅全书》：天台县教谕黄謇寿，绍兴人，举人，（光绪）二十九年五月选。

民国《萧山县志稿》卷十三：光绪十五年己丑科　黄謇寿，天台教谕。

【孔昭铭】（1841—？）

字鼎三，号北塘，萧山长河镇（今属滨江区）人。肄业崇文书院，议叙盐课大使。光绪十五年（1889）己丑恩科乡试中式第八十名举人。

黄安绶《国朝两浙科名录》：光绪十五年恩科，是年举行归政典礼，恩诏加广三十名，共中式一百三十七名。孔昭铭，萧山。

《光绪己丑科浙江乡试同年齿录》：孔昭铭，字鼎三，号北塘。道光癸卯年四月十八日吉时生。绍兴府萧山县增贡生，民籍。肄业崇文书院，议叙盐课大使衔……乡试中式第八十名，世居萧山西门外孔家皋。

民国《萧山县志稿》卷十三：光绪十五年己丑科　孔昭铭，字北塘。

【韩昌复】（1863—？）

字绍衣，号椒轩，一号心梅。萧山临浦镇蒲山韩村人。韩钦孙。光绪十五年（1889）己丑恩科乡试中式第九十二名举人。

黄安绶《国朝两浙科名录》：光绪十五年恩科，是年举行归政典礼，恩诏加广三十名，共中式一百三十七名。韩昌复，萧山。

《光绪己丑科浙江乡试同年齿录》：韩昌复，字绍衣，号椒轩，一号心梅。行二，同治丁卯年八月十七日吉时生。浙江绍兴府萧山县增贡生，候选训导，民籍。肄业敷文、崇文、紫阳书院，诂经精舍……乡试中式第九十二名，世居萧邑南门外蒲山庄，现住城中何家弄。

民国《萧山县志稿》卷十三：光绪十五年己丑科　韩昌复。

【来鸿瑨】(1852—1909)

字雪珊，一字琏渠，萧山长河镇（今属滨江区）人。优行廪膳生，光绪八年（1882）岁贡。光绪十五年（1889）己丑恩科乡试中式第一百零三名举人。内阁中书。光绪三十一年（1905）在海宁学堂任教员。著有《莲花梦传奇》《绿香山馆全集》等。（《萧山来氏宗谱》有来福诒撰《家雪珊先生传》，民国《萧山县志稿》卷十九有其传）

黄安绶《国朝两浙科名录》：光绪十五年恩科，是年举行归政典礼，恩诏加广三十名，共中式一百三十七名。来鸿瑨，萧山。

《来鸿瑨朱卷》：来鸿瑨，字雪珊，一字琏渠。行二，咸丰辛亥年十月初八日吉时生。绍兴府优行廪膳生，壬午岁贡，萧山县民籍。乡试中式第一百三名。

民国《萧山县志稿》卷十三：光绪十五年己丑科　来鸿瑨，内阁中书。

民国《海宁州志稿》卷四：光绪三十一年二月十七日，海宁州学堂，来鸿瑨。

【徐光烈】(1862—?)

原名庆祥，字莅庄，号馥卿，萧山北干街道人，仁和籍。光绪十五年（1889）己丑恩科乡试中式第一百零七名举人。衢州府西安县学教谕。筹办县立小学，并出资设蒙学一所，民国初官省视学。（民国《衢县志》卷二十其传）

黄安绶《国朝两浙科名录》：光绪十五年恩科，是年举行归政典礼，恩诏加广三十名，共中式一百三十七名。徐光烈，仁和。

《光绪己丑恩科乡试徐光烈朱卷》：徐光烈，原名庆祥，字莅庄，号馥卿。行一，同治壬戌年五月二十五日吉时生。杭州府仁和县学附生，民籍。原籍绍兴府萧山县……乡试中式第一百七名……现寓千胜桥东宋高陶巷。

光绪三十二年春荣禄堂刊本《缙绅全书》：西安县教谕徐光烈，杭州人，举人，（光绪）二十七年六月选。

民国《杭州府志》卷一百一十三：光绪十五年己丑科，徐光烈，仁和人。

民国《萧山县志稿》卷十三：光绪十五年己丑科　徐光烈，杭州籍，西安教谕。

民国《衢县志》卷十：徐光烈，（光绪）廿七年选至末，仁和举人。

【夏树桐】（1850—？）

字琴庵，号希灵，山阴夏山埭（今属萧山所前镇）人，钱塘籍。县学附生，光绪十五年（1889）己丑科乡试中式第四十二名举人。拣选知县。著有《适吾吟稿》，《勤慎堂医学》甲、乙等集。

黄安绶《国朝两浙科名录》：光绪十五年恩科，是年举行归政典礼，恩诏加广三十名，共中式一百三十七名。夏树桐，钱塘。

《夏树桐朱卷》：夏树桐，字琴盦，号希灵。行一，道光庚戌年六月初一日吉时生。浙江杭州府钱塘县学附生，商籍。著有《适吾吟稿》，《勤慎堂医学》甲、乙等集……乡试中式第四十二名……现居绍兴府城内清道桥。

民国《杭州府志》卷一百一十三：（光绪）十五年己丑科　夏树桐，钱塘人。

【陆承宗】

见进士条。

光绪十七年（1891）辛卯科

主考官：李端遇、费念慈。

试题：子张学干（全章）；旅酬下为（一句）；序者射也（一句）。

【夏树立】

见进士条。

【陈作梅】（1861—？）

字次盐，号馥坡，萧山新塘街道人。肄业敷文、崇文、紫阳书院。光绪十七年（1891）辛卯科乡试中式第七十四名举人。

《光绪辛卯恩科乡试陈作梅朱卷》：陈作梅，字次盐，一字馥坡。行一，咸丰辛酉年正月十六日吉时生。浙江绍兴府学咨部优行廪膳生，萧山县民籍。肄业敷文、崇文、紫阳书院……乡试中式第七十四名，世居涝湖庄，现住东门外回澜桥下岸。

黄安绶《国朝两浙科名录》：光绪十七年辛卯科，中式一百七名。陈作梅，萧山。

民国《萧山县志稿》卷十三：光绪十七年辛卯科　陈作梅，字次盐。

【郑杰】（1862—1903）

谱名兆松，字寿孙，萧山所前镇越山村人，杭州籍。光绪十五年（1889）己丑科副车，光绪十七年（1891）辛卯科乡试中式第三十四名举人。江西州判。

黄安绶《国朝两浙科名录》：光绪十七年辛卯科，中式一百七名。郑杰，钱塘。

《光绪辛卯恩科乡试郑杰朱卷》：郑杰，谱名兆松，字寿孙。行六，同治壬戌年十一月十四日吉时生。浙江杭州府钱塘县学咨部优行附生，商籍。肄业敷文、崇文、紫阳三书院，诂经精舍、东城讲舍。祖籍绍兴府山阴县，寄籍徽州府休宁县……本科乡试中式副车第二名……现居省垣凝海巷。

民国《杭州府志》卷一百一十三：光绪十七年辛卯科　郑杰，钱塘人，江西州判。

民国《萧山县志稿》卷十三：光绪十七年辛卯科　郑杰，杭州籍。

【陈容保】(1851—?)

字怡园，号葵生，萧山新塘街道人。光绪十七年（1891）辛卯科乡试中式第八十三名举人。兰溪训导。

《光绪辛卯恩科乡试陈容保朱卷》：陈容保，字怡园，号葵生。行二，咸丰辛亥年八月十三日吉时生。浙江绍兴府萧山县岁贡生，民籍。现任兰溪县训导……丁亥选授兰溪学训导，钦加中书科中书衔，乡试中式第八十三名，世居东门外涝湖庄。

黄安绶《国朝两浙科名录》：光绪十七年辛卯科，中式一百七名。陈容保，萧山。

光绪十七年春荣禄堂刊本《缙绅全书》：兰溪县复设训导，陈容保，绍兴人，廪贡，（光绪）十三年九月选。

光绪《兰溪县志》卷四：陈容保，号葵生，萧山岁贡，（光绪）十四年二月任（训导）。

民国《萧山县志稿》卷十三：光绪十七年辛卯科　陈容保，兰溪训导。

【朱秉均】(1865—1904)

初名毓麒，字石安，号琴孙，一字仲谦、勤孙，萧山蜀山街道人。县学增生，肄业紫阳、崇文、诂经精舍。光绪十七年（1891）辛卯科乡试中式第九十名举人。光绪二十四年（1898）戊戌科大挑二等，以教谕用。

《光绪辛卯科浙江乡试同年齿录》：朱秉均，原名毓麒，字石安，一字仲谦，号芹荪。行一，同治己巳二月二十七日吉时生。绍兴府萧山县学增生，民籍。肄业紫阳、崇文、诂经精舍……乡试中式第九十名，世居萧山南门外黄阁河，现住城中何家弄。

黄安绶《国朝两浙科名录》：光绪十七年辛卯科，中式一百七名。朱秉均，萧山。

民国《萧山县志稿》卷十三：光绪十七年辛卯科　朱秉钧，字勤孙。

案：《光绪辛卯科浙江乡试同年齿录》《国朝两浙科名录》"钧"作"均"。

【胡翔林】(1861—1927)

原名祥麟，幼名淮生，字筱云，号海帆，别号履勤，萧山人，安徽泗州籍。由刑部候补郎中应光绪十七年（1891）辛卯科乡试顺天中式第六十九名举人。河南候补道，诰授资政大夫。光绪二十八年（1902）保荐经济特科，壬寅补行庚子辛丑恩正并科顺天乡试监试官，癸卯恩科会试监试官、癸卯正科顺天乡试提调官、河南乡试监试官。光绪三十二年（1906）恩赏尽先补用道，宣统三年（1911）补授广西劝业道。民国元年（1912）为杭州关监督。二年（1913）调任浙江国税厅筹备处处长。三年（1914）十二月奉策令，给予四等嘉禾章。四年（1915）署财政部会计司司长，十月十一日奉策令给予三等嘉禾章，擢江苏财政厅厅长。五年（1916）四月奉策令给予二等嘉禾章，十月奉令给予二等大绶嘉禾章。六年（1917）十月奉令给予四等文虎章。七年（1918）三月奉令给予二等宝光嘉禾章，十月奉令晋给二等大绶宝光嘉禾章。九年（1920）为杭州关监督。十年（1921）调署江苏淮扬道道尹。十四年（1925）调外务部派参事上任事。（《萧山胡氏家乘》有《履初斋经历事略》《十七世海帆公行略》）

《光绪辛卯科顺天乡试同年齿录》：胡翔林，字筱云，号海帆。行一，咸丰辛酉年六月初七日吉时生。安徽泗州直隶州监生，民籍。祖籍浙江，花翎刑部候补郎中，江西司行走。

光绪十一年冬荣禄堂刊本《缙绅全书》：郎中、江西司行走胡翔林海帆，安徽泗州人，监生。

光绪《泗虹合志》卷十：胡翔林，郎中，江西司行走。

民国《萧山县志稿》卷十三：光绪十七年辛卯科　胡翔林，字海帆，顺天，河南候补道。

【孙灏】(1854—？)

字云翘，号云樵，萧山钱清镇（今属绍兴）人，仁和籍。光绪十七年（1891）辛卯科乡试中式第四十名举人。

黄安绶《国朝两浙科名录》：光绪十七年辛卯科，中式一百七名。孙灏，仁和。

《光绪辛卯科乡试孙灏朱卷》：谱名鋑，字云翘，号云樵。行三，咸丰甲寅年二月初九日吉时生。杭州府学附生，仁和县商籍……乡试中式第四十名。世住山阴上孙村，迁杭，住忠清巷口直街，现寓萧山夏家桥，杭寓六克巷施宅。

光绪十九年（1893）癸巳皇太后六旬万寿恩科

主考官：殷如璋、周锡恩。

试题：1. 孔子曰：见善如不及，见不善如探汤；吾见其人矣，吾闻其语矣。隐居以求其志，行义以达其道；吾闻其语矣，未见其人也。2. 故君子尊德性而道问学。3. 春秋无义战，彼善于此，则有之矣。

【金祖培】（1866—1941）

字树佳，号芷祥，萧山城厢街道人。廪贡生，候选训导，肄业敷文、崇文、紫阳三书院，东城讲舍。光绪十九年（1893）癸巳科乡试中式第八名举人。桐乡教谕。

黄安绶《国朝两浙科名录》：光绪十九年癸巳皇太后六旬万寿恩科，中式一百七名。金祖培，萧山。

《光绪癸巳科乡试金祖培朱卷》：金祖培，字树佳，号芷祥。行一，同治丙寅年九月十六日吉时生。浙江绍兴府学廪贡生，候选训导，萧山县民籍。肄业敷文、崇文、紫阳三书院，东城讲舍……乡试第八名……住萧山城内安弄口。

光绪二十七年冬荣宝斋刊本《缙绅全书》：桐乡复设训导，金祖培，绍兴人，举人，（光绪）二十七年六月选。

光绪三十三年秋北京槐荫山房刊本《百官录》：桐乡教谕金祖培，绍兴举（人）。

民国《萧山县志稿》卷十三：（光绪）十九年癸巳科　金祖培，字芷祥，桐乡教谕。

【柳际春】(1870—?)

谱名宝儒，字上珍，一字葆如，号留余老人，又号韬庵居士，萧山义桥镇人。光绪十九年（1893）癸巳科乡试中式第三十五名举人。福建候补盐场大使。光绪三十三年（1907）创办义桥时敏学堂，曾任临浦小学校长。

黄安绶《国朝两浙科名录》：光绪十九年癸巳皇太后六旬万寿恩科，中式一百七名。柳际春，萧山。

《光绪癸巳恩科浙江乡试同年齿录》：柳际春，谱名宝儒，字上珍，一字葆如。行一，同治庚午年七月二十六日吉时生。浙江绍兴府萧山县学附生，民籍。肄业敷文、紫阳两书院及诂经精舍……乡试中式第三十五名，世居萧邑黄湾河西庄，现住义桥镇。

民国《萧山县志稿》卷十三：（光绪）十九年癸巳科　柳际春，字葆如。

【王燮阳】(1855—?)

字理庭，炳南，号坤生，萧山义桥镇人。光绪十九年（1893）癸巳科乡试中式第五十五名举人。奉化、浦江教谕，盐大使。

黄安绶《国朝两浙科名录》：光绪十九年癸巳皇太后六旬万寿恩科，中式一百七名。王燮阳，萧山。

《王燮阳王燮臣朱卷》：王燮阳，谱名树人，字理庭，一字炳南，号坤生。行一，咸丰甲寅年十一月十五日吉时生。浙江绍兴府萧山县学廪膳生，民籍。肄业紫阳、敷文书院并诂经精舍……乡试中式第五十五名……世居萧山渔浦大华家村。

光绪《奉化县志》卷十七：王燮阳，萧山人，举人，（光绪）二十八年四月署任（训导），七月丁艰去。

民国《萧山县志稿》卷十三：（光绪）十九年癸巳　王燮阳，字坤生，奉化、浦江教谕，盐大使。兄弟同科。

【王燮臣】(1864—?)

字佐庭，一字湘左，号绥生，萧山义桥镇人。增广生，肄业紫阳、敷文书院并诂经精舍。光绪十九年（1893）癸巳科乡试中式第三十三名举人。长兴、建德、青田教谕，景宁训导。

黄安绶《国朝两浙科名录》：光绪十九年癸巳皇太后六旬万寿恩科，中式一百七名。王燮臣，萧山。

《王燮阳王燮臣朱卷》：王燮臣，谱名树德，字佐庭，一字湘左，号绥生。行三，同治丙寅年三月二十一日吉时生。浙江绍兴府学增广生，萧山县民籍。肄业紫阳、敷文、书院并诂经精舍……乡试中式第三十三名……世居渔浦大华家村。

民国《萧山县志稿》卷十三：（光绪）十九年癸巳　王燮臣，长兴、建德、青田教谕，景云（案：此处误）训导。

民国《建德县志》卷九：王燮臣，萧山举人，（光绪）三十四年任（教谕）兼训导。

民国《景宁县续志》卷四：王燮臣，（光绪）三十二年由青田学兼任（教谕）。

【赵翰芬】（1863—？）

名本芬，又名亦熿，字诵清，号幼文，山阴马鞍夹灶（今属萧山益农镇星联村）人。光绪十五年（1889）己丑恩科副贡，光绪十九年（1893）癸巳科乡试中式第六十六名举人。补用内阁中书。

黄安绶《国朝两浙科名录》：光绪十九年癸巳皇太后六旬万寿恩科，中式一百七名。赵翰芬，山阴。

民国《绍兴县志资料》第一辑：光绪十九年癸巳　赵翰芬，内阁中书。

【杨馨治】（？—1904）

字梧生，萧山西兴镇（今属滨江区）人。光绪十一年（1885）科钦赐副贡，光绪十九年（1893）癸巳科钦赐举人。百岁请旌，给以“升平人瑞”匾额。

民国《萧山县志稿》卷十三：（光绪）十九年癸巳　杨馨治，钦赐。

光绪二十年（1894）甲午科

主考官：梁仲衡、秦夔扬。

试题：知之为知之，不知为不知，是知也；君臣也，父子也，夫妇也，昆弟也，朋友之交也；周公思兼三王，以施四事，其有不合者，仰而思之。

【孔昭冕】（1864—？）

谱名昭瀛，字步周，号子服，山阴天乐乡（今属萧山进化镇城山村）人。光绪二十年（1894）甲午科乡试中式第五名举人。拣选知县。

黄安绶《国朝两浙科名录》：光绪二十年甲午科皇太后六旬万寿恩诏加广三十名，共中式一百三十七名。孔昭冕，山阴。

《光绪甲午科乡试孔昭冕朱卷》：孔昭冕，原名铸颜，谱名昭瀛，字步周，号子服。行二，咸丰庚申年二月二十三日吉时生。绍兴府山阴县学附生，民籍……乡试中式第五名……世居天乐乡郑家塘。

【何凤翔】（1865—？）

原名庆埙，字味能，号笙甫，瑞图子，萧山长河镇（今属滨江区）人。光绪二十年（1894）甲午科乡试中式第二十三名举人。江苏震泽知县。

黄安绶《国朝两浙科名录》：光绪二十年甲午科皇太后六旬万寿恩诏加广三十名，共中式一百三十七名。何凤翔，萧山。

《光绪甲午科浙江乡试同年齿录》：何凤翔，原名庆埙，字味能，号笙甫。行六，同治乙丑年二月初三日吉时生。绍兴府萧山县学附生，民籍……乡试中式第二十三名，世居萧山西门外长河村后墙门。

民国《萧山县志稿》卷十三：（光绪）二十年甲午科　何凤翔，鼎勋子，字笙甫，江苏震泽知县。

【王懋政】（1871—？）

谱名干，字健臣，号惕甫，萧山城厢街道人。光绪二十年（1894）甲午科乡试中式第四十八名举人。

黄安绶《国朝两浙科名录》：光绪二十年甲午科皇太后六旬万寿恩诏加广三十名，共中式一百三十七名。王懋政，萧山。

《光绪甲午科乡试王懋政朱卷》：王懋政，谱名干，字健臣，号惕甫。行一，同治辛未年三月二十八日吉时生。浙江绍兴府萧山县学附生，民籍……乡试中式第四十八名……住城内西河下第五桥。

民国《萧山县志稿》卷十三：（光绪）二十年甲午科　王懋政，字健臣。

【顾耀乙】（1868—1910）

原名其型，字藜青，一字敬庄，号琳甫，萧山戴村镇顾家溪人。廪贡生，肄业敷文、宗文、紫阳书院，诂经精舍。光绪二十年（1894）甲午科乡试中式第五十四名举人。拣选直隶省藩库大使。

黄安绶《国朝两浙科名录》：光绪二十年甲午科皇太后六旬万寿恩诏加广三十名，共中式一百三十七名。顾耀乙，萧山。

《光绪甲午科乡试顾耀乙朱卷》：顾耀乙，字藜青，一字敬庄，号琳甫，名其型。行一，同治己巳年九月廿二日吉时生。浙江绍兴府学优廪生，萧山县民籍。肄业敷文、崇文、紫阳三书院，诂经精舍……乡试中式第五十四名……世居南门外许贤乡长潭顾家溪。

光绪三十三年春荣禄堂刊本《缙绅全书》：光绪三十二年郑工新旧海防筹饷捐例十一月分发各省人员，布大使，顾耀乙，浙江人，直隶。

民国《萧山县志稿》卷十三：（光绪）二十年甲午科　顾耀乙，字琳甫，直隶布库大使。

【金载熙】（1863—1926）

谱名士林，字蔼瀛，号春伯，山阴岭头王人（今属萧山进化镇），仁和籍。光绪二十年（1894）甲午科乡试中式第八十一名举人。候选直隶州州同，指分江苏。后隐于家。

黄安绶《国朝两浙科名录》：光绪二十年甲午科皇太后六旬万寿恩诏加广三十名，共中式一百三十七名。金载熙，仁和。

《光绪甲午科浙江乡试同年齿录》：金载熙，谱名士林，小字蔼瀛，号春伯。同治癸亥年七月二十六日吉时生。浙江杭州府仁和县学附生，乙酉房备，戊子、己丑荐卷，民籍……乡试中式第八十一名，现住杭垣乌龙巷内。

民国《杭州府志》卷一百一十三：（光绪）二十年甲午科　金载熙，仁和人。

【张承载】（1861—？）

一名炳奎，字厚生，号祐荪，萧山河上镇人。光绪二十年（1894）甲午科乡试中式第八十三名举人。敕授文林郎，拣发知县，候选教谕。

黄安绶《国朝两浙科名录》：光绪二十年甲午科皇太后六旬万寿恩诏加广三十名，共中式一百三十七名。张承载，萧山。

《光绪甲午科乡试张承载朱卷》：张承载，一名炳奎，字厚生，号祐荪。行一，咸丰辛酉年十二月初四日时生。浙江绍兴府萧山县学附生……乡试中式第八十三名……世居河上店，现寓临浦镇。

民国《萧山县志稿》卷十三：（光绪）二十年甲午科　张承载，字炳奎。

【王熙亮】（1863—？）

字公度，号帍生，萧山城厢街道人。光绪二十年（1894）甲午科乡试中式第一百零九名举人。

黄安绶《国朝两浙科名录》：光绪二十年甲午科皇太后六旬万寿恩诏加广三十名，共中式一百三十七名。王熙亮。

《光绪甲午科浙江乡试同年齿录》：王熙亮，原名希旦，字公度，号帍生。行二，同治癸亥年正月十一日吉时生。浙江绍兴府萧山县学优增生，民籍。肄业崇文、笔花书院……乡试中式第一百九名，住城内西河下第五桥。

民国《萧山县志稿》卷十三：（光绪）二十年甲午科　王熙亮，字公度。

【陈兑谦】（1868—？）

谱名祚延，字钟秀，号子颖，萧山临浦镇柏山陈人。光绪二十年（1894）甲午科乡试中式第一百十六名举人。司法部主事，诰授中宪大夫。

黄安绶《国朝两浙科名录》：光绪二十年甲午科皇太后六旬万寿恩诏加广三十名，共中式一百三十七名。陈兑谦，萧山。

《光绪甲午科浙江乡试同年齿录》：陈兑谦，谱名祚延，字钟秀，号子颖。

行三，同治戊辰年二月十五日吉时生。浙江绍兴府萧山县学附生，肄业崇文书院，民籍……乡试中式一百十六名，世居萧邑南门外柏山村。

光绪二十九年秋荣宝斋刊本《缙绅全书》：主事陈兑谦，浙江萧山人，举人。

民国《萧山县志稿》卷十三：（光绪）二十年甲午科　陈兑谦，字子颖，司法部主事。

【陈钟洧】（1867—？）

字仲方，萧山新塘街道朱家坛村人。光绪二十年（1894）甲午科乡试中式第一百二十一名举人。

黄安绶《国朝两浙科名录》：光绪二十年甲午科皇太后六旬万寿恩诏加广三十名，共中式一百三十七名。陈钟洧，萧山。

《光绪甲午科浙江乡试同年齿录》：陈钟洧，原名鼎恒，字仲方，一字诵芳。行二，同治丁卯年四月十八日吉时生。浙江绍兴府萧山县学附生，民籍……乡试中式第一百二十一名，世居东门外涝湖庄，现寓朱家潭。

民国《萧山县志稿》卷十三：（光绪）二十年甲午科　陈钟洧，字仲方。

【王国桢】（1872—？）

字藻铨，一字琪生，号菊泉，萧山临浦镇人，金华籍。光绪二十年（1894）甲午科乡试中式第一百十三名举人。拣选知县。

黄安绶《国朝两浙科名录》：光绪二十年甲午科皇太后六旬万寿恩诏加广三十名，共中式一百三十七名。王国桢，金华。

《光绪甲午科浙江乡试同年齿录》：王国桢，字藻铨，一字琪生，号菊泉。行一，同治壬申年九月二十二日吉时生。浙江金华府金华县学附生，民籍。祖籍绍兴府萧山县……乡试中式第一百十三名，世居金华府城西。

民国《萧山县志稿》卷十三：（光绪）二十年甲午科　王国桢，新昌籍。

案：民国《萧山县志稿》王国桢为新昌籍，《光绪甲午科乡试王国桢朱卷》、黄安绶《国朝两浙科名录》俱金华籍。今据朱卷。

光绪二十三年（1897）丁酉科

主考官：徐树铭、吴郁生。

试题：1．子曰：道之以政，齐之以刑，民免而无耻；道之以德，齐之以礼，有耻且格。子曰：吾十有五而志于学，三十而立，四十而不惑，五十而知天命，六十而耳顺，七十而从心所欲，不逾矩。2．及其广大，草木生之，禽兽居之，宝藏兴焉。3．悦周公、仲尼之道，北学于中国，北方之学者，未能或之先也，彼所谓豪杰之士也。

【夏锡玑】（1899—？）

字友恭，号绩甫，又号洁篁，萧山临浦镇人。肄业敷文、紫阳两书院。光绪二十三年（1897）丁酉科乡试中式第十七名举人。

黄安绶《国朝两浙科名录》：光绪二十三年丁酉科，中式一百七名。夏锡玑，萧山。

《光绪丁酉科乡试夏锡玑朱卷》：夏锡玑，字有功，号绩甫，又号洁篁。行一，光绪乙亥年十二月十二日吉时生。绍兴府萧山县附生，民籍。肄业敷文、紫阳两书院……乡试中式第十七名……现居萧山南门外临浦镇。

《光绪丁酉科浙江乡试同年全录》：夏锡玑，年二十三岁，萧山县学附生，第十八名。

民国《萧山县志稿》卷十三：光绪二十三年丁酉科　夏锡玑，字友恭。

【来绍元】（1872—？）

谱名庆增，字寿林，一字堃斋，号厚甫，萧山长河镇（今属滨江区）人。光绪二十三年（1897）丁酉科乡试中式第五十二名举人。长河乡私立初等小学校长。

黄安绶《国朝两浙科名录》：光绪二十三年丁酉科，中式一百七名。来绍元，萧山。

《光绪丁酉科乡试来绍元朱卷》：来绍元，谱名庆增，字寿林，一字堃斋。行一，光绪乙亥年九月十年日吉时生。浙江绍兴府萧山县学附生，民籍……

乡试中式第五十二名……住西门外长河襄七庄。

《光绪丁酉科浙江乡试同年全录》：来绍元，年二十三岁，萧山县学附生，五十二名。

民国《萧山县志稿》卷十三：光绪二十三年丁酉科　来绍元，观瀛子，字庆增。

【傅留】（1854—？）

原名光燮，字又琛，号静侯，萧山西兴镇（今属滨江区）人。光绪二十三年（1897）丁酉科乡试中式第六十一名举人。拣选知县。

黄安绶《国朝两浙科名录》：光绪二十三年丁酉科，中式一百七名。傅留，萧山。

《光绪丁酉科乡试傅留朱卷》：傅留，原名光燮，字又琛，号静侯。行四，咸丰丁巳年六月初七日吉时生。绍兴府萧山县学附生，民籍……乡试中式第六十一名，世居本邑西马湖北甸画桥头。

《光绪丁酉科浙江乡试同年全录》：傅留，年四十一岁，萧山县学附生，六十一名。

民国《萧山县志稿》卷十三：光绪二十三年丁酉科　傅留，原名光燮，字又琛。

【汤在宽】（1866—？）

一名晋墀，又名全泰，字伯欢，又字款丹，号孟郊，又号小垺，萧山城厢街道人。光绪二十三年（1897）丁酉科乡试中式第一百名举人。嘉兴教谕。

黄安绶《国朝两浙科名录》：光绪二十三年丁酉科，中式一百七名。汤在宽，萧山。

《光绪丁酉科乡试汤在宽朱卷》：汤在宽，一名晋墀，又名全泰，字伯欢，又字款丹，号孟郊，又号小垺。同治丙寅年四月十三日吉时生。浙江绍兴府萧山县儒学附学生员，民籍……乡试中式第一百名，世居萧山城内成家弄。

《光绪丁酉科浙江乡试同年全录》：汤在宽，年三十岁，萧山县学附生，一百名。

民国《萧山县志稿》卷十三：光绪二十三年丁酉科　汤在宽，鼎熺子，嘉兴教谕。

【陈光枢】（1869—？）

字运生，号韵笙，萧山新塘街道人，钱塘籍。光绪二十三年（1897）丁酉科乡试中式第七名举人。

黄安绶《国朝两浙科名录》：光绪二十三年丁酉科，中式一百七名。陈光枢，钱塘。

《光绪丁酉年浙江乡试同年齿录》：陈光枢，字运生，号韵笙。行二，又行十二，同治己巳年十月初七日吉时生。浙江杭州府钱塘县职附贡生，商籍，祖籍绍兴府萧山县……乡试中式第七名，住萧邑城内西河下。

《光绪丁酉科浙江乡试同年全录》：陈光枢，年二十九岁，钱塘县职贡生，七名。

民国《杭州府志》卷一百一十三：光绪二十三年丁酉科　陈光枢，钱塘人。

民国《萧山县志稿》卷十三：光绪二十三年丁酉科　陈光枢，钱塘籍。

光绪二十八年（1902）壬寅补行庚子辛丑恩正并科

主考官：朱益藩、李家驹。

试题：1．汉宣帝信赏必罚，综核名实论。2．元代分封诸王论。3．西国学术导源希腊，其流派若何，学校废兴若何，教育名家孰为最著，宗旨孰优。方今博采良法，厘定学制，试陈劝学之策。

【王诵熙】（1865—？）

原名宗怀，字蕙庭，一字秉乾，号百惟，萧山城厢街道人。肄业诂经精舍，敷文、崇文、紫阳书院，东城讲舍、萧山笔花书院。光绪二十三年（1897）备取优贡，二十八年（1902）优贡第六名，乡试中式第六名举人。任京师大学堂图书馆经理官，附属小学经理官、校长。主持编撰《大学堂图书馆汉文图书草目》。宣统三年（1911），官直隶文安知县。民国间官场知事。

黄安绶《国朝两浙科名录》：光绪二十八年补行庚子辛丑恩正并科，中式二百十四名。王诵熙，萧山。

《王诵熙朱卷》：王诵熙，原名宗怀，字蕙庭，一字秉乾，别号百惟。行一，同治乙丑年八月十一日吉时生。浙江绍兴府萧山县学优行廪膳生，民籍，光绪丁酉科备取优贡，本科正取优贡。诂经精舍高材生，肄业前敷文、崇文、紫阳三书院，东城讲舍、萧山笔花书院……本科优贡正取第六名，乡试中式第六名……世居萧山东门外文里王，现住萧山城内翰桥。

民国《文安县志》卷三：王诵熙，字蕙庭，清知县，宣统三年任（知县）。

民国《萧山县志稿》卷十三：（光绪）二十八年壬寅科　王诵熙，字蕙庭，直隶文安知县。

【张弧】(1875—1937)

原名梦鳌，字岱杉，一字戴三，号超观，别署超观室主人，萧山城厢街道车里王人。光绪二十八年（1902）壬寅科乡试中式第七名举人。以候补知县分发福建，历充闽浙总督衙门文案、署理福建提学司、福建高等师范学堂监督、福建学务处总办、警察学堂监督、长芦盐运使等。民国后，任财政总长、币制局总裁等职。著有《超观室诗集》。（《清代官员履历档案全编》有载，《天津文史资料选辑》第23辑有张同礼撰《张弧的一生》）

黄安绶《国朝两浙科名录》：光绪二十八年补行庚子辛丑恩正并科，中式二百十四名。张弧，萧山。

《光绪庚子辛丑科浙江乡试同年齿录》：张弧，原名梦鳌，字健华，号戴三。行二，光绪乙亥年八月十一日吉时生。同知衔，指分福建试用知县，浙江萧山县附贡生，民籍……乡试中式第七名，世居萧山县城内车里王。

光绪二十九年秋荣宝斋刊本《缙绅全书》：光绪二十九年新旧海防筹饷事例四月分发各省试用人员，张弧，浙江人，福建。

民国《萧山县志稿》卷十三：（光绪）二十八年壬寅科　张弧，字岱杉，原名梦鳌。

【陈士奎】(1870—1932)

原名绶瀛，字彦辅，号应荪，别字印僧，萧山新塘街道人，杭州钱塘籍。

五品衔，候选通判。光绪二十八年（1902）壬寅补行庚子辛丑恩正并科乡试中式第十一名举人。官知州。

黄安绶《国朝两浙科名录》：光绪二十八年补行庚子辛丑恩正并科，中式二百十四名。陈士奎，钱塘。

《光绪壬寅补行庚子辛丑恩正并科乡试陈士奎朱卷》：陈士奎，原名绶瀛，字彦辅，号应孙，别字印僧。行二，又行七，同治庚午年七月初四日吉时生。浙江杭州府钱塘县增贡生，商籍，五品衔候选通判，祖籍绍兴府萧山县……乡试中式第十一名。

民国《萧山县志稿》卷十三：（光绪）二十八年壬寅，陈士奎，字应荪，知州，杭州籍。

民国《杭州府志》卷一百一十三：（光绪）二十八年壬寅补行庚子辛丑恩正并科　陈士奎，钱塘人。

【葛遵礼】(1876—1944)

字水声，萧山临浦镇人。光绪二十八年（1902）壬寅补行庚子辛丑恩正并科乡试中式第八十二名举人。同年留学日本东京法政学院。光绪三十二年（1906）正月与何丙藻等人发起开办苎萝乡乡立临浦初等高等小学。著有《中国文学史》等。

黄安绶《国朝两浙科名录》：光绪二十八年补行庚子辛丑恩正并科，中式二百十四名。葛遵礼，萧山。

《光绪庚子辛丑科浙江乡试同年齿录》：葛遵礼，原名乃清，字又丹，号绥身。行一，同治甲戌年五月初五日吉时生。浙江绍兴府萧山县学附生，民籍。肄业敷文、崇文两书院，东城讲舍、笔花书院……乡试中式八十二名，居萧山南乡临浦镇。

民国《萧山县志稿》卷十三：（光绪）二十八年壬寅科　葛遵礼，字水声。

日本法政大学史资料委员会编《清国留学生法政速成科纪事》：明治三十九年七月二十日，法政速成班第二班卒业生，浙江，葛遵礼。

【朱祖圻】(1871—1960)

字绣封，号养拙居士，萧山蜀山街道人，寄籍顺天府大兴县。光绪二十八年（1902）壬寅补行庚子辛丑恩正并科顺天乡试中式举人。历任安徽芜湖知县、芜湖警察厅长、安徽大通候补、芜湖县屠宰税局局长等。著有《知愧斋诗存》。

荣禄堂刊本光绪二十八年秋《缙绅全书》：朱祖圻，顺天人，安徽。

民国《芜湖县志》卷四十三：朱祖圻，字绣封，直隶大兴人，前任芜湖县，民国二年任（知县）。

【来福诒】（1876—？）

谱名枚吉，字简斋，一字禹臣，号谷生。萧山西兴街道襄七房（今属滨江区）人。光绪二十八年（1902）壬寅补行庚子辛丑恩正并科乡试中式第一百零一名举人。拣选知县。先后在杭州女子师范、安定中学任教。1929年曾充任杭州市首届西湖博览会秘书。著有《蘧庐存稿》（已佚）、《中国古代文学史》（手稿）等。

黄安绶《国朝两浙科名录》：光绪二十八年补行庚子辛丑恩正并科，中式二百十四名。来福诒，萧山。

《光绪庚子辛丑科浙江乡试同年齿录》：来福诒，谱名枚吉，字谷生，号简斋。行二，光绪丙子年九月三十日吉时生。绍兴府萧山县廪膳生，民籍……世居萧山西门外长河襄七庄。

民国《萧山县志稿》卷十三：（光绪）二十八年壬寅科　来福诒。

【田履耕】（1869—？）

谱名家琛，字子琛，一字味农，光绪二十八年（1902）壬寅补行庚子辛丑恩正并科乡试中式第一百零二名举人。

黄安绶《国朝两浙科名录》：光绪二十八年补行庚子辛丑恩正并科，中式二百十四名。田履耕，萧山。

《光绪庚子辛丑科浙江乡试同年齿录》：田履耕，谱名家琛，字子琛，一字味农。行一，同治八年二月初六日吉时生。浙江绍兴府萧山县廪贡生，民籍……乡试中式第一百二名，世居本县南门外南山。

民国《萧山县志稿》卷十三：（光绪）二十八年壬寅科　田履耕。

【陆钟渭】（1873—1930后）

字希吕，号珊绶，又号鳌岩，萧山城厢街道人。廪生，光绪二十八年（1902）壬寅补行庚子辛丑恩正并科乡试中式第一百十一名举人。授邮传部主事，民国后任杭州警备队总司令部秘书。著有《存我轩偶录》等。

《光绪壬寅补行庚子辛丑恩正并科乡试陆钟渭朱卷》：陆钟渭，字希吕，号珊绶，又号鳌岩。行二，同治壬申年十二月十一日吉时生。浙江绍兴府萧山县学廪生，民籍。著有《存我轩偶录》，已刻《纩录》及文集、赋钞、诗钞，均待梓……世居萧山城中。

黄安绶《国朝两浙科名录》：光绪二十八年补行庚子辛丑恩正并科，中式二百十四名。陆钟渭，萧山。

民国《萧山县志稿》卷十三：（光绪）二十八年壬寅科　陆钟渭。

【傅德谦】（1880—？）

字六皆，号吉士。光绪二十八年（1902）壬寅补行庚子辛丑恩正并科乡试中式第一百三十六名举人。官广西养利州知州，明江厅、龙州厅同知。民国后任浙江政务厅长。

黄安绶《国朝两浙科名录》：光绪二十八年补行庚子辛丑恩正并科，中式二百十四名。傅德谦，萧山。

《光绪庚子辛丑科浙江乡试同年齿录》：傅德谦，字六皆，号吉士。行一，光绪庚辰年十二月二十五日吉时生。绍兴府萧山县学附生，民籍。肄业敷文、崇文、紫阳三书院，诂经精舍、本省蚕学馆，考取本省中学堂……乡试中式一百三十六名，世居本邑西乡马湖北甸画桥头。

民国《萧山县志稿》卷十三：（光绪）二十八年壬寅科　傅德谦，字吉士，广西养利州知州，明江厅、龙州厅同知。

【汤祖荫】（1869—1908）

字冠英，号静孙，萧山城厢街道人。县学附生，光绪二十八年（1902）壬寅补行庚子辛丑恩正并科乡试中式第一百五十九名举人。拣选知县，分省奉天补用。

黄安绶《国朝两浙科名录》：光绪二十八年补行庚子辛丑恩正并科，中式二百十四名。汤祖荫，萧山。

《光绪庚子辛丑科浙江乡试同年齿录》：汤祖荫，字冠英，号静孙。行一，同治辛未年十一月十三日吉时生。绍兴府萧山县学附生，民籍……乡试中式第一百五十九名，世居萧邑西门外，现住城内西河下。

民国《萧山县志稿》卷十三:(光绪)二十八年壬寅科　汤祖荫，字冠英。

【楼之东】(1866—1943)

字卓夫，号介峰，萧山楼塔镇人。光绪二十八年（1902）壬寅补行庚子辛丑恩正并科乡试中式第一百七十四名举人。官至婺源知县。

黄安绶《国朝两浙科名录》：光绪二十八年补行庚子辛丑恩正并科，中式二百十四名。楼之东，萧山。

《光绪壬寅补行庚子辛丑恩正并科乡试楼之东朱卷》：楼之东，谱名受禄，字卓夫，号介峰。行一，同治丙寅年七月初四日吉时生。浙江绍兴府萧山县学附生，民籍……乡试中式第一百七十四名……世居萧山县南乡楼家庄儒坞。

民国《重修婺源县志》卷十三：（知县）楼之东，字卓夫，萧山举人，十四年秋任。

民国《萧山县志稿》卷十三:（光绪）二十八年壬寅科　楼之东。

【周庆瑗】(1879—？)

字仰籧，一字仲蘧，号卓如，萧山坎山镇人。光绪二十八年（1902）壬寅补行庚子辛丑恩正并科乡试中式第一百七十九名举人。光绪三十三年（1907）发起成立坎山小学。

黄安绶《国朝两浙科名录》：光绪二十八年补行庚子辛丑恩正并科，中式二百十四名。周庆瑗，萧山。

《光绪庚子辛丑科浙江乡试同年齿录》：周庆瑗，字仰籧，一字仲蘧，号卓如。行五，光绪己卯年四月十八日吉时生。浙江绍兴府萧山县职贡生，民籍。候选知县。肄业蕺山、笔花书院。通艺励志学堂……乡试中式一百七十九名，世居本邑东门外坎山镇。

《宣统三年冬季职官录》：周庆瑗，天津高等检察分厅试办录事。

内阁印铸局版《宣统三年冬季职官录》：天津高等检察分厅试办主簿周庆瑗，浙江萧山县人，举人。

民国《天津县新志》卷十七：周庆瑗，浙江萧山县举人，试办主簿。

民国《萧山县志稿》卷十三：（光绪）二十八年壬寅科　周庆瑗，字仰籧，知州。

【华光旦】（1878—1961）

字复斋，改光翼，又改钧珊，萧山闻堰街道潭头村人。光绪二十八年（1902）壬寅补行庚子辛丑恩正并科乡试中式第一百八十名举人。统捐局长，湖北候补知县。1930年，弃政回乡从医，创办萧山国医馆，任馆长，造就中医人才。抗战时期，寓居杭州行医。1957年，受聘为浙江省文史馆馆员。著有《小儿麻痦要览》《时方集解》《脉理探原》《壶隐医案》等。

黄安绶《国朝两浙科名录》：光绪二十八年补行庚子辛丑恩正并科，中式二百十四名。华光旦，萧山。

《光绪庚子辛丑科浙江乡试同年齿录》：华光旦，原名庆尧，字钧珊，号复斋。行一，光绪乙亥年七月十八日吉时生。绍兴府萧山县廪贡生，候选训导，民籍。前肄业敷文、紫阳两书院，现为萧山励志学堂教习……乡试中式第一百八十名，先世由潭头迁居龙王塘。

民国《萧山县志稿》卷十三：（光绪）二十八年壬寅科　华光旦，改光翼，字复斋。

【孙思鼐】（1857—1915）

谱名以篪，原名保桐，字卓卿，一字觉清，萧山闻堰街道人。光绪四年（1878）戊寅科试游邑庠，二十一年（1895）乙未岁试补博士弟子员。光绪二十八年（1902）壬寅补行庚子辛丑恩正并科乡试中式第一百九十四名举人。拣选知县。民国三年（1914）发起长安乡乡立第一蒙泉初等小学校，任校长。（《萧山孙氏宗谱》有陆受彤撰《觉清府君家传》）

黄安绶《国朝两浙科名录》：光绪二十八年补行庚子辛丑恩正并科，中式二百十四名。孙思鼐，萧山。

民国《萧山县志稿》卷十三：（光绪）二十八年壬寅科　孙思鼐，训导。

【汪鸿钧】（1874—？）

字子衡，号致龢，闻堰街道三江口村原东汪自然村人。光绪二十八年（1902）壬寅补行庚子辛丑恩正并科乡试中式第二百零二名举人。花翎同知衔，拣选知县。

黄安绶《国朝两浙科名录》：光绪二十八年补行庚子辛丑恩正并科，中式二百十四名。汪鸿钧，萧山。

《光绪庚子辛丑科浙江乡试同年齿录》：汪鸿钧，字子衡，号致龢，一字平甫。同治甲戌年正月二十三日吉时生。绍兴府萧山县附贡生，民籍……乡试中式二百二名。

民国《萧山县志稿》卷十三：（光绪）二十八年壬寅科　汪鸿钧，字子衡。

【裴效谦】（1834—1922）

又名甫棠，字庆邦，萧山闻堰街道人。廪生，光绪二十八年（1902）壬寅补行庚子辛丑恩正并科乡试中式第一百二十名举人。

黄安绶《国朝两浙科名录》：光绪二十八年补行庚子辛丑恩正并科，中式二百十四名。裴效谦，萧山。

《光绪庚子辛丑科浙江乡试同年齿录》：裴效谦，谱名升轩，又字庆邦，一字六皆，号虚谷。行二，同治辛未年四月三十日吉时生。绍兴府萧山县学廪生，民籍。肄业笔花、敷文、崇文、紫阳书院……乡试中式第一百二十名，世居萧山西门外裴家里。

民国《萧山县志稿》卷十三：（光绪）二十八年壬寅科　裴效谦，字庆邦。

光绪二十九年（1903）癸卯补行辛丑壬寅恩正并科

主考官：唐景崇、齐忠甲。

试题：食足货通然后国实民富而教化成论。

【汤在容】(1873—?)

字叔雍，又字熊非，号旭蓉，又号蠖庵，又号青昔生，萧山城厢街道人。光绪二十九年（1903）癸卯恩科乡试中式第二名举人。任正六品部主事，荣禄大夫。光绪二十七年（1901），捐资在萧山创办县立高等中小学堂。

黄安绶《国朝两浙科名录》：光绪二十九年癸卯恩科，中式第一百七名。汤在容，萧山。

《光绪二十九年癸卯科乡试汤在容朱卷》：汤在容，一名晋圻，字叔雍，又字熊非，号旭蓉，又号蠖龕，又号青昔生。同治癸酉年十二月二十一日吉时生。浙江绍兴府萧山县学蓝翎五品衔候选训导，咨部优行廪膳生，民籍……乡试中式第二名……世居萧山城内成家弄。

民国《萧山县志稿》卷十三：（光绪）二十九年癸卯科　汤在容，字叔雍，亚元，分部主事。

【曹鼎汾】(1865—?)

字秀岩，号雁桥，萧山蜀山街道人。廪贡生，光绪十四年（1888）戊子、十七年（1891）辛卯、十九年（1893）癸巳荐卷。光绪二十九年（1903）癸卯恩科乡试中式第四名举人。光绪三十年（1904）甲辰会试挑取誊录二等，以盐大使用，拣选知县，京师法律学堂毕业。以审判厅推事分发直隶，补授直隶张家口地方审判分厅民科推事，调山西寿阳县帮审员，代理山西静乐县知事。

黄安绶《国朝两浙科名录》：光绪二十九年癸卯恩科，中式第一百七名。曹鼎汾，萧山。

《光绪癸卯恩科乡试曹鼎汾朱卷》：曹鼎汾，字雁桥。行一，同治丙寅年九月十六日吉时生。萧山县廪贡生，民籍，戊子、辛卯、癸巳荐卷……乡试中式第四名……世居萧山南门外史村。

民国《平谷县志》卷二上：曹鼎汾，萧山县人（承审官）。

民国《萧山县志稿》卷十三：（光绪）二十九年癸卯科　曹鼎汾，字雁桥，经魁。

民国《青县志》卷五：曹鼎汾，民国六年，承审员。

《申报》1903年11月1日：癸卯恩科浙江乡试题名全录，曹鼎汾，萧山。

《申报》1904年8月5日：甲辰科荐卷挑取誊录人员，曹鼎汾，浙江。

《申报》1915年5月22日：第一日知事试验口试揭晓，曹鼎汾。

【沈企彭】（1865—？）

字伯欢，号介寿，萧山瓜沥镇人。晋之孙。光绪二十九年（1903）癸卯恩科乡试中式第十五名举人。光绪三十三年（1907）正月发起龙泉乡乡立长巷初等小学，并任校长。

《光绪二十九年癸卯恩科乡试沈企彭朱卷》：沈企彭，字伯欢，号介寿。行一，同治己巳年三月十八日吉时生。浙江绍兴府萧山县学咨部优行增广生，民籍……乡试中式第十五名，现居萧山东门外长巷东井村。

黄安绶《国朝两浙科名录》：光绪二十九年癸卯恩科，中式第一百七名。沈企彭，萧山。

民国《萧山县志稿》卷十三:(光绪）二十九年癸卯科　沈企彭，字伯欢。

【周震咸】（1874—？）

字炳奎，号介卿，萧山瓜沥镇里湖村人。职贡生，光绪二十九年（1903）癸卯恩科乡试中式第二十五名举人。

《光绪二十九年癸卯恩科乡试周震咸朱卷》：周震咸，字炳奎，号介卿。行一，同治甲戌年八月二十一日吉时生。浙江绍兴府萧山县学职贡生，民籍……乡试中式第二十五名，住萧山东门外田里湖村。

黄安绶《国朝两浙科名录》：光绪二十九年癸卯恩科，中式第一百七名。周震咸，萧山。

民国《萧山县志稿》卷十三:(光绪）二十九年癸卯科　周震咸，字介卿。

【来雍】（1865—？）

字肃甫，号雁铭，萧山长河镇（今属滨江区）人。廪膳生，肄业敷文书院、诂经精舍。光绪二十九年（1903）癸卯恩科乡试中式第二十七名举人。著有《医林集腋五种》、《灸法最明》二卷。

黄安绶《国朝两浙科名录》：光绪二十九年癸卯恩科，中式第一百七名。来雍，萧山。

民国《萧山县志稿》卷十三：（光绪）二十九年癸卯科　来雍，庠名有融，来萱子，字雁铭。

【王焘】（1876—？）

原名庆珍，学名焘清，一字营之，字荇沚，号臞仙，别号瀛海，萧山临浦镇人，杭州籍。光绪二十九年（1903）癸卯恩科乡试中式第四十三名举人。浙江大学堂毕业生，咨送京师大学堂，师范馆肄业，光绪十一年（1885）拣发广西知县。历充思恩府调查委员、平乐府中学校监督、柳州府中学校监督臬司。宣统三年（1911）任灵川县知县，民国元年（1912）丁父艰，卸灵川县知事回原籍。著有《桂海游记》。案：民国《萧山县志稿》“王焘”作“王涛”，今据黄安绶《国朝两浙科名录》、民国《杭州府志》。

黄安绶《国朝两浙科名录》：光绪二十九年癸卯恩科，中式第一百七名。王焘，仁和。

民国《杭州府志》卷一百一十三：光绪二十九年癸卯补行辛丑壬寅恩正并科　王焘，仁和人。

民国《临川县志》卷八：王焘，浙江仁和县人，宣统元年十月奉军政府委任（县知事）。

民国《萧山县志稿》卷十三：光绪二十九年癸卯科　王涛，字荇沚，杭州籍，广西灵川知县。

【王邦藩】（1877—？）

字仲田，一字仲宣，号雨苍，萧山临浦镇人，杭州籍。光绪二十九年（1903）癸卯恩科乡试中式第四十四名举人。日本明治大学法律专科毕业生。光绪三十三年（1907）回国，外务部调充储才馆学习员，外务部补用和会司主事。宣统元年（1909）任釜山正领事官。民国三年（1914）由财政总长保荐免试知事。

黄安绶《国朝两浙科名录》：光绪二十九年癸卯恩科，中式第一百七名。王邦藩，萧山。

《光绪二十九年癸卯恩科乡试王邦藩朱卷》：王邦藩，字仲田，一字仲宣，号雨苍。行二，光绪丁丑年六月初四日吉时生。浙江绍兴府萧山县学附生，民籍……乡试中式第四十四名……现居萧山南门外临浦镇。

民国《萧山县志稿》卷十三：（光绪）二十九年癸卯科　王邦藩，字仲田，杭州籍，外务部主事，朝鲜釜山正领事官。

【胡树桐】

山阴（今属萧山所前镇）人，杭州籍。诂经精舍肄业。光绪二十九年（1903）癸卯恩科乡试中式第四十六名举人。记名军机章京。光绪三十三年（1907）考取内阁中书。（《清实录》：六月癸未，验看考试举贡。得旨：吴承仕等一百二十七名着以主事分部学习，胡树桐等十二名着以内阁中书用，熊蹇修等四十名着以七品小京官分部学习，李介春等百八十八名着以知县分省补用）

黄安绶《国朝两浙科名录》：光绪二十九年癸卯恩科，中式第一百七名。胡树桐，钱塘。

民国《杭州府志》卷一百一十三：（光绪）二十九年癸卯补行辛丑壬寅恩正并科　胡树桐，钱塘人，记名军机章京。

【朱寿楠】（1874—？）

字荫帆，号芷青，一号梓卿，萧山衙前镇人。朱城曾孙。职贡生，同知升衔。光绪二十九年（1903）癸卯恩科乡试中式第七十五名举人。江苏知县。

黄安绶《国朝两浙科名录》：光绪二十九年癸卯恩科，中式第一百七名。朱寿楠，萧山。

《光绪癸卯恩科乡试朱寿楠朱卷》：朱寿楠，字荫帆，号芷青。行二，光绪乙亥年五月十五日吉时生。浙江绍兴府萧山县职贡生，民籍。同知升衔，分省候选知县……浙江乡试中式第七十五名，世居萧山县翔凤村，现住东门外梅花楼。

民国《萧山县志稿》卷十三：（光绪）二十九年癸卯科　朱寿楠，字梓卿，江苏知县。

【何丙藻】(1872—1950)

庠名燕，字黼唐，一字梦琴，萧山临浦镇人，钱塘籍。光绪二十九年（1903）癸卯恩科乡试中式第八十四名举人。光绪三十年（1904）与汤寿潜、葛遵礼等创办临浦小学，光绪三十四年（1908）任教育会副会长。宣统元年（1909）任绍兴教育会副会长。民国二年（1913）任上海光华大学国文教授，七年（1918）任绍萧塘工局监理，十七年（1928）任萧属临浦镇闾长等职。

黄安绶《国朝两浙科名录》：光绪二十九年癸卯恩科，中式第一百七名。何丙藻，钱塘。

《光绪二十九年癸卯恩科乡试何丙藻朱卷》：何丙藻，原名燕，字黼唐，一字梦琴。行二，光绪丙子年十二月初五日吉时生。浙江杭州府钱塘县学廪生，民籍……乡试中式第八十四名，现居萧山南乡临浦镇。

民国《杭州府志》卷一百一十三：（光绪）二十九年癸卯补行辛丑壬寅恩正并科　何丙藻，钱塘人。

民国《萧山县志稿》卷十三：光绪二十九年癸卯科　何丙藻，庠名燕，字黼唐，钱塘籍。

【何嘉澍】(1872—?)

字贺雨，又字晴初，号绍山，萧山城厢街道人，顺天籍。光绪二十六年（1900）庚子辛丑恩正并科乡试挑取誊录。光绪二十九年（1903）癸卯恩科乡试顺天中式第一百二十四名举人。民国五年（1916）任河南新乡知县。

光绪三十一年春荣宝斋刊本《缙绅全书》：光绪三十年新海防筹饷事例十一月分发各省试用人员，何嘉澍，浙江人，河南。

民国《新乡县续志》卷二：何嘉澍，浙江萧山人，举人，民国五年任（知县）。

民国《武安县志》卷十四：何嘉澍，宣统三年任（知县）。

民国《萧山县志稿》卷十三：（光绪）二十九年癸卯科　何嘉澍，顺天，河南知县。

【陈畴】

山阴天乐乡安山陈（今属萧山进化镇）人。光绪二十九年（1903）癸卯恩科乡试中式第六十六名举人。

黄安绶《国朝两浙科名录》：光绪二十九年癸卯恩科，中式第一百七名。陈畴，绍兴。

【陆光熙】

见进士条。

清代进士

顺治四年（1647）丁亥科

主考官：范文程、刚林、祁充格、冯铨、宁完我、宋权。

试题：尧舜帅天（二句）；知者不惑（章）；行天下之（由之）。

【周绳烈】（1622—1655）

本姓贺，谱名昌图，讳大生，字云庵，萧山城厢街道人，改顺天昌平府，军籍。顺治三年（1646）丙戌科顺天乡试中式举人，四年（1647）丁亥科中式三甲第六十名进士。钦点博学宏词，题赠特简名英。任湖北郧阳知县，时大乱甫平，绳烈招抚遗黎，各安耕作，修葺山寨、关卡，重建县署，学宫毁，结茅以祀。后转刑部主事。顺治十二年（1655）十月，吏部书吏章冕在宫门前刎颈，告发顾仁贪赃枉法、陷害无辜。因绳烈与顾仁为同年同刑曹，且为顾仁担保，顺治帝亲加审讯，遂将顾仁与周绳烈处死。（康熙《湖广郧阳府志》卷十七载其传）

天一阁藏《清顺治四年进士履历便览》：周绳烈云庵，辛酉年六月十九日生，浙江萧山籍，（北直隶顺天府）昌平卫人。礼部观政，授湖广郧西知县。

《顺治四年进士题名碑录丁亥科》：赐同进士出身，第三甲，二百三十八名。周绳烈，顺天府昌平卫人。

康熙《畿辅通志》卷第十七：丁亥科吕宫榜　周绳烈，昌平人。

《清世祖实录》卷九十五：贺绳烈身系法官，交通贪墨，藐法过赃，应立斩。议上，颁旨，顾仁本应凌迟处死，从宽，着即处斩，贺绳烈本应处斩，从宽即处绞。

康熙《湖广郧阳府志》卷六：郧西县知县贺绳烈，绍兴进士。

康熙《通州志》卷八：贺绳烈，本姓周，原籍浙江，顺治丙戌举人，丁亥进士，任刑部主事。

雍正《浙江通志》卷第一百四十二：顺治四年丁亥科吕宫榜　周绳烈，萧山人，知县。

乾隆《郧西县志》卷八：顺治，贺绳烈，绍兴人进士（郧西县知县）。

乾隆《临清直隶州志》卷八：贺绳烈，榜姓周，萧山人。顺治丁亥进士，湖广郧西知县。

乾隆《绍兴府志》卷三十一：周绳烈，昌平籍，旧志：萧山人。本姓贺，知县。

嘉庆《郧阳志》卷五：顺治四年，贺绳烈，有传（知县）。

光绪《昌平州志》卷七：顺治四年吕宫榜　周绳烈，卫籍（清称“军籍”）。

光绪《顺天府志》卷一百十六：顺治四年丁亥吕宫榜　周绳烈。

民国《萧山县志稿》卷十三：周绳烈，本姓贺，京闱中试，奉旨复“周”姓。吕宫榜，刑部主事，一作知县。

顺治十五年（1658）戊戌科

主考官：傅以渐、李霨。

试题：无为而治（章）；天命之谓（章）；君子所性（二节）。

【黄邵士】（1633—？）

字正庵，复姓邵，山阴天乐乡邵家塔（今属萧山进化镇）人。赴考时改母姓（其母为萧山黄桐山湾人），遂入萧山籍。顺治十一年（1654）甲午科乡试中式第九十八名举人，顺治十五年（1658）戊戌科会试第一百零二名，中式三甲第三十二名进士。康熙二年（1663）任潮州推官，八年（1669）任山阳知县。康熙十二年（1673）任沂州知州。曾主持修葺城垣，纂修州志，清核钱粮，颇有政声。（民国《山东通志》卷七十六载其传）

《顺治十五年进士题名碑录戊戌科》：赐同进士出身，第三甲，二百六十名。黄邵士，浙江绍兴府萧山县人。

康熙《广东通志》卷十三：邵士，萧山人，进士，康熙二年任（推官）。

雍正《浙江通志》卷一百四十二：顺治十五年戊戌科孙承恩榜　黄邵士，萧山人，潮州推官。

乾隆《绍兴府志》卷三十一：顺治十五年戊戌科孙承恩榜　黄邵士，萧山人，潮州推官。《县志》：复姓邵，知州。

乾隆《江南通志》卷一百零八：邵士，萧山人，康熙八年任（山阳县知县）。

乾隆《潮州府志》卷三十一：邵士，浙江萧山人，进士，康熙二年任（推官）。

乾隆《沂州府志》卷十七：邵士，浙江萧山县进士，（康熙）十二年任（知州）。

乾隆《淮安府志》卷十八：邵士，萧山人，（康熙）八年任（山阳县知县）。

嘉庆《山阴县志》卷十：顺治十五年戊戌科　邵士，知县。《府志》作"黄邵士"，萧山人，潮州推官；《萧山志》：复姓邵，知州，孙承恩榜。

民国《萧山县志稿》卷十三：顺治十五年戊戌科　黄邵士，孙承恩榜，沂州知州。《绍兴府志》：潮州推官。

民国《临沂县志》卷七：邵士（有传），康熙（知州）。

顺治十六年（1659）己亥科

主考官：刘正宗、周祚。

试题：欲修其身（七句）；道之仁德（二句）；为人臣者（接也）。

【周之麟】（1622—1692）

字石公，号简斋，又号静斋，萧山所前镇来苏周村人。顺治十四年（1657）丁酉科乡试中式第四十六名举人，十六年（1659）己亥科会试中式第五十九名，殿试二甲第十六名进士。改庶常，授编修，升司业、国史编修、辛丑会试同考官。由讲读学士晋宫詹，预修《玉牒》《孝经》《太宗实录》，锡赉甚渥。移太仆寺少卿，转佥都御史。上《恤刑》《漕运》诸疏。迁太常卿，晋通政使司通政使。卒于官，赐祭葬。之麟通籍三十余年，皆仕宦中朝，未尝出国门。而谨饬周密，不激不随，服官虽久，田宅不及中人。尝语子弟曰："我居处服食，较诸生时不敢一分增；我气概襟怀，较诸生时不敢不十分减。"人称言副其实。辑有《宋四家诗钞》。（《周氏宗谱》有陶作楫撰《简斋公传》、杜臻撰《简斋公墓志铭》，雍正《浙江通志》卷一百九十一有其传）

《顺治十六年进士题名碑录己亥科》：赐进士出身，第二甲，九十六名。周之麟，浙江绍兴府萧山县人。

雍正《浙江通志》卷第一百四十二：顺治十六年己亥科徐文元榜　周之麟，萧山人，庶吉士，通政使。

乾隆《绍兴府志》卷三十一：顺治十六年己亥科徐元文榜　周之麟，庶吉士，通政使。

嘉庆《山阴县志》卷十：顺治十六年己亥科　周之麟，有传。《府志》：萧山人，据家乘补。案是年再行会试，徐元文榜。

民国《萧山县志稿》卷十三：顺治十六年己亥科徐文元榜　周之麟，庶吉士，通政使。

【丁克扬】（1612—1697）

字抑之，号琴溪，萧山戴村镇人。顺治八年（1651）辛卯科乡试中式第十三名举人，十六年（1659）己亥科会试第一百二十一名，中式三甲第二十一名进士。历官安陆府潜江县，康熙十年（1671）任武昌府通城知县。在通城任上，"慈恕宽和，催科不尚箠楚，重修县志"（同治《通城县志》）。著有《琴溪合稿》。（《萧山丁氏宗谱》有陈至言撰《文林郎琴溪公传》）

《顺治十六年进士题名碑录己亥科》：赐同进士出身，第三甲，二百七十七名。丁克扬，浙江绍兴府萧山县人。

康熙《通城县志》卷五：丁克扬，浙江萧山进士，康熙十年任（知县）。

康熙《湖广武昌府志》卷四：丁克扬，萧山人，进士（通城县知县）。

雍正《浙江通志》卷第一百四十二：顺治十六年己亥科徐元文榜　丁克扬，萧山人，潜江知县。

乾隆《绍兴府志》卷三十一：顺治十六年己亥科徐元文榜　丁克扬，潜江知县，萧山人。

民国《萧山县志稿》卷十三：顺治十六年己亥科　丁克扬，通城知县。《绍兴府志》：潜江知县。

顺治十八年（1661）辛丑科

主考官：成克巩、周祚。

试题：知止而后（节）；夫子之文（章）；易其田畴（二节）。

【潘邵珪】

复姓何，字俨思，萧山人，仁和籍。顺治十四年（1657）丁酉科乡试中式第九十三名举人，十八年（1661）辛丑科中式三甲第七十四进士。康熙八年（1669）莅福山县任，雅擅词赋，课士劝农，周贫缓征，捐俸修启圣祠，较旧制更为壮丽。邑社学久废，出俸延师，以教贫家子弟，有入泮者，南堤障河为县利害，乃先树柳，期为一劳永逸之计，惜卒于官，未终其事。（乾隆《福山县志》载其传）

《顺治十八年进士题名碑录辛丑科》：赐同进士出身，第三甲，三百三名。潘邵珪，浙江杭州府仁和县籍，萧山人。

康熙《仁和县志》卷十：顺治十八年马世俊榜　潘兆珪，福山知县。

康熙《钱塘县志》卷十：顺治十八年马世俊榜　潘兆珪，知县。

雍正《浙江通志》卷一百四十二：顺治十八年辛丑科马世俊榜　潘兆珪，钱塘人，福山知县。

乾隆《绍兴府志》卷三十一：顺治十八年辛丑科马世俊榜　潘兆珪，萧山人，知县。

乾隆《杭州府志》卷七十一：顺治十八年辛丑马世俊榜　潘兆珪，仁和贯，萧山人，福山知县。

民国《萧山县志稿》卷十三：顺治十八年辛丑科　潘兆珪，马世俊榜，乡举姓何，福山知县。

案：民国《萧山县志稿》谓“潘兆珪”，雍正《浙江通志》、乾隆《绍兴府志》等皆作“兆珪”，今据《顺治十八年进士题名碑录辛丑科》。

康熙六年（1667）丁未科

主考官：王弘祚、梁清标、刘芳躅、冯溥。

试题：唯天下至化论。

【来垣】（1633—1703）

字紫垣，号世求，萧山长河镇（今属滨江区）人。康熙二年（1663）癸卯科乡试中式第六十三名举人。六年（1667）丁未科会试第四十一名，殿试中式三甲第十八名进士。以进士授内阁中书，外转山东莱州府、东昌府同知。持法严峻，豪胥墨吏不敢上下其手，萑苻敛迹。秩满课最，调署登州府事。蠹役张某者，起家刀笔，善逢迎，广交游，每一官到任，必先举数事尝试，以渐入其牢笼，无得免者。垣任莱州时，素闻其奸，甫下车，即置之狱。缙绅为之解说者踵相接，坚持不许，卒予大杖，荷校革役，合郡称快，于是威立改行，有神明之誉。武生孙秀，本亡命之徒，即张某甥也。学使唐赓尧岁试黜孙劣等，孙怀恨深，至张所，与谋刺学使。张密嘱曰：来亦吾仇也。吾能害唐，以泄尔忿，尔在外害来，泄吾之忿，是两得也。计遂定，时垣任提调点名，内贼未发，而孙已刺中垣要害，立卒，一郡大惊，莫不痛悼。学使幸未及难，追究得张谋，乃磔二凶于市。

《康熙六年进士题名碑录》：赐同进士出身，第三甲，一百十二名。来垣，浙江绍兴府萧山县人。

雍正《浙江通志》卷一百四十二：康熙六年丁未科缪彤榜　来垣，萧山人，东昌府同知。

乾隆《绍兴府志》卷三十一：康熙六年丁未科缪彤榜　来垣，东昌同知。

乾隆《莱州府志》卷六：来垣，萧山进士，（康熙）十九年任（同知）。

民国《萧山县志稿》卷十三：康熙六年丁未科　来垣，缪彤榜，东昌府同知。

【韩辰旦】（1623—1692）

本姓任，字千之，别号待庵，萧山城厢街道人。与同里毛奇龄、王先吉、韩日昌学同师，号称“四杰”。顺治十四年（1657）丁酉科乡试中式第四名举人。从外氏籍，曰韩灿。康熙六年（1667）丁未科会试第七十三名，殿试中式三甲第八十二名进士，复姓名。康熙十五年（1676）选知江南松江府上海。清苦自励，敏于听断，数决疑狱，豪猾敛迹。十八年（1679）举博学鸿儒，放还故官，复以良吏荐。二十二年（1683）补工科给事中。二十三年（1684）典湖广乡试，时称得人。二十五年（1686）改大理寺丞，母忧归，旋以前廷推事诖误落职，卒于家。著有《言近录》《介和堂集》。（《萧山任氏家乘》有毛奇龄撰《大理寺丞前兵科掌印给事中任君行状》、齐召南撰《待庵任公传》，家乘另有《待庵公奏疏目》和《待庵公序记目》《待庵公七十六首》，《清史稿》卷四百七十六、乾隆《绍兴府志》卷五十四、嘉庆《松江府志》卷四十三有其传）

《康熙六年进士题名碑录》：赐同进士出身，第三甲，一百十二名。韩辰旦，浙江绍兴府萧山县人。

雍正《浙江通志》卷一百四十二：康熙六年丁未科缪彤榜　韩辰旦，萧山人，给事中。

乾隆《绍兴府志》卷三十一：康熙六年丁未科缪彤榜　韩辰旦，《县志》本姓任，大理丞、给事中。

乾隆《江南通志》卷一百零七：任辰旦，萧山人，进士，康熙十四年任（知县）。

嘉庆《松江府志》卷三十八：康熙十四年，任辰旦，萧山人，进士，有传。

同治《上海县志》卷十三：（康熙）十四年任（知县），任辰旦，有传。

民国《萧山县志稿》卷十三：（康熙）六年丁未科　任辰旦，大理寺丞、给事中。

康熙九年（1670）庚戌科

主考官：魏裔介、龚鼎孳、王清、田逢吉。

试题：巍巍乎惟（名焉）；几为天下（节）；有天爵者（二节）。

【王先吉】（1618—1688）

字枚臣，号毅庵，萧山城厢街道人。康熙八年（1669）己酉科乡试中式第五十四名举人，九年（1670）庚戌科会试第一百二十四名，殿试三甲第一百七十名进士。授内阁中书舍人未赴任，家居二十年卒。遇邑有水旱修筑大事，率挺身先之。著有《容安轩诗钞》，尝谓诗文不一规，而少学之人随时转圜，故选汉魏六朝至元明人诗成《古今诗统》四十卷。复集诸古文，为《文统》，未及。（《萧山王氏宗谱》有毛奇龄撰《进士候补内阁中书毅庵王君墓志铭》《内阁中书毅庵公传》、吴嗣富撰《进士毅庵公暨知县杏侯甸侯公合传》）

《康熙九年进士题名碑录庚戌科》：赐同进士出身，第三甲，二百三十九名。王先吉，浙江绍兴府萧山县人。

雍正《浙江通志》卷一百四十二：康熙九年庚戌科蔡启僔榜　王先吉，萧山人。

绍兴《绍兴府志》卷三十一：康熙九年庚戌科蔡启僔榜　王光吉（案：此处误），萧山人，中书。

民国《萧山县志稿》卷十三：康熙九年庚戌科　王先吉，蔡启僔榜，内阁中书舍人。

案：《康熙九年庚戌科进士便览》云王先吉己酉科乡试中式第十八名。

【祝弘坊】

字子礼，号仙岩，山阴天乐乡（今属萧山进化镇）人。康熙二年（1663）癸卯科乡试中式第二名举人，九年（1670）庚戌科会试中式第二百四名，殿试中式二甲第三十九名进士。授陕西会宁县知县。

《康熙九年进士题名碑录庚戌科》：赐进士出身，第二甲，五十七名。祝弘坊，浙江绍兴府山阴县人。

雍正《浙江通志》卷一百四十二：康熙九年庚戌科蔡启僔榜　祝弘坊，知县。

乾隆《绍兴府志》卷三十一：康熙九年庚戌科蔡启僔榜　祝弘坊，知县。

嘉庆《山阴县志》卷十：康熙九年庚戌科　祝弘坊，知县。

《嘉庆己未词科录》卷四：祝弘坊，字子礼，浙江山阴人，康熙庚戌进士，授陕西会宁县知县。

法式善《槐厅载笔》卷八：祝弘坊，浙江山阴人，庚戌进士。《吏垣牍略》。

康熙十二年（1673）癸丑科

主考官：杜立德、龚鼎孳、姚文然、熊赐履。

试题：所谓平天（节）；樊迟问仁（章）；尽其心者（节）。

【张际鹏】（1615—1691）

字振生，号兰岑，山阴天乐乡岳山下杜村（今属萧山进化镇）人，寄籍萧山。顺治十四年（1657）丁酉科乡试中式第五十九名举人，康熙十二年（1673）中式癸丑科三甲第一百名进士。例授文林郎。际鹏自幼朴诚，长而敦行，孜孜好学。（《岳山张氏宗谱》有田轩来撰《赐进士兰岑公传》）

《康熙十二年进士题名碑录癸丑科》：赐同进士出身，第三甲，一百二十三名。张际鹏，浙江绍兴府萧山县人。

雍正《浙江通志》卷一百四十二：康熙十二年癸丑科韩菼榜　张际鹏，萧山人。

乾隆《绍兴府志》卷三十一：康熙十二年癸丑科韩菼榜　张际鹏，萧山人。

民国《萧山县志稿》卷十三：康熙十二年癸丑科　张际鹏，韩菼榜，本籍山阴。

嘉庆《山阴县志》卷十：康熙十二年癸丑科　张际鹏，萧山籍，据《萧山志》补。

康熙二十四年（1685）乙丑科

主考官：张士甄、王鸿绪、孙在丰。

试题：颜渊问仁（节）；仲尼祖述（章）；圣人百世（章）。

【沈士本】（1649—1721）

字壹皆，号轫庵，一号孟璜，萧山瓜沥镇人。康熙十七年（1678）戊午科由国子生中副车，二十年（1681）辛酉科乡试中式第五十三名举人，二十四年（1685）乙丑科会试中式一百三十三名，殿试中式三甲第三十一名进士。时毛奇龄分校礼闱，喜共陪宴，并赠诗："衣柳渐逢宫巷晓，看花刚及御园晴。"授四川屏山令，屏邑初造，土多荒，流民垦殖，稍瘠，辄弃去，课额常缺。士本招徕开谕，使知有恒产，地遂无废土。复振兴文教，屏民咸津津向学，风俗为之丕变。丁外艰，起补芦山令，民有昔无完衣，今有余布之歌。报最，迁吏部主事，累升郎中，凡历铨曹四司，悉厘剔奸弊，一洗旧染之习。康熙四十八年（1709）分校礼闱，所得士皆一时名宿。未几，请急归省，会子震世寄顺天籍获中式，为言者所论，落职。寻遭继母丧，哀毁成疾，卒。著有《芦留集》。（《萧山长巷沈氏宗谱》有任之专撰《吏部文选司掌印郎中轫庵沈公传》）

《康熙二十四年乙丑科三代进士履历》：沈士本，□□。《易》，四房。□□□□□生，萧山人。□□□□□。会试第一百三十三名，三甲三十一名。

《康熙二十四年进士题名碑录乙丑科》：赐同进士出身，第三甲，一百二十一名。沈士本，浙江绍兴府萧山县人。

雍正《四川通志》卷三十一：沈士本，浙江进士，康熙三十一年任（屏山县知县）。

雍正《四川通志》卷三十一：沈士本，浙江进士，康熙三十七年人（芦山县知县）。

雍正《浙江通志》卷一百四十二：康熙二十四年乙丑科陆肯堂榜　沈士本，萧山人，郎中。

乾隆《雅州府志》卷八：芦山县知县沈士本，事见《循吏》。

乾隆《绍兴府志》卷三十一：康熙二十四年乙丑科陆肯堂榜　沈士本，萧山人。

光绪《屏山县续志》：沈士本（知县）。

光绪《叙州府志》卷二十八：沈士本，浙江进士，（康熙）三十一年任

（屏山知县）。

民国《萧山县志稿》卷十三：康熙二十四年乙丑科　沈士本，汪肯堂（案：此处误）榜，四川屏山等县知县，吏部清吏司掌印郎中。

康熙二十七年（1688）戊辰科

主考官：成其范、王熙、徐乾学、郑重。

试题：樊迟问仁（三节）；舜其大孝（二节）；天下之言（章）。

【潘锦】

字絅章，号就亭，萧山人，福建崇安籍。康熙八年（1669）己酉科福建中式第三十五名举人，康熙二十七年（1688）戊辰科会试中式第七十四名，殿试中式三甲第十名进士。吏部主事。案：因康熙《萧山县志》修于二十二年（1683），时潘锦尚未中进士，故只录举人。乾隆《志》则据康熙《志》抄录，今补之。

《康熙二十七进士题名碑戊辰科》：赐同进士出身，第三甲，一百三名。潘锦，福建建宁府崇安县人。

乾隆《武夷山志》卷十七：潘锦，字絅章，号就亭。初，父球由浙江仁和入籍崇安，曾筑室于玉华峰麓，康熙戊辰进士。为曲沃令，有声，博学多才长，于诗得风人之旨。晋铨曹，擢吏科都谏，晋银台，尝作《怀别业诗》归。子廷伟，甲午孝廉，淮宁令；廷云，明经。

乾隆《续修曲沃县志・爵秩志》：潘锦，字就亭，崇安人，进士，康熙三十三年任（知县）。

汪士鋐《秋泉居士集》卷八《就亭潘公墓表》：公讳锦，字就亭，世居山阴，以父迁闽，为崇安人。

乾隆《绍兴府志》卷三十三：康熙八年己酉科　潘锦，萧山人，福建中式，据《县志》补。

乾隆《福建通志》卷四十一：康熙二十七年戊辰沈廷文榜　崇安县潘锦，历通政司左通政。

民国《萧山县志稿》卷十三：潘锦，福建中式，《浙江通志》缺。

民国《重修崇安县志》卷十四：康熙二十七年戊辰沈廷文榜　潘锦，字䌹章，号就亭，四隅里人，官通政司。祀乡贤祠，传见《忠义》。

康熙三十年（1691）辛未科

主考官：张玉书、陈廷敬、王士禛、李光地。

试题：颜渊季路（章）；博厚所以（节）；非其义也（诸人）。

【田轩来】（1652—1723）

字子轩，号东轩，山阴天乐乡欢潭（今属萧山进化镇）人。康熙二十九年（1690）庚午科乡试中式第六十名举人，三十年（1691）辛未科三甲第三名进士。授四川成都县令，尽革支派陋规，需应皆出捐办。邑多荒地，招徕垦复，课日增而民力裕。又兴学校，勤讲课，多方鼓舞士风，升户曹，邑民扶老携幼泣送。擢河南道监察御史，掌江南道。康熙五十三年（1714）任顺天府甲午科乡试副考官。后乞假归，家无担石储。（《山阴天乐欢潭田氏宗谱》有田有玉撰《诰授奉政大夫掌江南道事河南道监察御史东轩府君行述》，雍正《四川通志》载其传）

《康熙三十年进士题名碑录辛未科》：赐同进士出身，第三甲，一百十四名。田轩来，浙江绍兴府山阴县人。

雍正《四川通志》卷三十一：田轩来，浙江进士，康熙三十五年任（成都县知县）。

雍正《浙江通志》卷一百四十二：康熙三十年辛未科戴有祺榜　田轩来，山阴人，御史。

乾隆《绍兴府志》卷三十一：康熙三十年辛未科戴有祺榜　田轩来，御史，山阴人。

嘉庆《山阴县志》卷十：康熙三十年辛未科　田轩来，有传。

嘉庆《成都县志》卷二：田轩来，浙江进士，康熙三十五年任（知县）。

康熙三十六年（1697）丁丑科

主考官：熊赐履、张英、吴琠、田雯。

试题：子曰参乎（章）；天之所覆（尊亲）；禹闻善言（二段）。

【陈至言】（1655—1712）

字山堂，一字青崖，萧山人。康熙三十二年（1693）癸酉科乡试中式第三十二名举人，三十六年（1697）丁丑科中式二甲第二十一名进士。授翰林院编修，尝值南书房，与修《一统志》《四朝诗》《佩文韵府》《朱子全集》《渊鉴类函》。御试两擢第一。康熙四十二年（1703）癸未、四十五年（1706）丙戌两为会试同考官。四十八年（1709）提督河南学政。岁试未周，卒于任，祀中州名宦祠。至言少时，即为乡前辈毛奇龄所称赏，谓其能守古人三义八法之意而不变。著有《菀青集》，计诗十二卷，文七卷，诗余二卷，毛奇龄序。其诗词与同里张远齐名。（《国朝书画家笔录》卷三有其传）

《康熙三十六年进士题名碑丁丑科》：赐进士出身，第二甲，四十名。陈至言，浙江绍兴府萧山县人。

康熙《涉县志》修志姓氏：提督河南通省学政、翰林院编修陈至言山堂，浙江萧山人（丁丑）。

雍正《河南通志》卷三十五：陈至言，浙江萧山人，进士，以翰林院编修提督学政，康熙四十八年（案：卷五十四云其康熙五十三年任）。

雍正《浙江通志》卷一百四十二：康熙三十六年丁丑科李蟠榜　陈至言，萧山人，检讨，河南学院。

乾隆《绍兴府志》卷三十一：康熙三十六年丁丑科李蟠榜　陈至言，萧山人，检讨，河南学院。

《词林典故》卷八：康熙三十六年丁丑科　陈至言，浙江萧山人。

法式善《清秘述闻》卷十一：陈至言，字山堂，浙江萧山人，康熙丁丑进士，四十八年以编修任。

沈德潜《清诗别裁集》卷二十：陈至言，字青崖，浙江萧山人，康熙癸未进士，官翰林院编修，著有《菀青集》。

陶元藻《全浙诗话》卷四十四：陈至言，字青厓，号山堂，萧山人，康熙癸未进士，选庶吉士，授编修，出为河南学政，著有《菀青阁集》。

张维屏《国朝诗人征略》卷十七：陈至言，字青崖，号山堂，浙江萧山人，康熙三十六年进士，官翰林院编修，有《青宛堂集》。

阮元、杨秉初辑《两浙輶轩录》卷十：陈至言，字青崖，号山堂，萧山人，康熙丁丑进士，历官翰林院编修，河南学政，著《青菀堂集》。

民国《萧山县志稿》卷十三：康熙三十六年丁丑科　陈至言，李蟠榜，编修，《绍兴府志》作检讨，河南学院。

【陈尧仁】

萧山人，仁和籍。康熙三十五年（1696）丙子科乡试中式第十七名举人，三十六年（1697）丁丑科中式三甲第三十九名进士。康熙四十一年（1702）任顺昌知县。

《康熙三十六年进士题名碑丁丑科》：赐同进士出身，第三甲，一百七名。陈尧仁，浙江杭州府仁和县人。

雍正《浙江通志》卷一百四十二：康熙三十六年丁丑科李蟠榜　陈尧仁，仁和人，顺昌知县。

乾隆《延平府志》卷二十三：陈尧仁，仁和人，进士，（康熙）四十三年任（顺昌知县）。

乾隆《福建通志》卷二十七：陈尧仁，仁和人，进士，康熙四十三年任（顺昌知县）。

民国《杭州府志》卷一百十一：康熙三十六年丁丑李蟠榜　陈尧仁，仁和人，顺昌知县。

民国《顺昌县志》卷十五：陈尧仁，江南进士，《府志》作仁和人，进士，康熙四十三任（知县）。

民国《萧山县志稿》卷十三：康熙三十六年丁丑科　陈尧□。

康熙三十九年（1700）庚辰科

主考官：吴琠、熊赐履、李楠、王九龄。

试题：知者不惑（章）；君子之道（天地）；圣人之于（子也）。

【来燕雯】（1648—1704）

字拂云，号对山，萧山长河镇（今属滨江区）人。康熙八年（1669）己酉科顺天乡试中式举人，三十九年（1700）庚辰科中式三甲第一百三十名进士。官内阁中书，著有《对山诗钞》。按赵善昌《来进士传》：对山为集之先生第四子，其成进士去先生释褐时，适周一甲。先生暮年善病，凡药石之奉，燕雯必躬进，暇即博涉书史，披览万卷，下笔千言立就。

《康熙三十九年进士题名碑录庚辰科》：赐同进士出身，第三甲，二百四十二名。来燕雯，浙江绍兴府萧山县人。

雍正《浙江通志》卷一百四十二：康熙三十九年庚辰科汪绎榜　来燕雯，萧山人，知县。

乾隆《绍兴府志》卷三十一：康熙三十九年庚辰科汪绎榜　来燕雯，萧山人，知县。

民国《萧山县志稿》卷十三：康熙三十九年庚辰科　来燕雯，汪绎榜，集之子，主事，内阁诰敕撰文中书，崇祀乡贤。《绍兴府志》作知县。

【来楫】（1663—？）

复姓陈，字东皋，山阴人，萧山籍。康熙三十八年（1699）己卯科乡试中式第三十五名举人，三十九年（1700）庚辰科中式三甲第二百三十五名进士。康熙四十九年（1710）二月选授湖广新田县知县，五十三年（1714）癸巳科同考官，五十七年（1718）奉文行取候补主事。康熙五十八年（1719）为李文照撰《周礼集传》写序。雍正元年（1723）九月遵部文行催到部，恩诏以六部额外主事补用食俸。（《清代官员履历档案全编》有陈来楫“谢恩折”。）

《康熙三十九年进士题名碑录庚辰科》：赐同进士出身，第三甲，二百四十二名。来楫，浙江绍兴府萧山县人。

雍正甲辰冬季《缙绅全书》：稽勋司主事加一级陈来楫东皋，浙江萧山人，庚辰。

嘉庆《新田县志》卷六：陈来楫，浙江萧山人，进士，康熙四十九年任（知县）。

嘉庆《湖南通志》卷八十一：陈来楫，浙江萧山进士，（康熙）四十九年任（新田知县）。

道光《永州府志》卷十一：陈来楫，浙江萧山进士，（康熙）四十九年任（新田知县）。

民国《萧山县志稿》卷十三：康熙三十九年庚辰科　来楫，吏部主事，《绍兴府志》作知县。

康熙四十二年（1703）癸未科

主考官：吴涵、熊赐履、陈廷敬、许汝霖。

试题：大学之道（节）；禹吾无间（句）；原泉混混（节）。

【何垣】（1666—1744）

字紫庭，萧山城厢街道人。康熙三十二年（1693）癸酉科乡试中式第四十一名举人，四十二年（1703）癸未科会试第六十名，中式三甲八十九名进士。授蓬莱令。邑濒海，渔户卢丙结队捕鱼岛中，值飓风，漂入朝鲜。事闻，遣大臣鞫之。又有闽船避风入新河镇，将欲冒功，诬为海寇。垣廉知二狱冤，叠词申救，全活甚众。尝委备骡马充边右，刍茭豆粟，旧派诸里甲，垣独捐俸自办，无纤毫累民。后摄登州郡篆，以母忧归，百姓啼号阻道。事载《东省名宦志》。服阕，补高苑令，以年老乞休。归田后，修筑江塘，清理湖占，皆为首倡。郡邑两举乡宾，皆固辞。卒年七十有九。著有《礼记讲意》《文章精简录》《慎终集》等。（《萧山何氏宗谱》有槜李冯景夏撰《文林郎紫庭公传》，缪荃孙《续碑传集》卷二十二有王赠芳撰《云南巡抚萧山何公行状》）案：朱卷中生年为康熙甲辰年，即1664年。

《何垣朱卷》：何垣，字紫庭。行二，甲辰年正月十五日生，浙江绍兴府萧山县，民籍。附学生，习《礼记》。癸酉科乡试第四十一名，会试第六十名，殿试第三甲，第八十九名。

《康熙四十二年癸未科会试录》：第六十名，何垣，浙江萧山县附生，《礼记》。

《康熙四十二年进士题名碑录癸未科》：赐同进士出身，第三甲，一百十三名。何垣，浙江绍兴府萧山县人。

咸丰《青州府志》卷三十七：何垣，浙江萧山人，进士，康熙六十一年知高苑县。

雍正《浙江通志》卷一百四十二：康熙四十二年癸未科王式丹榜　何垣，萧山人，知县。

乾隆《绍兴府志》卷三十一：康熙四十二年癸未科王式丹榜　何垣，萧山人，知县。

光绪《增修登州府志》：卷二十六：何坦（案：此处误），萧山进士（康熙）五十一年任（蓬莱县知县）。

民国《山东通志》卷五十九：何垣，浙江进士，康熙六十一年任（高苑县知县）。

民国《萧山县志稿》卷十三：康熙四十二年癸未科　何垣，王式丹榜，蓬莱知县。

民国《山东通志》卷五十九：（康熙）五十一年，何垣，浙江萧山进士。

康熙四十五年（1706）丙戌科

主考官：李录予、彭会淇。

试题：不知命无（章）；唯天下至（参矣）；设为痒序（节）。

【来珏】

字紫苍，号玉峰，萧山长河镇（今属滨江区）人，仁和籍。康熙四十一年（1702）壬午科乡试中式第四十二名举人，四十五年（1706）丙戌科三甲第一百七十五名进士。禀承家学，于蒙存浅达诸说，钻穴研讨，必衷于至是乃止。尝授徒会城，执经者百舍重趼，多所成就。康熙五十六年（1717）授福建永福令（《福建名人志》《永泰县志》载为永泰令），温惠子谅，以德化民。暇与诸生论文讲学，士习文教为之振兴。慈祥平易，爱民如子。囚徒越狱，经过永泰，官府派兵前来剿擒。来珏前往安抚村民，秋毫无犯。著有《经说文集》行世。

《康熙四十五年进士题名碑录丙戌科》：赐同进士出身，第三甲，二百三十七名。来珏，浙江杭州府仁和县人。

雍正《浙江通志》卷一百四十二：康熙四十五年丙戌科　王云锦榜　来珏，萧山人，知县。

乾隆《福州府志》卷三十四：来珏，仁和人，进士，康熙五十六年任（知县）。

乾隆《绍兴府志》卷三十一：康熙四十五年丙戌科王云锦榜　来珏，《碑录》：仁和；旧志：萧山人，知县。

潘衍桐辑《两浙輶轩续录》卷二：来珏，字玉峰，萧山人，康熙丙戌进士，官福建永福知县。

民国《萧山县志稿》卷十三：康熙四十五年丙戌科来珏，王云锦榜，福建永福知县。

民国《杭州府志》卷一百十一：康熙四十五年丙戌王云锦榜　来珏，仁和贯，萧山人，知县。

民国《永泰县志》卷五：来珏，进士，康熙五十六年任（知县）。

【任沄】(1664—1731)

字袁再，别号东瀛，萧山城厢街道人。康熙四十一年（1702）壬午科乡试中式第六十二名举人，四十五年（1706）丙戌科会试第一百三十八名，中式三甲第三十五名进士。选授江西赣州府瑞金知县。县称繁剧难治，沄为政不以事扰民，而民之多事者皆以无事治之，故刑不滥而囹圄空，讼不烦而案牍简，至于清操卓卓，廉俸外绝染指，盖十年居官仍十年处士也。（《萧山任氏家乘》有吴斐撰《前辈任东瀛公传》）

《康熙四十五年进士题名碑录丙戌科》：赐同进士出身，第三甲，二百三十七名。任沄，浙江绍兴府萧山县人。

雍正《浙江通志》卷一百四十二：康熙四十五年丙戌科王云锦榜　任沄，萧山人，瑞金知县。

乾隆《绍兴府志》卷三十一：康熙四十五年丙戌科王云锦榜　任沄，萧山人，瑞金知县。

道光《宁都直隶州志》卷十九：任沄，进士，萧山人，康熙五十五年任（瑞金知县）。

光绪《瑞金县志》卷五：任沄，字东瀛，浙江萧山人，康熙丙戌进士，五十五年任（知县）。

民国《萧山县志稿》卷十三：康熙四十五年丙戌科　任沄，瑞金知县。

【毛远宗】(1659—1714)

字姬潢，号述斋，萧山城厢街道人，仁和籍。毛奇龄子。康熙二十九年（1690）庚午科乡试中式第十四名举人，四十五年（1706）丙戌科中式三甲第一百六十九名进士。考授内阁中书。《西河合集》多其所纂录，著述颇为时称，不坠家学，终以后人不振，尽就湮没。其《笛渔小草》附《曝书亭集》以传，才人显晦之迹，殆有数存焉耳。著有《菽畹集》。

《康熙四十五年进士题名碑录丙戌科》：赐同进士出身，第三甲，二百三十七名。毛远宗，浙江杭州府仁和县人。

雍正《浙江通志》卷一百四十二：康熙四十五年丙戌科王云锦榜　毛远宗，萧山人。

乾隆《绍兴府志》卷三十一：康熙四十五年丙戌科王云锦榜　毛远宗，萧山人，《碑录》：仁和人，中书。

乾隆《杭州府志》卷七十一：康熙四十五年丙戌王云锦榜　毛远宗，仁和贯，萧山人，知县。

阮元、杨秉初辑《两浙輶轩录》卷十六：毛远宗，字姬潢，萧山人，康熙丙戌进士，官内阁中书。

民国《萧山县志稿》卷十三：康熙四十五年丙戌科　毛远宗，中书舍人。

【姜承谦】

字子嘉，号式宾，萧山人，会稽籍。康熙四十四年（1705）乙酉科乡试中式第六十名举人，四十五年（1706）丙戌科会试二百二十三名，殿试中式三甲第二十四名进士。即用知县，授文林郎。（《姜氏世谱》有《文林郎县正尹式宾公传》）

《康熙四十五年进士题名碑录丙戌科》：赐同进士出身，第三甲，二百三十七名。姜承谦，浙江绍兴府会稽县人。

雍正《浙江通志》卷一百四十二：康熙四十五年丙戌科王云锦榜　姜承

谳，会稽人。

乾隆《绍兴府志》卷三十一：康熙四十五年丙戌科王云锦榜　姜承谳，会稽人。

民国《萧山县志稿》卷十三：康熙四十五年丙戌科姜承燕。

案：民国《萧山县志稿》康熙四十五年（1706）丙戌科有“姜承谳”，查雍正《浙江通志》、乾隆《绍兴府志》、光绪《余姚县志》俱为会稽人，再查其父、兄俱为余姚人，然其在《萧山长浜宗谱》有《陈氏匠役蠲革纪》有“余居萧邑，与奎文辈交好”句，故予以收录。

康熙五十二年（1713）癸巳科

主考官：李光复、王掞、王顼龄、沈涵。

试题：敬事而信（二句）；博厚所以（二节）；我善养吾（与遣）。

案：是年恭逢圣祖仁皇帝六十万寿，开科于八月举行会试。

【王协灿】（1676—1748）

字冠文，号朴庵，萧山城厢街道人。邑庠生，康熙五十年（1711）辛卯科乡试中式第九十七名举人，康熙五十二年（1713）癸巳科中式二甲第四十七名进士。康熙五十七年（1718）授乐陵令。乐陵古无棣地，近海滨，泰安、新泰、莱芜盐枭常聚众，为邑害。邑三面与直隶壤错，多藏奸。协灿申保甲，练乡勇，四境为之肃然。地苦暵，开土井教以灌溉法。秩满，雍正元年（1723）补授益都县知县，升东昌府同知。厘剔临清关税，减耗银，疏通运河，公私称便。（《车里王氏宗谱》有《朴庵公行略》）

《康熙五十二年进士题名碑录癸巳科》：赐进士出身，第二甲，五十名。王协灿，浙江绍兴府萧山县人。

雍正《浙江通志》卷一百四十二：康熙五十二年癸巳科王敬铭榜　王协灿，萧山人，东昌同知。

乾隆《绍兴府志》卷三十一：康熙五十二年癸巳科王敬铭榜　王协灿，萧山人，东昌同知。

乾隆《乐陵县志》卷四：王协灿，浙江萧山人，进士，康熙五十七年任

（知县），雍正元年升东昌府同知。

乾隆《临清直隶州志》卷六：王协灿，字冠文，江南人，以进士为乐陵令，循良第一，升东昌府同知。

嘉庆《东昌府志》卷十五：王协灿，萧山进士，雍正元年任（同知）。

民国《萧山县志稿》卷十三：康熙五十二年癸巳科　王协灿，王敬铭榜，东昌府同知。

民国《山东通志》卷五十八：王协灿，浙江萧山进士，康熙五十七年任（乐陵知县）。

雍正元年（1723）癸卯科

主考官：朱轼、张廷玉。

试题：道之以德（一节）；齐庄中正（二句）；若禹皋陶（一句）。

案：是年恭逢世宗皇帝登极，开科于九月举行会试。

【来谦鸣】（1691—1765）

字声吉，号望瞿，萧山长河镇（今属滨江区）人。康熙五十九年（1720）庚子科乡试中式第五十七名举人，雍正元年（1723）癸卯科二甲第三十二名进士。奉旨尖圈记名，以各馆效力及内廷教惯用，仍拔为翰林。雍正二年（1724）春，授椒园万善殿教习。雍正二年（1724）八月寻丁内艰，服阕，为直隶魏县令。清廉果毅，为民兴利，以政最荐擢云南澄江府太守。时有苗警，亲剿以除宵小，有平土寇功，荐调昭通府太守，晋广西右江道，寻擢广东盐运司，旋调延建邵道。纪纲明肃，属吏则之。尝摄建守，造考棚以杜场弊，浚城河而溯河源，培龙脉而苏元气，建义学以振文风。造士恤民，无利不兴，虽龚、黄、卓、鲁无以过之。间于巡邑公余过武夷，流连题咏，有《和朱子棹歌》，志载不朽云。（《清代官员履历档案全编》有来谦鸣“谢恩折”，民国《建瓯县志》有其传）

《雍正元年进士题名碑录癸卯科》：赐进士出身，第二甲，六十三名。来谦鸣，浙江绍兴府萧山县人。

雍正《云南通志》卷十八：来谦鸣，萧山人，进士，（雍正）九年任（澄江府知府）。

雍正《浙江通志》卷一百四十二：雍正元年癸卯科于振榜　来谦鸣，萧山人，澄江府知府。

乾隆《江陵县志》卷十七：来谦鸣，萧山人，进士，乾隆二十年任（荆宜施道）。

乾隆《绍兴府志》卷三十一：雍正元年癸卯科于振榜　来谦鸣，萧山人，按察使。

乾隆《福州府志》卷三十：来谦鸣，萧山人，乾隆十七年任（按察使）。

乾隆《重修台湾县志》：福建等处提刑按察使司按察使来谦鸣。

乾隆十三年春《缙绅新书》：延平府分巡延建邵道、按察使司副使加三级来谦鸣声吉，浙江萧山人，癸卯进士。

乾隆《大名县志》卷十二：来谦鸣，（雍正）五年任魏县（知县）。

嘉庆《临安府志》卷十一：来谦鸣，浙江进士，（雍正）二年任（知府）。

光绪《荆州府志》卷三十三：来谦鸣，浙江进士，乾隆二十年任（荆州道）。

光绪《甘肃新通志》卷五十二：来谦鸣，乾隆二十年任（分守凉庄道）。

宣统《恩安县志》抄本：来谦鸣，浙江进士，乾隆九年任（昭通府知府）。

民国《续修建水县志稿》卷三：来谦鸣，浙江进士，（乾隆）二年任（知府）。

民国《萧山县志稿》卷十三：雍正元年癸卯科　来谦鸣，于振榜，云南澄江知府，福建延建邵道、布政使参政，湖北荆宜施道。

雍正八年（1730）庚戌科

主考官：孙嘉淦、蒋廷锡、鄂尔奇、任兰枝。

试题：志于道据（三句）；自诚明谓（章）；见其礼而（节）。

【徐廷槐】（1680—1756）

字立三，一字笠山，号墨汀，亦号止止老人，山阴（今属萧山临浦镇墨汀徐村）人。康熙十七年（1678）以诸生荐应制科不第，归主淮阴程春谷家，五十九年（1720）庚子科乡试中式第二十六名举人，雍正八年（1730）庚戌科中式三甲第一百零九名进士。著《南华简钞》《墨汀诗草》。所著《南华经直解批注》四卷，于《庄子》内篇全录其文，外、杂篇则有删削。每篇各为详注，其论文、论理，纯以妙悟不测为宗，大抵原本禅机，自矜神解，开创了清代以佛学来解读《庄子》的法门。乾隆元年（1736），尚书任兰枝保荐骚赋绝伦应制科，诗与同郡王雨枫雷同被劾。后主蕺山书院。（周广业《过夏杂录》有其传，全祖望撰《笠山图记》）

《雍正八年进士题名碑录庚戌科》：赐同进士出身，第三甲，二百九十六名。徐廷槐，浙江绍兴府山阴县人。

雍正《浙江通志》卷一百四十二：雍正八年庚戌科周澍榜　徐廷槐，山阴人。

乾隆《绍兴府志》卷三十一：雍正八年庚戌科周澍榜　徐廷槐，山阴人。

嘉庆《山阴县志》卷十：雍正八年庚戌科周澍榜　徐廷槐。

雍正十一年（1733）癸丑科

主考官：杨汝谷、鄂尔奇、任兰枝。

试题：为君难为（二句）；中也者天（句）；禹恶旨酒（二节）。

【洪琛】（1697—？）

本姓王，榜名洪琛，字献其，号毓亭，萧山城厢街道人。雍正四年（1726）丙午科乡试中式第八十名举人，雍正十一年（1733）癸丑科中式三甲第三十七名进士。乾隆三年（1738）知四川叙州府长宁县。县距滇数百里，滇蜀交错，巴里坤地向为土番占踞，后归流分隶两省。顾番性桀骜，互相戕杀，官弗能禁。洪琛奉檄往，宣布德威，划分疆界，番人帖服。又梅子沟多砂田、坎田，缘黔蜀错壤，军民累年讦讼。洪琛划界立碑，讼乃已。造救生船分守川河，活人甚众。卒于官。（《清代官员履历档案全编》有王洪琛“履历折”）

《雍正十一年进士题名碑录癸丑科》：赐同进士出身，第三甲，二百三十三名。洪琛，浙江绍兴府萧山县人。

雍正《浙江通志》卷一百四十二：雍正十一年癸丑科陈倓榜　洪琛，萧山人。

乾隆《绍兴府志》卷三十一：雍正十一年癸丑科陈倓榜　洪琛，《县志》：本姓王，知县，萧山人。

嘉庆《四川通志》卷一百四十：王洪琛，浙江进士，乾隆初年任（长宁县知县）。

嘉庆《长宁县志》卷五：王洪琛，浙江进士，乾隆初年任（长宁县知县）。

民国《萧山县志稿》卷十三：洪琛，陈倓榜，四川长宁知县。

【沈元鋐】

字声远，萧山瓜沥镇芙渠人。雍正元年（1723）癸卯恩科乡试中式第二十七名举人，雍正十一年（1733）癸丑科中式三甲第二百零四名进士。山东青州府临朐县令。以经术饰吏治，颇任意不屈，上官因落职，家居乡族，有事慨直处之，了无挂碍。案：乾隆《绍兴府志》作“沈元功”。（《长巷沈氏宗谱》有沈豫撰《山东临朐县知县声远公传》）

《雍正十一年进士题名碑录癸丑科》：赐同进士出身，第三甲，二百三十三名。沈元鋐，浙江绍兴府萧山县人。

雍正《浙江通志》卷一百四十二：雍正十一年癸丑科陈倓榜　沈元功，萧山人。

乾隆《绍兴府志》卷三十一：雍正十一年癸丑科陈倓榜　沈元鋐，萧山人。

光绪《临朐县志》卷十一：沈元鋐，（乾隆）六年任（知县）。

民国《山东通志》卷五十九：沈元鋐，（乾隆）六年任（临朐县知县）。

民国《萧山县志稿》卷十三：雍正十一年癸丑科　沈元鋐，山东临朐知县。

【厉清来】

山阴天乐乡（今属萧山进化镇肇家桥）人。雍正十年（1732）壬子科乡试中式第七名举人，雍正十一年（1733）癸丑科中式三甲第一百二十八名进士。翰林院编修，山西灵石县知县。

《雍正十一年进士题名碑录癸丑科》：赐同进士出身，第三甲，二百三十三名。厉清来，浙江绍兴府山阴县人。

雍正《浙江通志》卷一百四十二：雍正十一年癸丑科陈倓榜　厉清来，山阴。

乾隆《绍兴府志》卷三十一：雍正十一年癸丑科陈倓榜　厉清来，山阴人，知县。

民国《灵石县志》卷三：西厫五楹，乾隆六年，知县厉清来增建。

乾隆元年（1736）丙辰科

主考官：邵基、鄂尔泰、朱轼、张廷瑑。

试题：君子笃于亲。五者天下一也。欲为君尽（五句）。

【黄云】（1701—1780）

字天绘，号薪庄，萧山蜀山街道人，杭州籍。弱冠游杭庠，由海宁府学中式康熙五十九年（1720）庚子科乡试第五十六名举人。乾隆元年（1736）丙辰恩科会试中式第二百六十名，殿试三甲第二百四名进士。乾隆六年（1741）萧山县令姚仁昌《重修萧山县学碑记》记乾隆四年（1739）萧山县学因暴风雨而戟门朽蠹，黄云偕乡绅董其事而重修之。乾隆九年（1744）授四川眉州丹棱县知县。后主教笔花书院，乾隆二十二年（1757）集资修萧山火神庙，《衙前镇志》有其乾隆二十五年（1760）所撰《公吁勘详永禁官河筑簖呈文》。授文林郎。（《萧山埭上黄氏家谱》有其裔孙春林撰《薪庄公传》）

《乾隆元年进士题名碑录丙辰科》：赐同进士出身，第三甲，二百五十一名。黄云，浙江绍兴府萧山县人。

雍正《浙江通志》卷一百四十四：黄云，萧山人。

乾隆《丹稜县志》卷七：黄云，浙江萧山进士，乾隆十年任（知县）。

乾隆十三年春《缙绅新书》：黄云，浙江萧山人，丙辰，乾隆九年十月选（丹棱知县）。

乾隆《绍兴府志》卷三十一：乾隆元年丙辰科金德瑛榜　黄云，萧山人，知县。

嘉庆《四川通志》卷一百零五：黄云，浙江萧山进士，乾隆十年任（知县）。

嘉庆《眉州属志》卷三：黄云，浙江萧山进士，乾隆十年任（知县）。

民国《杭州府志》卷一百十一：乾隆元年丙辰纯皇帝登极恩科金德瑛榜　黄云，仁和人，萧山贯，知县。

民国《萧山县志稿》卷十三：黄云，金德瑛榜，四川丹棱知县。

乾隆四年（1739）己未科

主考官：留保、赵国麟、甘汝来、凌如焕。

试题：生而知之（二句）；用其中于（二句）；君子所性（于心）。

【任元文】（1697—1756）

字国柱，号昆圃，萧山城厢街道人。辰旦孙。雍正七年（1729）己酉科乡试中式第三十一名举人，乾隆四年（1739）己未科中式三甲第二名进士。

元文自幼读书，苦依严师若慈母，记诵久而不忘，诸经句栉字比，必求甚解。雍正十三年（1735），充福建同考官。乾隆十三年（1748），选授直隶新城县缺，引见以教职用。乾隆十五年（1750），改授嘉兴府学教谕。著有《曲台私纂》《春秋经传类纪》《居严文钞》《居严纪略》等。（《任氏家乘》有吴斐《前辈任昆圃公传》，另载有诗若干首）

《乾隆四年进士题名碑录己未科》：赐同进士出身，第三甲，二百三十五名。任元文，浙江绍兴府萧山县人。

乾隆《绍兴府志》卷三十一：乾隆四年己未科庄有恭榜　任元文，教授。

光绪《嘉庆府志》卷三十六：任元文，萧山进士，乾隆十六年任

（教授）。

民国《萧山县志稿》卷十三：乾隆四年己未科　任元文，庄有恭榜，嘉兴府学教授。

【丁传嵩】

一姓沈，一名涛崧，山阴人，寄籍萧山。康熙五十九年（1720）庚子科顺天乡试中式举人，乾隆四年（1739）己未科中式三甲第十七名进士。户部主事。

《乾隆四年进士题名碑录己未科》：赐同进士出身，第三甲，二百三十五名。丁传嵩，浙江绍兴府萧山县人。

乾隆《绍兴府志》卷三十一：乾隆四年己未科庄有恭榜　丁传嵩，一姓沈，萧山人。

民国《萧山县志稿》卷十三：乾隆四年己未科　丁传嵩，山阴人，萧山籍。一作姓沈，一作涛崧。

乾隆十三年（1748）戊辰科

主考官：蒋溥、陈大受、鄂容安、沈德潜。

试题：好人之所（节）；子曰呜呼（二句）；鲁君之宋（二句）。

【朱珪】（1731—1807）

字石君，号南崖，自以为前身为文昌宫之盘陀石，故晚号“盘陀老人”，萧山蜀山街道人。乾隆十二年（1747）丁卯科顺天乡试中式举人，乾隆十三年（1748）戊辰科中式二甲第四十七名进士。初选为庶吉士，散馆授编修，累迁侍读学士。乾隆二十五年（1760），任福建粮驿道，后擢按察使。三十二年（1767），补湖北按察使，后赴山西任布政使、署巡抚。四十年（1775），内召回京觐见，改授侍讲学士，直上书房，担任皇子永琰老师。五十一年（1786），擢礼部侍郎，后调兵部。五十五年（1790），出任安徽巡抚。五十九年（1794），调广东巡抚，不久署任两广总督。次年授左都御史，又授兵部尚书，仍保留广东巡抚之职。嘉庆元年（1796）授两广总督，兼署广东巡抚。二年（1797）调为兵部尚书，又调为吏部、户部尚书，仍留任巡抚。清高宗乾隆在嘉庆四年（1799）正月去世后，嘉庆帝召朱珪回京，命直南书房，管户部三库，加太子少保，赐第西华门外。不久任为上书房总师傅，调户部尚书。五年（1800），兼署吏部尚书。后因事削职。七年（1802），任命为协办大学士，恢复太子少保衔。不久兼任翰林院掌院学士，晋太子少傅。十年（1805），拜体仁阁大学士，管理工部。逝后赠太傅，祀贤良祠，赐金治丧，谥“文正”。有《知足斋文集》八卷、《诗集》二十四卷。（《清史稿》卷三百四十有其传，《大兴朱氏家乘》有阮元撰《先文正公神道碑》）

《乾隆十三年进士题名碑录戊辰科》：赐进士出身，第二甲，七十二名。朱珪，顺天府大兴县人。

清钱仪吉《碑传集》卷三十八阮元《太傅体仁阁大学士大兴朱文正公珪神道碑》：公讳珪，字石君，号南崖，晚号盘陀老人……迁萧山……公以雍正九年正月十二日生于盩厔县……次年，会试中式，赐梁国治榜进士出身，改庶吉士……（嘉庆四年）冬，调户部尚书……五年，兼理吏部尚书事……十年正月，宣制拜体仁阁大学士……（十一年）时公七十六矣……薨。

法式善《清秘述闻》卷六《乡会考官类》六《乾隆二十四年己卯科乡试》：河南考官，侍讲朱珪字石君，顺天大兴人，戊辰进士。

朱彭寿编著《清代人物大事纪年·乾隆十三年戊辰·科第》：二甲进士，朱珪，编修，体仁阁大学士。

徐世昌《清儒学案》卷八十五《朱筠朱珪大兴二朱学案》：朱珪，字石君，号南崖，笥河之弟。乾隆戊辰进士，改庶吉士，授编修，官至体仁阁大学士……嘉庆十一年，卒年七十六，赠太傅，入祀贤良祠，特谥“文正”。

民国《萧山县志稿》卷十三：乾隆十三年戊辰科　朱珪，梁国治榜，官至体仁阁大学士，谥号“文正”。

【陶杏秀】（1715—？）

字斐然，号鲁坛，萧山城厢街道人。乾隆三年（1738）戊午科乡试中式举人，十三年（1748）戊辰科中式三甲第一百二十名进士。由进士候选知县，乾隆二十二年（1757）七月内用山东曹州府同知，二十五年（1760）擢泰安知府，二十六年（1761）六月吏部带领引见，奉旨调移登州太守。吏部在其履历档案中评价：忠厚材短，尚可。知音律，工山水，其画以墨气为先，皴染法得董其昌三昧。杏秀为人和善，与属吏相处融洽，自忘其尊，吏属亦把其作为楷模，谨守为政之德。著有《泰安府志》三十二卷。（《越画见闻》有其传，《清代官员履历档案全编》载陶杏秀"履历折"）

《乾隆十三年进士题名碑录戊辰科》：赐同进士出身，第三甲，一百八十九名。陶杏秀，浙江绍兴府会稽县人。

乾隆《兖州府志》卷十二：陶杏秀，浙江人。

乾隆《绍兴府志》卷三十一：乾隆十三年戊辰科梁国治榜　陶杏秀，知府，会稽人。

乾隆《泰安府志》卷十一：陶杏秀，会稽人，进士，乾隆二十五年任（知府）。

乾隆二十五年冬《缙绅全本》：泰安府知府加四级陶杏秀鲁坛，浙江会稽人，戊辰，（乾隆）二十五年二月升。

道光《会稽县志稿》抄本：陶杏秀，字斐然，乾隆戊辰进士。

民国《山东通志》卷五十四：陶杏秀，浙江会稽进士，（乾隆）二十五年任（知府）。

民国《萧山县志稿》卷十三：乾隆十三年戊辰科　陶杏秀，知府，会稽籍。

乾隆十六年（1751）辛未科

主考官：董邦达、刘统勋、孙嘉淦、介福。

试题：贤者辟世（章）；上焉者虽（一段）；舜之居深（章）。

【周滨】（1707—1758）

原名正治，字青崖，号浯溪，萧山所前镇人。增广生，乾隆十二年（1747）丁卯科乡试中式第七名举人，十六年（1751）辛未科会试中式二甲第三十八名进士。父卒奔丧，哀毁，立归至家，几不欲生。后杜门授徒。乾隆二十二年（1757）入都，中溽暑成腹疾，旬日而逝。周滨为人恢远阔达，视忙若闲。著有《浯溪诗草》。（《萧山周氏宗谱》有周望撰《青崖公传略》、周

长发撰《青崖公传》，《两浙輶轩录》载其诗）

《乾隆十六年进士题名碑录辛未科》：赐进士出身，第二甲，七十名。周滨，浙江绍兴府萧山县人。

乾隆《绍兴府志》卷三十一：乾隆十六年辛未科吴鸿榜　周滨，萧山人。

民国《萧山县志稿》卷十三：乾隆十六年辛未科　周滨，吴鸿榜，一作“宾”。

【王人麒】

一作“王人骐”，字麟若，号石亭，萧山城厢街道人。雍正十年（1732）壬子科乡试中式第八名举人，乾隆十六年（1751）辛未科会试第一百五十二名，殿试中式三甲第三十五名进士。官湖州教授。初与兄人雄、人纪公车北上，甫入都，人纪卒，人麒不待试而归。尝客江宁，感梦遽归，而母以痢终。两寡嫂及孙侄，事抚兼至。其余寡姊孤甥，并终身抚养。奉檄勘荒给赈，胥吏不能蔽。兼署他邑教职，所得修贽，悉以赙前政。卒年七十六。著有《西江渔隐诗》一卷、《石亭诗稿》四卷、《杂著》二卷。

《乾隆十六年进士题名碑录辛未科》：赐同进士出身，第三甲，一百七十名。王人麒，浙江绍兴府萧山县人。

乾隆《绍兴府志》卷三十一：乾隆十六年辛未科吴鸿榜　王人骐，湖州教授，萧山人。

乾隆三十年冬《爵秩全本》：湖州府教授王人骐，萧山人，辛酉（案：此处误），乾隆十七年三月授。

乾隆四十二年秋《缙绅全书》：湖州府教授王人骐，萧山人，辛未，乾隆十七年三月授。

同治《湖州府志》卷八：王人骐，字麟若，萧山人，辛未进士，（乾隆）十七年任（教授）。

民国《萧山县志稿》卷十三：乾隆十六年辛未科　王人骐，湖州教授。一作“人麟”，乡榜作“麒”。

【朱垣】（1723—1773）

字维丰，号仲君，萧山蜀山街道人，顺天大兴籍。幼有羸疾而内慧，年十九为顺天府学诸生。乾隆十五年（1750）庚午科顺天乡试中式第四十二名举人，十六年（1751）辛未科会试第六名，殿试中式二甲第五十七名进士。即用知县，分发山东济南府长清县。巡抚鄂容安见之，不以属吏相遇。是冬檄摄单县令，明年补济阳，有少妇周氏新嫁王巧，垣为雪其毒夫之冤。有老妇雉经于民之外户屈戍间，民以击老妇齿落被诬陷，垣验老妇体无击状，疑里妇灌药落齿，乃以诬民。语仵人探尸口中，果有落齿，民诬得白。乾隆二十一年（1756）调补长清，繁且冲。乾隆二十二年（1757）高宗奉皇太后南巡，往来驻跸行宫凡九日，垣治供帐惟谨。乾隆二十四年（1759）引疾归。乾隆二十九年（1764）居父忧，毁甚，自是病数作数止，遂幡然研精释氏之书，扫室独坐，长斋不出，晚号冬泉居士。（《萧山黄河阁朱氏宗谱》有朱筠撰《先兄仲君行状》、朱珪撰《仲君先兄行述》）

《乾隆十六年进士题名碑录辛未科》：赐进士出身，第二甲，七十名。朱垣，顺天府大兴县人。

光绪《顺天府志》卷一百十六：乾隆十六年辛未科吴鸿榜　朱垣。

民国《萧山县志稿》卷十三：乾隆十六年辛未科　朱垣，山东济阳、长清知县。

民国《山东通志》卷五十六：朱垣，顺天大兴进士。

乾隆十七年（1752）壬申恩科

主考官：嵩寿、陈世馆、邹一桂。

试题：君子有三（之言）；果能此道（节）；孟子之滕（廋也）。

【夏甦】（1719—？）

字更生，一字晚原，号念斋，萧山衙前镇夏家桥村人。乾隆十二年（1747）丁卯科乡试中式第七十九名举人，十七年（1752）壬申恩科会试中式三甲第一百三十四名进士。长治知县，调阳高县，不一载，改金华府教授。（潘中华《钱载年谱》载其乾隆二十七年（1762）与钱载、孙梦逵约游陶然亭并同游法源寺）

《乾隆十七年进士题名碑录》：赐同进士出身，第三甲，一百五十八名。

夏苏，浙江绍兴府萧山县人。

乾隆《潞安府志》卷十六：夏苏，浙江萧山进士（长治县知县）。

乾隆《大同府志》卷十一：夏苏，浙江萧山人，进士，乾隆二十九年任（阳高县知县）。

乾隆《绍兴府志》卷三十一：乾隆十七年壬申科秦大士榜　夏苏，萧山人，知县改金华教授。

乾隆三十三年秋荣锦堂刻本《爵秩全本》：金华府教授夏苏，萧山人，进士，（乾隆）三十三年四月选。

光绪《长治县志》卷一：夏甦，浙江萧山进士，乾隆间（知县）。

民国《萧山县志稿》卷十三：乾隆十七年壬申科　夏苏，秦大士榜，山西长治、阳高知县，改金华教授，乡榜名甦。

乾隆十九年（1754）甲戌科

主考官：陈世倌、介福、钱维城。

试题：棠棣之华（思也）；博厚配地（三节）；且夫枉尺（以利）。

【朱筠】（1729—1781）

字竹君，一字东美，号笥河，萧山蜀山街道人，顺天大兴籍。筠曾祖朱必名迁北京大兴，祖父朱登俊官至中书舍人，以清节著称。朱筠与弟朱珪皆能文。乾隆十九年（1754）甲戌科会试第七十六名，中式二甲第十八名进士。选庶吉士，授翰林院编修，进至日讲起居注官，累官安徽学政。乾隆三十七年（1772）十一月，朱筠建议辑佚《永乐大典》，收录完整的古书分别抄缮，以备著录，受乾隆帝重视。乾隆三十八年（1773）开四库全书馆。改福建学政，官至翰林学士。好金石、文学。乾隆三十九年（1774）奉旨将《日下旧闻》一书纂成《日下旧闻考》一百二十卷。著有《笥河集》。（《萧山黄河阁朱氏宗谱》有朱珪撰《竹君先兄墓志铭》，《清史稿》卷四百八十五有其传）

《乾隆十九年进士题名碑录甲戌科》：赐进士出身，第二甲，七十名。朱筠，顺天府大兴县人。

《乾隆十九年甲戌科会试录》：第七十六名，朱筠，顺天府大兴县廪膳生，《易经》。

民国《萧山县志稿》卷十三：乾隆十九年甲戌科　朱筠，庄培因榜，编修，侍读学士。

【朱棻元】（1727—1782）

字雨森，号春浦，一号寿国，晚号慕谖，萧山人，钱塘籍。幼失怙恃，十三岁时试学为应举文，从兄喜告其母谓其“非尘埃间物世”。十七岁入乡校，即补廪膳生。乾隆十七年（1752）壬申恩科乡试中式第六十三名举人，十九年（1754）甲戌科会试第二名，中式二甲第二十九名进士。改庶吉士。乾隆二十二年（1757）授翰林院编修，二十五年（1760）充会试同考官，二十七年（1762）、三十三年（1768），三十九年（1774）并充顺天乡试同考官，三十九年（1774）大考列优等，擢国子监司业，前后充功臣馆及国史馆纂修。卒后加级例阶奉政大夫。（章学诚《章氏遗书》有《国子监司业朱府君墓碑》）

《乾隆十九年进士题名碑录甲戌科》：赐进士出身，第二甲，七十名。朱棻元，浙江杭州府钱塘县人。

《乾隆十九年甲戌科会试录》：第二名，朱棻元，浙江杭州府钱塘县廪膳生，治《书经》。

乾隆四十二秋《缙绅全书》：国子监司业加一级朱棻元寿国，浙江钱塘县人。

乾隆三十三年秋《爵秩全本》：国子监司业加二级朱棻元春圃，浙江钱塘县人，甲戌。

法式善《陶庐杂录》卷二：朱棻元，浙江钱塘人，甲戌进士。

民国《萧山县志稿》卷十三：乾隆十九年甲戌科　朱棻元，庶吉士。乡举年佚。

民国《杭州府志》卷一百十一：乾隆十九年甲戌庄培因榜　朱棻元，钱塘人，国子监司业。

乾隆二十二年（1757）丁丑科

主考官：介福、刘统勋、金德瑛。

试题：臧文仲其（一句）；在上位不（二句）；一箪食一（加焉）。

【来益清】

字企岳，又字龙源，萧山长河镇（今属滨江区）人。乾隆十五年（1750）庚午科乡试中式第四十五名举人，二十二年（1757）丁丑科中式二甲第十八名进士。乾隆二十三年（1758）授馆陶令。甫莅任，值漳卫为害，亲率乡夫修筑，增高堤坝。捐俸设立书院，延师教士，多所成就，旋乞养归。二十九年（1764）转福建清流县令，吏治精察，吏不敢欺。惜刑爱民，风清弊绝。年余卒于官署。（民国《山东通志》卷七十六有其传）

《乾隆二十二年进士题名碑录丁丑科》：赐进士出身，第二甲，七十名。来益清，浙江绍兴府萧山县人。

乾隆《绍兴府志》卷三十一：乾隆二十二年丁丑科蔡以台榜　来益清，知县。

嘉庆《东昌府志》卷十八：来益清，萧山进士，（乾隆）二十三年任（知县）。

民国《清流县志》卷七：来益清，萧山进士，（乾隆）二十九年任（知县）。

民国《馆陶县志》卷八：来益清，字企岳，浙江萧山进士，乾隆二十三年任馆陶知县。

民国《山东通志》卷五十九：来益清，浙江萧山进士，（乾隆）二十三年任（馆陶知县）。

民国《萧山县志稿》卷十三：乾隆二十二年丁丑科　来益清，蔡以台。福建清流、直隶赞皇（案：此处误，赞皇知县应该是同年丁百川）、山东馆陶等知县。

【丁百川】(1702—1784)

字学海，号榕溪，萧山城厢街道人，祖籍戴村镇丁村。康熙五十六年（1717）己亥汪宗师科试入县学，雍正七年（1729）拔贡，乾隆十二年（1747）丁卯科乡试中式第二十八名举人，乾隆二十二年（1757）丁丑科中式三甲第三十名进士。乾隆二十二年（1757）至三十年（1765）任赞皇知县。须江书院主教。朱珪撰行传略云：榕溪丁丑得售，出宰赞皇九年，循声颇著。公余仍不废学，罢官归，出都，留别亲友诗：英笑迂疏清似叶，一官原不为儿孙。此亦足觇其概矣。乾隆四十四年（1779）重游泮水，次年圣驾南巡，进献迎銮诗十二章，接驾杭净慈寺。奉谕旨：矍铄可嘉，颁黄缎二匹。寿至八十二。著有《榕溪诗稿》。（《萧山丁氏宗谱》有朱珪撰《文林郎容溪公传》）

《乾隆二十二年进士题名碑录丁丑科》：赐同进士出身，第三甲，一百六十九名。丁百川，浙江绍兴府萧山县人。

乾隆《正定府志》卷二十五：丁百川，萧山人，进士，乾隆二十二年任（赞皇县知县）。

乾隆三十年春《缙绅全书》：赞皇县知县加一级丁百川容溪，浙江萧山人，进士，（乾隆）二十二年教习，十月选。

光绪《赞皇县志》卷十四：丁百川，浙江萧山人，进士，（乾隆）二十二年十二月任（知县）。

乾隆《绍兴府志》卷三十一：乾隆二十二年丁丑科蔡以台榜　丁百川，知县，萧山人。

民国《萧山县志稿》卷十三：乾隆二十二年丁丑科　丁百川，知县。

乾隆二十六年（1761）辛巳恩科

主考官：于敏中、刘统勋、观保。

试题：红紫不以（句）；旅酬下为（四句）；大夫曰何（句）。

【张应曾】(1720—1775)

字祖祈，号谱梅，萧山城厢街道人。乾隆十八年（1753）拔贡，二十四年（1759）己卯科顺天乡试中式第六名举人，二十六年（1761）辛巳恩科中式二甲第五十二名进士。钦点翰林院庶吉士，改工部都水司主事，升员外郎、制造库郎中、宝源局监督，迁山东道监察御史兼巡视五城。诰授奉直大夫。著有《谱梅文集》《溪塍草堂诗集》。（《义门张氏宗谱》有《谱梅自著年谱》）

《乾隆二十六年进士题名碑录辛巳科》：赐进士出身，第二甲，六十六名。张应曾，浙江绍兴府萧山县，民籍。

乾隆二十六年秋同升阁刻本《缙绅全书》：恩科　庶吉士张应曾，浙江萧山人，辛巳。

乾隆二十五年冬同升阁刻本《缙绅全书》：景山官学教习张应曾谱梅，浙江萧山人，己卯，二十三年五月补。

乾隆三十三年秋荣锦堂刻本《爵秩全本》：钦差管理街道、制造库郎中加二级张应曾谱梅，浙江萧山人，兼理员外郎，辛巳（乾隆）三十一年二月任。

乾隆三十年春宝名堂刻本《缙绅全书》：都水司主事加二级张应曾谱梅，浙江萧山人，辛巳。

乾隆《绍兴府志》卷三十一：乾隆二十六年辛巳科王杰榜　张应曾，萧山人，御史。

黄叔璥《国朝御史题名录》：张应曾，浙江萧山县人，乾隆辛巳进士，由工部郎中考选山东道御史。

民国《萧山县志稿》卷十三：乾隆二十六年辛巳科　张应曾，王杰榜，庶吉士，山东道御史。

乾隆二十八年（1763）庚辰科

主考官：秦蕙田、德保、王际华。

试题：宁武子邦（二句）；无忧者其（句）；淳于髡曰（去之）；“从善

如登”，得“难”字。

【王家宾】(1733—1808)

本姓田，字觐宸，号梅岑，初号梅村，山阴欢潭（今属萧山进化镇）人，入籍顺天昌平。乾隆二十四年（1759）己卯科顺天乡试中式第六十五名举人，二十六年（1761）辛巳应中书试，钦取内阁中书额外行走，二十八年（1763）癸未科会试第一百五十名，殿试中式第四十五名进士。补授中书，入军机处，保送记名御史。后授湖南衡州知府，转长沙知府，又升任辰永沅靖道。累官至广西按察使署布政使，因平苗功，赏二品顶戴花翎。（《山阴欢潭田氏宗谱》有《皇清诰授通议大夫广西按擦使司按察使显考梅岑府君行述》，并有其自撰《平定勾补苗人纪略》）

《乾隆二十八年进士题名碑录癸未科》：赐进士出身，第二甲，五十五名。王家宾，直隶顺天府昌平州，民籍。

乾隆五十三年春《缙绅全书》：分巡湖南辰沅永靖兵备道、管理界亭等处地方驿站加三级王家宾梅亭，顺天昌平州人，癸未。

乾隆四十二年秋《缙绅全书》：文渊阁校理、协办侍读事务、内阁中书加三级王家宾梅岑，顺天昌平州人，辛巳、癸未。

乾隆三十年春《缙绅全书》：诰敕撰文中书舍人加二级王家宾梅岑，顺天昌平州人，癸未进士。

嘉庆六年夏奎文阁刊本《缙绅全书》：按察司衙门，养廉四千九百两，分守桂平梧郁道兼管通省盐法事务驻札桂林府加三级王家宾，顺天昌平州人，癸未。

道光《凤凰厅志》卷十四：王家宾，号梅岑，直隶昌平州人，进士，乾隆四十九年（分巡辰永沅靖兵备道）。

光绪《顺天府志》卷一百十八：乾隆二十八年癸未科秦大成榜　王家宾，广西按察使。

光绪《湖南通志》卷一百二十一：王家宾，直隶昌平进士，（乾隆）四十九年任（分巡辰永沅靖兵备道）。

光绪《昌平州志》卷八：乾隆二十八年秦大成榜　王家宾。

乾隆三十一年（1766）丙戌科

主考官：裘曰修、尹继善、陆宗楷。

试题：君子周急（九百）；诗云相在（而敬）；诐辞知其（四句）。

【王世腾】（1738—？）

本姓田，后改姓王，号守斋，山阴（今萧山进化镇）人。乾隆二十五年（1760）庚辰恩科顺天乡试中式第一百一十五名举人，乾隆三十一年（1766）丙戌科中式二甲第五十六名进士。官直隶易州广昌县知县。（《清代官员履历档案全编》有王世腾“履历折”）

《乾隆三十一年进士题名碑录丙戌科》：赐进士出身，第二甲，六十九名。王世腾，浙江山阴县。

乾隆四十二年秋世锦堂《缙绅全书》：赵城县特调知县王世腾，浙江山阴人，丙戌，四十一年五月调。

乾隆五十三年春西荣庆堂刻本《缙绅全书》：淄川县知县王世腾，浙江山阴人，进士，五十二年十一月补。

乾隆《绍兴府志》卷三十一：乾隆三十一年丙戌科张书勋榜　王世腾，知县。

嘉庆《山阴县志》卷十：乾隆三十一年丙戌科　王世腾，知县。

道光《济南府志》卷三十：王世腾，浙江山阴人，进士，（乾隆）五十三年任（淄川知县）。

道光《直隶霍州志》卷十九：王世腾，浙江山阴县进士，乾隆四十一年任（知县）。

道光《赵城县志》卷二十一：王世腾，浙江山阴进士，乾隆四十一年任（知县）。

民国《山东通志》卷五十六：王世腾，浙江山阴进士，（乾隆）五十三年任（知县）。

乾隆三十六年（1771）辛卯恩科

主考官：观保、刘统勋、庄存与。

试题：若威武仲（四句）；明乎郊社（二句）；今曰性善（二句）。

【吴斐】（1733—1807）

字怀有，号菉庵，萧山义桥镇人。斐幼有异禀，气厚而清。乾隆二十五年（1760）庚辰科乡试中式第六十四名举人，三十六年（1771）辛卯科中式二甲第三十四名进士。授崇信县知县。乾隆四十八年（1783）秋充陕甘同考官。悉心校勘，得士独多。后归里，初馆瞿氏玉溪草堂，继馆陈氏东皋书，凡三十年，从者云集。移榻觉苑寺一年，掌教笔花书院九年。生平教人，随材造就，循序渐进。萧邑科第人文甲于一郡，而大雅宏达、渊源师友，大抵出斐门下。有《菉庵古今体诗存》）二卷。（《萧山吴氏宗谱》有汤金钊撰《赐进士出身知崇信县事菉庵吴公传》）

《乾隆三十六年进士题名碑录辛卯恩科》：赐进士出身，第二甲，五十五名。吴斐，浙江萧山县。

乾隆《绍兴府志》卷三十一：乾隆三十六年辛卯科黄轩榜　吴斐，萧山人，知县。

民国《崇信县志》抄本：吴斐，（嘉庆）十七年任（知县）。

民国《萧山县志稿》卷十三：乾隆三十六年辛卯科　吴斐，黄轩榜，甘肃崇信知县。

乾隆三十七年（1772）壬辰科

主考官：奉宽、刘纶、汪廷屿。

试题：君子求诸（章）；吾说夏礼（四句）；人能充无（不言）。

【来起峻】（1728—1784）

字鲁登，号江皋，萧山长河镇（今属滨江区）人。早岁博览载籍，务得要旨。乾隆二十四年（1759）己卯科乡试中式第八十七名举人，三十四年（1769）选中书，三十七年（1772）壬辰科中式二甲第二十九名进士。官户部湖广清吏司额外主事。甫三月，思亲引疾归，家居教授，尝奉父游行阡陌，恂谨若孺子，性勇于为义。致力于湘湖水利，老卒。著有《渫井轩诗草》《宦楼吟稿》《船楼集》，辑《冠山逸韵》十卷。（《萧山来氏宗谱》有《户部主事湖广司行走江皋公传》、邵晋涵撰《户部湖广司主事江皋来公墓志铭》）

《乾隆三十七年进士题名碑录壬辰科》：赐进士出身，第二甲，五十四名。来起峻，浙江萧山县。

乾隆《绍兴府志》卷三十一：乾隆三十七年壬辰科金榜榜　来起峻，主事。

民国《萧山县志稿》卷十三：乾隆三十七年壬辰科　来起峻，户部湖广清吏司主事。

【沈文炳】(1733—1785)

字北望，号枫林，萧山瓜沥镇人。乾隆三十五年（1770）庚寅科乡试中式第九十四名举人，三十七年（1772）壬辰科中式三甲第五十六名进士。云和训导，工部营缮司主事，旋兼虞衡司主事，后放仓差，适丁外艰，旋归。服阕起，未几，卒于京邸。年仅五十三岁。（《长巷沈氏宗谱》有沈守谦撰《工部营缮司主事加一级兼任虞衡司主事加二级北望公传》）

《乾隆三十七年进士题名碑录壬辰科》：赐同进士出身，第三甲，一百五名。沈文炳，浙江萧山县。

乾隆《绍兴府志》卷三十一：乾隆三十七年壬辰科金榜榜　沈文炳，主事，萧山人。

民国《萧山县志稿》卷十三：沈文炳，工部营缮司、虞衡司主事，仓场监督。

【单瑞龙】(1747—1795)

字皞臣，号云溪，萧山城厢街道人，钱塘籍。乾隆三十三年（1768）戊子科乡试中式第三十六名举人，三十七年（1772）壬辰科中式二甲第五十四名进士。山东郓城县知县，亲老奏明改补近省。乾隆四十八年（1783）任福建泉州府安溪县知县，充乾隆五十一年（1786）丙午科福建同考官。五十二年（1787）转任同安，时台湾发生林爽文起义，因征人被议落职，拟发新疆。士民千余人请留，改嘉义县知县。为官操守端洁，才具敏练。（民国《同安县志》《清代官员履历档案全编》有载）

《乾隆三十七年进士题名碑录壬辰科》：赐进士出身，第二甲，五十四名。单瑞龙，浙江钱塘县。

乾隆五十三春西荣庆堂刻本《缙绅全书》：知县加一级单瑞龙，浙江钱塘人，壬辰，五十一年八月署。

道光《彰化县志》卷三：单瑞龙，浙江钱塘人，进士，（乾隆）六十年三月署（知县）。

民国《同安县志》卷三十五：单瑞龙，钱塘进士，乾隆五十二年十月任（知县）。

民国《杭州府志》卷一百十一：乾隆三十七年壬辰科金榜榜　单瑞龙，钱塘人，安溪知县。

案：民国《萧山县志稿》只注“单瑞龙”为举人。

乾隆四十年（1775）乙未科

主考官：王杰、嵇璜、阿肃。

试题：苟日新日（三句）；仲叔圉治（三句）；敢问何谓（言也）。

【汪辉祖】（1730—1807）

字焕曾，号龙庄，又号归庐，萧山瓜沥镇人。乾隆三十三年（1768）戊子科乡试中式第三名举人，四十年（1775）乙未科中式二甲第二十八名进士。乾隆五十二年（1787）为湖南宁远县知县，五十六年（1791）署道州牧，次年一月后再调善化令，后因足疾乞休回乡。汪辉祖返归故里后，定居县城苏家潭。乾隆五十八年（1793）应召主持修复萧山西江塘，主事得力，工程坚固，且耗资少。上书请减萧山牧地赋税。其后，汪辉祖悉心著述，著作有《元史本证》《史姓韵编》《九史同姓名略》《二十四史同姓名录》《二十四史希姓录》《辽金元三史同名录》《龙庄四六稿》《归庐晚稿》《岫云初笔》等，尤以《学治

臆说》《佐治药言》《病榻梦痕录》行世甚广。（《清史稿》卷四百七十七有其传）

《乾隆四十年进士题名碑录乙未科》：赐进士出身，第二甲，五十二名。汪辉祖，浙江萧山县。

乾隆《绍兴府志》卷三十一：乾隆四十年乙未科吴锡龄榜　汪辉祖，知县。

嘉庆《道州志》卷四：汪辉祖，（乾隆）五十六年任（知州）。

道光《永州府志》卷十一：汪辉祖，（乾隆）五十六年任（知州）。

光绪《宁远县志》卷七：汪辉祖，浙江萧山人，乾隆五十二年任（知县）。

民国《萧山县志稿》卷十三：乾隆四十年乙未科　汪辉祖，湖南宁远、新田、善化知县，道州知州。

【蔡雄】（1742—？）

字凤洲，萧山城厢街道人。乾隆三十九年（1774）甲午科乡试中式第七十九名举人，乾隆四十年（1775）乙未科中式二甲第五十一名进士。乾隆五十年（1785）十月签掣山西蒲州府万泉县知县，五十一年（1786）任山西万荣知县。（《清代官员履历档案全编》有其“履历折”）

《乾隆四十年进士题名碑录乙未科》：赐进士出身，第二甲，五十二名。蔡雄，浙江萧山县。

乾隆《绍兴府志》卷三十一：乾隆四十年乙未科吴锡龄榜　蔡雄，萧山人。

民国《萧山县志稿》卷十三：乾隆四十年乙未科　蔡雄宗，山西万泉知县。

乾隆五十三年春西荣庆堂刻本《缙绅全书》：万全县知县加三级蔡雄凤洲，浙江萧山人，甲午、乙未，（乾隆）五十年十月选（知县）。

民国《万泉县志》卷三：蔡雄，浙江萧山进士，（乾隆）五十一年任（知县）。

【萧濂】(1741—?)

字学周，萧山人，钱塘籍。乾隆三十三年（1768）戊子科乡试中式第二十八名举人，四十年（1775）乙未科中式三甲第六名进士。乾隆五十四年（1789）签掣广西梧州府怀集县知县，五十八年（1793）至嘉庆三年（1798）任广西天保县令。（《清代官员履历档案全编》有其“履历折”）

《乾隆四十年进士题名碑乙未科》：赐同进士出身，第三甲，一百三名。萧濂，浙江钱塘县。

乾隆《绍兴府志》卷三十一：乾隆四十年乙未科吴锡龄榜　萧濂，钱塘籍，萧山人。

民国《杭州府志》卷一百十一：乾隆四十年乙未吴锡龄榜　萧濂，钱塘贯，萧山人，广西龙州同知。

民国《萧山县志稿》卷十三：乾隆四十年乙未科　萧濂，知县。

民国《怀集县志》卷四：萧濂，浙江钱塘人，进士，乾隆五十四年任（知县）。

乾隆四十三年（1778）戊戌科

主考官：王杰、于敏中、嵩贵。

试题：其言之不（章）；反古之道；且子食志（食志）。

【潘庭筠】(1741—?)

字兰公，一作兰垞、香祖，号德园，萧山钱清镇（今属绍兴）人，钱塘籍，居杭城三元坊北首水巷口。本姓施（《新田施氏宗祠碑记》有“庭筠之祖考出继潘氏，本生曾祖考妣墓在新田”，施父行传有“幼失怙恃，抚养于山阴安昌姨父潘家，从其姓”）。乾隆三十年（1765）乙酉科乡试中式第二十一名举人，四十三年（1778）戊戌科中式二甲第六名进士。国史馆纂修，翰林院编修，《四库全书》分校官，军机处行走，内阁中书，陕西道监察御史，诰授奉直大夫。辞官后曾主讲汇南书院，并皈依净土，持戒诵经不辍，捐弃一切，惟随笔偶作水墨花卉。著有《稼书堂集》。

《乾隆四十三年进士题名碑录戊戌科》：赐进士出身，第二甲，五十一名。潘庭筠，浙江钱塘县。

乾隆五十三年春西荣庆堂刻本《缙绅全书》：翰林院修撰、文渊阁校理加一级潘庭筠，浙江钱塘县人，戊戌。

乾隆《绍兴府志》卷三十一：乾隆四十三年戊戌科戴衢亨榜　潘庭筠，钱塘籍，山阴人，翰林、御史。

嘉庆《山阴县志》卷十：乾隆四十三年戊戌科　潘庭筠，翰林、御史。

民国《萧山县志稿》卷十三：乾隆四十三年戊戌科　施庭筠，翰林、御史。

民国《新登县志》卷十五：潘庭筠，钱塘人，乾隆戊戌进士，由编修官御史，以终养乞归，主敷文讲席。

民国《杭州府志》卷一百十一：乾隆四十三年戊戌戴衢亨榜　潘庭筠，钱塘人，陕西道御史。

乾隆四十五年（1780）庚子恩科

主考官：曹秀先、德保、周煌、胡高望。

试题：则众物之（不到）；罔之生也（句）；尽信书则（句）。

【王宗琰】（1755—1826）

改“王宗炎”，字以除，号谷塍，又号晚闻居士，萧山城厢街道人。乾隆三十九年（1774）甲午科乡试中式第三十名举人，四十五年（1780）庚子科中式二甲第十二名进士。未授官而归。学问渊博，通籍后杜门不出，以文史自娱，尤好诱掖后进。家建藏书楼“十万卷楼”“小学楼”，藏书之名，萧山第一。与陆芝荣“寓赏楼”、陈春“湖海楼”，并称“萧山三大藏书楼”。精于校雠之学，通郑、孔之学，以文史研讨为事。汤金钊等人皆从其游，积四十年，培育引荐人才颇众。工古文词。藏书印有“湖东不住住湖西”“宗炎图书”“小学楼”“十万卷楼藏书”等。章学诚临终前将《文史通义》交付宗炎校正，王宗炎编次三十卷，道光六年（1826）未定稿而卒，稿本再归沈曾

植。著有《晚闻居士遗集》九卷。（《清史列传》卷七二、《晚晴簃诗汇》卷一百二载其传）

《乾隆四十五年进士题名碑录庚子恩科》：赐进士出身，第二甲，五十一名。王宗琰，浙江萧山县。

乾隆《绍兴府志》卷三十一：乾隆四十五年汪如洋榜　王宗琰。

民国《萧山县志稿》卷十三：乾隆四十五年庚子科　王宗炎，汪如洋榜。

【郑应简】（1746—1820）

字皎如，号兰畦，萧山蜀山街道人。乾隆三十九年（1774）甲午科乡试中式第四十六名举人，四十五年（1780）庚子恩科中式三甲第二十三名进士。乾隆五十七年（1792）任禄丰县令，嘉庆七年（1802）任会泽县令。

《乾隆四十五年进士题名碑录庚子恩科》：赐同进士出身，第三甲，一百一名。郑应简，浙江萧山县。

乾隆《绍兴府志》卷三十一：乾隆四十五年汪如洋榜　郑应简，萧山人。

嘉庆元年冬荣禄堂刊本《缙绅全书》：禄丰县知县加一级郑应简，浙江山阴人，举贡，（乾隆）五十六年十一月选。

民国《萧山县志稿》卷十三：乾隆四十五年庚子科　云南禄丰、会泽等县知县，升知州。

民国《新纂云南通志》卷十三：郑应简，萧山人（禄丰县知县）。

乾隆四十六年（1781）辛丑科

主考官：沈初、德保、谢墉、吴玉纶。

试题：所藏乎身（句）；女奚不曰；待文王而（民也）；“王良登车”，得“行”字。

【曹之升】（1753—1808）

字登阶，一字孔阶，号寅谷，萧山蜀山街道曹家桥人。乾隆三十九年（1774）甲午科乡试中式第三十四名举人。四十三年（1778）持母服。四十五年（1780）冬，以计偕北上。乾隆四十六年（1781）辛丑科会试中式第十一名，殿试中式二甲第四十五名进士。归部候选，旋入四库馆，分校《四库总目》。四十九年（1784）南还，闲居于家，集族人于祠，议重修族谱。六十年（1795）复客都下，一行作吏。嘉庆元年（1796）仲春引见，命以县令用，遂宦关中十余年。历知中部、醴泉、三原、蒲城四县。擅八股，名闻全国。著有《曹寅谷制艺》《四书摭余说》《孟子年谱》。嘉庆四年（1799）任蒲城知县，学博文宏，教士有法。时值兵荒，发仓粟赈贫乏。其减收耗羡一事，邑人至今德之。

《乾隆四十六年进士题名碑录辛丑科》：赐进士出身，第二甲，五十六名。曹之升，浙江萧山县。

乾隆《绍兴府志》卷三十一：乾隆四十六年辛丑科钱棨榜　曹之升，萧山人。

嘉庆《续修中部县志》：曹之升，浙江绍兴府萧山县进士，嘉庆元年任（知县），后历任醴泉、三原，调任蒲城县。

嘉庆六年夏奎文阁刊本《缙绅全书》：蒲城县知县加一级曹之升寅谷，浙江萧山人，辛丑，（嘉庆）四年二月调。

嘉庆元年冬荣庆堂刊本《缙绅全书》：中部县知县加一级曹之升寅谷，浙江萧山人，甲午、辛丑，（嘉庆）元年二月选。

咸丰《同州府志》：曹之升，嘉庆四年，知县。

光绪《蒲城县志》卷八：曹之升，字寅谷，浙江萧山进士，嘉庆四年任，学博文闳，教士有法。

民国《黄陵县志》卷十：曹之升，浙江萧山人，进士，嘉庆元年任醴泉、三原、蒲城（知县）。

民国《萧山县志稿》卷十三：曹之升，钱棨榜，陕西中部醴泉、三原、蒲城等县知县。

民国《续修陕西通志稿》卷二十二：曹之升，浙江萧山县人，进士，嘉庆元年任（中部县知县），四年二月以调蒲城县知县，去任。

民国《续修陕西通志稿》卷十五：曹之升，浙江萧山县人，进士，嘉庆二十四年任（醴泉县知县）。

民国《续修醴泉县志稿》卷六：曹之升，浙江萧山进士，嘉庆二十四年任（知县）。

【陶廷琡】(1750—?)

字韫川，号南园，萧山城厢街道人。凫亭子。乾隆四十四年（1779）己亥科乡试中式第八十二名举人，四十六年（1781）辛丑科中式二甲第三十一名进士，官贵州清平、嘉庆十二年（1807）江西铅山知县。十九年（1814）编有《铅山县志》。著有《南园诗》一卷。（《会稽陶氏宗谱》有《铅山县知县韫川先生传》）

《乾隆己亥恩科各省乡试齿录浙江榜》：陶廷琡，字韫川，号南园。行五，辛未年生。会稽廪生。曾祖文彬，祖士铭，父元藻，子轩。

《乾隆四十六年进士题名碑录辛丑科》：赐进士出身，第二甲，五十六名。陶廷琡，浙江会稽县。

同治《铅山县志》卷十一：陶廷琡，浙江会稽进士，嘉庆十二年任（知县），续修《县志》。

乾隆《绍兴府志》卷三十一：乾隆四十六年辛丑科钱棨榜 陶廷琡。嘉庆六年夏奎文阁刊本《缙绅全书》：清平县知县加一级陶廷琡南园，浙江会稽人，辛丑，（乾隆）五十八年六月调。

道光《大定府志》卷二十二：陶廷琡，浙江会稽人，进士，嘉庆元年六月署。

同治《广信府志》卷六：陶廷琡，会稽进士，（嘉庆）十一年到任（铅山县知县）。

民国《萧山县志稿》卷十三：陶廷琡。

民国《贵州通志·职官表七》：陶廷琡，会稽人，进士（清平县知县）。

乾隆五十四年（1789）己酉科

主考官：铁保、王杰、管干臣。

试题：点尔何如（之撰）；溥博如天（句）；苟为不熟（二句）。

【朱庆颐】(1753—?)

萧山人，钱塘籍。乾隆五十四年（1789）己酉科中式二甲第二十五名进士，六十年（1795）觉罗官教习期满引见，奉旨以知县用，签掣山东沂州府沂水县知县。嘉庆元年（1796）任山西运城芮城知县，五年（1800）调补安邑县。（《清代官员履历档案全编》有朱庆颐“履历折”）

《乾隆五十四年进士题名碑录己酉科》：赐进士出身，第二甲，三十三名。朱庆颐，浙江钱塘县。

光绪《安邑县续志》卷二：朱庆颐，乾隆丁酉举人，己酉进士，浙江钱塘县人，嘉庆五年由芮城县调补。

民国《芮城县志》卷六：朱庆颐，浙江钱塘县人，嘉庆元年任（知县），进士。

民国《杭州府志》卷一百十一：乾隆五十四年己酉预行正科胡长龄榜朱庆颐，钱塘人。

乾隆五十八年（1793）癸丑科

主考官：钱保、刘墉、吴省钦。

试题：古者民有（二句）；或生而知（三句）；孔子曰操（三句）。

【徐国楠】(1757—1821)

字古梅，号让木，萧山北干街道井亭徐人。府学廪膳生，乾隆四十四年（1779）己亥恩科乡试中式第十一名举人，五十八年（1793）癸丑科中式二甲第十四名进士。钦点内阁中书。嘉庆元年（1796）服阕入都，与修玉牒三载，后分修《高宗纯皇帝实录》，又充文渊阁校阅，协办侍读事务司，中书侍读。十二年（1807）丁卯迁湖广京畿道监察御史，会典馆纂修。十四年（1809）己巳为山东运河兵备道。嘉庆十二年（1807）丁卯科顺天乡试考官。诰授奉政大夫。（《萧山徐氏宗谱》有王宗诚撰《山东运河兵备道古梅公传》、黄玉衡撰《山东运河兵备道古梅公六十寿序》）

《乾隆五十八年进士题名碑录癸丑科》：赐进士出身，第二甲，二十九名。徐国楠，浙江萧山县。

《乾隆己亥恩科各省乡试齿录浙江榜》：徐国楠，字让木，号古梅。行一，丁丑年生，廪生。曾祖冠；祖志旦；父莪，字焜。

奎文阁刊本《缙绅全书》：中书加一级徐国楠古梅，浙江萧山县人，癸丑。

道光《济宁直隶州志》卷六：徐国楠，字让木，号苦梅，浙江萧山人，乾隆癸丑进士，（嘉庆）十四年八月任。

黄叔璥《国朝御史题名录》：徐国楠，号古梅，浙江萧山县人，乾隆癸丑进士，由内阁侍读考湖广道御史，升运河道。

民国《萧山县志稿》卷十三：乾隆五十八年癸丑科　徐国楠，潘世恩榜，中书侍读，湖广京畿道御史，山东运河兵备道。

民国《山东通志》卷五十四：徐国楠，浙江山阴进士。

【王绍兰】（1760—1835）

字畹馨，号南陔，自号思惟居士，萧山城厢街道人。乾隆五十四年（1789）己酉科拔贡。乾隆五十七年（1792）壬子科顺天乡试中式举人，五十八年（1793）癸丑科中式三甲第二十一名进士。嘉庆二年（1797）至六年（1801）任闽县知县兼海防同知，管理南台民政和诉讼事务。海防同知署设台江地区霞浦街。在任期间，办事认真，多审理冤案和疑狱，被人民称为好官。后升任泉州府知府、兴泉永道、福建按察使、福建布政使、福建巡抚。因参与嘉庆二十一年（1816）间诬福建布政使李庚芸事，革职返里，闭门思过。著有《钓龙台吊古》《台江夜泛》等怀念台江诗作。今上海图书馆藏有王绍兰残存杂稿《王南陔先生杂记》二册。（《清史稿》卷三百五十九、民国《建阳县志》有其传）

《乾隆五十八年进士题名碑录癸丑科》：赐同进士出身，第三甲，四十九名。王绍兰，浙江萧山县。

乾隆《马巷厅志》附录：王绍兰，字南陔，浙江萧山进士，嘉庆六年任（通判）。

嘉庆元年冬荣庆堂刻本《缙绅全书》：闽县知县加一级王绍兰，浙江萧山人，进士，（嘉庆）元年十一月调。

道光《晋江县志》卷二十八：王绍兰，浙江萧山进士，（嘉庆）七年十二月任（知县）。

民国《萧山县志稿》卷十三：乾隆五十八年癸丑科　王绍兰，知县，泉州府知府，擢按察使，福建巡抚。

民国《同安县志》卷十三：王绍兰，浙江萧山进士，（嘉庆）六年任（马巷通判），（嘉庆）十一年署（兴泉永道）。

民国《厦门市志》卷十一：王邵兰，浙江萧山进士，嘉庆十一年署理兴泉永道。

民国《建阳县志・职官志》：王绍兰，字南陔，浙江萧山人，癸丑进士，乾隆五十六年任，累官福建巡抚。其令建阳时，夜巡课士，子行部至乡，辄抚农民而慰劳之，以故士民皆德之甚。

【来寿昌】(1715—1796)

字越水，一字效朱，号公言，萧山长河镇（今属滨江区）人。钦赐翰林院检讨，与千叟宴，赐寿杖银牌。乾隆五十七年（1792）壬子科钦赐举人，五十八年（1793）癸丑科中式进士。授翰林院检讨。

民国《萧山县志稿》卷十三：乾隆五十八年癸丑科　来寿昌，钦赐检讨。

乾隆六十年（1795）乙卯恩科

主考官：刘跃云、窦光鼐、瑚图礼。

试题：民之所好（二句）；柴也愚参（章）；齐人曰所（知也）。

【傅淦】(1766—1801)

字毅斋，号篁山，萧山临浦镇横山傅村人。家本儒素，少孤，依伯兄以居，且受业，年十七补县学生，旋试高等食饩。乾隆五十四年（1789）己酉科乡试中式第十七名举人，六十年（1795）己卯科会试赴礼部试，是科会元，为归安王以铻，第二为王以衔，乃同胞兄弟，高宗疑试官有私，降调总裁窦光鼐等有差，另简覆勘落卷，得三卷，淦其一也。进呈，命授内阁中书。嘉庆二年（1797），选入军机处行走。淦外和内介，泊然无营，弊车羸马，率以为常。嘉庆六年（1801）卒于京邸，年三十有六。性友爱，伯兄年迈，有笃疾，淦扶持抑搔，一夕数起，延医市药屡空，弗恤也。（《许郑学庐存稿》有王绍兰撰《傅中翰毅斋家传》）

嘉庆六年夏奎文阁刊本《缙绅全书》：中书加一级傅淦，浙江萧山县人，己酉。

民国《萧山县志稿》卷十三：乾隆六十年乙卯科　傅淦，榜后录遗，钦赐内阁中书，顺天分房，方略馆纂修。四年，特简军机处行走。

嘉庆元年（1796）丙辰科

主考官：纪昀、李潢、金士松。

试题：虽曰未学（二句）；莫见乎隐（二句）；不愆不忘（二句）。

【来珩】（1763—1824）

字佩葱，号虹桥。乾隆五十七年（1792）壬子科乡试中式第八十二名举人，嘉庆元年（1796）丙辰科中式三甲第五十名进士。官江西临川万载知县，事迹是“土客构讼，毅然以分额请，上司动色，方饬通省查办，会珩以卓调，不果行，后邑中多故，卒如所请云”。嘉庆五年（1800）庚申恩科乡试同考官。（《清代官员履历档案全编》有其“履历折”民国《万载县志》有其传、《萧山来氏宗谱》有汤金钊撰《知县虹桥公传》）

《嘉庆元年进士题名碑录丙辰科》：赐同进士出身，第三甲，一百一名。来珩，浙江绍兴府萧山县人。

《嘉庆元年丙辰科会试同年齿录》：来珩，字佩葱，号虹桥。行一，乾隆癸未年正月二十八日生，浙江绍兴府萧山县附生，民籍……壬子乡试第八十二名，会试第七十名，殿试第三甲第五十名，钦点即用知县，住西门外长河庄。

民国《万载县志》卷五：来珩，萧山进士，嘉庆三年知县，有干材，临事勇决。

民国《萧山县志稿》卷十三：嘉庆元年丙辰科　来珩，江西临川、万载知县。

嘉庆六年夏奎文阁刊本《缙绅全书》：万载县知县加一级来珩虹桥，浙江萧山人，丙辰，（嘉庆）二年十一月选。

同治《临川县志》卷三十三：来珩，萧山进士，嘉庆八年任（知县）。

光绪《抚州府志》卷三十七：来珩，萧山进士，嘉庆八年任（临川县知县）。

【来宗敏】（1760—1816）

字讱兹，一字慎之，号懋斋，萧山长河镇（今属滨江区）人。乾隆五十三年（1788）戊申科乡试中式第六十六名举人，嘉庆元年（1796）丙辰科会试第十二名，殿试中式三甲第六十二名进士。任直隶大名府清平县知县。（按此《匏园诗集》卷五有《书家懋斋公轶事》，题下原注曾叙及来宗敏为"乾隆戊申举人，嘉庆纪元进士，授直隶清平令。到任数月，即回籍教授生徒"）著有《绳诒堂诗稿》。（《萧山来氏宗谱》有来寿田撰《知县懋斋公传》）

《嘉庆元年进士题名碑录丙辰科》：赐同进士出身，第三甲，一百一名。来宗道，浙江绍兴府萧山县人。

《嘉庆元年丙辰科会试同年齿录》：来宗敏，字讱兹，号懋斋。行二，乾隆庚辰年六月初四日生，浙江绍兴府萧山县附生，民籍……乡试第六十六名，会试第十二名，殿试第三甲六十二名，住西乡四都楼下庄。

民国《萧山县志稿》卷十三：嘉庆元年丙辰科　来宗敏，直隶清平知县。

【陆泌】（1763—？）

字郯仙，号住西，萧山城厢街道人。从父寄居省城，补杭州府学生。乾隆五十四年（1789）己酉科乡试中式第十二名举人，嘉庆元年（1796）丙辰科会试第六十六名，殿试中式二甲第三十九名进士。钦取朝考第七名，钦点选庶吉士，授编修，保举改御史，擢给事中，条陈中外事宜，朱批奖为"不料陆生有此识力"。萧山水道趋西，龛赭地连，赭山以外，亦复沙涨，海宁与萧争地，岁有械斗，伤人实多，地则贴在萧山，而海宁须渡江，才可耕种。泌为奏请属于萧山，其地设河庄两巡检，以资弹压。事下浙江抚院时，巡抚蒋攸铦诣勘覆奏，悉如泌议，至今赖以安帖。嘉庆十八年（1813），林清谋逆，上巡幸木兰，尚未回銮，都城岌岌可危。泌任巡城事务，自持短棍，躬亲周历，手获一小中涓，背黄袱出城通贼者，密陈诱贼，就计败谋，以功加四品京堂，旋简七省漕院，未满任，丁母忧，回籍营葬，服阕，补授内阁侍读学士，已升顺天府府丞。前一日，趺坐合十卒。

《嘉庆元年进士题名碑录丙辰科》：赐进士出身，第二甲，四十名。陆泌，浙江杭州府仁和县人。

《嘉庆元年丙辰科会试同年齿录》：陆泌，字邺仙，号住西。行三，癸未年十月十一日生.浙江杭州府仁和县，民籍……乡试第十二名，会试第六十六名，殿试第二甲第三十九名，钦取朝考第七名，钦点翰林院庶吉士，住省城艮山门内盐义仓前。

黄叔璥《国朝御史题名录》：嘉庆九年，陆泌，字邺仙，号住西，浙江仁和县人。嘉庆丙辰进士，由翰林院编修考选江南道御史，吏科给事中，仕至内阁侍读学士。

民国《萧山县志稿》卷十三：嘉庆元年丙辰科　陆泌，江南道御史，顺天府丞。

民国《杭州府志》卷一百十一：嘉庆元年丙辰赵文楷榜　陆泌，仁和人，侍读。

【陆以庄】（1763—1827）

字履康，号谱兰，一号平泉，萧山城厢街道人。乾隆五十三年（1788）戊申预行正科乡试中式第二十六名举人，嘉庆元年（1796）丙辰恩科会试第九十名，殿试中式二甲第七名进士。钦取朝考第一名，钦点选庶吉士，散馆授编修。历官詹事府右春坊中允、左春坊中允、翰林院侍讲、詹事府右春坊庶子、左春坊庶子、翰林院侍讲学士、侍读学士、詹事府少詹事、太常寺卿、宗人府府丞、都察院左副都御史、荐擢至工部右侍郎、都察院左都御史、工部尚书。署礼部尚书监管顺天府府尹事务，提督贵州学政、陕甘学政。历充嘉庆五年（1800）庚申恩科湖南乡试正考官、十二年（1807）丁卯科山西乡试正考官、十三年（1808）戊辰恩科云南乡试正考官、二十一年（1816）丙子科顺天乡试副考官、二十四年（1819）己卯科江南乡试正考官，道光二年（1822）壬午科武会试总裁、六年（1826）丙戌科会试总裁，嘉庆朝考阅卷大臣、殿试读卷大臣，道光朝考阅卷大臣、经筵讲官、国史馆总裁。赐紫禁城骑马，派预重华宫茶宴联句。诰授光禄大夫，谕赐祭葬，卒谥“文恭”。

《嘉庆元年进士题名碑录丙辰科》：赐进士出身，第二甲，四十名。陆以庄，浙江绍兴府萧山县人。

《嘉庆元年丙辰科会试同年齿录》：陆以庄，字莅康，号谱兰，又号平泉。行一，乾隆癸未年六月十四日申时生。浙江绍兴府萧山县附生，民籍……戊申科乡试第二十六名，会试第九十名，殿试第二甲第七名，钦取朝考第一名，钦点翰林院庶吉士，住萧山东郭外。

嘉庆六年夏奎文阁刊本《缙绅全书》：翰林院编修加一级陆以庄，浙江萧山县人，丙辰。

嘉庆元年荣庆堂刊本《缙绅全书》：翰林院庶吉士加一级陆以庄，浙江萧山县人，丙辰。

道光《贵阳府志》卷九：陆以庄，浙江萧山人，进士，嘉庆七年壬戌以编修任（布政使）。

道光六年秋《爵秩全览》：经筵讲官、工部尚书、国史馆副总裁兼管顺天府尹陆以庄，浙江萧山县人，进士。

民国《萧山县志稿》卷十三：嘉庆元年丙辰科　陆以庄，工部户部尚书，顺天府府尹，谥“文恭”。

光绪《湖南通志》卷一百四十二：嘉庆五年庚申恩科考官，编修，萧山，陆以庄。

光绪《顺天府志》卷八十一：陆以庄，字平泉，浙江萧山人，丙辰进士，以工部尚书兼尹，谥“文恭”。

民国《续修陕西通志稿》卷十一：陆以庄，浙江萧山县人，进士，嘉庆十五年正月二十六日任（陕西提督学院）。

民国《新纂云南通志》卷十五：陆以庄，萧山。

案：民国《贵州通志·职官表四》载，陆以庄，萧山人，编修，（嘉庆）七年任（提督学院）。

嘉庆四年（1799）己未科

主考官：阮元、朱珪、刘权之、文宁。

试题：是故君子（失之）；曾子曰慎（一章）；孟子曰尽（天矣）。

【汤金钊】（1772—1856）

字勖兹，一字敦甫，萧山城厢街道人，钱塘籍。乾隆五十九年（1794）甲寅科乡试中式第一名举人，嘉庆四年（1799）己未科中式二甲第二名进士。选庶吉士，授编修。道光七年（1827）任左都御史、礼部尚书，充上书房总师傅，调任吏部尚书、工部尚书、户部尚书之职。道光十八年（1838）以协办大学士调回吏部。咸丰四年（1854）加封太子太保衔，并赐御书“庆衍恩荣”匾额，恩宠有加。卒谥“文端”。有《寸心至室存稿》《游焦山记》《儒门法经辑要》《隙光随笔》等行世。（《清史稿》卷三百六十四有其传）

《嘉庆四年进士题名碑录己未科》：赐进士出身，第二甲，七十四名。汤金钊，浙江杭州府钱塘县人。

嘉庆六年夏奎文阁刊本《缙绅全书》：翰林院庶吉士加一级汤金钊敦甫，浙江钱塘籍，萧山县人，己未。

道光二十年冬京都荣禄堂刊本《缙绅全书》：经筵讲官、协办大学士、吏部尚书、国史馆副总裁加三级汤金钊敦甫，浙江萧山县人，己未。

光绪《金坛县志》卷五：汤金钊，字敦甫，萧山人，嘉庆二十二年任（提督学政）。

民国《萧山县志稿》卷十三：嘉庆四年己未科　汤金钊，姚文田榜，协办大学士，吏部尚书，光禄寺卿，太子太保，谥“文端”。

民国《续修陕西通志稿·职官二》：汤金钊，浙江萧山县人，进士，道光十六年九月庚寅由吏部尚书署任（陕西巡抚部院），旋卸事回京。

民国《杭州府志》卷一百十一：嘉庆四年己未姚文田榜　汤金钊，钱塘贯，萧山人，吏部尚书，协办大学士，谥“文端”。

嘉庆六年（1801）辛酉恩科

主考官：平恕、达椿、彭元瑞、蒋曰纶。

试题：尧舜帅天（二句）；百姓足君（四句）；民之为道（为也）。

【陈家騄】（1762—1806）

字远期，号待轩。乾隆五十四年（1789）己酉科附贡生，五十九年（1794）甲寅科乡试中式第十七名举人，嘉庆六年（1801）辛酉科中式二甲第二十五名进士。授内阁中书，以亲老改授严州府学教授。少有远志，研精经训。编有《金薤集》，为家騄所选同时人诗。汤金钊《寸心知室存稿》有《哭同年陈待轩》：气严性定好深思，直谅常闻忠告词。虑我奔踶真爱我，经师醇正复人师。阶辞红药归心急，官冷青毡侍色怡。举世非之全弗顾，此心原不冀人知（君成进士用中书，因不能侍养，决计改教授）。追念平生出涕沱，有才无命可如何（君负远志，每称贾生，以为命之不长）。志求管葛归黄土（爱诵《梁父吟》），学喜程朱迅白波。膝下儿迟璋待弄（有遗腹），堂前亲老鬓先皤。穷通修短浮云看，自古仁贤厄运多。（汤纪尚《盘薖文甲集》有《陈待轩先生传》）

《嘉庆六年进士题名碑录辛酉科》：赐进士出身，第二甲，九十八名。陈家騄，浙江绍兴府萧山县人。

光绪《严州府志》卷十一：陈家騄，萧山县进士，嘉庆七年任（教授），见《重建双峰书院记碑》。

民国《萧山县志稿》卷十三：嘉庆六年辛酉科　陈家騄，顾皋榜，中书，改严州教授。

民国《建德县志》卷九：陈家騄，嘉庆七年任（教授）。

【朱澄】（1767—？）

字子清，一字静江，号虚斋，萧山蜀山街道人，顺天大兴籍。乾隆五十九年（1794）甲寅科乡试顺天中式举人，嘉庆六年（1801）辛酉科中式二甲第五十名进士。选翰林院庶吉士，授编修，官至常州府知府。（《大兴朱

氏家乘》有其子庭桂撰《先考静江府君行述》）

《嘉庆六年进士题名碑录辛酉科》：赐进士出身，第二甲，九十八名。朱澄，顺天府大兴县人。

光绪《顺天府志》卷一百十六：嘉庆六年辛酉顾皋榜　朱澄，庶吉士，编修，江苏常州府知府。

民国《萧山县志稿》卷十三：嘉庆六年辛酉科　朱澄，编修，常州知府。

嘉庆七年（1802）壬戌科

主考官：玉麟、纪昀、熊枚、戴均元。

试题：为人君止（二句）；道之以德（一节）；居天下之（三句）。

【何丙咸】（1771—1808）

字南曦，号辛六，又号春躔，萧山人。嘉庆三年（1798）戊午科乡试中式第十七名举人，七年（1802）壬戌科会试第八十二名，中式二甲第六名进士。选庶吉士，散馆授编修。嘉庆十二年（1807）丁卯充顺天同考官，未几，丁外艰，旋里服阕，遽卒，年三十八。案:《国朝两浙科名录》作“何丙炎”。（《萧山何氏宗谱》有丁季良撰《编修春躔公传》）

《嘉庆七年进士题名碑录壬戌科》：赐进士出身，第二甲，八十四名。何丙咸，浙江绍兴府萧山县人。

《重订嘉庆壬戌齿录》：何丙咸，榜名丙炎，字南羲，号辛六，又号春躔。行二，乾隆辛卯年九月十九日生。浙江绍兴府优贡生，萧山县民籍。戊午乡试第十七名，壬戌会试第八十二名，殿试第二甲第六名，朝考第五名，翰林院庶吉士，授编修，丁卯顺天乡试同考官。卒……居县城内何家弄百尺溇。

民国《萧山县志稿》卷十三：嘉庆六年辛酉科　何丙咸，乙丑编修，戊辰丁父忧，归里，卒。一作壬戌。

【瞿昂】（1770—1831）

字子皋，一字良士，号羡门，萧山河上镇大桥村人，顺天籍。顺天府学廪膳生，嘉庆三年（1798）戊午科乡试挑取誊录第八十七名，五年（1800）庚申恩科乡试中式第一百三十五名举人，议叙知县。嘉庆七年（1802）壬戌科会试中式第一百五十四名，钦取覆试一等第十一名，殿试中式二甲第四十五名进士，朝考第三十七名。选庶吉士，改充实录馆协修，旋补纂修，嘉庆十年（1805）散馆二等第二名，授编修。十六年（1811）记名御史，十七年（1812）开右春坊赞善，充文渊阁校理，转左春坊赞善，充日讲起居注官，擢右春坊中允。十八年（1813）任湖南正典试，转左春坊中允，擢司经局洗马、翰林院侍讲、翰林院侍读。二十一年（1816）任河南正典试，擢右春坊庶子，教习庶吉士。道光二年（1822）壬午科会试同考官，河南陈州知府。诰授中宪大夫。曾为永铭修《淮宁县志》作序云："不善创者征考多漏，不善因者删削有乖。"可见昂之洞见力。（《萧山大桥瞿氏宗谱》有其子瞿嘉祐、瞿嘉福撰《诰授中宪大夫显考子皋府君行述》）

《嘉庆七年进士题名碑录壬戌科》：赐进士出身，第二甲，八十四名。瞿昂，顺天府宛平县人。

《嘉庆壬戌科会试瞿昂朱卷》：瞿昂，字子皋，一字良士，号羡门。行一，乾隆癸巳年九月二十九日吉时生。由顺天府学廪膳生中式庚申恩科乡试，宛平县民籍，祖籍浙江萧山……戊午乡试挑取誊录第八十七名，庚申乡试中式第一百三十五名，会试中式第一百五十四名，钦取覆试一等第十一名，殿试第二甲第四十五名，朝考入选第三十七名，钦点翰林院庶吉士……世居萧邑南门外孝悌乡。

《重订嘉庆七年壬戌科齿录》：中式直省举人二百四十五名，第一百五十四名瞿昂，顺天。

民国《萧山县志稿》卷十三：瞿昂，吴廷琛榜，编修，河南陈州府知府，大兴籍。题名额作辛酉。

民国《淮阳县志》卷三：瞿昂，宛平，翰林院编修，道光二年补任（知府）。

道光十一年冬京都荣觐堂刊本《缙绅全书》：陈州府知府瞿昂，顺天宛平人，壬戌，（道光）二年十一月授。

光绪《顺天府志》卷一百十六：嘉庆七年壬戌吴廷琛榜　瞿昂，庶吉士，编修，庶子大考，改郎中，河南陈州府知府。

嘉庆十年（1805）乙丑科

主考官：恩普、朱珪、戴衢亨、英和。

试题：子曰老者（三句）；喜怒哀乐（之中）；夫志至焉（其气）。

【盛唐】（1767—1816）

字鸣和，行功一，号芦汀，又号陶庄，萧山北干街道人。嘉庆五年（1800）庚申恩科乡试中式第五十七名举人，十年（1805）乙丑科中式二甲第十名进士。钦点翰林院编修，京察一等，补山西道监察御史，累官礼、兵、刑等科掌印给事中。计公之一生，道裕行藏，义严取与，其文流传于蕺山书院课艺，其诗仅见嘉庆十四年（1809）恭纪五旬万寿十二章，二十四年（1819）恭进六旬万寿七律十六首。（《萧山盛氏宗谱》有其内侄丁海林撰《给事中盛芦汀公家传》）

《嘉庆十年进士题名碑录乙丑科》：赐进士出身，第二甲，九十六名。盛唐，浙江绍兴府萧山县人。

黄叔璥《国朝御史题名录》：嘉庆二十一年，盛唐，号芦汀，浙江萧山县人，嘉庆乙丑进士，由翰林院编修考选山西道御史，升刑科，改编修。

民国《萧山县志稿》卷十三：嘉庆十年乙丑科　盛唐，彭浚榜，编修，河南道、山西道御史，刑部掌印给事中。

【汪继培】

字因可，一字厚叔，号苏潭，萧山瓜沥镇人。辉祖子。嘉庆九年（1804）甲子科乡试中式第五名举人，十年（1805）乙丑科中式三甲第三十六名进士。官吏部主事，淡于宦情，乞假言归，著书自娱。一心研经史，搜讨藏书和校勘不倦，继续完成其父所著《辽金元三史同名录》《九史同姓名录》等，所校《列子》亦精，并收录于《湖海楼丛书》中。辑有《尸子》三卷，比孙星衍所辑更为详细。其父建有“环碧山房”，其亦乐此不疲，与同里藏书家陈春友善，每得一善本，则举书相示。为陈春父亲祝寿，曾持手校本《列子张注》为贺礼。陈春每刊印新书，聘汪氏为其校定欲刊之书。所著《潜夫论笺》，即由陈春刊印。乾隆五十八年（1793）后，与弟汪继壕分家，所藏之书归其掌管，汪辉祖称：“培儿尚知幕学，匙归收管，培如他出，听其交托，但不得付不知学问之人经手。”汪继培喜收藏经部、集部书，撰有《湘湖竹枝词》，辑《尸子》二卷《存疑》一卷等。

《嘉庆十年进士题名碑录乙丑科》：赐同进士出身，第三甲，一百四十四名。汪继培，浙江绍兴府萧山县人。

民国《萧山县志稿》卷十三：嘉庆十年乙丑科　汪继培，吏部文选司主事。

【叶楙勋】（1780—？）

本姓钱，字维城，号朴庵，一号铭斋，萧山钱清镇（今属绍兴）人。顺天府宛平籍。嘉庆九年（1804）甲子科顺天乡试中式第四十九名举人，十年（1805）乙丑科中式三甲第六名进士。嘉庆十一年（1806）署四川顺庆府渠县知县。嘉庆十三年（1808）至十五年（1810）任彭水县令。护理里塘军粮府瞻对军营办理粮饷，赏戴蓝翎，升贵州福麻哈州知州，原任广西象州知州。

《嘉庆十年进士题名碑录乙丑科》：赐同进士出身，第三甲，一百四十四名。钱楙勋，顺天府宛平县人。

道光十七年冬京都本立堂刊本《缙绅全书》：罗平州知州加一级叶懋勋，浙江萧山人，乙丑，（道光）十七年八月补。

光绪《镇南州志略》卷七：叶懋勋，浙江人，进士，（道光）十年任（知州）。

民国《渠县志》卷八：叶懋勋，知县，浙江萧山进士，嘉庆十一年署。

民国《萧山县志稿》卷十三：嘉庆十年乙丑科　叶懋勋，榜姓钱，四川知县。

【王宗彬】

钦赐国子监学正。

民国《萧山县志稿》卷十三：嘉庆十年乙丑科　王宗彬，钦赐国子监学正。

嘉庆十三年（1808）戊辰科

主考官：秀宁、董诰、邹炳泰、顺德庆。

试题：德者本也（二句）；如有博施（仁乎）；人伦明于（二句）。

【孔传曾】（1766—1827）

字道一，号鲁斋，萧山长河镇（今属滨江区）人。乾隆六十年（1795）乙卯科乡试中式第三十三名举人。嘉庆十三年（1808）戊辰科中式二甲第二十名进士。福建安溪、平和，贵州玉屏、清平、贵筑等县知县。安顺府郎岱同知，奉政大夫。父母去世后弃官回乡，守墓行孝，不再外出从政，族中称其为孝子。（《孔氏砾山宗谱》有来清曙撰《贵州郎岱同知孔鲁斋先生传》）

《嘉庆十三年进士题名碑录戊辰科》：赐进士出身，第二甲，一百十五名。孔传曾，浙江绍兴府萧山县人。

道光六年秋《爵秩全览》：同知驻郎岱孔传曾，浙江山阴人，进士，（道光）六年二月升。

道光《贵阳府志》卷十：孔传曾，浙江萧山人，进士，道光四年四月十五日署，次年七月十六日实授。

民国《萧山县志稿》卷十三：嘉庆十三年戊辰科　孔传曾，福建安溪、平和、贵州玉屏、清平、贵筑知县，安顺府郎岱同知。

【汪桂葆】（1782—？）

字文舟，号宝岩，一号青圃，山阴人，寄籍大兴。鸿胪寺序班，候选县丞。嘉庆十二年（1807）丁卯科顺天乡试中式第一百八十六名举人，十三年（1808）戊辰科会试中式三甲第六十五名进士。河津县知县。

《嘉庆十三年进士题名碑录戊辰科》：赐同进士出身，第三甲，一百四十三名。汪桂葆，顺天府大兴县人。

道光十一年冬京都荣覲堂刊本《缙绅全书》：河津县知县加一级汪桂葆，顺天大兴人，甲戌，（道光）元年十一月选。

光绪《顺天府志》卷一百十六：嘉庆十三年戊辰吴信中榜　汪桂葆。

光绪《河津县志》卷五：汪桂葆，顺天大兴进士，道光元年任（知县）。

民国《萧山县志稿》卷十三：嘉庆十三年戊辰科　汪桂葆，知县。

民国《获嘉县志》卷十：汪桂葆，直隶大兴人，进士，嘉庆二十年任（知县）。

【傅学灏】（1736—1812）

字子经，号孝山，萧山临浦镇横山傅村人。嘉庆十二年（1807）丁卯科乡试中式第六十七名举人，十三年（1808）戊辰科钦赐国子监学正。著有《孔子年谱》《四书述疑录》等。（《横山傅氏宗谱》有《先考子经府君行述》）

民国《萧山县志稿》卷十三：嘉庆十三年戊辰科　傅学灏，钦赐国子监学正。

案：是科民国《萧山县志稿》有朱锡田，查同年《题名碑》等，俱无载，故删。

嘉庆十四年（1809）己巳恩科

主考官：英和、费淳、王懿修、贵庆。

试题：君子喻于（二句）；思知人不（知天）；得天下有（民矣）。

【何煊】（1774—1837）

改名何炳，字允彪，号寅士，萧山城厢街道人。嘉庆十三年（1808）戊辰科乡试中式第六十五名举人，十四年（1809）己巳科中式二甲第七十一名进士。改翰林院庶吉士。十六年（1811）散馆授主事，签分兵部行走。二十五（1820），充马馆监督。道光元年（1821），升任兵部员外郎。充二年（1822）壬午恩科礼闱同考官。京察一等，记名以道府用，十月授福建汀州府知府。次年（1823），署福建府知府。五年（1825），实授福州府知府，兼署盐法道，道光六年（1826），任贵州贵西道、盐法道，署贵州按察使。道光七年（1827）七月初九，由福建盐法道升任广西按察使。道光八年（1828），丁忧免任。道光十一年（1831），任云南按察使。道光十三年（1833），任山西布政使，改陕西布政使。道光十四年（1834），护理陕西巡抚。道光十五年

（1835），任云南巡抚。十七年（1837）丁酉三月卒于任。何炳外浑厚而内坚刚，蔼然中有确乎不拔之概。著有《礼仪精义》五卷、《慎终集》三卷。（《萧山何氏宗谱》有王赠芳撰《皇清诰授资政大夫兵部侍郎兼都察院右副都御史云南巡抚萧山何公行状》《诰授资政大夫先中丞公国史原传》）。

《嘉庆十四年进士题名碑录己巳科》：赐进士出身，第二甲，一百名。何炳，浙江绍兴府萧山县人。

道光十一年冬京都荣觐堂刊本《缙绅全书》：云南等处提刑按察使司按察使、辖至各驿□事务加二级何煊，浙江萧山县人，己巳。

道光六年秋《爵秩全览》：福建等处盐法道兼理福厂船工事务何煊，浙江萧山人，进士。

道光七年秋京都荣觐堂刊本《缙绅全书》：广西等处提刑按察使司按察使、统辖全省□□事务加三级何煊，浙江萧山县人，己巳。

民国《萧山县志稿》卷十三：嘉庆十四年己巳科　何煊，原名炳，兵部职方司主事、云南巡抚。

民国《续修陕西通志稿》卷十一：何煊，浙江萧山县人，进士，道光十三年九月壬辰由山西布政使调任（陕西布政使司布政使），十五年二月己亥以升云南巡抚去任。

【陈诗】（1763—？）

字校风，号湖邨，又号竹军，萧山新塘街道人，顺天籍。嘉庆十二年（1808）戊辰科乡试顺天中式第八十七名举人，十四年（1809）己巳科会试中式二甲第七十六名进士。候选直隶州州司马。

《嘉庆十四年进士题名碑录己巳科》：赐进士出身，第二甲，一百名。陈诗，顺天宛平县人。

道光十七年冬京都本立堂刊本《缙绅全书》：知州加一级陈诗，顺天宛平人。己巳，（道光）十五年三月补。

道光《大定府志》卷二十二：陈诗，顺天宛平人，嘉庆己巳科进士，道光十六年任（知府）。

民国《萧山县志稿》卷十三：嘉庆十二年丁卯科　陈诗，州同，顺天籍。

【姚庆元】（1785—？）

原名江，字辛才，号余庵，萧山城厢街道人，寄籍顺天府大兴县。嘉庆十三年（1808）戊辰科顺天乡试中式第六名举人，十四年（1809）己巳恩科中式二甲第三十六名进士。选庶吉士，散馆改主事，历官刑部员外郎、江南道监察御史，官至工科掌印给事中。

《嘉庆十四年进士题名碑录己巳科》：赐进士出身，第二甲，一百名。姚庆元，顺天府大兴县人。

道光十七年冬京都本立堂刊本《缙绅全书》：工科掌印科给事中加三级姚庆元余庵，浙江萧山县人，己巳。

道光六年秋《爵秩全览》：江南道监察御史姚庆元，顺天大兴县人，进士。

光绪《顺天府志》卷一百十六：嘉庆十四年己巳洪莹榜　姚庆元，庶吉士，主事，工科给事中。

黄叔璥《国朝御史题名录》：道光五年，姚庆元，字子余，号余庵，顺天府大兴县人，祖籍浙江。嘉庆己巳进士，由刑部员外郎考选江南道御史，工科掌印给事中。

民国《萧山县志稿》卷十三：嘉庆十四年己巳科　姚庆元，原名江，奉天司额外主事，给事中。

【朱瀛】（1777—？）

字东洲，号云浦，又号小岩，萧山蜀山街道人，顺天大兴籍。顺天府学增生，嘉庆十二年（1807）丁卯科顺天乡试中式第二百零八名举人，十四年（1809）己巳科中式三甲第五十六名进士。选翰林院庶吉士，仕至刑部主事。朱瀛本家学渊源，深于经训，为文皆根柢《史记》《汉书》，性恬澹，日以著书为事。著有《云浦遗文》。（《大兴朱氏家乘》有《东洲公行状节略》）

《嘉庆十四年进士题名碑录己巳科》：赐同进士出身，第三甲，一百三十八名。朱瀛，顺天大兴县人。

民国《萧山县志稿》卷十三：嘉庆十四年己巳科　朱瀛，刑部主事。

光绪《顺天府志》卷一百十六：嘉庆十四年己巳洪莹榜　朱瀛，庶吉士，主事。

【丁堃】（1747—1821）

谱名如岗，字履登，庠生。嘉庆十三年（1808）戊辰科钦赐举人，十四年（1809）己巳科会试钦赐国子监学正加一级，例授修职郎。

民国《萧山县志稿》卷十三：嘉庆十四年己巳科　丁堃，钦赐国子监学正。

【蔡应鳌】

萧山城厢街道人。嘉庆十四年（1809）钦赐副贡。

民国《萧山县志稿》卷十三：嘉庆十四年己巳科　蔡应鳌，钦赐国子监学正。

嘉庆十九年（1814）甲戌科

主考官：宝兴、章煦、周兆基、王宗诚。

试题：生之者众（四句）；子曰德之（忧也）；行有不得（归之）。

【王端履】（1776—？）

字福将，号小谷，萧山城厢街道人。嘉庆十五年（1810）庚午科乡试中式第二十五名举人，十九年（1814）甲戌科中式二甲第五十六名进士。官翰林院庶吉士。后辞翰苑，归侍庭闱。颇传家学，熟于经疏，有诗才。著有《重论文斋笔录》《明鼎甲分县备考》。

《嘉庆十九年进士题名碑录甲戌科》：赐进士出身，第二甲，一百名。王端履，浙江绍兴府萧山县人。

民国《萧山县志稿》卷十三：嘉庆十九年甲戌科　王端履，庶吉士。

嘉庆二十二年（1817）丁丑科

主考官：秀宁、曹振镛、戴均元、姚文田。

试题：子曰为政（以德）；君子而时中；仁人之安（二句）。

【王贻桂】（1783—1850）

字小山，号丹亭，别号芳五，萧山城厢街道人，直隶宛平籍。廪膳生，嘉庆十二年（1807）丁卯科荐卷挑取誊录，十三年（1808）戊辰科顺天乡试中式第九十五名举人，二十二年（1817）丁丑科会试中式第十二名，殿试中式二甲第五十一名进士。朝考入选，钦点翰林院庶吉士，散馆授编修，嗣升主事、员外郎，擢兵部郎中。道光八年（1828），充江西乡试副考官，嗣外放任广西南宁知府。十一年（1831），调补广东高州知府。十八年（1838）由高州知府兼护广东高廉道，升任广东惠潮嘉道。

《嘉庆二十二年进士题名碑录丁丑科》：赐进士出身，第二甲，一百名。王贻桂，直隶顺天府宛平县人。

《嘉庆丁丑科会试王贻桂朱卷》：王贻桂，字丹亭，号小山，别号芳五。行一，乾隆甲辰年十月十二日戌时生。顺天府宛平县廪膳生，民籍，祖籍浙江绍兴府萧山……丁卯科荐卷挑取誊录，戊辰乡试中式第九十五名，会试中式第十二名，殿试第二甲第五十一名，朝考入选，钦点翰林院庶吉士。

民国《新纂云南通志》卷十三：王贻桂，顺天宛平人（粮储道）。

道光六年《爵秩全览》：职方司主事王贻桂，顺天宛平人，进士。

道光十年冬京都英秀堂刊本《缙绅全书》：南宁府知府王贻桂小山，顺天宛平人，丁丑，（道光）九年四月授。

道光二十年冬京都荣禄堂刊本《缙绅全书》：分巡广东惠潮嘉等处地方兵备道加三级王贻桂，小山，顺天宛平县人，丁丑。

道光二十九年夏北京荣升堂刊本《缙绅全书》：请旨分守粮储道、管辖云武等处地方兼管屯田水利事务加三级王贻桂小山，顺天宛平县人，丁丑。

光绪《高州府志》卷二十一：王贻桂，顺天宛平进士，（道光）十二年四月任（知府）。

民国《萧山县志稿》卷十三：嘉庆二十二年丁丑科　王贻桂，吴其濬榜，庶吉士，广东高州府知府，顺天宛平籍。

嘉庆二十五年（1820）庚辰科

主考官：吴芳培、卢荫溥、黄钺、善庆。

试题：仁者先难（一句）；以善服人（天下）；成己仁也（三句）。

【金石声】（1788—1846）

谱名台，字理含，号赋山，又号爰亭，萧山义桥镇金家甸人，仁和籍。嘉庆十五年（1810）庚午科乡试中式第五名举人，二十五年（1820）庚辰科中式二甲第七十七名进士。历任翰林院庶吉士，安徽东流、合肥、怀宁等县知县，六安直隶州知州，特放湖北施南府知府。官至湖北襄阳知府，升授兵备道。诰授朝仪大夫。卒于官。

《嘉庆二十五年进士题名碑录庚辰科》：赐进士出身，第二甲，一百名。金石声，浙江杭州府仁和县人。

道光十年冬京都英秀堂刊本《缙绅全书》：合肥县知县加一级金石声赋田，浙江仁和人，庚辰，（道光）八年十一月调。

道光十七年冬京都本立堂刊本《缙绅全书》：襄阳府知府金石声，浙江仁和人，庚辰，（道光）十七年三月调。

光绪《襄阳府志》卷十九：金石声，仁和人，举人，（道光）十七年任（知府）。

民国《杭州府志》卷一百十一：嘉庆二十五年庚辰陈继昌榜　金石声，仁和人，襄阳知府。

民国《萧山县志稿》卷十三：嘉庆二十五年庚辰科　金石声，陈继昌榜，庶吉士改知县，历任安徽东流等县知县，湖北施南、襄阳知府，仁和籍。乡举年佚。

【於灿文】（1761—1833）

字景渠，一字凤湖，萧山义桥镇人。嘉庆二十四年（1819）己卯科乡试中式第十四名举人，二十五年（1820）庚辰科会试中式第七十四名，殿试二甲第七十三名进士。官兵部，授职方司主事。道光二年（1822）充则例馆纂修官，道光八年（1828）、十一年（1831）两任会同馆监督。在部十四年，勤慎供职。道光十三年（1833）六月卒于官。（《萧山於氏宗谱》有许乃钊撰《诰授奉政大夫晋授朝议大夫兵部职方司主事加三级凤湖於公家传》）

《嘉庆二十五年进士题名碑录庚辰科》：赐进士出身，第二甲，一百名。於灿文，浙江绍兴府萧山县人。

道光六年秋《爵秩全览》：额外司员主事於灿文，浙江萧山人，进士。

民国《萧山县志稿》卷十三：嘉庆二十五年庚辰科　於灿文，武选司主事。

【来学醇】(1786—1822)

字若思，号西峰，萧山长河镇（今属滨江区）人。嘉庆十八年（1813）癸酉科顺天乡试中式第二名举人，二十五年（1820）庚辰科中式三甲第七名进士。选庶吉士，散馆授检讨。官至武英殿协修。著有《读诗笔记》。（《萧山来氏宗谱》有沈似嫌撰《西峰公传》）

《嘉庆二十五年进士题名碑录庚辰科》：赐同进士出身，第三甲，一百四十三名。来学醇，浙江绍兴府萧山县人。

民国《萧山县志稿》卷十三：嘉庆二十五年庚辰科　来学醇，检讨，武英殿协修。

【韩凤修】(1786—1847)

原名鹿鸣，字补亭，号仙甫，萧山临浦镇蒲山韩村人。年十八，补县学生。嘉庆二十一年（1816）丙子科乡试中式第二名举人，二十五年（1820）庚辰科中式三甲第五十五名进士。授知县，分发广东。道光二年（1822），权仁化令，试士严正，拔擢寒素，邑人称之。三年（1823），补信宜令，有监生李步青者，为教匪首，党籍数十人。凤修往捕，焚其簿，论李如律，不及其他。十三年（1833），调海阳令，岁饥，发廪赈济。道光五年（1825）、十五年（1835），两充广东乡试同考官，所得多知名士。著有《留余堂文集》二十卷、《问心录》二卷。

《嘉庆二十五年进士题名碑录庚辰科》：赐同进士出身，第三甲，一百四十三名。韩凤修，浙江绍兴府萧山县人。

道光十七年冬京都本立堂刊本《缙绅全书》：嘉应州知州加一级韩凤修，浙江萧山人，庚辰，（道光）十六年八月升。

道光六年秋《爵秩全览》：信宜县知县韩凤修，浙江萧山人，进士，（道光）三年七月题。

同治《韶州府志》：韩凤修，绍兴人，进士，（道光）元年任（仁化县知县）。

光绪《高州府志》卷二十二：韩凤修，浙江萧山进士，（道光）三年任（信宜县知县），七年五月回任。

光绪《嘉应州志》卷十八：韩凤修，浙江萧山人，进士，（道光）十六年任（知州）。

民国《萧山县志稿》卷十三：嘉庆二十五年庚辰科　韩凤修，原名鹿鸣，广东信宜、海阳知县，潮州府知府。

【童文藻】

原名辂南，字春溪，顺天籍。嘉庆二十一年（1816）丙子科顺天乡试中式举人，二十五年（1820）庚辰科中式三甲第五十六名进士。

《嘉庆二十五年进士题名碑录庚辰科》：赐同进士出身，第三甲，一百四十三名。童文藻，直隶承德府承德县人。

民国《萧山县志稿》卷十三：嘉庆二十五年庚辰科　金文藻，知县，一作“金南”，系原名“辂南”之误。

道光《承德府志》卷三十五：嘉庆庚辰科陈继昌榜　童文藻，承德府人。

道光二年（1822）壬午恩科

主考官：汤金钊、英和、汪廷珍、李宗昉。

试题：子曰学如（失之）；诗云鸢飞（一节）；子贡曰见（其政）。

【钟锡瑞】(1788—1855)

原名锡璜，学名应鸾，字辑之，又字小珊，号见庭，顺天宛平籍，萧山钱清镇（今属绍兴）人。道光元年（1821）辛巳科中式顺天乡试第十四名举人，二年（1822）壬午恩科中式会试二甲第六十六名进士。以知县用，签掣陕省，旋补汧阳。汧故瘠邑，锡瑞至究心民事，首修学宫，以振士风，时亢旱，锡瑞祷吴山大雨，汧之人皆以为精诚所感焉。锡瑞一身居官，最耻虚名，务尽实政，事无大小，必躬亲，不辞劳瘁，案牍随上随结，不使胥吏，得以舞文，尤恤刑不轻鞭。后引疾归，以书史自娱。因憩棠太守升安徽抚军，屡书促锡瑞起，锡瑞感知己恩，遂重出山。道光二十四年（1844）冬分发，官临次年署宝鸡。又一年，仍补汧阳县，后调临潼令。道光五年（1825）乙酉科陕甘乡试同考官。同治元年（1862），锡瑞将主司未中之卷，用蓝笔加以密圈密点，亦属不合。江开、钟锡瑞均交部分别议处。咸丰二年（1852）冬旋因肝疾还家。著有《退学庵诗文稿》《余清斋诗集》。（《钱清钟氏宗谱》有张大楠撰《儒林郎锡瑞钟公传》）

《道光二年进士题名碑录壬午科》：赐进士出身，第二甲，一百名。钟锡瑞，顺天府宛平县人。

《重订道光壬午齿录》：钟锡瑞，字见庭，号小珊。行一，乾隆壬子十月三十日寅时生。顺天府宛平县例监生，原籍浙江，辛巳举人，会试六十六名，殿试二甲，钦点即用知县，前任陕西汧阳县知县。

道光《重修汧阳县志》卷六：钟锡瑞，顺天大兴县进士，道光三年任（知县）。

道光六年秋《爵秩全览》：汧阳县知县钟锡瑞，顺天宛平人，进士，（道光）三年十月补。

道光三十年秋北京荣禄堂刊本《缙绅全书》：临潼县知县钟锡瑞，顺天宛平人，进士，（道光）三十年正月调。

光绪《顺天府志》卷一百十六：道光二年壬午恩科戴兰芬榜　钟锡瑞。

光绪《临潼续志》：钟锡瑞，字小珊，浙江萧山进士，三十三年知县事，宽厚爱人。

民国《萧山县志稿》卷十三：道光二年壬午科　钟锡瑞，戴兰芳榜，陕西临潼知县。

【张志彦】(1790—？)

原名绍俭，字仲芝，号滋泉，萧山城厢街道人，直隶宛平籍。应曾孙。监生，嘉庆十八年（1813）癸酉科顺天乡试中式第一百五十三名举人，道光二年（1822）壬午恩科会试中式第七十三名，殿试三甲第九十六名进士。钦点即用知县，道光六年（1826）三月任临朐知县，调补曹县知县，加同知衔。道光八年（1828）署费县县令。诰封奉直大夫。

《道光二年进士题名碑录壬午科》：赐同进士出身，第三甲，一百十九名。张志彦，顺天府宛平县人。

《重订道光壬午齿录》：张志彦，字仲芝，号滋泉。行二，乾隆庚戌十一月十一日卯时生。顺天府宛平县例监生，祖籍浙江，癸酉举人，会试七十三名，殿试三甲，钦点即用知县，前任山东临朐县知县，调补曹县知县，加同知衔。

光绪《顺天府志》卷一百十六：道光二年壬午恩科戴兰芬榜　张志彦。

道光七年秋京都荣觐堂刊本《缙绅全书》：临朐县知县张志彦，顺天宛平人，壬午，（道光）五年九月补。

光绪《临朐县志》卷十一：张志彦，顺天宛平进士。

咸丰《青州府志》卷十一：张志彦，顺天宛平进士，道光六年任（知县）。

光绪《曹县志》卷九：张志彦，顺天人，进士，道光八年署任（知县）。

民国《萧山县志稿》卷十三：道光二年壬午科　张志彦，庶吉士，知县。

【陈绍型】(1785—？)

字守先，号慎斋，萧山临浦镇人。嘉庆二十四年（1819）己卯科乡试中式第八名举人，道光二年（1822）壬午恩科会试中式第一百九十六名，殿试三甲第五十二名进士。历仕安徽休宁、灵璧，河南中牟、新野等县，后告归。嘉庆十三年（1808）戊辰汤金钊修临浦江塘，命绍型襄助，督造石盘，工坚料省，人谓绍型不独惠及皖、汴也。（《山萧陈氏宗谱》有林国柱撰《慎斋陈

公列传》）

《道光二年进士题名碑录壬午科》：赐同进士出身，第三甲，一百十九名。陈绍型，浙江绍兴府萧山县人。

《重订道光壬午齿录》：陈绍型，字守先，号慎斋。行一，乾隆乙巳十二月二十七日吉时生。浙江绍兴府萧山县增广生，己卯举人，会试第一百九十六名，殿试三甲，钦点即用知县，现任河南新野县知县……住县城门外临浦镇。

民国《萧山县志稿》卷十三：道光二年壬午科　陈绍型，安徽休宁，河南中牟知县。

光绪《凤阳县志》卷六：陈绍型，萧山进士，（道光）四年任（知县）。

道光六年秋《爵秩全览》：灵璧县知县陈绍型，浙江萧山人，进士，（道光）四年十月补。

光绪《重修安徽通志》卷一百三十二：陈绍型，萧山人，进士，灵璧知县。

道光《徽州府志》卷首：署休宁县知县陈绍型，浙江萧山人，进士。

【徐青照】（1790—？）

字式金，号稚兰，一号慰堂，萧山人，直隶大兴籍。嘉庆二十四年（1819）己卯科乡试顺天中式第三十八名举人，候选同知，充实录馆誊录官。道光二年（1822）壬午恩科会试中式第四名，殿试二甲第一百名进士。授六安知州，安徽颍州府同知，前署直隶滁州，官江苏江宁府知府。有《毋自欺轩诗钞》六卷。

《道光二年进士题名碑录壬午科》：赐进士出身，第二甲，一百名。徐青照，顺天府大兴县人。

《重订道光壬午齿录》：徐青照，字式金，号稚兰，一号慰堂。行二，乾隆庚戌六月十八日吉时生。顺天府大兴籍，例监生，原籍浙江。己卯举人，候选同知，充实录馆誊录，会试第四名，殿试二甲，朝考入选，钦点同知，本班铨选，现官安徽候补同知。镇江府知府，调江宁府，升庐凤道，卒。

道光十七年冬京都本立堂刊本《缙绅全书》：颍州府捕盗同知加一级徐青照，顺天大兴人，壬午，（道光）十四年五月补。

道光二十三年冬京都荣禄堂刊本《缙绅全书》：镇江府知府加一级徐青照，顺天大兴人，壬午，（道光）二十二年十月授。

道光二十九年夏北京荣升堂刊本《缙绅全书》：请旨分巡庐凤颍兵备道辖六泗滁和亳等处地方加三级徐青照，顺天大兴人，壬午。

同治《上江两县志》卷十三：徐青照，字稚兰，浙江人，道光间任江宁府知府。

同治《六安州志》卷十七：徐青照，大兴人，进士，（道光）十九年任（知州）。

同治《续纂江宁府志》卷十四：徐青照，字稚兰，浙江山阴人，道光壬午进士，乙巳年任江宁府知府，清慎廉平，勤于其职。

光绪《顺天府志》卷一百十六：道光二年壬午恩科戴兰芬榜　徐青照。

光绪《亳州志》卷九：徐青照，浙江萧山人，大兴籍，进士，道光九年任（知州）。

光绪《凤阳县志》卷六：徐青照，顺天进士（凤阳关监督兵备道）。

民国《萧山县志稿》卷十三：道光二年壬午科　徐青照，北籍。

民国《琼山县志》卷二十一：徐青照，顺天大兴人，进士，道光三年任（同知）。

道光三年（1823）癸未科

主考官：王引之、曹振镛、汪廷珍、穆彰阿。

试题：切问而近（二句）；知远之近（四句）；入则孝出（之道）。

【任泩】（1794—1838）

字让川，号渊甫，萧山城厢镇人。廪膳生，嘉庆二十四年（1819）己卯科乡试中式第四十一名举人，道光三年（1823）癸未科中式二甲四十六名进士。泩父少孤，贾于吴，尝言生平未暇读书，于古人忠信之道、学问之功心窃向往之。泩年未冠，失怙恃，谨守先业，砥行读书，屏弗与外事。泩一生端谨谦和，和平温厚，喜怒不形，然天资秀异。道光十六年（1836）谒选授山东德平县知县，县人废文，教士应试辄落孙山，先生下车后，月课其士，手自评定甲乙，捐俸奖赏。洼任上尚德缓刑，意谓当济以宽也。道光十七年（1837）乡闱充同考官，得名士七人。莅任未二年卒于官，年四十有五，士民哀痛。著有《求是居诗稿》。（《任氏家乘》有蔡召南撰《文林郎山东德平县知县任甫公传》；另家乘《遗芳集》选任洼诗五十六首，其辞清新俊逸，迥超尘俗）

《道光三年进士题名碑录癸未科》：赐进士出身，第二甲，一百七名。任洼，浙江绍兴府萧山县人。

道光《济南府志》卷三十二：任洼，字渊甫，浙江萧山人，癸未进士，（道光）十六年十月任（德平知县）。

道光十七年冬京都本立堂刊本《缙绅全书》：德平县知县加一级任洼，浙江萧山人，庚辰，（道光）十六年四月选。

光绪《德平县志》卷五：任洼，字渊甫，浙江萧山县进士，（道光）十六年任（知县）。

民国《山东通志》卷五十六：任洼，浙江萧山进士（德平县知县）。

民国《萧山县志稿》卷十三：道光三年癸未科　任洼，林召棠榜，山东德平知县。

道光六年（1826）丙戌科

主考官：王鼎、蒋攸铦、汤金钊、陆以庄。

试题：人只有技（好之）；是集义所（馁矣）；无求备于（一人）。

【许炳】（1775—？）

字灿然，号茗山，萧山新塘街道人。嘉庆二十四年（1819）己卯科乡试中式第三十二名举人，道光六年（1862）丙戌科中式二甲第一百零九名进士。广东广宁、丰顺、香山知县，钦州、万州知府。

《道光六年进士题名碑录丙戌科》：赐进士出身，第二甲，一百十名。许炳，浙江绍兴府萧山县人。

《许炳朱卷》：许炳，字灿然，号茗山。行三，乾隆乙未年十一月初五日生，绍兴府萧山县学生，民籍……乡试中式第三十二名……世居萧山东门外西许。

光绪《广州府志》卷二十八：许炳，浙江萧山人，进士，（道光）二十七年署（知县）。

光绪《香山县志》卷十：许炳，浙江萧山人，进士，（道光）十六年署（知县）。

光绪《丰顺县志》卷四：许炳，浙江萧山县进士，道光十三年六月二十五日到任（知县），十五年七月二十五日调帘卸事。

道光十七年冬京都本立堂刊本《缙绅全书》：香山县知县加一级许炳，浙江萧山人，丙戌，（道光）十六年九月调。

道光十一年冬京都荣觐堂刊本《缙绅全书》：丰顺县知县加一级许炳，浙江萧山人，丙戌，（道光）十一年四月补。

民国《萧山县志稿》卷十三：道光六年丙戌科　许炳，朱昌颐榜，广东广宁、丰顺、龙川、香山知县，钦州、万州知府。

【高枚】(1793—？)

字卜园，号小楼，萧山钱清镇（今属绍兴）人，顺天籍。镶红旗觉罗官教习，道光二年（1822）壬午科乡试顺天中式第二百三十八名举人，次年考取觉罗教习第一名，道光六年（1826）丙戌科会试中式第一百三十六名覆试一等，殿试二甲第二十六名进士。道光十一年（1831）辛卯恩科山西乡试官，陕西道御史、湖南盐法道，官至徽州知府。好藏古钱。

《道光六年进士题名碑录丙戌科》：赐进士出身，第二甲，一百十名。高枚，浙江绍兴府萧山县人。

道光十一年冬京都荣觐堂刊本《缙绅全书》：翰林院编修、山西副主考加一级高枚，浙江萧山县人，丙戌。

道光二十年冬京都荣禄堂刊本《缙绅全书》：徽州府知府高枚，浙江萧山人，丙戌，（道光）十九年十一月授。

道光二十三年春京都本书坊刊本《缙绅全书》：请旨督理湖南盐法道、管辖长宝二府兼管水利事务加三级高枚，浙江萧山县人，丙戌。

道光六年秋《爵秩全览》：翰林院庶吉士高枚，浙江萧山县人，进士。

黄叔璥《国朝御史题名》：高枚，字卜园，号小楼，浙江萧山县人。道光丙戌科进士。由翰林院编修考选陕西道御史，升任徽州府知府。

光绪《湖南通志》卷一百二十一：高枚，浙江进士，（道光）二十一年任（盐法长宝道）。

民国《萧山县志稿》卷十三：道光六年丙戌科　高枚，陕西道御史，湖南盐法道。

道光九年（1829）己丑科

主考官：曹振镛、玉麟、朱士彦、李宗昉、吴椿。

试题：欲速则不（二句）；或生而知（一也）；夏曰校亲（于下）。

【蔡璋】（1785—？）

字子才，号又白，萧山城厢街道人，仁和籍。县附生，道光八年（1828）戊子科乡试中式第三名举人。道光九年（1829）己丑科会试中式第一百零二名。殿试三甲第一百零五名进士。山东长清知县。（会试同年齿录载出生于乾隆癸卯年，即1783年）

《道光九年进士题名碑录己丑科》：赐同进士出身，第三甲，一百十二名。蔡璋，浙江杭州府仁和县人。

道光《济南府志》卷三十二：蔡璋，字又白，浙江仁和人，进士，（道光）十五年八月由蒙阴调任（长清知县）。

民国《杭州府志》卷一百十一：道光九年己丑李振钧榜　蔡璋，仁和人。

民国《萧山县志稿》卷十三：道光九年己丑科　蔡璋，李振钧榜，山东长清等县知县。

道光十二年（1832）壬辰恩科

主考官：穆彰阿、潘世恩、戴敦元、朱士彦。

试题：君使臣以礼；施诸己而（二句）；乐天者保（三句）。

【朱凤标】（1800—1873）

字建霞，号桐轩，萧山新塘街道人。道光八年（1828）戊子科乡试中式第三十一名举人，十二年（1832）壬辰科殿试一甲第二名钦点为榜眼及第。授翰林院编修。道光十四年（1834）旋丁母忧，十七年（1837）服阕，七月充山东乡试副考官。十八年（1838）散馆，大考第一。十九年（1839）二月，大考二等赐文绮，命直上书房，旋督湖北学政。二十一年（1841）授国子监司业，仍留政任，任侍讲庶子。二十四年（1844）还京，复直上书房，擢侍讲、侍读学士。二十五年（1845）三月授皇七子奕譞读书，四月擢内阁学士兼礼部侍郎衔。二十六年（1846）八月署户部侍郎。二十七年（1847）授兵部右侍郎。二十八年（1848），命赴天津验收漕粮。寻偕大学士耆英查办山东盐务，疏劾历任巡抚、运司收受程仪节寿，论谴有差。咸丰元年（1851）五月迁都察院左都御史，九月署工部尚书；二年（1852）三月，署刑部尚书；四年（1854），署户部尚书，六年（1856），赏太子少保衔，不久调兵部尚书。八年（1858），典顺天乡试，因中式举人平龄朱墨不符，为言官论劾，兴大狱。大学士柏葰即行处斩，凤标亦解任听勘。文宗原其无私，从宽坐失察革职。逾数月，命以翰林院侍讲学士衔，仍直上书房，授醇郡王读如故。历大理寺少卿、通政使、左副都御史，署刑部侍郎。随员热河，复擢兵部尚书。十一年（1861），护送文宗梓宫回京，追录扈从劳，加二级。调吏部；同年十一月，充上书房总师傅。同治七年（1868），命以吏部尚书协办大学士。同年四月，迁体仁阁大学士。八年（1869），充武英殿总裁。同年八月二十二日，朱凤标七十寿辰，御书“台衔介祉”的匾额、“福寿”金字及玉如意、文绮等件赐之。十一年（1872），以病乞休，命以大学士致仕，食全俸。十二年（1873）卒，追赠太子太保衔，谥“文端”。（《清史稿》卷三百七十八有其传）

《道光十二年进士题名碑录壬辰科》：赐进士及第，第一甲，二名。朱凤标，浙江绍兴府萧山人。

咸丰五年冬北京荣禄堂刊本《缙绅全书》：经筵讲官、户部尚书、实录馆总裁、上书房行走加三级朱凤标桐轩，浙江萧山县人，壬辰榜眼。

同治五年夏北京荣禄堂刊本《缙绅全书》：经筵讲官、吏部尚书、上书房总师傅、国史馆副总裁加三级朱凤标，浙江萧山县人，壬辰榜眼。

同治十年冬北京斌升堂刊本《缙绅全书》：吏部衙门经筵、管起注官、体仁阁大学士、翰林院掌院学士、总理吏部事务加三级朱凤标桐轩，浙江萧山县人，壬辰榜眼。

道光二十年冬京都荣禄堂刊本《缙绅全书》：翰林院编修、湖北学政加一级朱凤标，浙江萧山县人，壬辰榜眼。

道光二十九年夏北京荣升堂刊本《缙绅全书》：右侍郎、兼管钱法堂事务、上书房行走加三级朱凤标桐轩，浙江萧山县人，壬辰榜眼。

民国《萧山县志稿》卷十三：道光十二年壬辰科　朱凤标，吴钟骏榜，榜眼，体仁阁大学士，太子太保，谥“文端”。

【鲁庆元】(1810—?)

字蓉镜，号小瑟，萧山人，杭州府钱塘籍。优行廪生，道光十一年(1831)辛卯恩科乡试中式第三十四名举人，十二年(1832)壬辰恩科会试中式第一百七十一名，殿试中式二甲第九十一名进士。著有《新选小题灵源初集》。

《道光十二年进士题名碑录壬辰科》：赐进士出身，第二甲，一百名。鲁庆元，浙江杭州府钱塘县人。

《道光辛卯科乡试鲁庆元朱卷》：鲁庆元，字蓉镜，号小瑟。行一，嘉庆庚午年十二月二十四日生，杭州府学优行廪生，钱塘县商籍……乡试中式第三十四名……祖籍萧山……住省城运司河下新开弄口。

民国《萧山县志稿》卷十三：道光十二年壬辰科　鲁庆元，知县。

民国《杭州府志》卷一百十一：道光十二年壬辰成皇帝五旬万寿恩科吴钟骏榜　鲁庆元，钱塘人，四川知县。

道光十五年(1835)乙未科

主考官：穆彰阿、何凌汉、文庆、张鳞。

试题：大德不逾(一句)；夫孝者善(一节)；吾身不能(弃也)。

【骆奎祺】(1793—?)

字莲桥，号聚斯，萧山新塘街道(今姑娘桥一带)人。道光元年(1821)辛卯恩科中式第一百二十一名举人，十五年(1835)乙未科会试中式第二十二名，殿试三甲第二十五名进士。南部知县。善书，行楷二书均庄重不苟。著有《骆莲桥诗稿》《小憩轩诗集》。

《道光己未科同年齿录》：骆奎祺，字莲桥，号聚斯。行四，乾隆癸丑年十一月二十三日吉时生。浙江绍兴府学廪生，萧山县民籍。道光辛巳恩科本省乡试中式第一百二十一名，乙未科会试中式第二十二名，殿试第三甲第二十五名，分发四川即用知县……住萧邑东门外转塘庄。

《道光十五年进士题名碑录乙未科》：赐同进士出身，第三甲，一百五十二名。骆奎祺，浙江绍兴府萧山县人。

道光《南部县志》卷十一：骆奎祺，浙江萧山县人，道光乙未进士，道光十七年署任（知县）。

民国《萧山县志稿》卷十三：道光十五年乙未科　骆奎祺，刘绎榜，四川南部知县。

【何增筠】(1794—1835)

字震甹，又字小晴，号竹卿，萧山城厢街道人。道光十四年（1834）甲午科中式第九十一名举人，十五年（1835）乙未科会试中式第一百九十六名，殿试三甲第一百三十六名进士。钦点直隶即用知县，改严州府学教谕。敕授文林郎。

《道光十五年进士题名碑录乙未科》：赐同进士出身，第三甲，一百五十二名。何增筠，浙江绍兴府萧山县人。

道光三十年秋北京荣禄堂刊本《缙绅全书》：严州府教授何增筠，绍兴人，进士，（道光）十九年十二月选。

光绪《严州府志》卷十一：何增筠，字小晴，道光年任（教授）。

民国《建德县志》卷九：何增筠，道光间（教授）。

民国《遂安县志》卷四：何增筠，萧山人，道光三十年任（教谕）。

民国《寿昌县志》：何增筠，萧山人，进士，道光间任（教谕）。

民国《萧山县志稿》卷十三：道光十五年乙未科　何增筠，知县，改严州教谕。

【陶恩培】(1802—1855)

字益之，号问云，萧山城厢街道人。弱冠补县学生，道光五年（1825）

乙酉科副榜，由教习选松阳县教谕。道光十二年（1832）壬辰科顺天乡试中式第八十三名举人，十五年（1835）乙未科中式二甲第十一名进士。历任编修、御史。出任湖南衡州知府。咸丰元年（1851）升道员。二年（1852），太平军攻衡州，其以为“衡州，楚之门户，弃则全楚震矣”，主张坚守。总督程矞采欲退保留省城。幸其仍加意防备，后太平军绕道攻长沙，所至皆破，惟衡州独完。三年（1853），擢湖南按察使，率兵镇压湘南起义军。四年（1854），擢湖北巡抚；次年，因太平军西征攻武汉，其命按察使胡林翼冒雪三路进攻，因清军士卒畏寒不战，总督杨霈拥兵不援，武昌城破，投蛇山紫阳塘自杀。封骑都尉兼云骑尉世职，谥“文节”。（《清史稿》卷三百九十载其传）

《道光十五年进士题名碑录乙未科》：赐进士出身，第二甲，一百十七名。陶恩培，浙江绍兴府会稽县人。

《道光十二年壬辰科直省乡试同年齿录》：顺天中式举人二百四十五名陶恩培，字益芝，号问云，丙寅生，浙江绍兴府会稽县人，乙未翰林。

道光十七年冬京都本立堂刊本《缙绅全书》：翰林院编修、四川正主考加一级陶恩培，浙江会稽县人，乙未。

道光三十年秋北京荣禄堂刊本《缙绅全书》：京畿道监察御史加三级陶恩培，浙江会稽县人，乙未。

咸丰四年春北京荣禄堂刊本《缙绅全书》：山西等处承宣布政使司布政使加三级陶恩培，浙江会稽县人，乙未。

道光十年冬京都英秀堂刊本《缙绅全书》：八旗官学教习镶蓝旗陶恩培问云，浙江会稽县人。

同治《苏州府志》卷二十二：陶恩培，字问云，浙江会稽人，进士，咸丰四年任（布政使）。

光绪《湖南通志》卷一百二十一：陶恩培，浙江会稽进士，咸丰元年任（衡州府知府）。

光绪《湖南通志》卷一百二十一：陶恩培，浙江会稽进士，咸丰三年任（按察使）。

光绪《松阳县志》卷七：陶恩培，会稽举人，（道光）十四年仕（教谕），湖北巡抚，殉难。

民国《萧山县志稿》卷十三：道光十五年乙未科　陶恩培，湖北巡抚，殉难，谥“文节”。

道光十六年（1836）丙申恩科

主考官：吴文镕、潘世恩、王鼎、王植。

试题：小人闲居（五句）；子钓而不（二句）；天下有达（德一）。

【朱城】（1802—1849）

字绍宗，号霞峰，又号小墅，萧山衙前镇翔凤村人。嘉庆二十二年（1817）岁试入邑庠。道光二年（1822）壬午科乡试中式第六十名举人，三年（1823）癸未科钦取觉罗官学教习，十六年（1856）丙申恩科中式二甲第六十五名进士。钦点工部主事，道光十二年（1832）入都补授宗室正白旗教习，嗣因在宁波招宝山夺获英夷船一艘，生擒获英军两名等军功，部议加四级。旋奉奏派赴鸭绿江查办流民，得疾卒于京邸。诰授奉直大夫，晋封中宪大夫。（《翔凤朱氏宗谱》施湘撰《晋封中宪大夫霞峰公家传》）

《道光十六年进士题名碑录丙申科》：赐进士出身，第二甲，七十二名。朱城，浙江绍兴府萧山县人。

民国《萧山县志稿》卷十三：道光十六年丙申科　朱城，林鸿年榜，工部主事。

【蔡五辰】

萧山城厢街道人。道光十一年（1831）壬辰科乡试中式第六十一名举人，十六年（1836）丙申恩科中式二甲第五十一名进士。道光二十四年（1844）任临城县令。二十九年（1849）任直隶卢龙县知县，升知州。

《道光十六年进士题名碑录丙申科》：赐进士出身，第二甲，七十二名。蔡五辰，浙江绍兴府萧山县人。

光绪《赵州属邑志》卷二：蔡五辰，萧山人，进士，道光二十四年任（知县）。

光绪《永平府志》卷七：蔡五辰，浙江萧山进士，（道光）二十九年任

（知府）。

民国《萧山县志稿》卷十三：道光十六年丙申科　蔡五辰，直隶卢龙等县知县，升知州。

【郭世亨】（1812—？）

字衢云，号梅卿，萧山瓜沥镇人，顺天大兴籍。道光十五年（1835）乙未科乡试顺天中式举人，十六年（1836）丙申恩科中式二甲第五十五名进士。由翰林院庶吉士散馆选太平县知县。道光二十三年（1843）任安徽怀宁县知县。政尚宽简，遇事争讼者谆谆劝谕，而民亦乐从之，又修讲堂，勤考课，重优奖，以振兴文教为己任，未几，丁内忧去官。

《道光十六年进士题名碑录丙申科》：赐进士出身，第二甲，七十二名。郭世亨，顺天府大兴县人。

道光二十三年冬京都荣禄堂刊本《缙绅全书》：怀宁县知县郭世亨，顺天大兴人，进士，（道光）二十三年七月调。

光绪《重修安徽通志》卷一百三十三：郭世亨，萧山人，进士，怀宁知县。

民国《怀宁县志》卷十四：郭世亨，字梅卿，浙江萧山人，顺天籍，由翰林院庶吉士散馆，选太平县知县，（道光二十三年）旋调怀宁。

民国《萧山县志稿》卷十三：道光十六年丙申科　郭世亨，庶吉士，知县，顺天籍。乡举年佚。

光绪《亳州志》卷九：郭世亨，浙江萧山人，庶吉士。

道光十八年（1838）戊戌科

主考官：吴文镕、穆彰阿、朱士彦、廖鸿荃。

试题：言必信行（二句）；万物并育（二句）；诵其诗读（友也）。

【田祥】（1809—1862）

字石腴，号吉荪，山阴天乐乡欢潭（今属萧山进化镇）人。少年就读于其父创办的“贤义书屋”。道光十四年（1834）甲午科乡试中式第九十四名举人，十五年（1835）考取觉罗官教习，十八年（1838）戊戌科中式二甲第三十八名进士。为主事，签分户部，先后任四川、云南司正主稿，官票所总办，实钞局监督兼掌印等。咸丰七年（1857）迁陕西司郎中，九年（1859）选授湖南常德府知府。能书画，擅山水、花鸟。组织民团抗击太平军，蒙难于诸暨包村。同治二年（1863），李鸿章有《田祥等请恤片》。（《山阴欢潭田氏宗谱》有姚燮撰《吉荪公传》）

《道光十八年进士登科录》：第二甲，八十二名，赐进士出身。田祥，贯浙江绍兴府山阴县，民籍，附学生……甲午科乡试第九十四名，戊戌科会试第八十二名。

《道光十八年进士题名碑录戊戌科》：赐进士出身，第二甲，八十二名。田祥，浙江绍兴府山阴县人。

咸丰五年冬北京荣禄堂刊本《缙绅全书》：拣发湖南知府二员、同知二员、知县十二员、佐杂十六员；知府田祥，浙江山阴人。

道光二十八年冬京都荣禄堂刊本《缙绅全书》：主事田祥，浙江山阴人，戊戌。

咸丰四年春北京荣禄堂刊本《缙绅全书》：陕西司郎中加二级田祥，浙江山阴人，戊戌。

咸丰六年春北京荣禄堂刊本《缙绅全书》：常德府知府田祥，浙江山阴人，戊戌，（咸丰）五年十月授。

【倪梦麟】(1814—1869)

字仁圃，一字莪舫，号麓桥，萧山义桥镇人，寄籍顺天府宛平县。县学附生，道光十五年（1835）乙未恩科顺天乡试中式第六十九名举人，十八年（1838）戊戌科中式三甲第二十一名进士。选授江西抚州府崇仁县知县，亲老告近，改选山东武定府利津县知县，调补兖州府峄县知县。历充道光二十六年（1846）丙午、二十九年（1849）己酉正科，咸丰元年（1851）辛亥恩科，二年（1852）壬子、五年（1855）乙卯正科山东乡试同考官。赏加知州衔。诰授奉直大夫。（民国《山东通志》卷七十五有其传）

《道光十八年进士登科录》：第三甲，一百九名，赐同进士出身。倪梦麟，贯顺天府宛平县，民籍，附学生……乙未科乡试第六十九名，戊戌科会试第六名。

《道光十八年进士题名碑录戊戌科》：赐同进士出身，第三甲，一百九名。倪梦麟，顺天府宛平县人。

咸丰六年春北京荣禄堂刊本《缙绅全书》：峄县知县加一级倪梦麟，顺天宛平人，进士，（咸丰）五年五月调。

咸丰四年春北京荣禄堂刊本《缙绅全书》：利津县知县加一级倪梦麟，顺天宛平人，进士，（道光）二十六年四月选。

光绪《顺天府志》卷一百十六：道光十八年戊戌钮福保榜　倪梦麟。

民国《萧山县志稿》卷十三：道光十八年戊戌科　倪梦麟，山东利津等县知县。一作"倪梦德"。

民国《山东通志》卷七十五：倪梦麟，顺天人，原籍浙江萧山，道光二十六年由进士知利津县。

【蔡召南】

字二风，萧山城厢街道人。道光十七年（1837）丁酉科乡试中式第三名举人，十八年（1838）戊戌科中式三甲第八名进士。即用知县，分发云南，旋改教职，回籍。道光二十七年（1847）选授金华府教授，在官十余年，清慎不负士望。咸丰十一年（1861）四月十七日贼陷金华府城，有司皆走，召南独留，从容投学前休文井死。贼退后，署知府刘汝璆出其尸，为具棺礼葬，存恤其后。

《道光十八年进士题名碑录戊戌科》：赐同进士出身，第三甲，一百九名。蔡召南，浙江绍兴府萧山县人。

民国《萧山县志稿》卷十三：道光十八年戊戌科　蔡召南，知县，严州府、金华府教授，殉难。

同治二年夏北京荣禄堂刊本《缙绅全书》：金华府教授蔡召南，绍兴人，进士，（道光）二十七年五月授。

【钟瀛】（1804—？）

原名澄，学名炳，字镜怀，号晓川，又号景淮，萧山钱清镇（今属绍兴）人。顺天大兴籍。廪膳生，道光十四年（1834）甲午科中式顺天乡试中式第一百五十二名举人，十八年（1838）戊戌科中式二甲第三十一名进士。即用知县。初署安徽休宁县知县，特授凤阳府怀远县知县，护理繁昌、青阳等县事，兼署盱眙县事。补授宁国府南陵县知县，历充江南乡试同考官。钦加知州衔，敕授儒林郎。卒于官。

《道光十八年进士题名碑录戊戌科》：赐进士出身，第二甲，八十二名。钟瀛，顺天府大兴县人。

道光三十年秋北京荣禄堂刊本《缙绅全书》：南陵县知县加一级钟瀛，顺天大兴人，进士，（道光）二十九年三月补。

光绪《顺天府志》卷一百十六：道光十八年戊戌钮福保榜　钟瀛。

民国《萧山县志稿》卷十三：道光十八年戊戌科　钟瀛，知县，北籍。

道光二十年（1840）庚子科

主考官：隆文、潘世恩、龚守正、王玮庆。

试题：如琢如磨（修也）；盖均无频（二句）；用下敬上（尊贤）。

【张百揆】（1808—？）

字叙庵，号吟舫，萧山城厢街道人。道光十四年（1834）甲午科乡试中式第七十五名举人，二十年（1840）庚子科探花及第。官广东廉州府知府。道光二十八年（1848）任广东惠潮嘉道。

《道光二十年庚子科会试同年齿录》：张百揆，字叙安，号吟舫。辛未年生，浙江绍兴府萧山县人，子名荣。

《道光二十年进士题名碑录庚子科》：赐进士及第，第一甲，三名。张百揆，浙江绍兴府萧山县人。

道光二十年冬京都荣禄堂刊本《缙绅全书》：翰林院编修张百揆，浙江萧山县人，庚子探花。

道光二十八年冬京都荣禄堂刊本《缙绅全书》：廉州府知府张百揆，庚子探花，（道光）二十六年九月授。

咸丰五年冬北京荣禄堂刊本《缙绅全书》：分巡岭西道、管辖肇罗等处地方加三级张百揆，浙江萧山县人，庚子探花。

咸丰四年春北京荣禄堂刊本《缙绅全书》：广州府知府张百揆，浙江萧山人，庚子探花，（咸丰）元年七月调。

同治《韶州府志》卷五：张百揆，浙江绍兴人，进士，（道光）二十九年任（分巡南韶连兵备道兼理韶州府知府）。

宣统《番禺县续志》卷三十八：张百揆，浙江萧山人，道光庚子一甲三名进士。咸丰六年四月龚前使卒于官，两广总督叶名琛奏请以肇罗道张百揆代办院事，十月卸事。

民国《萧山县志稿》卷十三：道光二十年庚子科　张百揆，李承霖榜，探花，广东惠潮嘉道。

道光二十四年（1844）甲辰科

主考官：陈官俊、文庆、徐士芬。

试题：下学而上（二句）；有所不足（二句）；而以为未（二句）。

【凌锦江】（1798—？）

字文川，一字文铨，号云帆，萧山城厢街道人。廪膳生，道光十一年（1831）辛卯恩科中式第七十七名举人，二十四年（1844）甲辰科会试第五十四名，殿试二甲第六十名进士。即选知县，改授金华府学教谕。

《道光二十四年甲辰科进士同年录》：凌锦江，萧山县人，三甲六十名，归班知县，辛卯举人。云帆，行一，廪生，嘉庆戊午六月初二日生，住城内芹沂桥。会试五十四名。曾祖元鹤，祖肇华，父鹏程。

《道光二十四年进士题名碑录甲辰科》：赐进士出身，第二甲，一百六名。凌锦江，浙江绍兴府萧山县人。

民国《萧山县志稿》卷十三：道光二十四年甲辰科　凌锦江，孙毓溎榜，教授。

【倪涛】（1820—1857）

字惠泉，号小汀，萧山义桥镇人，寄籍顺天府宛平县。丹书子。县学附生，道光二十三年（1843）癸卯科乡试中式第七十九名举人，二十四年

（1844）甲辰科会试中式第八十四名，殿试三甲第七十五名进士。授广西平乐府富川令，充道光二十六年（1846）丙午科同考官。道光二十七年（1847）调平南，涛至见城颓，即集邑绅刻日修筑。咸丰二年（1852），艇匪任文炳扑城，击之出境。七年（1857）檄守浔州，路过梧道，遂留守城，后奉黄臬宪札，出城办粮接济，被贼执，不屈死。升补直隶州知州，诰授朝议大夫，晋赠中宪大夫。咸丰七年（1857）十一月，于广西梧州等城阵亡知州倪涛、巡检王锡惠、从九品刁槐远、把总黄良彪，外委叶祥发、荣升额、唐廷治、李三喜祭葬世职。

《道光二十四年甲辰科进士同年录》：倪涛，宛平县人，三甲七十五名，知县，分发广西。癸卯举人，甲辰年，年二十二岁。小汀，行一。附生，会试八十四名。曾祖维冠，祖芳荣，父丹书。

《道光二十四年进士题名碑录甲辰科》：赐进士出身，第二甲，一百六名。倪涛，顺天府宛平县人。

道光二十八年冬京都荣禄堂刊本《缙绅全书》：富川县知县加一级倪涛，顺天宛平人，甲辰，（道光）二十五年九月补。

咸丰六年荣晋斋刊本《缙绅全书》：临桂县知县倪涛，顺天宛平人，甲辰，（咸丰）六年调。

咸丰六年夏北京荣禄堂刊本《缙绅全书》：平南县知县加一级倪涛，顺天宛平人，甲辰，（道光）二十八年十一月调。

同治《浔州府志》卷二十：倪涛，字小汀，浙江萧山人，寄籍直隶，进士，授富川令，道光二十七年调平南。

光绪《临桂县志》卷二：倪涛，浙江萧山县进士，咸丰六年任。

光绪《顺天府志》卷一百十六：道光二十四年甲辰孙毓溎榜　倪涛。

光绪《平乐县志》卷四：倪涛，进士，咸丰四年署（知县）。

光绪《富川县志》卷四：倪涛，浙江进士，道光二十六年署（知县）。

民国《天津县新志》卷二十九：道光二十四年甲辰孙毓溎榜　倪涛，宛平籍。

民国《萧山县志稿》卷十三：道光二十四年甲辰科　倪涛，广西浔州知府，殉难。

道光二十五年（1845）乙巳恩科

主考官：贾桢、穆彰阿、许乃普。

试题：人焉廋哉（二句）；诗曰妻孥；至于治国（玉哉）。

【顾鸿逵】（1792—1875）

名秉珪，学名陆，榜名鸿逵，字仪吉，号璜溪，萧山戴村镇人。道光十九年（1839）己亥科乡试顺天中式第九十三名举人，二十五年（1845）乙巳科会试第一百十九名，中式三甲第二十九名进士。敕授文林郎，署江苏通州直隶州如皋县令，道光二十八年（1848）官萧县知县。充道光二十六年（1847）丙午科江南乡试同考官，后因夹带私硝案被参革职。著有《水竹居诗钞赋钞》《春秋大事表》。

《道光己亥科顺天乡试》：第九十三名，顾鸿逵璜溪，年四十六岁，浙江萧山，岁贡。

《道光二十五年进士题名碑录乙巳科》：赐进士出身，第二甲，九十八名。顾鸿逵，浙江绍兴府萧山县人。

同治《如皋县志》卷五：顾鸿逵，浙江萧山人，（道光）二十七年，由进士署（知县）。

同治《徐州府志》卷六：顾鸿逵，萧山人，进士，（道光）二十八年任（萧县知县）。

光绪《通州直隶州志》卷八：顾鸿逵，浙江萧山人，（道光）二十七年，由进士署（知县）。

民国《萧山县志稿》卷十三：道光二十五年乙巳科　顾鸿逵，江苏如皋、萧县知县。

【郑锡瀛】（1817—1869）

谱名贤麟，字惕庵，号芝宇，萧山蜀山街道人，顺天大兴籍。豹文孙。府学廪生，道光十九年（1839）己亥科乡试顺天中式第一百六十二名举人，二十五年（1845）乙巳恩科中式二甲第七十五名进士。咸丰四年（1854）

正月由户部主事入值，官至通政使司通政使。著有《注释分体试帖法程》二十卷。

《道光己亥科顺天乡试录》：第一百六十二名，郑锡瀛愓庵，年二十三岁，顺天大兴，廪。

《道光二十五年进士题名碑录乙巳科》：赐进士出身，第二甲，九十八名。郑锡瀛，顺天府大兴县人。

道光二十九年夏荣升堂刊本《缙绅全书》：主事、文选司兼验封司行走郑锡瀛，顺天大兴人。

同治二年夏北京荣禄堂刊本《缙绅全书》：鸿胪寺少卿加三级郑锡瀛，顺天大兴县人。

同治四年秋北京荣禄堂刊本《缙绅全书》：光禄寺少卿加三级郑锡瀛，顺天大兴人，甲辰。

同治六年冬北京荣禄堂刊本《缙绅全书》：太仆寺卿、稽查右翼宗学郑锡瀛，顺天大兴县人，乙巳。

咸丰五年冬北京荣禄堂刊本《缙绅全书》：验封司员外郎加二级郑锡瀛，顺天大兴人，甲辰。

光绪《广州府志》卷四十六：（同治三年广东乡试）正考官光禄寺少卿郑锡瀛，顺天大兴人，道光己巳进士。

光绪《顺天府志》卷一百十六：道光二十五年已巳恩科萧锦忠榜　郑锡瀛，光禄寺少卿。

民国《萧山县志稿》卷十三：道光二十五年乙巳科　郑锡瀛，吏部主事。

道光二十七年（1847）丁未科

主考官：潘世恩、杜受田、福济、朱凤标。

试题：君子贤其（一句）；盖有之矣（见也）；孟子曰予（已也）。

【来煦】（1815—1847）

字春生，又字熙斋，号桂堂，又号春农，萧山长河镇（今属滨江区）人。廪膳生，道光二十三年（1843）癸卯科乡试中式第十二名举人，二十七年

（1847）丁未科二甲第八十七名进士。庶吉士。著有《小琅玕山馆诗稿》《贞松楼文集》。（《萧山来氏宗谱》有李文田撰《授文林郎翰林院庶吉士桂堂公传》）

《道光二十七年进士题名碑录丁未科》：赐进士出身，第二甲，一百十名。来煦，浙江绍兴府萧山县人。

民国《萧山县志稿》卷十三：道光二十七年丁未科 来煦，张之万榜，庶吉士。

【孔广泉】（1814—1880）

字醴生，一字葵轩，号漱山，萧山临浦镇人。道光二十三年（1843）癸卯科乡试中式第三十名举人，二十七年（1847）丁未科中式二甲第八十名进士。历任山西、历权、文水、岳阳、应州知县。治盗有声，且不徇权势，晋人称之。太原府知府特用道，钦加盐运司使衔，护理山西按察司使。诰授中议大夫，晋封资政大夫。（《萧山前孔孔氏宗谱》有孔昭瑛撰《先考漱山府君行述》，民国《重修安泽县志》卷八有其传）

《道光二十七年进士题名碑录丁未科》：赐进士出身，第二甲，一百十名。孔广泉，浙江绍兴府萧山县人。

咸丰五年冬北京荣禄堂刊本《缙绅全书》：交城县知县加一级孔广泉，浙江萧山人，丁未，（咸丰）五年六月补。

同治四年秋北京荣禄堂刊本《缙绅全书》：永济县知县加一级孔广泉，浙江萧山人，丁未，（同治）二年七月调。

同治六年冬北京荣禄堂刊本《缙绅全书》：同治六年九月筹饷事例分发各省试用人员，知府孔广泉，浙江人，山西。

光绪《交城县志》卷四：孔广泉，浙江萧山进士，（咸丰）五年任（知县）。

光绪《应州再续志》卷一：孔广泉，进士，浙江萧山县人，咸丰四年四月署任（知州）。

光绪《永济县志》卷六：孔广泉，浙江萧山县人，进士（知县）。

光绪《文水县志》卷十一：孔广泉（道光间知县）。

民国《萧山县志稿》卷十三：道光二十七年丁未科 孔广泉，山西太原知府，护理按察使。

民国《岳阳县志》卷八：孔广泉，进士，浙江萧山人，（道光）三十年任（知县）。

民国《重修安泽县志》卷八：孔广泉，进士，浙江萧山人，（道光）三十年任（知县）。

【瞿绩凝】(1814—1851)

字西桥，号禊生，又号契笙，萧山河上镇大桥村人，寄籍顺天府宛平县。道光二十四年（1844）甲辰科顺天乡试中式第二十九名举人，二十五（1845）年会试中式第九十二名，二十七年（1847）丁未科中式三甲第七十六名进士。分发福建，以知县即用。道光二十九年（1849），任己酉科福建乡试同考官。署福建汀州府归化县知县，诰授文林郎。

《道光二十七年进士题名碑录丁未科》：赐同进士出身，第三甲，一百十八名。瞿绩凝，顺天府宛平人。

光绪《顺天府志》卷一百十六：道光二十七年丁未张之万榜　瞿绩凝。

民国《萧山县志稿》卷十三：道光二十五年乙巳科　瞿绩凝，萧锦忠榜（案：此处误）。

道光三十年(1850)庚戌科

主考官：卓秉恬、贾桢、花沙纳、孙葆元。

试题：所谓诚其（欺也）；子曰泰伯（章）；五十而慕（之矣）。

【徐光第】(1801—?)

字抡一，号春衢，萧山北干街道人。邑禀膳生，道光八年（1828）戊子科乡试中式第十二名举人，三十年（1850）庚戌科会试第七十八名，中式二甲第八十七名进士。官河南宜阳县知县，陕西阌乡县、永宁县知县。咸丰元年（1851）辛亥、二年（1852）壬子、八年（1858）戊午科河南乡试同考官，诰授奉政大夫。著有《含清堂诗存》。

《道光三十年进士题名碑录庚戌科》：赐进士出身，第二甲，一百四名。

徐光第，浙江绍兴府萧山县人。

道光三十年秋北京荣禄堂刊本《缙绅全书》：庚戌科分发各省即用知县人员，徐光第，浙江萧山人，河南。

咸丰五年冬北京荣禄堂刊本《缙绅全书》：阌乡县知县加一级徐光第，浙江萧山人，庚午，（咸丰）四年八月补。

咸丰九年冬北京荣晋斋刊本《缙绅全书》：永宁县知县徐光第，浙江萧山人，庚戌，（咸丰）八年四月补。

光绪《陕州直隶州志》卷五：徐光第，浙江萧山县进士（县令）。

民国《萧山县志稿》卷十三：道光三十年庚戌科　徐光第，陆增祥榜，河南宜阳、阌乡、永宁知县，淅川厅同知。

民国《宜阳县志》卷四：徐光第，进士，浙江萧山人，咸丰二年署（知县）。

民国《新修阌乡县志》卷十三：徐光第，浙江进士，（咸丰）十五年（案：此处误）任（知县）。

【孔继中】(1812—1878)

原名硕庭，字心一，号检斋，一号述亭，晚号退补山人，萧山义桥镇山后村人。道光二十三年（1843）癸卯科乡试中式第五十一名举人，三十年（1850）庚戌科中式二甲九十三名进士。以知县分发河南，历权泌阳、河内。修武御寇，筹赈灾黎，颇有政声。诰授中宪大夫，花翎同知衔加五级。任河南济源县、修武县、固始县知县，直隶州知州。（《孔氏宗谱》有鲍存晓撰《赏戴花翎诰授中宪大夫侯选府河南直隶州知州孔公检斋太守传》，民国《萧山县志稿》、民国《修武县志》有其传）

《道光三十年进士题名碑录庚戌科》：赐进士出身，第二甲，一百四名。孔继中，浙江绍兴府萧山县人。

道光三十年秋北京荣禄堂刊本《缙绅全书》：庚戌科分发各省即用知县人员，孔继中，浙江萧山人，河南。

咸丰九年冬北京荣晋斋刊本《缙绅全书》：济源县知县孔继中，浙江萧山人，庚戌，（咸丰）六年十一月补。

咸丰十年春北京荣禄堂刊本《缙绅全书》：修武县知县加一级孔继

中，浙江萧山人，进士，（咸丰）九年十二月调。

同治《滑县志》卷六：孔继中，浙江萧山县进士，同治二年五月由修武知县调署。

同治八年冬荣禄堂刊本《缙绅全书》：固始县知县加一级孔继中，浙江萧山人，进士，（同治）八年三月调。

民国《修武县志》卷五：孔继中，字检斋，浙江人，进士，同治元年任（知县）。

民国《萧山县志稿》卷十三：（道光）三十年庚戌科　孔继中，河南固始、修武知县。

咸丰三年（1853）癸丑科

主考官：徐泽醇、潘曾莹、邵灿。

试题：子曰听讼（讼乎）；君子义以为质；孟子道性（二句）。

【高延祜】（1821—？）

字德夫，号秩斯，又号星岘、亦仙，萧山钱清镇（今属绍兴）人。道光二十年庚子恩科顺天中式第二十二名举人，咸丰三年（1853）癸丑科会试中式第五名，殿试二甲第八名进士。由翰林院编修补授陕西道御史，官至内阁侍读学士。

《咸丰三年进士题名碑录癸丑科》：赐进士出身，第二甲，一百七名。高延祜，浙江绍兴府萧山县人。

咸丰十年春北京荣禄堂刊本《缙绅全书》：陕西道监察御史加三级高延祜，浙江萧山县人，癸丑。

咸丰四年春北京荣禄堂刊本《缙绅全书》：翰林院庶吉士高延祜，浙江萧山县人，癸丑。

同治五年夏北京荣禄堂刊本《缙绅全书》：内阁侍读学士加三级高延祜，浙江萧山县人，癸丑。

光绪《顺天府志》卷一百十六：咸丰三年癸丑科孙如仅榜　高延祜，庶吉士，编修，内阁侍读学士。

黄叔璥《国朝御史题名录》：高延祜，字星岘，号亦仙，浙江萧山县人。癸丑科进士，由翰林院编修补授陕西道御史，官至内阁侍读学士。

民国《萧山县志稿》卷十三：咸丰三年癸丑科　高延祜，会魁，编修，内阁侍读学士。

【林凤辉】（1814—1871）

字曙新，号霭人，改名式恭，号石珊，萧山城厢街道人。廪膳生，道光二十六年（1846）丙午科乡试中式第七十一名举人，咸丰三年（1853）癸丑科会试中式第一百九十一名进士，覆试一等十五名，殿试二甲第四十二名进士，朝考一等三十四名。咸丰六年（1856）丙辰散馆二等第七名。改刑曹主事，擢御史。同治八年（1869）莅铜仁，政尚慈爱，自恨短于才，尝对人叹曰："有仁心，无仁政，式恭之谓矣。"铜仁粮自周夔厘正后，日久渐增浮费，式恭剔抉弊端，重为整饬，铜民颂之。九年（1870），以贵州克复平越州城，并迭克贼巢出力，赏花翎。（《萧山东门林氏宗谱》有王文韶撰《诰授朝议大夫晋封通奉大夫赏戴花翎赐进士出身贵州铜仁府知府蔼人林公家传》）

《咸丰三年进士题名碑录癸丑科》：赐进士出身，第二甲，一百七名。林凤辉，浙江绍兴府萧山县人。

《道光丙午科浙江乡试同年录》：第七十一名，林凤辉，年三十二岁，萧山县廪生。

民国《贵州通志·职官表八》：林式恭，萧山人，进士，（同治）八年任（铜仁府知府）。

黄叔璥《国朝御史题名录》：林式恭，字曙新，号蔼人，浙江萧山县人，癸丑科进士，由刑部郎中补授陕西道御史。

同治八年冬荣禄堂刊本《缙绅全书》：铜仁府知府林式恭，浙江萧山人，癸丑，七年七月选。

同治二年夏北京荣禄堂刊本《缙绅全书》：广东司郎中林式恭，浙江萧山人，癸丑。

通志六年冬北京荣禄堂刊本《缙绅全书》：钦命管理街道、掌陕西道监察御史林式恭，浙江萧山县人，癸丑。

民国《萧山县志稿》卷十三：咸丰三年癸丑科　林凤辉，孙如仅榜，更名式恭，庶吉士，主事陕西道监察御史，贵州铜仁府知府。

咸丰六年（1856）丙辰科

主考官：彭蕴章、全庆、许乃普、刘崐。

试题：告诸往而（来者）；莫如为仁；洋洋乎发（二句）。

【钟宝华】（1820—1878）

字焕文，号荏山，萧山临浦镇人。道光二十六年（1846）丙午科乡试中式第四十六名举人，咸丰三年（1853）癸丑大挑二等。候选教谕，考取国子监学正。咸丰六年（1856）丙辰科中式二甲第一名进士。改庶吉士、翰林院编修。同治三年（1864），任陕甘学政，后改右中允、左中允。同治九年（1870），兼任日讲起居注官。同治十二年（1873），任翰林院侍讲学士、四川乡试正考官。诰授朝议大夫，晋授资政大夫。著有《绿漫庐诗集》、《经萃》四卷、《史览》四卷。（《钱清钟氏宗谱》有钟祖恩撰《资政大夫显考荏山府君行述》）

《咸丰三年癸丑考试国子监学正学录》：考取四十四名。记名：钟宝华，浙江。

《道光丙午科浙江乡试同年录》：第四十六名，钟宝华，年二十三岁，萧山县学附生。

《咸丰六年丙辰科会试同年齿录》：钟宝华，字焕文，又字荏山，别号次珊。行三，道光丁亥年十月初二日吉时生。绍兴府萧山县学附生，民籍。大挑即选教谕，补国子监学正学录……癸卯岁试入学第九名，丙午本省中式第四十六名，癸丑大挑二等，候选教谕，癸丑考取觉罗教习第二十二名，癸丑考取学正学录第十六名，引见记录第十名，会试中式第七十三名，覆试一等第二十一名，殿试二甲第一名，朝考二等第十名，钦点翰林院庶吉士……住萧山县南门外临浦镇。

《咸丰六年进士题名碑录丙辰科》：赐进士出身，第二甲，一百名。钟宝华，浙江绍兴府萧山县人。

同治十三年秋荣禄堂刊本《缙绅全书》：日讲起居注官、翰林院侍读学士加三级钟宝华，浙江萧山县人，丙辰传胪。

咸丰六年夏北京荣禄堂刊本《缙绅全书》：翰林院庶吉士钟宝华，浙江萧山县人，丙辰传胪。

咸丰九年冬北京荣晋斋刊本《缙绅全书》：翰林院编修钟宝华，浙江萧山县人，丙辰传胪。

同治四年秋北京荣禄堂刊本《缙绅全书》：陕甘学政加一级钟宝华，浙江萧山县人，丙辰传胪。

同治六年冬北京荣禄堂刊本《缙绅全书》：詹事府衙门、日讲起居注官、左春坊左中允钟宝华，浙江萧山县人，丙辰传胪。

同治十二年冬北京荣禄堂刊本《缙绅全书》：日讲起居注官、翰林院侍讲学士、四川正主考加三级钟宝华，浙江萧山县人，丙辰传胪。

光绪《甘肃新通志》卷五十二：陕甘学政钟宝华，浙江人，同治四年任。

民国《萧山县志稿》卷十三：咸丰六年丙辰科　钟宝华，翁同龢榜，传胪。侍读学士，陕甘学政。

民国《续修陕西通志稿》卷十一：钟宝华，浙江余姚县（案：此处误）人。进士，同治三年八月初一日任（陕西提督学院）。

【夏锡麒】(1825—1866)

原名庆恩，字梅叔，号云舫，萧山所前镇人，钱塘县商籍。杭州府学附生，咸丰二年（1852）壬子科乡试中式第三十九名举人，咸丰三年（1853）癸丑科进士，六年（1856）丙辰科补殿试中式二甲第八十五名进士。历任湖北通城、蒲圻、江夏县知县。咸丰八年（1858）戊午、九年（1859）己未湖北乡试同考官，官至湖北恩施知府。诰授朝议大夫。（《山阴夏氏宗谱》有吴士鉴撰《前清湖北施南府知府云舫公传》，吴庆坻《补松庐杂文稿》有《施南知府夏公传》）

《咸丰壬子科乡试夏锡麒朱卷》：夏锡麒，字梅叔，号云舫。行三，道光丙戌年七月二十九日吉时生。杭州府学附生，钱塘县商籍……乡试中式第三十九名，住浙江省城清吟巷内。

《咸丰六年进士题名碑录丙辰科》：赐进士出身，第二甲，一百名。夏锡麒，浙江杭州府钱塘县人。

同治《蒲圻县志》卷四：夏锡麒，字云舫，浙江钱塘人，癸丑进士，八年任（知县），九年十月回任。

同治《通城县志》卷十二：夏锡麒，号云航，浙江钱塘进士，咸丰七年署任（知县）。

民国《杭州府志》卷一百十一：夏锡麒，钱塘人，施南知府，癸丑中式，补殿试。

【韩钦】（1817—1898）

字孟仙，号螺山，又号萧闲老人，萧山临浦镇人。咸丰五年（1855）乙卯科乡试中式第六名举人，六年（1856）丙辰科中式三甲第三十八名进士。任知县，官内阁中书。咸丰十一年（1861），韩钦奉母挈家至羊城，入布政使李瀚章幕，后寓居萧山城厢镇韩家弄。著有《闲味轩诗稿》十卷、《闲味轩词钞》二卷。（《萧邑蒲山韩氏宗谱》有翁同龢撰《赐进士出身诰授奉政大夫貤封通议大夫特赏五品衔三品封职内阁中书螺山韩公家传》）

《咸丰丙辰科会试韩钦朱卷》：韩钦，字孟仙，号螺山。行一，道光丁亥年八月初七日吉时生。系绍兴府萧山县学廪膳生，民籍……乙卯科本省乡试中式第六名，会试中式第一百六十三名，殿试三甲第三十八名，朝考三等第八十名，钦点即用知县，候选内阁中书……世居本邑南门外蒲山庄。

《咸丰六年进士题名碑录丙辰科》：赐同进士出身，第三甲，一百十三名。韩钦，浙江绍兴府萧山县人。

民国《萧山县志稿》卷十三：咸丰六年丙辰科　韩钦，知县，内阁中书，光绪间重游泮水，特赏五品衔。

咸丰九年（1859）己未科

主考官：贾桢、赵光、沈兆霖、成琦。

试题：色难有事；今夫天；焉能使予（遇哉）。

【黄庆珍】（1823—1862）

字子瑜，号云谷，萧山蜀山街道人，顺天府大兴籍。廪膳生，咸丰二年

（1852）壬子科顺天乡试中式第五十七名举人，九年（1859）己未科中式二甲第七十二名进士。工部主事。同治元年（1862）殉难，恩赐世袭云骑尉，崇祀忠义祠，授承德郎。

《咸丰己未科会试同年齿录》：黄庆珍，字子瑜，号云谷。行一，道光癸未七月二十九日生。顺天府大兴县廪生，改归原籍浙江绍兴府萧山县，咸丰壬子科举人，本科进士，工部主事。

《咸丰九年进士题名碑录己未科》：赐进士出身，第二甲，一百八名。黄庆珍，顺天府大兴县人。

光绪《顺天府志》卷一百十六：咸丰九年己未孙家鼐榜　黄庆珍。

民国《萧山县志稿》卷十三：咸丰九年己未科　黄庆珍，孙家鼐榜，工部主事，殉难，世袭云骑尉，崇祀忠义祠。

【郑锡泰】（1821—1881）

谱名贤升，原名锡淳，字安廷，号春海，一号月波，萧山蜀山街道人，顺天大兴县籍。豹文孙。府学附生，咸丰元年（1851）辛亥恩科乡试顺天中式第一百九十四名举人。咸丰四年（1854）考取誊录官。咸丰九年（1859）己未科中式二甲第七十七名进士。工部都水司主事，河南知州，升知府。诰授中宪大夫，诰赠通议大夫。

《咸丰己未科会试同年齿录》：郑锡泰，字安廷，号春海。行四，道光丙戌五月初八日生。顺天府大兴县附生，咸丰辛亥恩科举人，本科进士，工部主事，现官河南候补直隶州知州。

《咸丰九年进士题名碑录己未科》：赐进士出身，第二甲，一百八名。郑锡泰，顺天府大兴县人。

同治二年夏北京荣禄堂刊本《缙绅全书》：主事郑锡泰，顺天大兴人，己未。

同治十二年秋北京荣禄堂刊本《缙绅全书》：同治十二年六月筹饷事例分发各省试用人员，郑锡泰，顺天人。

光绪《顺天府志》卷一百十六：咸丰九年己未孙家鼐榜　郑锡泰。

民国《萧山县志稿》卷十三：咸丰九年己未科　郑锡淳，更名锡泰，工部都水司主事，河南知州，升知府。

【周光祖】(1820—1865)

字雪瓯，一字息鸥，号锡侯，山阴（今属萧山所前镇）人。咸丰元年（1851）辛亥恩科乡试顺天中式第三十七名举人，九年（1859）己未科会试中式第一百二十八名，覆试第二等第八名，殿试中式二甲第六十三名进士。选翰林院庶吉士，散馆改刑部主事。敕授承德郎，晋授奉直大夫。专精韵语，在越与李慈铭同为"言社"成员。著有《耻白集》。

《咸丰己未科会试同年齿录》：周光祖，字锡侯，号雪瓯。行二，道光壬午年九月十九日生。浙江绍兴府山阴县增生，咸丰辛亥恩科举人，本科进士，翰林院庶吉士。

《周光祖朱卷》：周光祖，字锡侯，号雪瓯。行二，道光壬午年九月十九日吉时生。系浙江绍兴府山阴县学增广生，民籍。户部学习主事……乡试中式第三十七名，会试中式第一百二十八名，覆试第二等第八名，殿试第二甲第六十三名，朝考第一等第二十四名，钦点翰林院庶吉士。住府城西小路。

《咸丰九年进士题名碑录己未科》：赐进士出身，第二甲，一百八名。周光祖，浙江绍兴府山阴县人。

咸丰十年春北京荣禄堂刊本《缙绅全书》：翰林院庶吉士周光祖雪瓯，浙江山阴县人。

民国《萧山县志稿》卷十三：咸丰九年己未科　周光祖，刑部主事。

咸丰十年(1860)庚申恩科

主考官：周祖培、全庆、朱嶟、杜翰。

试题：大学之道；植其仗而（而立）；定于一。

【谢宝树】(1823—?)

字小田，号杏川，萧山闻堰街道人，杭州籍。咸丰九年（1859）己未科乡试中式第四十一名举人，十年（1860）庚申恩科会试中式三甲第二十四名进士。选授严州府教授。

《咸丰己未科乡试谢宝树朱卷》：谢宝树，字小田，号杏川。行一，道光癸未年六月二十四日吉时生。杭州府学咨部优行廪膳生，钱塘县民籍……乡试中式第四十一名……世居钱塘上四乡，现居萧山闻家堰武七房庄。

《咸丰十年进士题名碑录庚申恩科》：赐同进士出身，第三甲，一百六名。谢宝树，浙江杭州府钱塘县人。

同治四年秋北京荣禄堂刊本《缙绅全书》：严州府教授谢宝树，湖州人，进士，（同治）四年三月选。

民国《萧山县志稿》卷十三：咸丰十年庚申科　谢宝树，钟骏声榜，主事。

同治元年（1862）壬戌科

主考官：倭仁、万青藜、郑敦谨、载龄。

试题：此谓惟仁（恶人）；子曰谁能（一章）；乐民之乐（天下）。

【林煊】（1815—1875）

原名以德，字德昕，号煦斋，萧山城厢街道人。自幼颖异，好读书，工八法，尤精行楷。年弱冠，以县试第一人补本学弟子。咸丰五年（1855）乙卯科乡试中式第二十一名举人，八年（1858）考取宗学汉教习。同治元年（1862）壬戌科中式二甲第七十一名进士。朝考以知县用，铨分湖北。同治二年（1863）抵鄂，即委署来凤县，历署光化、安陆等县，所至有异政，旋补保康县。同治三年（1864）甲子、六年（1867）丁卯、十二年（1873）癸酉分校乡闱，所取皆名士。保康为鄂中瘠地，煊处之怡然，簿书、钱谷必亲自检理，暇与及门讨论经书。任满以同知升用并加四品衔。光绪元年（1875）冬防，夜半出巡，得寒疾，卒于官。在任修有同治《保康县志》七卷。（《萧山东门林氏宗谱》有平步青撰《敕授文林郎诰授朝议大夫例晋中议大夫煦斋林公家传》）

《同治元年进士题名碑录壬戌恩科》：赐进士出身，第二甲，七十二名。林煊，浙江绍兴府萧山县人。

同治《郧阳志》官师志卷五：林煊，萧山进士，（同治）五年任

（知县）。

光绪《襄阳府志》：林煊，萧山人，监生，十年（光化县知县）。

民国《萧山县志稿》卷十三：林煊，徐郙榜，庶吉士，湖北保康、来凤、安陆、光化等县知县。

【许俊魁】（1825—1862）

字梦馥，一字梅轩，又字汝权，号小农，萧山瓜沥镇人。邑庠生，咸丰元年（1851）辛亥恩科乡试中式第九十九名举人，同治元年（1862）壬戌科中式三甲第四十五名进士。

《同治元年进士题名碑录壬戌恩科》：赐同进士出身，第三甲，一百十八名。许俊魁，浙江绍兴府会稽县人。

同治二年（1863）癸亥恩科

主考官：李棠阶、沈桂芬、单懋谦、载龄。

试题：大畏民志（知本）；其养民也（二句）；于是始兴（之乐）。

【朱庚】

字尚之，号厚斋，一号芳洲，山阴（今属萧山）人。咸丰九年（1859）己亥科乡试中式第一名举人，同治二年（1863）癸亥恩科中式二甲第十三名进士。刑部主事。

《同治二年进士题名碑录癸亥恩科》：赐进士出身，第二甲，七十八名。朱庚，浙江绍兴府山阴县人。

同治六年冬荣禄堂刊本《缙绅全书》：主事朱庚，浙江山阴人，癸亥。

同治四年（1865）乙丑科

主考官：贾桢、宝鋆、桑春荣、谭廷襄。

试题：孝慈则忠（则劝）；必得其寿；不违农时。

【沈成烈】(1828—1885)

字尹言，号筱嵋，萧山瓜沥镇人。咸丰九年（1859）己未恩科乡试中式第六十六名举人，同治四年（1865）乙丑科会试中式四十六名，殿试二甲第三名进士。散馆授兵部主事，分兵部车驾司加四品衔。考取章京，署军机处行走，旋即以母老告归。服阕后当道延主宁波慈湖、绍兴稽山两书院讲席。栽培后进，孜孜不倦。仕进之志，泊如也。公事不入城邑，而地方义举力任不辞。光绪九年（1883）南沙大水，民不聊生，公亲集巨资，挨户赈济，沙户赖以全活。年五十八，无疾而终。精楷书，善画兰。著有《许闲山馆诗钞》。孙德祖云：君精楷法，善画兰石，兼解琴理，能围棋。诗其余事也，亦自清旷可喜。由庶常改官，考取军机章京，即告养，归不复出。高尚士也。（《萧邑航坞山沈氏宗谱》有马传煦撰《筱嵋公传》）

《咸丰己未科乡试沈成烈朱卷》：沈成烈，字尹言，号啸梅。行四，堂行三十九，道光戊子年十一月初六日吉时生。绍兴府萧山县学附生，民籍……乡试中式第六十六名……住瓜沥湖鼎村。

《同治四年进士题名碑录乙丑科》：赐进士出身，第二甲，一百名。沈成烈，浙江绍兴府萧山县人。

民国《萧山县志稿》卷十三：同治四年乙丑科　沈成烈，崇绮榜，庶吉士，主事。

【来凤郊】(1830—1870)

字黼堂，号赋唐，又号梧庭，萧山长河镇（今属滨江区）人。邑庠生，咸丰九年（1859）己未科乡试中式第七十三名举人，同治四年（1865）乙丑科中式三甲第一百二十一名进士。钦点知县即用，改授分水教谕、严州府教谕。任杭州府学教授，加内阁中书衔。（《萧山来氏宗谱》有黄元寿撰《敕授文林郎赐进士出身杭州府学教授外舅来赋唐公行述》）

《咸丰己未科乡试来凤郊朱卷》：来凤郊，字黼堂，号赋唐，又号梧庭。行二，道光癸巳年十月初四日吉时生。绍兴府萧山县学附生，民籍……乡试中式第七十三名，住西门外长河庄。

《同治四年进士题名碑录乙丑科》：赐同进士出身，第三甲，一百六十二名。来凤郊，浙江绍兴府萧山县人。

同治六年冬北京荣禄堂刊本《缙绅全书》：杭州府教授来凤郊，绍兴人，进士，五年三月任。

同治四年秋北京荣禄堂刊本《缙绅全书》：同治四年乙丑科　分发各省即用知县人员，来凤郊，浙江萧山人。

光绪《分水县志》卷六：来凤郊黼唐，萧山进士，同治五年四月署（教谕）。

光绪《严州府志》卷十一：来凤郊，字辅唐，萧山县进士，同治五年署（训导）。

民国《杭州府志》卷一百零一：来凤郊，萧山人，举人，（同治）六年三月任（教授）。

民国《萧山县志稿》卷十三：同治四年己丑科　来凤郊，严州府训导、杭州府学教授。

民国《建德县志》卷九：来凤郊，同治五年署（训导）。

【施之博】(1832—1911)

字少执，号济航，一号西峰，萧山坎山镇人，奉天府承德籍，民籍。优廪生，咸丰八年（1858）戊午科乡试顺天中式第一百三十一名举人，盛京宗学汉教习，同治四年（1865）乙丑科会试中式二甲第三十八名进士。翰林院庶吉士，授编修。光绪元年（1875）乙亥恩科顺天乡试同考官，京察一等，记名道府，官至云南曲靖府知府。

《重修同治乙丑科齿录》：施之博，字少执，号济航。行一，又行二，道光壬辰年五月十一日吉时生。奉天府承德县优廪生，民籍。咸丰戊午科举人，盛京宗学汉教习，同治乙丑科进士，翰林院庶吉士，授编修。光绪乙亥恩科顺天乡试同考官，京察一等，记名道府，现官云南曲靖府知府，三品衔，在任以道员即补，俟归道员班后加二品顶戴。

《同治四年进士题名碑录乙丑科》：赐进士出身，第二甲，一百名。施之博，奉天府承德县人。

同治八年冬荣禄堂刊本《缙绅全书》：翰林院修撰施之博，奉天府承德县人，乙丑。

光绪二十一年夏北京善成堂刊本《缙绅全书》：曲靖府知府施之博，奉天承德人，乙丑，十七年三月授。

民国《沈阳县志》卷三：咸丰乙丑科　施之博，承德，字济航，戊午科举人，翰林院编修，国史馆提调，云南曲靖府知府，保归道班，花翎二品衔。

民国《奉天通志》卷一百五十五：咸丰八年戊午科　施之博，奉天承德人，一百三十一名，同治乙丑进士。《辽海志略》作“施之清”。

民国《新纂云南通志》卷十三：施之博，奉天承德人（曲靖府知府）。

同治七年（1868）戊辰科

主考官：朱凤标、文祥、董恂、继格。

试题：大人畏（之言）；君子未有（二句）；以予观于（二句）。

【蔡以瑺】（1832—？）

字季珪，一字瑶圃，萧山城厢街道人。皋社成员。咸丰十一年（1861）辛酉科选拔贡生第一名。同治四年（1865）乙丑科补行咸丰辛酉科并同治壬戌登极恩科乡试中式第九名举人，七年（1868）戊辰科会试中式第一名。保和殿覆试二等第七名，殿试中式二甲第六十名进士，朝考一等第四十八名。钦点翰林院庶吉士，授刑部主事。告归主讲慈溪慈湖书院、临海正学书院。后卒于镇海鲲池书院。同治九年（1870）主纂《嵊县志》。

《同治七年进士题名碑录戊辰科》：赐进士出身，第二甲，一百二十七名。蔡以瑺，浙江绍兴府萧山县人。

同治十年冬北京斌升堂刊本《缙绅全书》：主事蔡以瑺，浙江萧山人，戊辰。

同治八年冬荣禄堂刊本《缙绅全书》：翰林院庶吉士蔡以瑺，浙江萧山人，戊辰会元。

民国《萧山县志稿》卷十三：同治七年戊辰科　蔡以瑺，洪钧榜，会元，庶吉士，主事。

【陈以咸】(1830—1883)

字秉鸿，又字韶次，号湘渔，萧山新塘街道涝湖村人，钱塘籍。增贡生，候选郎中。同治六年（1867）丁卯补行甲子科乡试中式第一百十一名举人，七年（1868）戊辰科中式三甲第十名进士。官户部云南司郎中，旋告归。居乡立义庄，修水利，以逮施衣施药，苟力所能济。（薛福成《庸庵海外文编》有《诰授朝议大夫户部云南司郎中陈君墓表》）

《同治戊辰科会试陈以咸朱卷》：陈以咸，字秉鸿，一字韶次。行十九，又行三，道光癸巳年九月十八日吉时生。浙江杭州府钱塘县增贡生，候选郎中，商籍，祖籍绍兴府萧山县……丁卯科并补行甲子科本省乡试中式第一百十一名，会试中式第七十一名，殿试三甲第十名，朝考二等六十三名，钦点归郎中，本班签分户部……现住萧山县东门内凤堰桥下街。

《同治七年进士题名碑录戊辰科》：赐同进士出身，第三甲，一百四十名。陈以咸，浙江杭州府钱塘县人。

光绪七年夏荣禄堂刊本《缙绅全书》：郎中陈以咸，浙江钱塘人，戊辰。

民国《杭州府志》卷一百十一：同治七年戊辰洪钧榜　陈以咸，钱塘人，户部郎中。

民国《萧山县志稿》卷十三：同治七年戊辰科　陈以咸，户部云南司郎中。

【沈受谦】(1836—1916)

字牧卿，号江梅，萧山衙前镇人。同治四年（1865）乙丑补行咸丰辛酉并同治壬戌恩科乡试中式第一百零二名举人，七年（1868）戊辰科会试中式二甲第二十六名进士。以主事用签分工部，请归知县原班铨选。光绪二年（1876）选授福建，知德化县。六年（1880）分大计保荐卓异，候升调署顺昌县，调补台湾县知县。于转运饷械出力，案内保举，以同知在任候补。受谦因县引心书院已废，于赤嵌城址立蓬壶书院，置山长。又于启征新赋在事出力汇奖，十四年（1888）奉旨："着开缺，以同知直隶州知州，留于福建归候补班前补用。"三年后，擢升永春知州。（《清代官员履历档案全编》有其

“履历折”）

《同治七年进士题名碑录戊辰科》：赐进士出身，第二甲，一百二十名。沈受谦，浙江绍兴府萧山县人。

光绪《台湾通志》原稿本：沈受谦，浙江绍兴人，（光绪）十年四月任（台湾县知县）。

民国《永春县志》卷十二：沈受谦，萧山庚辰进士，（光绪）十九年任（知州）。

民国《萧山县志稿》卷十三：同治七年戊辰科　沈受谦，工部主事，福建德化知县，永春直知州。

民国《顺昌县志》卷十五：沈受谦，浙江萧山进士，光绪八年署（知县）。

民国《德化县志》卷十二：沈受谦，号牧卿，萧山人，戊辰进士，光绪二年七月任，五年七月调帘，十一月回任，八年二月卸事。

同治十年（1871）辛未科

主考官：朱凤标、毛昶熙、阜保、常恩。

试题：有子曰信（一章）；八一能之（道矣）；天下之善（二句）。

【郁崑】（1840—1880）

字铜士，号秀珊，一号漱山，萧山城厢街道人。咸丰九年（1859）己未恩科乡试中式第二十四名举人，同治十年（1871）辛未科探花。授翰林院编修。同治十二年（1873），出任顺天乡试同考官。光绪二年（1876），出任广东乡试副考官，时称得士。官至编修。（《萧山郁氏宗谱》有林国柱撰《郁漱山公配韩太夫人传赞》，《两浙輶轩续录》卷四十六至卷四十九有其诗）

《同治十年进士题名碑录辛未科》：赐进士及第，第一甲，三名。郁崑，浙江绍兴府萧山县人。

光绪六年春荣华堂刊本《缙绅全书》：翰林院编修郁崑，浙江萧山县人，辛未探花。

民国《萧山县志稿》卷十三：同治十年辛未科　郁崑，梁耀枢榜，探花，广东副考官。

【林国柱】(1846—1895)

原名以仕，字薇卿，号笃甫，又号瑾生，萧山城厢街道人。式恭子。同治九年（1870）庚午科乡试中式第一百零三名举人，十年（1871）辛未科会试中式第二百五十三名，殿试二甲七十四名进士，朝考一等十八名。钦点翰林院庶吉士，国史馆协修。同治十三年（1874）散馆一等第四名，授编修。光绪二年（1876），充顺天乡试同考官；五年（1879），提督贵州学政；八年（1882），因预报服丧起复时间，被劾褫职。（《萧山东门林氏宗谱》有恽彦彬撰《皇清敕授文林郎诰封奉政大夫晋封通议大夫赐进士出身提督贵州学政前翰林院编修笃甫林公家传》）

《同治庚午科乡试林国柱朱卷》：林国柱，原名以仕，字薇卿，号笃甫。行一，道光丙午年二月二十六日吉时生。浙江绍兴府萧山县学附生，民籍……乡试中式第一百三名……世居萧山东门下岸林家园，今迁衡河月牙池。

《同治十年进士题名碑录辛未科》：赐进士出身，第二甲，一百二十名。林国柱，浙江绍兴府萧山县人。

同治十三年秋荣禄堂刊本《缙绅全书》：翰林院编修林国柱，浙江萧山县人，辛未。

光绪《黎平府志》卷四：林国柱，字笃甫，浙江萧山人，同治辛未进士，广西七年按临。

光绪七年夏荣禄堂刊本《缙绅全书》：钦命翰林院编修、提督贵州全省学政加三级林国柱，浙江萧山县人，辛未。

民国《萧山县志稿》卷十三：同治十年辛未科　林国柱，编修，贵州学政。

民国《贵州通志·职官表四》：林国柱，浙江萧山人，光绪五年八月任贵州学政。

同治十三年(1874)甲戌科

主考官：魁龄、李鸿藻、崇实、万青藜。

试题：君子坦荡荡；孟子曰君（二句）；自诚明谓之性。

【陈光煦】(1838—1886)

字育庵，号学黯，又号菽原，萧山新塘街道涝湖村人，钱塘籍。县学附生，刑部学习主事，商籍。同治四年（1865）乙丑补行咸丰辛酉并同治壬戌恩科乡试中式第一百零七名举人，十三年（1874）甲戌科会试中式第四名，保和殿覆试二等第四名，殿试三甲第八十四名进士，朝考一等第十名。奉旨引见，着改庶吉士。光绪三年（1877）散馆考列二等，以知县记用。六月选授广西思恩县知县，因病呈请开缺，回籍调理，旋于五年（1879）三月报捐道员，指分福建试用。六年（1880）九月病愈赴部验到。十月十五日吏部带赴内阁经钦派王大臣验收，十六日覆奏堪以照例发往。著有《礼仪通诗释》。（《两浙辅轩录》选其诗，《清代官员履历档案全编》有其履历）

《同治甲戌科会试陈光煦朱卷》：陈光煦，字育庵，号学黯，又号菽原。行四，道光庚午十月初十日吉时生。浙江杭州府钱塘县学附生，刑部学习主事，商籍，祖籍绍兴府萧山县……辛酉、壬戌科本省乡试中式第一百七名，会试中式第四名，保和殿覆试二等第四名，殿试三甲第八十四名，朝考一等第十名，钦点翰林院庶吉士。

《同治十三年进士题名碑录甲戌科》：赐同进士出身，第三甲，二百三名。陈光煦，浙江杭州府钱塘县人。

同治十三年东北京荣晋斋刊本《缙绅全书》：翰林院庶吉士陈光煦，浙江钱塘人，甲戌。

民国《杭州府志》卷一百十一：同治十三年甲戌陆润庠榜　陈光煦，钱塘人，庶吉士。

民国《萧山县志稿》卷十三：同治十三年甲戌科　陈光煦，陆润庠榜，庶吉士，刑部主事，福建道。

【汤鼎烜】(1838—1917)

原名烈维，字屏翰，号味斋，萧山城厢街道人。咸丰八年（1858）戊午科优贡，考取正蓝旗教习，礼部传补教习，期满到省，署青田县教谕。同治十二年（1873）癸酉科乡试中式第九十名举人。明年，署秀水教谕。同治十三年（1874）甲戌科中式二甲第一百零七名进士。上书献海防诸策，奉旨备览。著有《饮香居士偶抄》，未刻。

《同治十三年进士题名碑录甲戌科》：赐进士出身，第二甲，一百三十二名。汤鼎烜，浙江绍兴府萧山县人。

同治十三年冬北京荣晋斋刊本《缙绅全书》：翰林院庶吉士汤鼎烜，浙江萧山人，甲戌。

光绪《广德州志》卷二十九：汤鼎烜，字味斋，萧山人，进士，光绪三年九月任，五年七月调赴闱差，十月回任。

光绪二十年冬北京善成堂刊本《缙绅全书》：丰城县知县汤鼎烜，浙江萧山人，甲戌，十七年三月调。

光绪六年春荣华堂刊本《缙绅全书》：建平县知县加一级汤鼎烜，浙江萧山人，进士，三年正月选。

光绪十六年春北京顺济局刊本《缙绅全书》：大庾县知县汤鼎烜，浙江萧山人，甲戌，十二年正月选。

民国《萧山县志稿》卷十三：同治十三年甲戌科　汤鼎烜，庶吉士，安徽建平、黟县，江西大庾、丰城知县，直知州。

民国《大庾县志》卷五：汤鼎烜，号味斋，浙江人，进士，光绪间宰庾数年，政平讼理。

民国《黟县四志》卷四：汤鼎烜，浙江进士，庶常散馆，知县，九月任，八年正月卸。

【胡燏棻】（1840—1906）

幼名福杰，庠名家栋，后改国栋，字芸楣、云楣，萧山人，寄籍安徽泗州。同治三年（1864）甲子科并补行戊午科江南乡试中式第一百五十九名举人。报捐郎中，签分刑部奉天司行走。同治十年（1871）辛未科会试挑取誊录第十二名。同治十三年（1874）甲戌科会试中式一百二十一名，二甲第八十九名进士，朝考一等六十八名。选庶吉士，散馆，知广西灵川县，未赴任。捐资道员，铨直隶。时李鸿章督直，令胡筹治北洋军糈，补天津道。光绪十七年（1891）迁广西按察使。二十年（1894）入觐，受命主持新兵，驻扎于天津。二十一年（1895）进谏开铁路、制机器、整海军、设学堂、创邮政、办实业。

授天津府尹。二十四年（1898）奏请改用新法操练陆军，修建北京至西山之铁路，后任总理各国事务大臣。二十六年（1900）后任铁路总办、邮传部侍郎。（《萧山胡氏家乘》有其子胡翔林撰《胡侍郎家传》）

《同治甲戌科会试胡燏棻朱卷》：胡燏棻，原名国栋，字尧臣，号云楣，别号芸梅。行一，道光庚子年十二月十六日吉时生。安徽泗州监生，民籍，原籍浙江萧山县，花翎刑部候补郎中、奉天司行走……甲子并补戊午科本省乡试中式第一百五十九名，辛未科会试挑取誊录第十二名，会试中式第一百二十一名，保和殿覆试二等第十七名，殿试二甲第八十九名，朝考一等第六十八名，钦点翰林院庶吉士。

《同治十三年进士题名碑录甲戌科》：赐进士出身，第二甲，一百三十二名。胡燏棻，安徽泗州直隶州人。

光绪《泗虹合志》纂修姓氏：前翰林院庶吉士、二品顶戴、按察使衔、直隶天津兵备道胡燏棻。

光绪《重修天津府志》卷十二：胡燏棻，安徽泗州籍，进士，十一年署任（兵备道），十二年补授，十五年十一月回任。

民国《萧山县志稿》卷十三：同治十三年甲戌科　胡燏棻，庶吉士，直隶天津道，广西布政使，顺天府尹，刑部、工部、礼部、邮传部侍郎。

【傅培基】(1851—1890)

字笃初，又字念堂，号山樵，萧山西兴镇（今属滨江区）人。寄籍云南昆明县。士珍子。同治九年（1870）庚午科顺天乡试中式第一百七十一名举人，十三年（1874）甲戌科中式二甲第一百零九名进士。官刑部主事，后任南皮、大名、高阳、沙河、邢台等县知县。李鸿章云："傅培基才明识练，心地朴厚。"光绪十六年（1890）因赴津公出，中途患病，回至省城，卒于官。（李鸿章光绪十六年有《题报邢台县知县傅培基病故开缺事》）著有《白雪阳春集》四卷、《笃初文稿）三十六卷、《知白斋吟草》二十卷、《小樵日记》三卷、《在官法宪录》八卷，剧作有《芙蓉剑》传奇。（《萧山傅氏宗谱》有李鸿章撰《故同知衔邢台县令傅公传》）

《同治十三年进士题名碑录甲戌科》：赐进士出身，第二甲，一百三十二名。傅培基，云南云南府昆明县人。

光绪十三年冬北京荣禄堂刊本《缙绅全书》：南皮县知县傅培基念堂，云南昆明人，甲戌，（光绪）八年五月选。

光绪六年春荣华堂刊本《缙绅全书》：额外司员主事、山东司行走傅培基，云南昆明人，甲戌。

光绪《重修天津府志》卷十四：傅培基，字念堂，云南昆明进士，（光绪）十年任（知县）。

民国《萧山县志稿》卷十三：同治十三年甲戌科　傅培基，主事，直隶南皮知县。

民国《邢台县志》卷四：傅培基，云南昆明县人，甲戌进士，以主事改署，（光绪）十五年十二月任（知县）。

民国《南皮县志》卷七：傅培基，字念堂，云南昆明进士，刑部主事，改选，光绪十年知县。

民国《新纂云南通志》卷一百二十四：傅培基，昆明人，山东冠县知县，傅士珍子。以父咸丰四年粤匪陷城在任殉难，培基由甲戌进士刑部主事，改官直隶南皮县知县，在任，兼袭。

民国《沙河县志》卷三：傅培基，昆明进士，（光绪）十五年任（知县）。

光绪二年（1876）丙子恩科

主考官：董恂、桑春荣、黄倬、崇绮。

试题：康诰曰克（明命）；施于有政（为政）；惟义所在。

【徐锡祉】（1835—？）

字小斋，号星舫，萧山北干街道人，仁和籍。同治四年（1865）乙丑补行咸丰辛酉并同治壬戌恩科乡试中式第一百三十七名举人，十三年（1874）甲戌选咸安宫教习。光绪二年（1876）丙子恩科中式第一百四十三名，覆试第三等第一百二十五名，三甲第七十四名进士，朝考二等第九十名。钦点即用知县，签掣福建。光绪七年（1881）九月任福建台北府新竹县事，前补晋江县知县。历任福建晋江、新竹、福安等知县。光绪五年（1879）己卯科福建乡试誊录官，十五年（1889）己丑恩科福建乡试同考官。工于诗文，尤精目录学，曾续写阮元《四库未收书总目》，惜未完成。喜藏书，作《榕阴读书志》，为论证古书卷帙及文字异同之作。官台湾知县，为士民爱戴。（《萧山塘湾井亭徐氏宗谱》有《诰授朝议大夫晋授通奉大夫徐公小斋夫子大人诰授恭人晋封夫人徐师母韩夫人六十双庆寿序》）

《光绪丙子恩科会试徐锡祉朱卷》：徐锡祉，字小斋，号星舫。行一，道光庚子年十一月十二日吉时生。浙江杭州府仁和县优行增广生，民籍，祖籍绍兴府萧山县……乡试式中第一百三十七名，甲戌科考取咸安宫教习，会试中式第一百四十三名，覆试第三等第一百二十五名，殿试第三甲第七十四名，朝考第二等九十二名，钦点即用知县，签掣福建……世居萧山北乡井亭徐。

《光绪二年进士题名碑录丙子恩科》：赐同进士出身，第三甲，一百六十五名。徐锡祉，浙江杭州府仁和县人。

光绪《苗栗县志》卷十二：新竹县知县徐锡祉，浙江仁和县人，进士，光绪七年任……光绪十年回任。

光绪二年夏北京斌升堂刊本《缙绅全书》：丙子科各省进士即用知县，徐锡祉，浙江仁和人，福建。

光绪十一年冬北京荣禄堂刊本《缙绅全书》：新竹县知县徐锡祉，浙江仁和人，进士，六年九月调。

光绪二十年冬北京善成堂刊本《缙绅全书》：晋江县知县徐锡祉小斋，浙江仁和人，进士，十九年二月调。

光绪《福安县志》卷十六：徐锡祉，浙江仁和人，进士，光绪五年署（知县）。

民国《杭州府志》卷一百十一：光绪二年丙子景皇帝登极恩科曹鸿勋榜 徐锡祉，仁和人，福建知县。

民国《霞浦县志》卷十三：徐锡祉，进士（知县）。

民国《闽侯县志》卷五十九：徐锡祉，浙江仁和人，（光绪）十六年任（闽县知县）。

民国《萧山县志稿》卷十三：光绪二年丙子科　徐锡祉，曹鸿勋榜，福建晋江、闽县、江苏宜兴等县知县。

光绪三年（1877）丁丑科

主考官：宝鋆、毛昶熙、钱宝廉、崑冈。

试题：修己以安（一句）；言而世为（下则）；见贤焉然（用之）。

【黄中理】（1833—1880）

字子通，号循陔，萧山蜀山街道人。同治四年（1865）乙丑补行咸丰辛酉并同治壬戌恩科乡试中式第二百二十九名举人，光绪三年（1877）丁丑科会试中式第一百七十五名，保和殿覆试二等第三十名，殿试二甲第六十九名进士，朝考一等第二十八名。钦点翰林院庶吉士。光绪四年（1878）钦派大臣验放。六年（1880）散馆引见，奉旨以知县记用，签擎云南河阳县知县，国史馆协修。（《萧山埭上黄家谱》有黄鏖寿撰《先考循陔府君行述》）

《光绪丁丑科会试黄中理朱卷》：黄中理，字子通，号循陔。行六，道光癸卯年十月二十九日吉时生。浙江绍兴府萧山县学附生，候选知县，民籍……辛酉壬戌科本省乡试中式第二百一十九九名，会试中式第二百七十五名，保和殿覆试二等第三十名，殿试二甲第六十九名，朝考一等第二十八名，钦点翰林院庶吉士，国史馆协修……世居南门外埭上新庄。

《光绪三年进士题名碑录丁丑科》：赐进士出身，第二甲，一百三十二名。黄中理，浙江绍兴府萧山县人。

光绪六年夏北京斌升堂刊本《缙绅全书》：翰林院庶吉士，黄中理，浙江萧山人，丁丑。

光绪七年夏荣禄堂刊本《缙绅全书》：河阳县知县加一级黄中理，浙江萧山人，丁丑，六年八月选。

民国《萧山县志稿》卷十三：光绪三年丁丑科　黄中理，王仁堪榜，庶吉士，云南河阳知县。

【李锡彬】（1850—？）

字又莲，号少林，萧山城厢街道人，寄籍直隶保定府清苑县。肄业莲池书院。同治六年（1867）丁卯科顺天乡试中式第一百一十四名举人，光绪三年（1877）丁丑科会试中式第三百十八名，殿试二甲第十七名进士。同年五月，分部学习。任吏部主政。（李鸿章于光绪十年十二月十四日有致吏部主政李锡彬札）

《李锡彬朱卷》：李锡彬，字又莲，号少林。行一，道光庚戌年七月十六日吉时生。直隶保定府清苑县附生，民籍，原籍浙江绍兴府山阴县……丁卯科乡试中式第一百一十四名，会试中式第三百十八名，殿试二甲第十七名，赐进士出身，朝考二等入选，钦点主事，签分吏部……世居清苑县城内局胡同。

《光绪三年进士题名碑录丁丑科》：赐进士出身，第二甲，一百三十二名。李锡彬，直隶保定府清苑县人。

光绪十一年冬北京荣禄堂刊本《缙绅全书》：额外司员主事李锡彬，直隶清苑人，丁丑。

光绪二十一年夏北京善成堂刊本《缙绅全书》：考功司员外郎：李锡彬，直隶清苑县人，丁丑。

光绪《保定府志》卷十二：光绪三年丁丑科　李锡彬，吏部主事。

民国《萧山县志稿》卷十三：光绪三年丁丑科　李锡彬，顺天宛平籍，礼部文选司主事，取御史。

民国《清苑县志》卷三：丁丑，李锡彬。

光绪十五年（1889）己丑科

主考官：李鸿藻、崑冈、潘祖荫、廖寿恒。

试题：子曰行夏（四句）；取人以身（二句）；曰子不通（于子）。

【沈祖燕】（1860—？）

谱名思昌，字翼孙、檄生，号钟堂、忠唐，萧山人。肄业诂经精舍，敷文、紫阳、崇文书院。光绪五年（1879）、八年（1882）乡试荐卷。十一年（1885）乙酉科优贡第五名，乡试中式第八十一名举人。十五年（1889）己丑科中式三甲第八十六名进士。历官内阁中书，常熟、靖江、崇明知县，福建候补道，湖南劝业道。著有《忧盛编》，辑有《赋海大观》《案事编》等。

《沈祖燕朱卷》：沈祖燕，谱名思昌，字翼孙，一字檄生，号钟堂，又号忠唐。行七，同治壬戌年正月初七日吉时生。浙江绍兴府学优行廪生，萧山县民籍，肄业诂经精舍，敷文、紫阳、崇文三书院，己卯、壬午两科荐卷，本科优贡……本科正取优贡第五名，乡试中式第八十二名……住本邑东门外洋墅河，现寓省城高士坊巷。

《光绪十五年进士登科录》：第三甲，一百六十一名，赐同进士出身。沈祖燕，贯浙江绍兴府萧山县，民籍，廪生……乙酉科乡试第八十一名，己丑科会试第九名。

《光绪十五年进士题名碑录己丑科》：赐同进士出身，第三甲，一百六十一名。沈祖燕，浙江萧山县。

光绪《常昭合志稿》卷十九：沈祖燕，（光绪）二十四年署任（常熟知县），字翼孙，萧山人，进士。

民国《崇明县志》卷十：（光绪）二十五年，沈祖燕，字翼孙，浙江萧山进士，九月到任。

民国《萧山县志稿》卷十三：（光绪）十五年己丑，沈祖燕，内阁中书，常熟、崇明知县，湖南劝业道。

民国《新纂云南通志》卷十五：（讼狱）沈祖燕，浙江。

【何文澜】（1857—？）

字澂斋，一字诚哉，号成甫、莲仙，萧山城厢街道人。县学附生，兼袭云骑尉。光绪二年（1876）丙子科乡试中式第九名举人，三年（1877）考取景山官学汉教习，十五年（1889）乙丑科会试中式第五十四名，二甲第一百零六名进士，朝考第二等第二十八名。钦点主事，签分户部贵州司行走、主事。

《光绪丙子科乡试何文澜朱卷》：何文澜，字澂斋，号成甫，一号莲仙。行一，咸丰庚申年十月二十日吉时生。浙江绍兴府萧山县学附生，兼袭云骑尉，民籍……乡试中式第九名……世居本邑东门内何家弄，现居南门内西河下。

《光绪十五年进士登科录》：第二甲，一百三十二名，赐进士出身。何文澜，贯浙江绍兴府萧山县，民籍，附生……丙子科乡试第九名，己丑科会试第五十四名。

《增校光绪十五年进士题名碑录己丑科》：赐进士出身，第二甲，一百三十二名。何文澜，浙江萧山县。

光绪十一年冬北京荣禄堂刊本《缙绅全书》：景山官学教习、五品衔兼袭云骑尉何文澜莲仙，浙江萧山人，丙子举人。

光绪十九年夏文宝堂刊本《缙绅全书》：主事何文澜，浙江萧山人，己丑。

民国《萧山县志稿》卷十三：光绪十五年乙丑科　何文澜，户部主事。

【陆钟琦】（1848—1911）

字申甫，萧山城厢街道人，顺天宛平籍。同治十二年（1873）以拔贡生授教谕，选抚宁。光绪十一年（1885）乙酉科顺天乡试中式第一百十九名举人，十五年（1889）己丑科会试第二十一名，中式二甲第三十九名进士。同年五月，改翰林院庶吉士。光绪十六年（1890）四月，散馆授翰林院编修。后办理直隶赈灾事宜，受徐桐赏识。庚子事变，徐桐支持义和团，钟琦劝阻，徐桐不采。八国联军入京，钟琦同年进士熙元、宝丰先后遇难，钟琦得知，悲泣不已，闭门自缢，幸被救下。光绪二十九年（1903）任江苏督粮道。三十四年（1908）擢江西按察使，调湖南，再移江苏。宣统元年（1909）任江苏布政使。三年（1911）擢山西巡抚，就职仅一月，辛亥革命爆发，各省独立。钟琦反对革命，叮嘱三子敬熙，并准备殉清。敬熙赴京告知兄长光熙，二人一同返回山西。农历九月八日晨，新军起事，攻打巡抚衙门。钟琦斥责道："尔辈将反邪？"话音未落，中枪殒命。光熙奔出援救，也被打死。清廷下诏褒扬，谥"文烈"。（《清史稿》有传）

《陆钟琦朱卷》：陆钟琦，字申甫。行三，道光戊申年六月二十五日吉时生。顺天府宛平县拔贡生，民籍，祖籍浙江萧山县……癸酉科选拔第一名，朝考二等，保和殿覆试二等以教职用。乡试中式第一百十九名，会试中式第二十一名，保和殿覆试一等第二十一名，殿试二甲第三十九名，朝考一等第七十九名，钦点翰林院庶吉士。

《光绪十五年进士登科录》：第二甲，一百三十二名，赐进士出身。陆钟琦，贯顺天府宛平县，民籍，拔贡生……乙酉科乡试第一百十九名，己丑科会试第二十一名。

《光绪十五年进士题名碑录己丑科》：赐进士出身，第二甲，一百三十二名。陆钟琦，顺天府宛平县。

光绪十一年冬北京荣禄堂刊本《缙绅全书》：抚宁县教谕陆钟琦申甫，顺天人，举人，四年二月选。

光绪十七年春北京荣禄堂刊本《缙绅全书》：翰林院庶吉士陆钟琦申甫，顺天，宛平县人。

光绪三十年冬北京荣禄堂刊本《缙绅全书》：督理苏松常镇太粮储道分巡苏州兼管水利事务陆钟琦申甫，顺天大兴县人，己丑。

光绪三十三年秋北京槐荫山房刊本《百官录》：江苏按察使司衙门按察使陆钟琦申甫，顺天宛平人，己丑。

民国《萧山县志稿》卷十三：陆钟琦，庶吉士，江苏藩司，山西巡抚。辛亥殉难，谥“文烈”。

民国《吴县志》卷六：陆钟琦，宣统元年任（布政使）。

【陆钟岱】（1861—1915）

号天池，萧山城厢街道人，寄籍顺天府宛平县。光绪十一年（1885）乙酉科顺天乡试中式第一百二十八名举人。遵例报捐国子监学正、学录。光绪十三年（1887），拣补国子监学正兼典籍厅。光绪十五年（1889）己丑科会试第一百三十九名，中式二甲第一百三十一名进士。同年五月，授内阁中书。十七年（1891），任方略馆校对官。十九年（1893），改典籍厅帮稿、正白旗管学官。二十一年（1895），任翰林院侍读。二十二年（1896），任玉牒馆正誊录官。二十四年（1898），分发河南候补知府。著有《蒙事一斑》。

《陆钟岱朱卷》：陆钟岱，字天池。行六，同治丁卯年五月十六日吉时生。顺天府宛平县附生，民籍，祖籍浙江萧山县，国子监学正……乙酉乡试中式第一百二十八名，会试中式第一百三十九名，殿试二甲一百三十一名，赐进士出身，朝考三等五十九名。钦点内阁中书。

《光绪十五年进士登科录》：第二甲，一百三十二名，赐进士出身。陆钟岱，贯顺天府宛平县，民籍，附生……乙酉科乡试第一百二十八名，己丑科会试第一百三十九名。

《增校光绪十五年进士题名碑录己丑科》：赐进士出身，第二甲，一百三十二名。陆钟岱，顺天府宛平县。

光绪十四年夏北京荣禄堂刊本《缙绅全书》：国子监正义堂学正陆钟岱，顺天宛平县人，举人。

光绪十六年春北京顺济堂刊本《缙绅全书》：额外中书舍人陆钟岱，顺天宛平人，己丑。

光绪二十九年秋北京荣宝斋刊本《缙绅全书》：光绪二十九年新旧海防筹饷事例四月分发各省试用人员，陆钟岱，顺天人，河南。

民国《萧山县志稿》卷十三：光绪十五年己丑科　陆钟岱，内阁中书，河南知府。

【许在衡】(1859—？)

监名寿衡，庠名景衡，榜名在衡，字笈云，号寿平，一字心舆，又字轸君，山阴党山（今属萧山瓜沥镇）人。县附贡生，光绪五年（1879）己卯科乡试中式第五十五名举人，十五年（1889）己丑科中式二甲第三十六名进士。官翰林院侍读学士，任省布政司总捕府。清末在党山开设泰升典当行，闻名遐迩。（《山阴碧山许氏宗谱》有毛昶熙撰《诰授奉政大夫晋赠朝议大夫东升公传》）

《许在衡朱卷》：许在衡，字心舆，号笈云。行一，咸丰己未年七月十三日吉时生。绍兴府山阴县贡生，民籍……乡试中式第五十五名，会试中式第四十六名……钦点即用知县……世居浙江绍兴府城西郭门外党山村。

《光绪十五年进士登科录》：第二甲，一百三十二名，赐进士出身。许在衡，贯浙江绍兴府山阴县，民籍，附贡生……己卯科乡试第五十五名，己丑科会试第四十六名。

《增校光绪十五年进士题名碑录己丑科》：赐进士出身，第二甲，一百三十二名。许在衡，浙江山阴县。

光绪十六年春北京顺济局刊本《缙绅全书》：己丑科分发各省即用知县，许在衡，浙江山阴县人。

【戚扬】(1857—1945)

谱名继奏，字显臣，一字升淮，别字眉轩，山阴党山（今属萧山瓜沥镇）

人。优行廪膳生，光绪十四年（1888）戊子科乡试中式第四十八名举人，十五年（1889）己丑科中式二甲第九十八名进士，朝考第一等四十三名。钦点为翰林院庶吉士，次年授刑部主事。后因福建安溪县水患，受命任安溪知县。戚扬到任后，心寄难民，勤勉于公，史载其“分俸活民，毋一夫失所”。光绪二十一年（1895），任侯官知县。同年十月，其父卒，回籍守制。期满后派往浙江布政使署管理文案，之后历任江西临川县知县、直隶州知州。光绪三十年（1904）升任江苏省松江府知府。民国二年（1913）四月，任海军塘工总局局长；同年九月，任江西省内务司司长。民国三年（1914）一月，代江西省民政长；四月，任江西省民政长；五月，任江西省巡按使。民国五年（1916）七月，任江西省省长。民国十年（1921）二月，去职返里。

《光绪己丑科会试戚扬朱卷》：戚扬，谱名继奏，字显臣，一字升淮，字眉轩。行二，咸丰庚申年五月十七日吉时生。浙江绍兴府山阴县学优行廪膳生，民籍……戊子本省乡试中式第四十八名，本科会试中式第八十名，保和殿覆试二等第二名，殿试第二甲九十八名，赐进士出身，朝考第一等第四十三名。钦点翰林院庶吉士。世居余姚湖地里，现居山阴白洋西塘下。

《光绪十五年进士登科录》：第二甲，一百三十二名，赐进士出身。戚扬，贯浙江绍兴府山阴县，民籍，廪生……戊子科乡试第四十八名，己丑科会试第八十名。

《增校光绪十五年进士题名碑录己丑科》：赐进士出身，第二甲，一百三十二名。戚扬，浙江山阴县。

光绪十六年春北京顺济局刊本《缙绅全书》：己丑科翰林院庶吉士戚扬，浙江山阴县人。

光绪十七年春北京荣禄堂刊本《缙绅全书》：己丑科主事戚扬，浙江山阴人。

光绪三十一年春北京荣宝斋刊本《缙绅全书》：临川县知县戚扬，浙江山阴人，己丑，二十八年五月调。

光绪二十六夏荣禄堂刊本《缙绅全书》：东乡县知县，戚扬浙江山阴人，己丑，二十四年十月选。

光绪三十三年秋北京槐荫山房刊本《百官录》：松江府知府戚扬，浙江山阴人，己丑。

光绪三十三年春北京荣禄堂刊本《缙绅全书》：松江府知府戚扬，浙江山阴人，己丑，三十一年六月补。

光绪十六年（1890）庚寅恩科

主考官：孙毓汶、贵恒、许应骙、沈源深。

试题：子贡曰夫（二章）；知所以治（一句）；霸者之民（四句）。

【王履咸】（1855—？）

原名礼贤，谱名金标，字泽山，号子谦，晚号六我老人，萧山临浦镇人。肄业紫阳书院。光绪十一年（1885）乙酉科乡试中式第一百零二名举人，覆试第二等，次年考取景山官学汉教习第十五名。光绪十六年（1890）庚寅科会试第一百六十二名，中式进士二甲第五十七名进士，朝考二等第三十七名。钦点主事，官工部、外务部主事。（民国《苎萝王氏宗谱》有其侄婿何丙藻撰《王子谦公家传》）

《光绪乙酉科乡试王履咸朱卷》：王履咸，原名礼贤，谱名金标，字泽山，号子谦。行六，咸丰乙卯年正月初三日吉时生。浙江绍兴府萧山县学附生，民籍，肄业紫阳书院……乡试中式第一百二名，现住萧山南门外临浦镇。

《光绪十六年进士登科录》：第二甲，一百三十六名，赐进士出身。王履咸，贯浙江绍兴府萧山县民籍，附生……乙酉科乡试第一百二名，庚寅科会试第一百六十二名。

《光绪十六年进士题名碑录庚寅恩科》：赐进士出身，第二甲，一百三十六名。王履咸，浙江萧山县。

光绪十七年春北京荣禄堂刊本《缙绅全书》：庚寅科主事王履咸，浙江萧山人。

民国《萧山县志稿》卷十三：光绪十六年庚寅科　王履咸，吴鲁榜，工部主事，外务部主事。

【陆承宗】（1849—？）

字松之，湖南省长沙府长沙县人，祖籍萧山。光绪二年（1876）丙子科优贡。朝考以教职用，选授岳州府华容县训导，奏保加州学正衔。光绪十五年（1889）己丑科乡试中式第二十三名举人，十六年（1890）庚寅科会试中式第十二名，覆试一等二十八名，殿试中式二甲第一百三十三名进士，朝考第二等六十一名。同年五月，改翰林院庶吉士。

《光绪庚寅恩科会试陆承宗朱卷》：陆承宗，字松之。行三，年四十二岁。系湖南长沙府学优廪膳生，长沙县民籍。光绪丙子科优贡，朝考以教职用。选授岳州府华容县训导，奏保加州学正衔，原籍浙江绍兴府萧山县……己丑恩科乡试中式第二十三名，会试试中式第十二名，覆试一等第二十八名，殿试第二甲第一百三十三名，朝考第二等第六十一名，钦点翰林院庶吉士。

《光绪十六年进士登科录》：第二甲，一百三十六名，赐进士出身。陆承宗，贯湖南长沙府长沙县民籍，优贡生……己丑科乡试第二十三名，庚寅科会试第十二名。

《光绪十六年进士题名碑录庚寅恩科》：赐进士出身，第二甲，一百三十六名。陆承宗，湖南长沙县。

光绪十一年冬北京荣禄堂刊本《缙绅全书》：华容县训导陆承宗，长沙人，优贡，十年十月选。

民国《萧山县志稿》卷十三：光绪十六年庚寅科　陆承宗，庶吉士，湖南籍。乡举年佚。

光绪十八年（1892）壬辰科

主考官：翁同龢、祁世长、霍穆欢、李端棻。

试题：子曰君子（废言）；斯礼也达（庶人）；井九百亩（四句）。

【汤寿潜】（1856—1917）

原名震，字蛰先（仙），一字季起，号翼仙，山阴天乐乡（今属萧山进化镇）人。早年入山东巡抚张曜幕。光绪五年（1879）己卯科乡试中式副贡第四名，十四年（1888）戊子科乡试中式第六名举人，覆试一等第十七名，十五年（1889）己丑科考取内阁汉中书第四十一名。十六年（1890）写成《危言》四卷，主张变法。同年，庚寅恩科会试挑取誊录第三名，签送国史馆。十八年（1892）壬辰科会试中式第十名，保和殿覆试一等第六十五名，殿试二甲第十一名进士，朝考二等第七名。同年五月，改翰林院庶吉士。二十年（1894）四月散馆，着以知县即用，后授安徽青阳县知县。不久辞官，入湖广总督张之洞幕。二十四年（1898），光绪帝诏定国事，宣布变法，户部尚书翁同龢即奏呈《危言》。二十九年（1903），经考试，署两淮盐运使，未赴任。三十年（1904），与张謇至常熟吊座师翁同龢。三十一年（1905），与浙江绅商在上海成立“浙江全省铁路公司”，任修建沪杭铁路总理。次年，与张謇组织预备立宪公会，任干事。宣统元年（1909），任云南按察使，不应，任江西提学使，拒不赴任。任浙江咨议局议长。与张謇联合各省咨议局中立宪派人士向朝廷请愿，要求速开国会，不得请。任预备立宪公会副会长，辛亥革命后任浙江首任都督，参与创立民国时期中国最大的商业银行之一的浙江兴业银行。后曾游南洋。

《光绪壬辰科会试汤寿潜朱卷》：汤寿潜，乡榜名汤震，小名丙僧，字孝起，一字翼仙，今字蛰仙。行一，咸丰十年六月初二日巳时生。浙江绍兴府山阴县副贡，民籍。考取中书，挑取誊录，五品衔，即选知县。著有《尔雅小辨》二十卷、《说文贯》二卷、《危言》四卷、《刚曰札记》、《柔曰札记》、《辰臼夕卂宧诗》……己卯科本省乡试中式副贡第四名，戊子科本省乡试中式第六名，覆试一等第十七名，己丑科考取内阁汉中书第四十一名，庚寅恩科会试挑取誊录第三名，签送国史馆，本科会试中式第十名，保和殿覆试一等第六十五名，殿试二甲第十一名，朝考二等第七名，钦点翰林院庶吉士，国史馆协修……世居本县天乐乡章坞。

光绪二十年夏来鹿堂刊本《缙绅全书》：光绪壬辰科翰林院庶吉士汤寿潜，山阴县人。

光绪二十一年夏北京善成堂刊本《缙绅全书》：青阳县知县汤寿潜，浙江山阴人，壬辰，二十年正月选。

《光绪十八年进士登科录》：第二甲，一百三十二名，赐进士出身。汤寿潜，贯浙江绍兴府山阳县，民籍，副贡生……戊子科乡试第六名，壬辰科会试第十名。

《增校光绪十八年进士题名碑录壬辰科》：赐进士出身，第二甲，一百三十二名。汤寿潜，浙江山阴县。碑误“汤”作“杨”。

光绪三十年春北京荣禄堂刊本《缙绅全书》：两淮都转盐运使司盐运使兼兵备衔汤寿潜，浙江山阴人，进士。

光绪三十三年秋北京槐荫山房刊本《百官录》：总办浙江铁路、四品卿汤寿潜，本省山阴人，壬辰。

民国抄本《太炎先生自定年谱》：浙江已反正，举山阴汤寿潜蛰仙为都督。

光绪二十年（1894）甲午恩科

主考官：李鸿藻、徐郙、汪鸣銮、杨颐。

试题：1. 达巷党人曰大哉孔子。2. 子曰：道不远人，人之为道而远人，不可以为道。《诗》云：伐柯伐柯，其则不远。执柯以伐柯，睨而视之，犹以为远。故君子以人治人，改而止。忠恕违道不远。3. 庆以地。4. 赋得“雨洗亭皋千亩绿”，得“皋”字。

【来熊】（1845—1899）

谱名兆墉，字渭卿，一字蓉伯。萧山长河镇（今属滨江区）人。来成子。廪膳生，肄业崇文书院、紫阳书院、诂经精舍、敷文书院。光绪八年（1882）壬午科乡试中式第七十二名举人。光绪二十年（1894）甲午科会试中式第七十名，殿试三甲第六十二名进士。同年五月，交吏部掣签分发各省，以知县即用。任广西思恩府上林县知县，钦加同知衔。（《萧山来氏宗谱》有来鸿瑨撰《诰授奉政大夫广西上林县知县渭卿君墓志铭》）

《来熊朱卷》：来熊，谱名兆墉，字渭卿，一字渭丞。行二，咸丰乙卯年十月十五日吉时生。浙江绍兴府萧山县学优行廪膳生，民籍……壬午科本省乡试中式第七十二名，会试中式第七十名，殿试三甲第六十二名，朝考入选，钦点即用知县。住西门外长河庄。

《增校光绪二十年进士题名碑录甲午恩科》：赐进士出身，第三甲，一百七十九名。来熊，浙江萧山县。

民国《萧山县志稿》卷十三：光绪二十年甲午科　来熊，广西上林知县。

光绪二十年冬北京善成堂刊本《缙绅全书》：光绪二十年甲午恩科分省

即用知县人员，来熊，浙江萧山人。

光绪二十年年秋北京荣宝斋刊本《缙绅全书》：光绪二十年甲午恩科进士，知县签分各省即用人员，来熊，浙江萧山县人，广西。

光绪二十三年夏北京荣禄堂刊本《缙绅全书》：上林县知县来熊，浙江萧山人，进士，二十二年十一月补。

【俞省三】（1867—？）

字勿斋、月樵、疚人，号觉甫，萧山浦阳镇人。肄业诂经精舍，敷文、崇文、紫阳书院。光绪十五年（1889）己丑科乡试中式第五十名举人，二十年（1894）甲午科会试中式第四名，覆试二等第七十七名，殿试二甲第五十名进士，朝考二等第一百一十九名，授内阁中书。历官江西宜黄、余干、玉山、南昌知县。著有《群经说铿》十卷、《论语朱注疏证》四卷、《莋史录》二卷、《胥母山房杂文》十卷、《勿斋吟稿》四卷等。

《光绪己丑恩科乡试俞省三朱卷》：俞省三，字月樵，一字疚人，又号觉甫。行一，同治丁卯年二月初九日吉时生。浙江绍兴府萧山县学廪膳生，民籍。肄业诂经精舍，敷文、崇文、紫阳书院…………乡试中式第五十名……居桃源乡谢尖坞树蓬庄。

《光绪甲午恩科会试俞省三朱卷》：俞省三，字勿斋，号月樵，又号觉甫。行一，同治丙寅年二月初九日吉时生。浙江绍兴府萧山县学廪膳生，民籍。著有《群经说铿》十卷、《论语朱注疏证》四卷、《莋史录》二卷、《胥母山房杂文》十卷、《勿斋吟稿》四卷待梓……本省乡试中式第五十名，覆试一等第八十名，会试中式第四名，保和殿覆试二等第七十七名，殿试二甲第五十名，朝考二等第一百十九名，钦点内阁中书……世居萧山桃源乡雨芃庄。

《增校光绪二十年进士题名碑录甲午恩科》：赐进士出身，第二甲，一百三十二名。俞省三，浙江萧山县。

光绪二十九年秋北京荣宝斋刊本《缙绅全书》：余干县知县俞省三，浙江萧山人，甲午，二十九年五月补。

光绪二十年冬北京善成堂刊本《缙绅全书》：光绪甲午恩科内阁中书俞省三，浙江萧山县人。

光绪三十三年秋北京槐荫山房刊本《百官录》：余干县知县俞省三，浙江萧山人，甲午。

民国《萧山县志稿》卷十三：光绪二十年甲午科　俞省三，内阁中书，江西宜黄、余干、玉山、南昌知县。

【夏树立】（1856—1910）

字经畬，号亭玉，一号稼孙，又号仲劬，萧山所前镇人，钱塘籍。光绪十一年（1885）乙酉科优贡第四名，十二年（1886）丙戌朝考二等第十三名。钦用教职，署理宣平县训导。光绪十七年（1891）辛卯科乡试中式第六名举人，保和殿覆试一等第五十八名，十八年（1892）壬辰科会试中式第五十名进士。因事出京。光绪十九年（1893）正月以优贡轮委到班，署理绍兴府学训导。二十年（1894）补殿试，中式二甲第九十七名进士，朝考一等第二十六名。钦点翰林院庶吉士，二十一年（1895）散馆，以知县用，七月选授江西雩都知县，二十二年（1896）二月到任。二十三年（1897）充江西乡试同考官，二十五年（1899）六月丁外艰，二十八年（1902）服阕。三十年（1904）选授湖北恩施知县，十一月到鄂，奉委署理枝江知县。三十二年（1906）四月交卸，十月到恩施。新章：凡实缺人员均应游历日本，以资观感。三十四年（1908）五月檄调出洋，七月卸篆。宣统元年（1909）置杭州军督司巷住屋，九月赴日本游历，次年七月返鄂，即卒。（《清代官员履历档案全编》有其“履历折”）

《光绪乙酉科优贡夏树立朱卷》：夏树立，字经畬，号亭玉，又号仲劬。行二，咸丰丙辰年三月初二日吉时生。浙江杭州府钱塘县学廪膳生，商籍……考取优贡第四名，现居绍兴府城内清道桥。

《光绪二十年进士题名碑录甲午恩科》：赐进士出身，第二甲，一百三十二名。夏树立，浙江钱塘县。

光绪二十年冬北京善成堂刊本《缙绅全书》：光绪甲午恩科翰林院庶吉士夏树立，浙江钱塘县人。

光绪二十三年北京荣禄堂刊本《缙绅全书》：雩都县知县，夏树立，浙江钱塘人，壬辰、甲午，二十一年七月选。

光绪二十三年夏《爵秩全览》：雩都县知县夏树立，浙江钱塘人，进士。

光绪三十二年北京荣禄堂刊本《缙绅全书》：恩施县知县夏树立，浙江钱塘人，进士，三十年七月选。

民国《杭州府志》卷一百十一：光绪二十年甲午孝钦显皇后六旬万寿崇上徽号恩科张謇榜　夏树立，钱塘人，壬辰中式，补殿试，庶吉士，雩都知县。

光绪二十四年（1898）戊戌科

主考官：孙家鼐、徐树铭、徐会沣、文治。

试题：1．子曰：放于利而行，多怨。子曰：能以礼让为国乎？何有？不能以礼让为国，如礼何？2．不诚无物。3．所以动心忍性，曾益其所不能。4．赋得“云补苍山缺处齐”，得“山”字，五言八韵。

案：民国《杭州府志》卷一百十一载，按光绪二十六年（1900）庚子为景皇帝三旬万寿，诏以庚子科为恩科乡试，辛丑科为恩科会试，庚子停止各行省乡试，于二十八年（1902）壬寅补行庚子辛丑恩正并科，二十九年（1903）癸卯补行辛丑壬寅恩正并科，又案：癸卯、甲辰两科会试，诏用河南贡院。

【屠佩环】（1869—1930）

谱名文德，又名长松，字仰琴，号肖楼，萧山临浦镇人。肄业崇文书院。光绪十四年（1888）戊子科乡试中式第九十一名举人，二十四年（1898）戊戌科中式三甲第一百七十名进士。同年五月，着交吏部掣签分发各省，以知县即用。官陕西知县，加同知衔。因不耐吏事，居二年弃官归乡，请改教职。光绪三十年（1904）选授嘉兴府教授，数月复以冗散无力乞归。处世澹泊，居乡教授弟子。三十二年（1906），任萧山教育会首任会长。

《光绪戊子科乡试屠佩环朱卷》：屠佩环，谱名文德，又名长松，字仰琴，号肖楼。行二，同治己巳年十一月初一日吉时生。浙江绍兴府萧山县学附生，肄业崇文书院……乡试中式第九十一名，世居萧邑屠家埭，今迁居城中西河下陶唐弄。

《增校光绪二十四年进士题名碑录戊戌科》：赐同进士出身，第三甲，一百九十三名。屠佩环，浙江萧山县。

光绪三十年秋北京荣禄堂刊本《缙绅全书》：（嘉兴府）教授屠佩环，绍兴人，进士，（光绪）三十年六月选。

光绪三十年秋北京荣禄堂刊本《缙绅全书》：光绪二十四年戊戌科签分各省即用人员，屠佩环，浙江萧山县人，陕西。

民国《萧山县志稿》卷十三：光绪二十四年戊戌科　屠佩环，夏同龢榜，陕西知县。

【沈似嫌】（1860—？）

原名联，字史臣，号抱仙，萧山城厢街道人。衢州正谊书院山长。光绪十一年（1885）乙酉科乡试中式第三十六名举人，二十四年（1898）戊戌科中式三甲第三十九名进士。奉旨以主事用，签分刑部。光绪二十四年（1898）五月到部，二十八年（1902）学习期满，奏留派安徽司帮主稿。二十九年（1903）四月派充总办秋审，六月派充主正稿。三十三年（1907）三月试署宥恤司江西科主事，六月实授。三十四年（1908）三月，补授高等审判厅刑科第二庭推事。宣统元年（1909）京察一等，四月经吏部带领引见，奉朱笔圈出，十六日经吏部覆带引见，奉旨预备召见。《清代官员履历档案全编》有其"履历折"）

《沈似嫌朱卷》：沈似嫌，原名联，字史臣，号抱仙。行三，咸丰庚申年十一月初一日吉时生。绍兴府学优行廪生，萧山县民籍，祖籍山阴……乡试中式第三十六名……世居城中东桥下街韩家弄口。

《光绪二十四年进士题名碑录戊戌科》：赐同进士出身，第三甲，一百九十三名。沈似嫌，浙江萧山县。

光绪三十一年春北京荣宝斋刊本《缙绅全书》：主事沈似嫌，浙江萧山人，戊戌。

光绪三十三年秋北京槐荫山房刊本《百官录》：宥恤司主事沈似嫌，浙江萧山人，戊戌。

民国《萧山县志稿》卷十三：光绪二十四年戊戌科　沈似嫌，刑部主事。

光绪二十九（1903）癸卯补行辛丑壬寅恩正并科

主考官：孙家鼐、徐会沣、荣庆、张英麟。

试题：1. 敬事而信，节用而爱人义。2. 管子内政寄军令论。3. 汉文帝赐南粤王赵佗书论。4. 威之以法，法行则知恩；限之以爵，爵加则知荣论。5. 泰西最重游学。斯密氏为英大儒，所论游学之损亦最挚切。应如何固其质性、限其年例，以期有益无损策。

【黄韩鼎】(1868—?)

本姓韩，出嗣外家，字调甫，萧山义桥镇人。肄业紫阳书院。光绪十四年（1888）戊子科乡试中式第六十六名举人，二十四年（1898）戊戌科会试中式，二十九年（1903）补殿试，中式三甲第五十七名进士。民国元年（1912）任山东馆陶县知县，十二年（1923）因怠忽狱务，致重犯逃亡而遭革职。（乡试朱卷为“黄传鼎”）

《光绪戊子科乡试黄传鼎朱卷》：本姓韩，原籍萧山，出嗣外家，字调甫。行一，同治戊辰年十月二十日吉时生。浙江杭州府仁和县学附生，商籍，肄业紫阳书院……乡试中式第六十六名……现居杭城元福巷。

《光绪二十九年进士登科录》：第三甲，一百七十四名，赐同进士出身。黄韩鼎，贯浙江杭州府仁和县，民籍，附生……戊子科乡试第六十六名，戊戌科会试第三百一名。

《光绪二十九年进士题名碑录癸卯科》：赐同进士出身，第三甲，一百七十四名。黄韩鼎，浙江仁和县。

光绪二十九年秋北京荣宝斋刊本《缙绅全书》：光绪二十九年壬寅恩科签分各省即用知县，黄韩鼎，浙江仁和县人，山东。

光绪三十年春北京荣宝斋刊本《缙绅全书》：光绪二十九年癸卯科各省即用知县人员，黄韩鼎，浙江人，山东。

光绪三十三年春北京荣宝斋刊本《缙绅全书》：黄韩鼎，城武县知县，浙江仁和人，戊戌，（光绪）三十二年九月补。

民国《杭州府志》卷一百十一：光绪二十九年癸卯补行辛丑壬寅恩正并科王寿彭榜　黄传鼎，仁和人，戊戌中式，补殿试，城武知县。

民国《馆陶县志》卷八：民国元年，黄韩鼎，浙江进士，（民国元年）三月六日任（县长）。

民国《萧山县志稿》卷十三：光绪二十四年戊戌科　黄传鼎，仁和籍，山东知县。

《余杭通志》第四卷第三十六编：黄传鼎，一作萧山人，仁和籍。城武知县。光绪二十四年（1898年）戊戌中式，补殿试。

光绪三十年（1904）甲辰恩科

主考官：裕德、张百熙、陆润庠、戴鸿慈。

试题：1. 大学之道，在明明德，在亲民，在止于至善义。2. 周唐之外重内轻，秦魏外轻内重，各有得失论。3. 诸葛亮无申商之心而用其术，王安石用申商之实而讳其名论。4. 裴度奏：宰相宜招延四方贤才与参谋议，请于私第见客论。5. 北宋结金以图燕赵，南宋助元以攻蔡论。6. 学堂之设，其旨有三，所以陶铸国民、造就人才、振兴实业。国民不能自立必立学以教之，使皆有善良之德，忠爱之心，自养之技能，必需之知识。盖东西各国所同。日本则尤重尚武之精神，此陶铸国民之教育也。讲求政治、法律、理财、外交诸专门，以备任便，此造就人才之教育也。分设农工商矿诸学，以期富国利民，此振兴实业之教育也。三者孰为最急策？

【陆光熙】（1878—1911）

本名惠熙，别字亮臣，号潜斋，萧山城厢街道人，顺天宛平籍。光绪二十三年（1897）丁酉科顺天乡试挑取誊录，二十九年（1903）顺天乡试中式第一百五十九名举人，三十年（1904）甲辰科会试中式第一百七十五名，覆试一等第十八名，殿试三甲第六十二名进士。朝考一等第三十四名，选庶吉士。后获得官赞出洋留学，光绪三十二年（1906）十月保送日本留学，入日本陆军振武学校完成预备学业，继入日本陆军联队步兵大队实习，光绪三十三年（1907）四月考入日本陆军士官学校第七期学习。宣统元年（1909）五月毕业，在学期间，与孙传芳、李根源、唐继尧等创办《武学》编辑部，并与方日中等主编该刊第一至九期，提倡“尚武精神，以兵立国”，研究“兵科学问及各国军备”等。回国后，清廷授编修，擢翰林院侍讲。宣统三年（1911）由京赴山西，十月山西新军起事，民军攻破抚署，光熙挺身卫父，与钟琦并及于难。谥“文节”。

《光绪甲辰科会试陆光熙墨卷》：陆光熙，原名惠熙，字亮臣。行二，光绪戊寅年九月初三日吉时生。系浙江绍兴府萧山县监生，民籍。丁酉科顺天乡试挑取誊录，寄籍顺天宛平县……乡试中式第一百五十九名，会试中式第一百七十五名，覆试一等第十八名，殿试三甲第六十二名。朝考一等第三十四名，钦点翰林院庶吉士……旧居萧山城东杨树河。

《光绪三十年进士登科录》：第三甲，一百五十名，赐同进士出身。陆光熙，贯浙江绍兴府萧山县。民籍，监生………癸卯科顺天乡试第一百五十九名，甲辰科会试第一百七十五名。

《增校光绪三十年进士题名碑录甲辰恩科》：赐同进士出身，第三甲，一百五十名。陆光熙，浙江萧山县。

光绪三十年冬北京荣禄堂刊本《缙绅全书》：光绪甲辰年翰林院庶吉士陆光熙亮臣，浙江萧山县人。

叶昌炽《缘督庐日记钞》卷十四：初十日，翰林院侍讲陆光熙予谥“文节”。

民国《萧山县志稿》卷十三：光绪三十年甲辰科　陆光熙，刘春霖榜，庶吉士，侍读学士。辛亥，父子山西同殉难，谥“文节”。

民国《萧山县志稿》卷十一：宣统三年，赐谥陆文节谕旨：十二月初八日奉旨，内阁奏遵，拟已故翰林院侍讲陆光熙谥号，陆光熙着予谥“文节”。钦此。

附 录

【许伯会】

字符集，萧山许贤人，举孝廉。

《萧山许氏宗谱》卷二：伯会，字符集，唐衡阳博士，以孝闻，旌表入乡贤祠。

《新唐书》卷一百九十五：许伯会，越州萧山人。或曰玄度十二世孙。举孝廉。上元中，为衡阳博士。母丧，负土成坟，不御絮帛、尝滋味。野火将逮茔树，悲号于天，俄而雨，火灭。岁旱，泉涌庐前，灵芝生。

嘉泰《会稽志》卷十四：许伯会，萧山人。玄度十二世孙。举孝廉。上元中，为衡阳博士。遭父丧，负士成坟，不御絮帛、尝滋味。野火将逮茔树，悲号于天，俄而雨，火灭。岁旱，泉涌庐前，灵芝、瑞兽生于墓侧。

《册府元龟》卷六十八：后唐庄宗天祐五年四月，下令曰：山谷隐沦之士，乡闾造秀之人，仰所在长吏荐闻州府，即当旌举……许伯会，萧山人，举秀才。

雍正《浙江通志》卷一百二十三：许伯会，萧山人，举秀才。

乾隆《绍兴府志》卷三十：许伯会，萧山人，举秀才，元度裔。《通志》、旧志：举孝廉。

徐松《登科记考》卷二十七：许伯会，《旧书·孝友传》“伯会，越州萧山人，举孝廉”。

民国《萧山县志稿》卷十三：许伯会，《新唐书》“越州萧山人。或曰玄度十二世孙。举孝廉”。

【周丁会】

萧山人，举博学鸿词。

《册府元龟》卷六十八：后唐庄宗天祐五年四月，下令曰：山谷隐沦之人，乡闾造秀之人，仰所在长吏荐闻州府，即当旌举……周丁会，举宏词，萧山人。

雍正《浙江通志》卷一百二十三：开元十九年，举博学鸿词科。周丁会，举宏词，萧山人。

乾隆《绍兴府志》卷三十：周丁会，萧山人，举宏词。

民国《萧山县志稿》卷十三：周丁会，萧山人，举博学宏词。见《浙江通志》。

【沈融】

万历《绍兴府志》：沈融，籍佚，举秀才。

徐承烈《越中杂识》：唐沈融，并举秀才。

万历《绍兴府志》卷三十：沈融，籍佚，举秀才。

雍正《浙江通志》卷一百二十三：沈融，会稽人，举秀才。

光绪《会稽三赋注》卷三：虞潭、孔奂、沈融、朱仕明举于秀茂。

民国《萧山县志稿》卷十三：沈融，举秀才。见鲁燮光《儒学志》。《浙江通志》作会稽人。

【朱泽】

约唐武宗至懿宗朝人。萧山郭凝素仿王轩于苎萝山感西施见形，事不验，朱泽乃为诗嘲讽，其诗收入《全唐诗》。

王启兴《校编全唐诗》：王轩尝泊舟苎萝山，题浣纱石诗。感西施见形，与欢会。萧山郭凝素，闻轩之遇，每过浣纱溪口，日夕长吟。屡题诗于石，寂尔无人。进士朱泽嘲之。

《太平广记》卷二百五十七有“朱泽”条。

民国《萧山县志稿》卷十三：唐进士朱泽，见《翰苑名谈》。

康熙十八年（1679）己未科博学鸿儒

【毛奇龄】（1623—1716）

原名甡，又名初晴，字大可，又字于一、齐于，号秋晴，又号初晴、晚晴等，绍兴府萧山县人。以郡望西河，学者称“西河先生”。康熙十八年（1679）己未科博学鸿儒中式二等第十九名。授翰林院检讨。著有《西河合集》。

雍正《浙江通志》卷一百四十二：毛奇龄，萧山人，检讨。

乾隆《绍兴府志》卷三十：毛奇龄，萧山人，授检讨。

萧山明清武举登科简表

朝代	科分	武进士	武举人	附记
明	嘉靖四年乙酉		金实。	按《余姚县志》，明代武举必会试中式始许出身，故旧志不载武举姓名。又鲁燮光《儒学志》，明制：武举会试三科后授职，其未经授职而不中进士者仍为武生。是武举并非出身名目，故《绍兴府志》从清顺治四年丁亥起，有明之武举不著于册。兹就乾隆《志》载者仍之，并增补二人，以备参考。乾隆《志》作万历丁卯。按万历无丁卯，丁卯系隆庆元年，干支必有一字误者。
	四十三年甲子		戴景升。	
	万历二十七年己亥	蔡杲。萧山人。鲁燮光《萧山儒学志》载。	蔡继高。	
	四十年壬子		徐勇曾。参将。	
	四十三年乙卯		曹体仁。	
	四十四年丙辰	蔡继高。萧山城厢街道人。万历四十年壬子科武乡试中式举人，丙辰进士，宁波守备。雍正《浙江通志》卷一百四十一：万历年蔡继高，萧山人，丙辰进士，守备。乾隆《绍兴府志》卷之三十五：万历丙辰科蔡继高，萧山人，守备。康熙《萧山县志》卷之十七：万历四十四年蔡继高，宁波守备，军容严肃，士卒感奋，竟卒于军。		
	万历间	朱禄。山阴桃源人，山西都司。		
	天启元年辛酉		周之鼎。字静调，号尔昌，萧山所前镇来苏周人。天启元年辛酉科武闱乡试中式武举人。	

（续表）

朝代科分		武进士	武举人	附记
明	五年乙丑	**施逢源**。萧山钱清镇（今属绍兴）人。明天启五年乙丑科武甲进士。任江南淮安漕标都司，历升副总兵。诰封昭武将军。著有《批点孙子正义》十三卷、《新镌孙子兵法衍义》十三卷。	**任邦宪**。	
			鲁继芳。	
			徐敷奏。京闱中式，以军功累升都督佥事。崇祯刻本《两朝从信录》卷三十：徐敷奏实授都司佥事。	
	七年丁卯	**鲁继芳**。		
		沈襄。		
		徐敷奏。京闱中式，以军公累升都督佥事。康熙《志》载武举人。		
	崇祯三年庚午		**曹振龙**。山东蓬莱籍。	
	四年辛未	**沈至绪**。字镇干，号湘浦，萧山瓜沥镇长巷村人，山东籍。崇祯武科进士。任湖南道州守备，赠昭武将军，赐谥忠烈。（光绪《长巷沈氏宗谱》有任之专撰《明道州守备敕赠昭武将军镇干沈公传》）雍正《浙江通志》卷一百四十一：沈至绪，萧山人，辛未进士，郧阳都司，道州守备，殉流寇难，赠昭武将军。乾隆《志》云作郧阳游击，误。按《浙江通志》《绍兴府志》皆作郧阳都司，或先官郧阳，后官道州欤？		
	七年甲戌	**沈镇东**。字辰所，萧山瓜沥镇长巷村人，山东籍。崇祯七年甲戌武科进士。授崇明参将。鲁王监国，升总兵，官至都督同知。晋封伯爵。（《长巷沈氏宗谱》有任之专撰《明故崇明参将晋封保定伯辰所沈公传》）		

（续表）

朝代	科分	武进士	武举人	附记
明	十年丁丑	**沈如懋**。字四维，萧山瓜沥镇长巷村人，山东籍。崇祯十年丁丑武科进士。任广东白鸽寨守备，殉流寇难。（光绪《长巷沈氏宗谱》有任之专撰《明广东雷州白鸽寨守备如懋沈公传》，嘉庆《雷州府志》卷十四有其传）嘉庆《雷州府志》卷十三下：沈如懋，浙江萧山人，武进士，崇祯十一年任（白鸽寨钦依把总）。		
	十三年庚辰	**沈奇勋**。萧山瓜沥镇长巷村人，山东籍。崇祯十三年庚辰武科进士。授广东惠州游击，与虔漳寇战死之，赠骠骑将军。旧作韶州守备，殉流寇难。（光绪《长巷沈氏宗谱》有沈豫撰《明赠骠骑将军任广东惠州守备迁游击奇勋公传》）		
		鲁继芳。上元卫指挥。		
		沈襄。		
	崇祯十五年壬午		**丁久征**。武解元。	
			沈三奇。字钟阳，萧山瓜沥镇长巷村人。崇祯十五年壬午科武闱乡试中式举人。四川守备。光绪《西充县志》卷六：沈三奇，浙江人，（崇祯）二年任。	
			曹允麟。山东蓬莱籍。	
	十六年癸未	**陈有遴**。浔州参将。	**沈至绪**。乡科无考，山东籍。	乾隆《志》载，明武举十三人，武进士九人，其乡科可考者五人。按其余四沈，既举进士，则武举可知。鲁夔光补三沈，山东籍，武举。今只采共籍，而不书其名，遵旧也。
		丁久征。字时借，萧山戴村镇人。崇祯十五年壬午科武举顺天中式解元。扬州守备。 按《浙江通志》《绍兴府志》只载蔡继高、沈至绪二人，余七人均缺而不载。	**陈有遴**。乡科无考，旧作陈遴。	
			俞光岳。年佚。	
			俞起镳。字虎臣，黄河把总。据报告，二人叔侄，顺天籍。	

（续表）

朝代科分		武进士	武举人	附记
清	顺治五年戊子		童维祚。临清都司。	
	六年己丑	童维祚。临清都司。		
	十一年甲午		何文炳。	
			何文烈。湖广都司。	
			张文达。	
			蔡龙骧。城厢街道人。	
			李森。宜兴守备，宣大籍。	
			田彪。陕西守备，奉天籍。	
	十二年乙未	何文炳。潞泽守备。	赵之鼎。字玉铉，武解元，奉天籍，一作顺天。萧山城厢街道人。	
	十四年丁酉		李彬。北籍。《绍兴府志》《浙江通志》作山阴。	
	十五年戊戌	李彬。金塔堡都司。		按《浙江通志》，注顺治乡榜题名全录散佚，依《绍兴府志》登载。今查《通志》《府志》，只载李彬一人，且山阴人。鲁燮光《儒学志》作北籍，从之。余均缺而不载。

（续表）

朝代科分		武进士	武举人	附记
清	十七年庚子	**徐洪谟**。字九畴。顺治十七年庚子科中式武进士，十八年任威海卫守备。康熙四年任临清卫守备。康熙《临清州志》卷之一：徐洪谟，浙江萧山人，庚子科进士，康熙四年任（临清卫守备）。嘉庆《东昌府志》卷十九：徐洪谟，萧山武进士，康熙四年任（临清卫守备）。	**徐经**。 **蔡浩**。顺治庚子武举人。临清守备。 **赵天锡**。 **李樾**。	
	十八年辛丑	**张文达**。 **蔡龙骧**。建阳卫守备，云南武定都司。 **施美**。字公美，又字俊升，新田（今属绍兴市柯桥区）施氏第十二世。顺治十八年辛丑科武甲进士。由福建福州营守备，历升游击。康熙二十二年平定台湾有功，擢升任参将。任福建参将。诰封安远将军。		
	康熙二年癸卯		**王廷彩**。按《绍兴府志》自注萧山人，而武进士作诸暨人，误。 **蔡安仁**。《绍兴府志》《浙江通志》绍兴籍。 **蔡恂仁**。《浙江通志》：萧山人。而乾隆《志》注：《通志》绍兴籍。	按《浙江通志》注自是科起仍依榜次。
	三年甲辰	**王廷彩**。守备。《浙江通志》：萧山人。	**童鼎**。	

（续表）

朝代科分		武进士	武举人	附记
清	五年丙午		**蔡日恒**	
			盛显。字耀公，何垣撰《孝廉耀公家传》。	
			任兆昌。《浙江通志》：绍兴籍。	
			蔡佳。字尔嘉。康熙丙午科武举人。官福建都司。康熙十三年随征耿逆被害，赐祭恤世袭云骑尉。	
			张雄基。《浙江通志》：仁和籍。	
			林廷显。本姓瞿。《浙江通志》：太平籍。	
			周冕基。号炎武，所前来苏周人。清康熙丙午科武举人。任江南兴武卫守府署太仓守备。	
	六年丁未		**蔡彪**。榜姓章，《浙江通志》：武康籍。	
	八年己酉		**王先采**。《浙江通志》：绍兴籍。字子辉	
			瞿球。《浙江通志》：湖州籍。	
			王国相。	
	十一年壬子		**赵文璧**。之鼎子，萧山城厢街道人，字润园，仁和籍。	
			童时英。	
			蔡显威。	
	十二年癸丑	**赵文璧**。武探花，三等侍卫，福建漳州总兵，赠骠骑将军。《绍兴府志》《浙江通志》作壬戌。		

（续表）

朝代科分		武进士	武举人	附记
清	十四年乙卯		**章元功**。	
			沈琮。绍兴籍。	
			丁文龙。	
			张璟。《浙江通志》：杭州人。	
			凌达。《浙江通志》：鄞县人，本姓王。	
			丁廷策。《浙江通志》：仁和籍。	
			何銮。	
	十五年丙辰	**丁文龙**。山东靖海卫守备。 光绪《增修登州府志》卷三十七：丁文龙，萧山武进士，（乾隆）二十二年任（守备）。 光绪《文登县志》卷之五：丁文龙，萧山武进士，（康熙）二十二年任（守备）。		
	十七年戊午		**翟天策**。《浙江通志》：绍兴籍。	
			王国珍。字子祯。康熙戊午科武闱乡试中式第二十五名举人。	
			王国球。字永美。与兄国珍同榜中式第三十三名举人。任广西西林县千总，升西隆州卫守备。进阶武威将军。	
			童时则。	
			王遇。《浙江通志》：会稽籍。	
	十八年己未	**王国相**。广州协都司。《绍兴府志》缺。雍正《从化县志》：王国相，浙江萧山人，己未武进士，康熙三十年任（守备）。		

（续表）

朝代	科分	武进士	武举人	附记
清	二十年辛酉		来维墉。武解元。《绍兴府志》作“镛”，《采芹录》作辛酉，书解元，姑两存之。	
			赵文永。萧山城厢街道人。	
			蔡焘。	
			单文焕。《浙江通志》：太平籍。	
			蔡文俊。仁和籍，《浙江通志》缺。	
			瞿佑文。仁和籍，《浙江通志》缺。	
			徐吉士。进化镇吉山村人，吉山徐氏第十二世。康熙辛酉科乡试第二十四名武举人。授守备。	
	二十三年甲子		王儒恒。《浙江通志》：仁和籍。	
	二十四年乙丑	蔡焘。		
	二十六年丁卯		张逌。	
			来维城。《浙江通志》：绍兴籍。	
			戴嘉谟。《浙江通志》：绍兴籍。“谟”作“模”。	
			张集。逌之兄，兄弟同榜李文逊。	
			王选。	
			蔡汉吉。榜姓汪，《绍兴府志》作汪汉吉。	
			沃让。	
			钱士谷。山阴籍。	
	二十七年戊辰	戴嘉谟。		

（续表）

朝代科分		武进士	武举人	附记
清	二十九年庚午		**倪锦**。《绍兴府志》：绍兴人。	
			瞿高。字可上，河上镇大桥村人。康熙庚午科举人。	
			谢弘道。号一斋，行方十六，河上镇高都村人。康熙庚申科武举人。	
			孔尔熠。字子明，萧山义桥镇人。康熙二十九年庚午科乡试中式武举人，授象山昌国卫守备。十二年后，谢职研习医学，擅长小儿科，求治者门庭若市。	
	三十年辛未	**张逌**。守备，《绍兴府志》缺。		
		钱士谷。山西汾州守备，武德将军。《浙江通志》作甲戌，山阴籍。		
	三十二年癸酉		**沃亲臣**。	
			孙斌。《浙江通志》：绍兴人。	
	三十三年甲戌	**倪锦**。武会元，改姓邬。《浙江通志》《绍兴府志》缺。		
		王选。		
		沃亲臣。袁州守备。		
		孙斌。《绍兴府志》作“赵斌”。		

（续表）

朝代科分		武进士	武举人	附记
清	三十五年丙子	赵文勋。		
		来惟垲。《浙江通志》：绍兴籍。		
		赵文清。字东亭，陕西宁夏卫左屯千总。		
		王渭瑛。《绍兴府志》作“英”。		
		蔡时中。榜姓周，广东游击。《浙江通志》作“周时中”，《绍兴府志》作“周中”，误。		
		俞有勋。		
		戴一清。《浙江通志》：绍兴籍。		
	三十八年己卯		倪骐。字紫垣，号西江，萧山义桥镇人。康熙己卯科武解元。敕授武德骑尉，任四川建昌永定千总。	
			童家模。一作“谟”。	
			王廷锡。字宠侯，别号鹤峰，己卯武举人。《萧山王氏宗谱》有《举人鹤峰公传》。	
			蔡成儒。武康千总。	
			项程。《浙江通志》：绍兴籍，台州千总。	
			蔡埴。《绍兴府志》作“植”。	
			何圣兆。本姓来，钱塘籍。	
			来之焜。	
			来文麒。《绍兴府志》一作“文麟”。	

（续表）

朝代	科分	武进士	武举人	附记
清	三十九年庚辰	**何圣兆**。山西忻州城守营守备，宣武将军。按《绍兴府志》乡会均缺，于乾隆二十五年庚辰则载何兆圣，萧山人，守备。		
		来圣兆。与何圣兆是同一人。字鲁臣，长河来氏大房第十八世，行孚四十六。康熙己卯科武举人，庚辰科武进士。任山西忻州营守备，升直隶建昌路都司，诰授宣武将军。		
	四十一年壬午		**詹俊**。	
			严宗伊。《浙江通志》：绍兴籍，江西千总。	
	四十二年癸未	**张集**。守备。	**章涵**。《浙江通志》：绍兴籍。《绍兴府志》缺。	
			王震。	
	四十四年乙酉		**盛昌祺**。《浙江通志》：绍兴籍，黄岩守备。《绍兴府志》作“昌期”。	
			丁梦龙。	
			陈魁。本姓鲍，一作鲍陈奎，字秦霞。按《绍兴府志》五十二年又载陈魁，以《浙江通志》无删之。一报告，鲍陈魁五十二年中五十一名进士，或以进士而误入武举耶？	
	四十五年丙戌	**来之焜**。荆州守备。		
		来之昆。号两湖，长河来氏大房第十九世。康熙己卯科武举人，丙戌科武进士，任湖广荆州卫守备。		
		俞有勋。守备。		

（续表）

朝代科分		武进士	武举人	附记
清	四十七年戊子		周朝佐。《浙江通志》：绍兴籍，本姓柴。	
			戴奕熊。四川籍，陕西游击。	
			王佐才。《浙江通志》：绍兴籍，衢州千总，广东惠州守备。	
			沈友莘。《浙江通志》：钱塘籍，本姓来。	
			徐一翔。本姓俞，南昌卫守备，即俞天锡。萧山浦沿镇杨家墩社区塘外俞村（今属滨江区）人。康熙四十七年戊子科武举人。联捷进士，累任江西南昌微参将，诰授武德将军，昭武大夫。	
	五十年辛卯		张琅。字汉玉，号端庵，萧山进化杜家弄村人。康熙五十年辛卯科乡试中式举人。《浙江通志》：绍兴籍。	
			来之灿。	
			周博渊。一作“博”，《绍兴府志》作“溥”。	
	五十二年癸巳	鲍陈魁。中五十一名进士。按即乙酉武举人陈魁。	瞿元辅。字任公，萧山河上镇大桥村人。康熙癸巳科武闱乡试中式举人。《浙江通志》：云和籍。	

（续表）

朝代	科分	武进士	武举人	附记
清	五十三年甲午		**曹东阜**。字见山，蜀山街道曹家桥曹氏第二十三世。康熙甲午科武举人，候选守备。著有《见山真稿》行世。《绍兴府志》作“师阜”。	
			丁文揆。	
			蔡备。按《绍兴府志》改名旭龄，守备。一作太仓千总。	
			沈诗。本姓孔。	
			孔大缙。原名孔衍诗，字召庸，榜名沈诗，孔子第六十五世孙，义桥镇双桥河西景希公派。康熙甲午科武举人，候选守备。	
			韩钺。本姓倪。	
			来兆炜。《浙江通志》：绍兴籍，江苏准卫邻运千总。“兆”作“永”。误。	
			张九龄。乾隆《志》作蔡旭龄，太仓卫，榜名张九龄。按《浙江通志》《绍兴府志》均作张九龄。绍府人以蔡备征之，乾隆《志》误。	
	五十六年丁酉		**王潮**。武解元，本姓曹。	
			单文焕。与辛酉单文焕太平籍同名。	
	五十七年戊戌	**来之灿**。号如岩，长河来氏大房第十九世。康熙辛卯科武举人，戊戌科科武进士。		

（续表）

朝代科分		武进士	武举人	附记
清	五十九年庚子		**孔毓美**。本姓李。	
			王永宁。本姓孙。	
			任汝华。本姓李。	
			蔡俊《浙江通志》：绍兴籍。	
			瞿御标。按《绍兴府志》作“周御青”，无瞿御标。以《浙江通志》不载，删周御青。	
			倪德佑。千总。	
	雍正元年癸卯	**丁文揆**。字赋公。甲午科中式举人。癸卯科进士城厢街道人。	**赵廷锡**。字丰城，庠生，敕赠文林郎。	
			来振声。《浙江通志》：绍兴籍。	
			蔡骧。本姓盛。	
			倪文锦。字绣臣，《绍兴府志》作“文声”，萧山义桥镇人。雍正癸卯科武举人。	
			韩耀庚。《浙江通志》：绍兴籍。	
			凌浩。《浙江通志》：绍兴籍。《绍兴府志》作会稽。	
			杨惟泰。	
			许见龙。字志千。癸卯科举人。原任山东濮州所领运千总山东濮州所领运千总。敕授昭信校尉。一作甲辰，《绍兴府志》作守备。	

（续表）

朝代科分		武进士	武举人	附记
清	二年甲辰		**寿无疆**。武解元，本姓瞿。	
			赵铭。萧山城厢街道人。	
			蔡奇龄。	
			倪斌。宁国帮千总。《绍兴府志》：守备。	
			韩班。一作“斑”，误。从《浙江通志》《绍兴府志》更正。	
			来英治。《浙江通志》：绍兴籍。	
	四年丙午		**瞿泰**。《浙江通志》：绍兴籍。	
	七年己酉		**赵钜**。萧山城厢街道人。雍正七年己酉科乡试中式武举人。雍正《浙江通志》卷一百四十五：雍正七年己酉科赵钜，萧山人。民国《萧山县志稿》卷十三：（雍正）七年己酉赵钜。	
			瞿斌。字芳勋，河上镇大桥村人。雍正己酉科武举人。初任江南安庆卫，转任金衢所协运议叙守备。《浙江通志》：绍兴籍，原全卫千总。《绍兴府志》：守备。	
			蔡斌。	
			丁惟良。《浙江通志》：绍兴籍，作“惟艮”。	
	十年壬子		**曹铨**。字升阶，号山公。蜀山街道曹家桥人，曹王潮子。雍正壬子科武举人，候选守备。	
			蔡昌龄。《浙江通志》：绍兴籍。	
			来际盛。浙江绍兴籍。一作乾隆五十七年壬子，宁波卫后帮领运千总。	

（续表）

朝代科分		武进士	武举人	附记
清	十三年乙卯		**张文卓**。凤阳卫千总。一作守备。	
			王廷纲。字振三，号月洲，萧山临浦镇大庄村人。邑武生。雍正十三年乙卯科乡试中式武举人。敕封文林郎，江苏东台县知县。雍正《浙江通志》卷一百四十五：雍正十三年乙卯科王廷纲，萧山人。民国《萧山县志稿》卷十三：（雍正）十三年乙卯王廷纲。	
			张铨。字履安，一字丰川。官至江南骑兵营守备。（疑为张泰来）	
			张泰来。山阴杜家弄（今属所前杜家），江苏扬州府守备。	
			周岳阳。一作都司，字赐栽，号初望，所前来苏周人。清雍正乙卯武举人，由河南守备升授顺天府密云营都司，敕封昭武大夫。	
			吴潮。	
			瞿万春。《浙江通志》：绍兴籍。	
			曹廷芳。乾隆元年丙辰。《浙江通志》：仁和籍。按《浙江通志》自此止。	

（续表）

朝代	科分	武进士	武举人	附记
清	乾隆元年丙辰	**丁人龙**。都司。乾隆《志》缺，从《绍兴府志》补。	**陈舜道**。《绍兴府志》缺。	
			陈舜性。字午森，号拜庚，谥忠烈。壬午科第六名举人。初任临平千总，实授杭协城守营千总，旨拔置题补守，历任金华守备，后署本郡左营守备，杭垣抚标左营守备。击贼阵亡。奉抚宪汇奏钦命世袭云骑尉，罔替恩骑尉。	
			孔衍彪。字友邦，孔子第六十五世孙，义桥埠头希祯公派。清乾隆恩科第十四名举人。《绍兴府志》缺。	
			曹湘。字声煌。乾隆丙辰恩科举人。江西抚州所督运千总。生于康熙庚寅年。《绍兴府志》：守备。	
			朱鸿。谱名胜义，字丹舒，号澹庵，萧山衙前镇人。乾隆丙辰恩科乡试中式武举人。临清卫千总，敕授昭鑫校尉。	
			盛于斯。《绍兴府志》缺。	
	二年丁巳	**曹廷芳**。宜兴守备。《绍兴府志》：游击。		
	三年戊午		**章国安**。《绍兴府志》缺。	
			王廷绚。字采若，号水星，萧山临浦大庄人。邑武生。乾隆三年戊午科乡试中式武举人。考授昭信校尉。民国《萧山县志稿》卷十三：（乾隆）三年戊午王廷绚。《绍兴府志》缺。	
			王维宁。《绍兴府志》缺。	
			来侯。《绍兴府志》缺。	

（续表）

朝代科分		武进士	武举人	附记
清	六年辛酉		**韩选**。《绍兴府志》缺。	
			孔兴让。字吉人，孔子第六十六世孙，义桥镇双桥河西景希公派。清乾隆辛酉科武举人，候选守备。《绍兴府志》缺。	
			瞿万年。《绍兴府志》缺。	
			谢成。本姓吴，《绍兴府志》缺。	
			叶贲。《绍兴府志》缺。	
	九年甲子		**瞿瑗**。字仲玉。湖北漕运千总，授威武将军。《绍兴府志》缺。	
			曹英。杭州籍，本姓徐。《绍兴府志》缺。	
	十年乙丑	**叶贲**。按《乾隆志》武进士止。下从《绍兴府志》。		
	十二年丁卯		**曹景琦**。一作锜，字思皇，号西亭。乾隆丁卯科武乡试解元，候选守备，例授武德骑尉，道光元年覃恩赠修职左郎。生于雍正乙巳年。嘉庆庚申年。	
			马从龙。字呈河，号勉斋，萧山河上镇人。乾隆丁卯年乡试中式武举人。民国《萧山县志稿》卷之十三：（乾隆）十二年丁卯马从龙。乾隆《绍兴府志》卷之三十五乾隆十二年丁卯科马从龙，萧山人。	
			沈继文。字镐，号芑滨，山阴天乐乡沈家渡村（今属萧山区进化镇）人。登乾隆庚午科武举人，任江南镇江南千总。	

（续表）

朝代科分		武进士	武举人	附记
清	十五年庚午		周继宗。	
			瞿亮钧。字星涛，乾隆庚午科武举人。《绍兴府志》姓翟。按乾隆《志》，武举止。下从《绍兴府志》。	
	十七年壬申		来廷抡。字湘岩。一作“武抡”，误。	
	十八年癸酉		朱叶华。萧山浦阳镇朱家塔人。乾隆十八年癸酉科乡试中式武举人，候补副将。	
			徐玉麟。	
	二十四年己卯		鲍应龙。	
	二十五年庚辰	何兆圣。守备。见《绍兴府志》，存疑。	周国平。一作己卯。	
	二十七年壬午		鲍应龙。按《绍兴府志》两见，据报告亦两见，存以待考。	
			来宗璇。字玉衡。	
	三十年乙酉		蔡鹏飞。	
	三十三年戊子		来云骐。	
	三十五年庚寅		何凤飞。更名异兰，字周木，号锦山。乾隆四十年乙未科中式二甲第一名武进士。历任御前侍卫，山东台庄参将。	
			来宗德。字梅川，千总。据《来氏宗谱》补。	

（续表）

朝代科分		武进士	武举人	附记
清	三十七年壬辰		来云鹏。字竹轩。	
	三十九年甲午	朱叶衡。浦阳朱家塔人。乾隆三十七年壬辰武进士。官御前侍卫、琼州府儋州科营游击将军。		
	四十年乙未	何异兰。原名凤飞、洪栗。二甲一名，传胪。内班侍卫，山东兖州总镇，台庄参将。字周木，号锦山，何童埠何氏第十二世。乾隆庚寅武举人，乾隆乙未科会试改名异兰，中第二甲第一名武传胪。任正白旗内班侍卫、山东高唐游击署临清协镇、兖州镇中营、游击署德州参将、台庄营参府军政、兖州府总兵。		
	四十二年丁酉		楼镇南。学名楼镇南，字饬先，萧山楼塔镇人。性敏嗜学，状貌魁梧，膂力过人，有武士之相。于是舍文就武，当时族中习武者多人，公最为出类拔萃。邑庠生。乾隆丁酉中式武闱第八名举人。会试后考选优等，补刑部差官，效绩优年，授武猎郎。	按自乾隆戊戌科起，武进士无考。
	四十五年庚子		蒋长清。河上塘村畈人。	
			朱大刚。	
	四十八年癸卯		倪绍治。	
			王国泰。山阴临浦（今属萧山区临浦镇）人。	
	五十一年丙午		瞿耀宗。字佐乾，萧山河上镇大桥村人。	
	五十三年戊申		倪堂。	

（续表）

朝代科分		武进士	武举人	附记
清	五十四年己酉		**何照**。异兰子。 **陈凤来**。一作陈廷仪，守备。按或即凤来，从《绍兴府志》，不录。 **何炤**。字莲炬，戴村镇何童埠何氏第十三世，行桢十九。乾隆己酉科举人。 **葛承升**。字东辉。乾隆己酉武举人。官长淮卫千总，授武略佐骑尉，诰授建威将军。	按《绍兴府志》亦自此止。鲁夔光《儒学志》云，从乾隆甲寅起，咸丰己未止，因兵燹，武科册佚，无查。兹就各区报告甄录。
	嘉庆十年乙丑	**裘安邦**。原名玉甸，字古愚，号梅林，进化镇裘家坞人，住绍兴城偏门内。父母早亡，从小做泥水工。吃苦耐劳，臂力奇大，东家看中其人品，培养其读书练武。清嘉庆十年中武进士，选为侍卫，授山东夏镇都司历游参。道光五年任河标副将，擢升徐州总兵。关心民间疾苦，爱民如子。逝世后道光帝授其骠骑将军，谥“敏肃”。徐州百姓为其建祠立碑，每年祭祀，百姓见碑流泪，故称“堕泪碑”。《清史稿》有其传。道光《会稽县志稿》、《绍兴县志》有载。	**裘安邦**。字古愚，号梅村，山阴天乐乡裘家坞人。清嘉庆十年武进士。	
	十二年丁卯		**来肇騆**。字雪岩。	
	十三年戊辰		**许鉴川**。字镜涵，萧山浦沿镇（今属滨江区）人。嘉庆十三年戊辰恩科乡试中式武举人。浙江提标左营右哨二司把总。民国《萧山县志稿》卷十三：（嘉庆）十三年戊辰许鉴川。	

（续表）

朝代科分		武进士	武举人	附记
	十五年庚午		**陈殿鳌**。字三茂，号芝峰。庚午科举人。诰授武略骑尉。	
	二十一年丙子		**来肇驯**。字新桥。驯，一作“骝”。	
			李启山。字两山，榜名大魁，浦阳镇李家埭人。嘉庆丙子科武举人。挑选一等，授湖州协左营千总，历任马瑶凌湖长兴副府。敕封武德骑尉。	
	二十四年己卯		**韩云龙**。原名学廉，石门籍，千总。萧山义桥镇牌轩村人。嘉庆二十四年己卯科乡试中式第举人。教谕（存疑）。	
	道光二年壬午		**陈五经**。山头陈人，金华协右营守备。	
	十一年辛卯		**施廷佐**。	
			钱国桢。萧山浦阳镇蓬山前人。道光十一年武举人。	
	十二年壬辰		**韩景三**。字乐庭。	
			葛凤飞。字维雄，萧山临浦镇人。道光壬辰恩科武乡试中式举人。例授武略骑尉。（《萧邑苎萝葛氏宗谱》有金梧撰《葛凤飞公传》）	
	十七年丁酉		**俞定海**。	
			钱国祥。萧山浦阳镇蓬山前人。	

（续表）

朝代科分		武进士	武举人	附记
清	十九年己亥		**汪寅**。原名胜塘，字禾生，号乾元，闻堰街道三江口村原东汪自然村人。道光乙亥科武闱中式第三十七名举人。阵亡。同治八年己巳奉旨赏给云骑尉、赏戴五品顶戴，给予恩骑尉。	
			俞尊光。	
			钱国标。萧山浦阳镇蓬山前人。	
	二十年庚子		**汪镇雄**。原名胜琅。闻堰街道三江口村原东汪自然村人。道光庚子科武闱中式第十二名举人。候补千总。	
	二十四年甲辰		**来云衢**。字鹏飞，一作云渠。	
	二十六年丙午		**韩景瀛**。字仙洲，守备。	
	二十九年己酉		**施武衡**。字寿山，号镇南。萧山瓜沥镇人。道光二十九年己酉科武举人，选卫千总，衢城解围，升守备。	
	咸丰九年己未补戊午		**俞步青**。	
			黄云彪。字渭明，号史桥，行复二，蜀山街道埭上黄氏大墙门第二十四世。清咸丰己未恩科并辛酉正科浙江苏骏声榜武举人。兵部分发，归抚标左营，即选千总。	
			何懋进。字叔思，戴村何童埠何氏第十五世，行宁百八十三。清咸丰己未恩科、辛酉正科中式浙江乡试第七十三名武举人。同治戊辰会试拣选二等，兵部注册以营总补用，补浙江提塘。	

（续表）

朝代科分		武进士	武举人	附记
清	同治元年壬戌		**王浩学**。字文明，榜名镇彪，寄籍仁和。咸丰癸丑入庠，同治壬戌恩科中式第八十一名武举人。	
	四年乙丑补己未、辛酉		**韩秉彝**。第二十四名武举人。	
			王福宝。字融甫。四十五武举人。候选本省千总，例授武略骑尉。	
			何振彪。	
			黄云彪。萧山蜀山街道史家桥人。由武生中式同治乙丑补行己未恩科并辛酉正科武举人。从兵部分发，归抚标左营，即选千总。	
	六年丁卯补壬戌		**顾元惇**。字重光，号芳谷，戴村镇顾家溪人。邑武生。中同治壬戌并补丁卯恩科举人。候补都阃府。	
			黄守忠。字瑞庭，蜀山街道埭上黄氏后河头派第二十二世，萧山蜀山街道史家桥人。由武生中式同治乙丑补行己未恩科并辛酉正科武举人。拔补千总，赏五品衔。同治壬戌科苏骏声榜武举人。拔补千总，五品衔。	
			王镇彪。字文明，寄籍仁和。八十一名举人。	

（续表）

朝代科分		武进士	武举人	附记
清	九年庚午补甲子		**周绍侗**。字士尊，号怡生，戴村石盖人，行安百四十九。同治庚午科武举人。清同治庚午补行甲子科武举人。	
			沈庆本。山阴天乐乡人沈家渡村（今属萧山区进化镇）人，邑庠生，同治庚午科武举人。会试转以提标效用，期满以守府遇缺拔补，赏带蓝翎，特授温州乐清协盘石汛把总，升授大荆营千总加一级，诰授武德骑尉，例赠宣武都尉。	
	十二年癸酉		**李南亭**。榜名炳耀，文二十一公派第二十世绍二百十七，浦阳镇灵头村人。同治癸酉科武举人，挑选二等卫千总，候补副府。	
			俞金鳌。字镇峰，萧山西兴镇（今属滨江区）人。定海厅千总。	
	光绪二年丙子		**倪镕**。	
	五年己卯		**汪国梁**。字玉麟，号岐山，浦阳汪家埭汪氏第二十一世，行本二百廿七。光绪己卯科武举人。候补千总。	
	八年壬午		**汪黻文**。字补廷。光绪壬午科武闱中式第三十四名举人。授湖州府署理左营巡城千总，特授含山汛地。	

（续表）

朝代科分		武进士	武举人	附记
清	十五年己丑		楼殿英。衢州都司，署参将，护提督印务。	
			俞英龙。以上据鲁燮光《儒学志》。	
			陈起凤。管理全省塘务，浙江萧山人，武举。雍正甲辰《中枢全书》。	
			徐元赓。	
			墨汀徐。武解元。	

参考文献

一、朱卷

《嘉庆壬戌科会试瞿昂朱卷》
《嘉庆丁丑科会试王贻桂朱卷》
《道光乙酉科乡试杨凤藻朱卷》
《道光戊子科乡试韩树森朱卷》
《道光辛卯科乡试鲁庆元朱卷》
《道光甲午科乡试汪世铃朱卷》
《道光己亥科乡试谢元瀛朱卷》
《道光丙午科浙江乡试第玖房同门朱卷》
《咸丰二年壬子科乡试蔡壬朱卷》
《咸丰二年壬子科乡试韩庆荣朱卷》
《咸丰二年壬子科乡试朱肯堂朱卷》
《咸丰二年壬子科乡试祝铨朱卷》
《咸丰壬子科乡试陈汧朱卷》
《咸丰壬子科乡试夏锡麒朱卷》
《咸丰己未科乡试单椿年朱卷》
《咸丰己未科乡试来凤郊朱卷》
《咸丰己未科乡试倪承志朱卷》
《咸丰己未科乡试沈成烈朱卷》
《咸丰己未科乡试吴凤阶朱卷》
《咸丰己未科乡试谢宝树朱卷》
《咸丰乙卯科乡试沈祖培朱卷》
《同治壬戌科乡试单恩溥朱卷》
《同治甲子并补行咸丰戊午科乡试胡国栋朱卷》
《同治乙丑补行咸丰辛酉并同治壬戌科乡试来凤闻朱卷》
《同治乙丑补行咸丰辛酉并同治壬戌科乡试陆锡蕃朱卷》
《同治乙丑补行咸丰辛酉并同治壬戌科乡试朱福荣朱卷》
《同治六年补行甲子科并丁卯科乡试王观澜朱卷》
《同治丁卯补行甲子科乡试丁鸿逵朱卷》
《同治丁卯补行甲子科乡试傅赉予朱卷》
《同治丁卯补行甲子科乡试何增荣朱卷》
《同治丁卯补行甲子科乡试来之杰朱卷》
《同治丁卯补行甲子科乡试林福豫朱卷》
《同治丁卯补行甲子科乡试王修朱卷》
《同治丁卯补行甲子科乡试吴受颐朱卷》
《同治丁卯科乡试任凤璋朱卷》
《同治戊辰科会试陈以咸朱卷》
《同治九年庚午科乡试蔡斯溥朱卷》
《同治庚午科乡试林国柱朱卷》
《同治庚午科乡试周枚朱卷》
《同治十二年癸酉科乡试李治钧朱卷》
《同治癸酉科乡试陈吉朱卷》
《同治癸酉科乡试汪望庚朱卷》

《同治癸酉科乡试俞霖朱卷》
《同治甲戌科会试陈光煦朱卷》
《同治甲戌科会试胡燏棻朱卷》
《光绪乙亥科乡试来志周朱卷》
《光绪乙亥科乡试汤懋功朱卷》
《光绪乙亥科乡试郁昌耿朱卷》
《光绪丙子恩科会试徐锡祉朱卷》
《光绪丙子科乡试朱伯增朱卷》
《光绪壬午科乡试韩启酉朱卷》
《光绪壬午科乡试姚夔朱卷》
《光绪乙酉科乡试王履咸朱卷》
《光绪乙酉科优贡韩拜旒朱卷》
《光绪乙酉科优贡夏树立朱卷》
《光绪戊子科乡试陈学文朱卷》
《光绪戊子科乡试黄传鼎朱卷》
《光绪戊子科乡试屠佩环朱卷》
《光绪戊子科乡试王维涵朱卷》
《光绪己丑恩科乡试徐光烈朱卷》
《光绪己丑恩科乡试郑杰朱卷》
《光绪己丑科会试戚扬朱卷》
《光绪辛卯科乡试孙灏朱卷》
《光绪壬辰科会试汤寿潜朱卷》
《光绪甲午恩科会试俞省三朱卷》
《光绪甲午科乡试顾耀乙朱卷》
《光绪甲午科乡试孔昭冕朱卷》
《光绪甲午科乡试王国桢朱卷》
《光绪甲午科乡试王懋政朱卷》
《光绪甲午科乡试张承载朱卷》
《光绪丁酉科乡试傅留朱卷》
《光绪丁酉科乡试来绍元朱卷》
《光绪丁酉科乡试汤在宽朱卷》
《光绪丁酉科乡试夏锡玑朱卷》
《光绪己卯科乡试朱光谦朱卷》
《光绪壬寅补行庚子辛丑恩正并科乡试陈士奎朱卷》
《光绪壬寅补行庚子辛丑恩正并科乡试楼之东朱卷》
《光绪壬寅补行庚子辛丑恩正并科乡试陆钟渭朱卷》
《光绪癸卯恩科乡试曹鼎汾朱卷》
《光绪癸卯恩科乡试沈企彭墨卷》
《光绪癸卯恩科乡试朱寿楠朱卷》
《光绪二十九年癸卯恩科乡试何丙藻朱卷》
《光绪二十九年癸卯恩科乡试王邦藩朱卷》
《光绪二十九年癸卯恩科乡试周震咸朱卷》
《光绪二十九年癸卯科乡试汤在容朱卷》
《光绪甲辰科会试陆光熙墨卷》
《蔡锡龄朱卷》
《陈允孚朱卷》
《何垣朱卷》
《黄丙寿朱卷》
《黄同寿朱卷》
《金葆恒朱卷》
《李锡彬朱卷》
《陆钟岱朱卷》
《沈似嫌朱卷》
《沈祖燕朱卷》

《汤鼎禧朱卷》
《陶斯曾朱卷》
《王诵熙朱卷》
《夏树桐朱卷》
《许炳朱卷》
《许在衡朱卷》
《周光祖朱卷》

二、名录

元·辛文房《唐才子传》
清·徐松《登科记考》
《宝祐四年登科录》
明洪武刻本《洪武四年辛亥科会试登科录》
明洪武刻本《洪武四年辛亥科会试录》
明抄本《建文二年庚辰科殿试登科录》
《永乐九年进士登科录》
《永乐十三年会试录》
《永乐十八年浙江乡闱小录》
《宣德五年庚戌科会试录》
明正统刻本《正统十年乙丑科进士登科录》
明天顺刻本《天顺元年丁丑科进士登科录》
明天顺刻本《天顺六年壬午科山西乡试录》
明成化刻本《成化五年己丑科进士登科录》
《成化十年甲午科浙江乡试录》
明成化刻本《成化十一年乙未科进士登科录》
明成化刻本《成化十三年丁酉科浙江乡试卷》
明成化刻本《成化十六年庚子科应天府乡试录》
《成化十六年应天府乡试录》
《成化十六年浙江乡试录》
明成化刻本《成化十七年辛丑科进士登科录》
明成化刻本《成化二十三年丁未科进士登科录》
《成化二十三年丁未科会试同年齿录》
明弘治刻本《弘治三年庚戌科进士登科录》
明弘治刻本《弘治六年癸丑科会试录》
明弘治刻本《弘治六年癸丑科进士登科录》
《弘治十一年湖广乡试录》
明弘治刻本《弘治十四年辛酉科江西乡试录》
明弘治刻本《弘治十八年乙丑科会试录》
明弘治刻本《弘治十八年乙丑科进士登科录》
明抄本《正德二年丁卯科浙江乡试录》
明正德刻本《正德三年戊辰科进士登科录》
《明正德八年癸酉科浙江乡试录》
《正德八年癸酉科浙江乡试录》
明正德刻本《正德十一年丙子科江西乡试录》

《正德十一年福建乡试录》
《正德十二年丁丑同年增注会录》
明正德刻本《正德十二年丁丑科会试录》
明正德刻本《正德十二年丁丑科进士登科录》
明正德刻本《正德十五年庚辰科会试录》
明正德十六年刻本《正德十六年辛巳科进士登科录》
《明嘉靖二年癸未科会试录》
明嘉靖刻本《嘉靖二年癸未科会试录》
明嘉靖刻本《嘉靖二年癸未科进士登科录》
《嘉靖七年浙江同年录》
明嘉靖刻本《嘉靖十一年壬辰科进士登科录》
明万历刻本《嘉靖十一年壬辰科进士同年序齿录》
《嘉靖十三年甲午科浙江乡试录》
明嘉靖刻本《嘉靖十三年甲子科应天府乡试录》
明嘉靖刻本《嘉靖十四年乙未科进士登科录》
《嘉靖十六年丁酉科山西乡试录》
《嘉靖十六年丁酉科浙江乡试录》
明嘉靖刻本《嘉靖十六年丁酉科广东乡试录》
明嘉靖刻本《嘉靖十七年戊戌科进士登科录》
《嘉靖十九年庚子科顺天府乡试录》
明嘉靖刻本《嘉靖十九年庚子科江西乡试卷》
《明嘉靖二十二年癸卯科浙江乡试录》
嘉靖刻本《嘉靖二十三年甲辰科会试录》
明嘉靖刻本《嘉靖二十三年甲辰科进士登科录》
《嘉靖二十五年丙午科广东乡试录》
《明嘉靖二十五年丙午科浙江乡试录》
《嘉靖丁未科进士序齿录》
明嘉靖刻本《嘉靖二十六年丁未科会试录》
明嘉靖刻本《嘉靖二十六年丁未科进士登科录》
明嘉靖刻本《嘉靖二十八年己酉科广东乡试录》
明嘉靖刻本《嘉靖二十八年己酉科顺天府乡试录》
《嘉靖三十一年福建乡试录》
明嘉靖刻本《嘉靖三十一年壬子科福建乡试录》
明嘉靖刻本《嘉靖三十一年壬子科山东乡试录》
明嘉靖刻本《嘉靖三十二年癸丑科会试录》
明嘉靖刻本《嘉靖三十二年癸丑科进士登科录》
明嘉靖刻本《嘉靖三十二年癸丑科进士同年便览录》
明嘉靖刻本《嘉靖三十五年丙辰科会试录》
明嘉靖刻本《嘉靖三十五年丙辰科进士登

科录》
明隆庆三年刻本《嘉靖三十五年丙辰科进士同年世讲录》
《嘉靖三十七年戊午科应天府乡试录》
《嘉靖四十年辛酉科广东乡试录》
明嘉靖刻本《嘉靖四十一年壬戌科会试录》
明嘉靖刻本《嘉靖四十一年壬戌科进士登科录》
《嘉靖四十三年甲子科河南乡试录》
明隆庆刻本《隆庆二年戊辰科会试录》
明隆庆刻本《隆庆二年戊辰科进士登科录》
明隆庆刻本《隆庆四年庚午科广东乡试录》
明隆庆刻本《隆庆四年庚午科应天府乡试录》
《万历元年顺天府乡试录》
《万历元年浙江乡试录》
《万历二年甲戌科会试小录》
明万历刻本《万历二年甲戌科会试录》
明万历刻本《万历二年甲戌科进士登科录》
明万历刻本《万历四年丙子科山西乡试录》
明万历刻本《万历四年丙子科顺天府乡试录》
《万历四年浙江乡试录》
明万历刻本《万历五年丁丑科会试录》
明万历刻本《万历五年丁丑科进士登科录》
明万历刻本《万历七年己卯科江西乡试录》
《万历七年陕西乡试录》
《万历七年应天府乡试录》
明万历刻本《万历十年壬午科浙江乡试录》
明万历刻本《万历十一年癸未科进士登科录》
明万历刻本《万历二十六年进士登科录》
明万历刻本《万历二十九年辛丑科会试录》
《万历二十九年辛丑科进士履历便览》
清抄本《万历二十九年辛丑科进士登科录》
明万历刻本《万历三十二年甲辰科会试进士履历便览》
明万历刻本《万历三十五年丁未科进士登科录》
明万历徐鉴刻本《国朝列卿纪》
《天启二年壬戌科进士履历》
《崇祯七年甲戌科进士三代履历便览》
《崇祯十三年庚辰科进士履历便览》
《崇祯十三年庚辰科进士三代履历》
明崇祯刻本《崇祯十三年庚辰科进士三代履历》
《明崇祯十五年壬午科京省题名录》
《崇祯十六年癸未科进士履历便览》
明·陈汝元《皇明浙士登科考》
明·俞宪《皇明进士登科考》

明·张朝瑞《皇明贡举考》
明·过庭训《本朝分省人物考》
明·鲍应鳌《明臣谥考》
沙定楚《明代浙江进士录》
《顺治四年进士题名碑录丁亥科》
天一阁藏《清顺治四年进士履历便览》
《顺治十五年进士题名碑录戊戌科》
《顺治十六年进士题名碑录己亥科》
《顺治十八年进士题名碑录辛丑科》
《康熙六年进士题名碑录》
《康熙九年进士题名碑录庚戌科》
《康熙十二年进士题名碑录癸丑科》
嘉庆《己未词科录》(记载康熙十八年博学鸿儒科)
《康熙二十四年乙丑科三代进士履历》
《康熙二十七进士题名碑戊辰科》
《康熙三十年进士题名碑录辛未科》
《康熙三十六年进士题名碑丁丑科》
《康熙三十九年进士题名碑录庚辰科》
《康熙四十二年癸未科会试录》
《康熙四十五年进士题名碑录丙戌科》
《康熙五十二年进士题名碑录癸巳科》
《雍正元年进士题名碑录癸卯科》
《雍正八年进士题名碑录庚戌科》
《雍正十一年进士题名碑录癸丑科》
《乾隆元年进士题名碑录丙辰科》
《乾隆四年进士题名碑录己未科》
《乾隆十三年进士题名碑录戊辰科》
乾隆十三年春《缙绅新书》
朱彭寿《清代人物大事纪年·乾隆十三年戊辰·科第》
《乾隆十六年进士题名碑录辛未科》
《乾隆十七年进士题名碑录》
《乾隆十九年甲戌科会试录》
《乾隆十九年进士题名碑录甲戌科》
《乾隆二十二年进士题名碑录丁丑科》
乾隆二十五年冬同升阁刻本《缙绅全书》
《乾隆二十六年进士题名碑录辛巳科》
《乾隆二十八年进士题名碑录癸未科》
《乾隆三十一年进士题名碑录丙戌科》
《乾隆戊子科顺天乡试录》
《乾隆三十六年进士题名碑录辛卯恩科》
《乾隆三十七年进士题名碑录壬辰科》
乾隆四十一年《钦定胜朝殉节诸臣录》
《乾隆四十六年进士题名碑录辛丑科》
《乾隆四十年进士题名碑录乙未科》
《乾隆四十三年进士题名碑录戊戌科》
《乾隆己亥恩科各省乡试齿录顺天榜》
《乾隆己亥恩科各省乡试齿录浙江榜》
《乾隆四十五年进士题名碑录庚子恩科》
《乾隆五十八年进士题名碑录癸丑科》
《嘉庆元年丙辰科会试同年齿录》
《嘉庆元年进士题名碑录丙辰科》
《嘉庆四年进士题名碑录己未科》
《嘉庆六年进士题名碑录辛酉科》
《嘉庆七年进士题名碑录壬戌科》
《重订嘉庆壬戌齿录》
《嘉庆十年进士题名碑录乙丑科》
《嘉庆十三年进士题名碑录戊辰科》
《嘉庆十四年进士题名碑录己巳科》

《嘉庆十九年进士题名碑录甲戌科》
《嘉庆二十二年进士题名碑录丁丑科》
《嘉庆己卯科顺天乡试同年齿录》
《嘉庆己卯科乡试浙江年谱》
《嘉庆二十五年进士题名碑录庚辰科》
《道光辛巳恩科浙江乡试同年齿录》
《道光二年进士题名碑录壬午科》
《重订道光壬午齿录》
《道光二十年进士题名碑录庚子科》
《道光三年进士题名碑录癸未科》
《道光乙酉科乡试同年齿录》
《道光乙酉科云南乡试同年齿录》
《道光六年进士题名碑录丙戌科》
《(道光八年)顺天戊子科履历》
《道光九年进士题名碑录己丑科》
《道光壬辰科直省乡试同年齿录》
《道光辛卯恩科顺天乡试同年齿录》
《道光十二年进士题名碑录壬辰科》
《道光十二年壬辰科直省乡试同年齿录》
《道光十三年癸巳科同年齿录》
《道光十三年进士题名碑录癸巳科》
《道光十五年进士题名碑录乙未科》
《道光己未科同年齿录》
《道光十六年进士题名碑录丙申科》
《道光十八年进士登科录》
《道光十八年进士题名碑录戊戌科》
手抄本《道光己亥科顺天乡试》
手抄本《道光二十年庚子科会试同年齿录》
《道光甲辰恩科直省同年录》
手抄本《道光癸卯科顺天乡试》
《道光二十四年进士题名碑录甲辰科》
手抄本《道光二十四年甲辰科进士同年录》
《道光二十五年进士题名碑录乙巳科》
手抄本《道光丙午科顺天乡试同年录》
手抄本《道光丙午科浙江乡试同年录》
《道光二十七年进士题名碑录丁未科》
《道光己酉科直省同年录》
《道光庚戌科朝考等第齿录》
《道光三十年进士题名碑录庚戌科》
《咸丰壬子科浙江乡试录》
《咸丰壬子科浙江乡试同年齿录》
《咸丰三年癸丑考试国子监学正学录》
《咸丰三年进士题名碑录癸丑科》
《咸丰十年进士题名碑录庚申恩科》
《咸丰五年浙江乡试录》
《咸丰乙卯科顺天乡试齿录》
《咸丰己未科会试同年齿录》
《咸丰九年进士题名碑录己未科》
《咸丰六年丙辰科会试同年齿录》
《咸丰六年进士题名碑录丙辰科》
《同治元年进士题名碑录壬戌恩科》
《同治四年进士题名碑录乙丑科》
《重修同治乙丑科齿录》
《同治丁卯科并补甲子科浙江乡试同年齿录》
《同治七年进士题名碑录戊辰科》
《同治十年进士题名碑录辛未科》
《同治十三年进士题名碑录甲戌科》

《光绪己亥恩科顺天乡试录》
《光绪己亥恩科顺天乡试同年齿录》
《光绪二年进士题名碑录丙子恩科》
《光绪三年进士题名碑录丁丑科》
《光绪己卯科顺天乡试录》
《光绪己卯科浙江乡试同年齿录》
《光绪五年己卯科浙江乡试同年全录》
《浙江乡试同年齿录光绪壬午科》
《光绪壬午科浙江乡试十四房同门姓氏》
《光绪乙酉科浙江乡试同年齿录》
《光绪己丑科浙江乡试同年齿录》
《光绪十五年进士登科录》
《光绪十五年进士题名碑录己丑科》
《增校光绪十五年进士题名碑录己丑科》
《光绪十六年进士登科录》
《光绪十六年进士题名碑录庚寅恩科》
《光绪辛卯科顺天乡试同年齿录》
《光绪十八年进士登科录》
《增校光绪十八年进士题名碑录壬辰科》
《光绪癸巳恩科浙江乡试同年齿录》
《光绪二十年进士题名碑录甲午恩科》
《增校光绪二十年进士题名碑录甲午恩科》
《光绪甲午科浙江乡试同年齿录》
《光绪丁酉科浙江乡试同年全录》
《光绪丁酉年浙江乡试同年齿录》
《光绪二十四年进士题名碑录戊戌科》
《增校光绪二十四年进士题名碑录戊戌科》
《光绪庚子辛丑科浙江乡试同年齿录》
《光绪二十九年进士登科录》
《光绪二十九年进士题名碑录癸卯科》
《光绪三十年进士登科录》
《增校光绪三十年进士题名碑录甲辰恩科》
光绪三十三年秋北京槐荫山房刊本《百官录》
清·黄安绶《国朝两浙科名录》
清·黄叔璥《国朝御史题名录》
《清代官员履历档案全编》

三、家谱

《萧山长潭鲍氏宗谱》
《长浜陈氏宗谱》
《涝湖陈氏宗谱》
《绍萧陈氏宗谱》
《塘里陈氏宗谱》
《萧邑苎萝戴氏宗谱》
《萧山丁氏宗谱》
《萧山傅氏宗谱》
《萧山傅氏宗谱》
《萧山马湖傅氏宗谱》
《赭山冯氏家谱》
《萧山东瓜沥高氏家谱》
《萧山郭氏宗谱》
《萧邑苎萝葛氏宗谱》
《萧山义桥韩氏家谱》
《萧山湘南韩氏宗谱》
《萧邑蒲山韩氏宗谱》
《湘南韩氏家谱》

《萧山何氏宗谱》
《萧山贺氏宗谱》
《萧山胡氏家乘》
《萧邑竹桥胡氏宗谱》
《萧山华氏宗谱》
《萧山埭上黄氏家谱》
《萧山来氏家谱》
《萧山来氏家谱》
《萧山郎氏宗谱》
《萧山石板巷李氏宗谱》
《许贤李氏宗谱》
《天乐李氏宗谱》
《萧山东门林氏宗谱》
《仙岩楼氏宗谱》
《萧山毛氏宗谱》
《古越萧邑桃源倪氏宗谱》
《萧山新坝倪氏宗谱》
《钱清北祠潘氏宗谱》
《萧山邱氏宗谱》
《萧山大桥瞿氏宗谱》
《萧山任氏家乘》
《萧山单氏家谱》
《萧邑航坞山沈氏宗谱》
《长巷沈氏宗谱》
《萧山盛氏宗谱》
《新田施氏宗谱》
《萧山湘湖孙氏宗谱》
《夏孝汤氏家谱》
《会稽陶氏宗谱》
《欢潭田氏宗谱》
《萧邑航坞山北万氏宗谱》
《萧山王氏宗谱》
《萧山车里王氏家谱》
《新发王氏家谱》
《苎萝王氏宗谱》
《山阴天乐王氏宗谱》
《萧山吴氏宗谱》
《山阴夏氏宗谱》
《绍县山栖圈夏氏宗谱》
《萧山徐氏家谱》（塘湾）
《萧山徐氏宗谱》（县前）
《萧山许氏家谱》
《子湖许氏宗谱》
《萧山子湖许氏宗谱》
《萧山桃源许氏宗谱》
《萧山桃源姚氏宗谱》
《山阴天乐杨氏宗谱》
《萧山於氏宗谱》
《萧山于氏宗谱》
《萧山俞氏宗谱》
《萧邑白燕俞氏宗谱》
《义门张氏宗谱》
《萧山章氏家谱》
《萧山赵氏家谱》
《萧山郑氏宗谱》
《来苏周氏宗谱》
《新林周氏宗谱》
《钱清钟氏宗谱》
《萧山朱家坛朱氏宗谱》
《萧山朱氏宗谱》

《大兴朱氏家乘》

四、地方志

宝庆《会稽续志》
咸淳《临安志》
成化《中都志》
成化《重修毗陵志》
弘治《八闽通志》
正德《姑苏志》
嘉靖《安溪县志》
嘉靖《潮州府志》
嘉靖《赣州府志》
嘉靖《河南通志》
嘉靖《湖广图经志书》
嘉靖《黄陂县志》
嘉靖《惠州府志》
嘉靖《江西通志》
嘉靖《九江府志》
嘉靖《莱芜县志》
嘉靖《辽东志》
嘉靖《内黄县志》
嘉靖《宁国府志》
嘉靖《青州府志》
嘉靖《山阴县志》
嘉靖《邵武府志》
嘉靖《汀州府志》
嘉靖《萧山县志》
嘉靖《宿州志》
嘉靖《徐州志》
嘉靖《延平府志》
嘉靖《彰德府志》
嘉靖《重修三原志》
隆庆《丹阳县志》
隆庆《临江府志》
隆庆《云南通志》
隆庆《赵州志》
天启《滇志》
天启《封川县志》
天启《衢州府志》
万历《宝应县志》
万历《保定府志》
万历《常州府志》
万历《广东通志》
万历《归化县志》
万历《汉阳府志》
万历《杭州府志》
万历《湖广总志》
万历《淮安府志》
万历《江浦县志》
万历《开封府志》
万历《临城县志》
万历《宁国府志》
万历《邵武府志》
万历《绍兴府志》
万历《太原府志》
万历《通州志》
万历《卫辉县志》
万历《温州府志》
万历《襄阳府志》
万历《新城县志》

万历《新修南昌府志》
万历《宿迁县志》
万历《续修严州府志》
万历《兖州府志》
万历《扬州府志》
万历《应天府志》
崇祯《抚州府志》
崇祯《松江府志》
顺治《汾阳县志》
顺治《光州志》
顺治《胙城县志》
康熙《安庆府志》
康熙《博野县志》
康熙《曹州志》
康熙《郴州总志》
康熙《大理府志》
康熙《大名府志》
康熙《大兴县志》
康熙《德清县志》
康熙《归化县志》
康熙《湖广武昌府志》
康熙《湖广郧阳府志》
康熙《徽州府志》
康熙《会稽县志》
康熙《畿辅通志》
康熙《蓟州志》
康熙《建德县志》
康熙《晋州志》
康熙《临淮县志》
康熙《南昌郡乘》
康熙《平阳府志》
康熙《钱塘县志》
康熙《仁和县志》
康熙《陕西通志》
康熙《涉县志》
康熙《顺庆府志》
康熙《松溪县志》
康熙《宛平县志》
康熙《五河县志》
康熙《象山县志》
康熙《萧山县志》
康熙《新建县志》
康熙《新修广州府志》
康熙《休宁县志》
康熙《永春县志》
康熙《雩都县志》
康熙《袁州府志》
康熙《岳州府志》
康熙《长乐县志》
康熙《重修清平县志》
康熙《重修长垣县志》
毛奇龄《萧山县志刊误》
雍正《敕修陕西通志》
雍正《处州府志》
雍正《故城县志》
雍正《合肥县志》
雍正《宁波府志》
雍正《陕西通志》
雍正《扬州府志》
雍正《浙江通志》

乾隆《安溪县志》
乾隆《宝坻县志》
乾隆《保昌县志》
乾隆《陈州府志》
乾隆《池州府志》
乾隆《大名县志》
乾隆《大同府志》
乾隆《丹棱县志》
乾隆《汾州府志》
乾隆《福宁府志》
乾隆《福州府志》
乾隆《阜阳县志》
乾隆《富平县志》
乾隆《广德直隶州志》
乾隆《广西府志》
乾隆《海澄县志》
乾隆《海宁州志》
乾隆《含山县志》
乾隆《河间府新志》
乾隆《河南府志》
乾隆《衡水县志》
乾隆《黄梅县志》
乾隆《鸡泽县志》
乾隆《稷山县志》
乾隆《嘉应州志》
乾隆《江南通志》
乾隆《句容县志》
乾隆《莱州府志》
乾隆《涞水县志》
乾隆《乐陵县志》
乾隆《连州志》
乾隆《临清直隶州志》
乾隆《灵璧县志略》
乾隆《灵山县志》
乾隆《六合县志》
乾隆《潞安府志》
乾隆《洛阳府志》
乾隆《马巷厅志》
乾隆《宁德县志》
乾隆《莆田县志》
乾隆《祁州志》
乾隆《庆远府志》
乾隆《泉州府志》
乾隆《绍兴府志》
乾隆《嵩县志》
乾隆《太原府志》
乾隆《桐庐县志》
乾隆《乌程县志》
乾隆《梧州府志》
乾隆《武进县志》
乾隆《武清县志》
乾隆《武夷山志》
乾隆《西安府志》
乾隆《湘潭县志》
乾隆《萧山县志》
乾隆《新宁县志》
乾隆《徐州府志》
乾隆《续修曲沃县志》
乾隆《雅州府志》
乾隆《延平府志》

乾隆《兖州府志》
乾隆《沂州府志》
乾隆《颍州府志》
乾隆《永定县志》
乾隆《尤溪县志》
乾隆《郧西县志》
乾隆《枣强县志》
乾隆《镇江府志》
乾隆《正定府志》
乾隆《重修台湾县志》
乾隆《诸暨县志》
嘉庆《成都县志》
嘉庆《东昌府志》
嘉庆《东台县志》
嘉庆《湖口县志》
嘉庆《葭州志》
嘉庆《嘉兴县志》
嘉庆《莒州志》
嘉庆《兰溪县志》
嘉庆《溧阳县志》
嘉庆《临桂县志》
嘉庆《庐州府志》
嘉庆《眉州属志》
嘉庆《宁国府志》
嘉庆《如皋县志》
嘉庆《東鹿县志》
嘉庆《四川通志》
嘉庆《太平县志》
嘉庆《新安县志》
嘉庆《新田县志》
嘉庆《续潼关县志》
嘉庆《续修潼关厅志》
嘉庆《黟县志》
嘉庆《义乌县志》
嘉庆《余杭县志》
嘉庆《郧阳志》
嘉庆《长宁县志》
嘉庆《长沙县志》
嘉庆《重刊江宁府志》
嘉庆《重修宜兴县志》
道光《安陆县志》
道光《宝庆府志》
道光《承德府志》
道光《大定府志》
道光《冠县志》
道光《广东通志》
道光《河内县志》
道光《会稽县志稿》抄本
道光《济南府志》
道光《江阴县志》
道光《晋江县志》
道光《昆明县志》
道光《昆新两县志》
道光《丽水县志》
道光《龙岩州志》
道光《南部县志》
道光《南海县志
道光《宁都直隶州志》
道光《琼州府志》
道光《山丹县志》

道光《神木县志》
道光《苏州府志》
道光《铜山县志》
道光《舞阳县志》
道光《新都县志》
道光《阳曲县志》
道光《永州府志》
道光《榆林府志》
道光《漳平县志》
道光《赵城县志》
道光《肇庆府志》
道光《镇番县志》
道光《直隶霍州志》
道光《直隶南雄州志》
道光《重辑渭南县志》
道光《重辑新宁县志》
道光《重修宝应县志》
道光《重修胶州志》
道光《重修汧阳县志》
道光《遵义府志》
咸丰《青州府志》
咸丰《盛京通志》
咸丰《同州府志》
咸丰《武定府志》
咸丰《远安县志》
同治《常宁县志》
同治《奉新县志》
同治《广昌县志》
同治《广信府志》
同治《桂阳直隶州志》
同治《湖州府志》
同治《黄县志》
同治《霍邱县志》
同治《建昌府志》
同治《江华县志》
同治《江山县志》
同治《江夏县志》
同治《景宁县志》
同治《靖安县志》
同治《醴陵县志》
同治《临邑县志》
同治《六安州志》
同治《铅山县志》
同治《黔阳县志》
同治《饶州府志》
同治《如皋县志》
同治《上海县志》
同治《上江两县志》
同治《韶州府志》
同治《嵊县志》
同治《苏州府志》
同治《万年县志》
同治《咸宁县志》
同治《孝丰县志》
同治《浔州府志》
同治《宜昌府志》
同治《宜都县志》
同治《永丰县志》
同治《永顺府志》
同治《云和县志》

同治《郧阳志》
同治《重修山阳县志》
光绪《安东县志》
光绪《安邑县续志》
光绪《巴陵县志》
光绪《保定府志》
光绪《亳州志》
光绪《补纂仁寿县原志》
光绪《曹县志》
光绪《昌平州志》
光绪《昌邑县续志》
光绪《常山县志》
光绪《常昭合志稿》
光绪《滁阳志》
光绪《滁州志》
光绪《慈溪县志》
光绪《代州志》
光绪《丹徒县志》
光绪《道州志》
光绪《德安府志》
光绪《德平县志》
光绪《德庆州志》
光绪《定兴县志》
光绪《分水县志》
光绪《丰顺县志》
光绪《凤阳府志》
光绪《奉化县志》
光绪《奉节县志》
光绪《福安县志》
光绪《富川县志》
光绪《富阳县志》
光绪《甘肃新通志》
光绪《高州府志》
光绪《故城县志》
光绪《广德州志》
光绪《广平府志》
光绪《广西通志辑要》
光绪《归州志》
光绪《海城县志》
光绪《海阳县志》
光绪《河津县志》
光绪《湖南通志》
光绪《华容县志》
光绪《淮安府志》
光绪《黄岩县志》
光绪《会稽三赋注》
光绪《霍山县志》
光绪《吉安府志》
光绪《吉水府志》
光绪《嘉定县志》
光绪《嘉兴府志》
光绪《嘉应州志》
光绪《江陵县志》
光绪《阶州直隶州续志》
光绪《金坛县志》
光绪《荆州府志》
光绪《靖江县志》
光绪《岢岚州志》
光绪《昆新两县续修合志》
光绪《乐清县志》

光绪《黎平府志》
光绪《蠡县志》
光绪《梁山县志》
光绪《临朐县志》
光绪《临潼县续志》
光绪《龙泉县志》
光绪《宁海县志》
光绪《宁远县志》
光绪《蓬莱县续志》
光绪《平定州志》
光绪《平湖县志》
光绪《平乐县志》
光绪《屏南县志》
光绪《屏山县续志》
光绪《蒲城县志》
光绪《浦江县志》
光绪《饶平县志》
光绪《瑞金县志》
光绪《陕州直隶州续志》
光绪《邵阳县志》
光绪《顺天府志》
光绪《泗虹合志》
光绪《松阳县志》
光绪《通州直隶州志》
光绪《桐乡县志》
光绪《蔚州志》
光绪《文登县志》
光绪《无锡金匮县志》
光绪《吴桥县志》
光绪《武进阳湖县志》
光绪《仙居县志》
光绪《香山县志》
光绪《襄阳府志》
光绪《新修潼川府志》
光绪《信宜县志》
光绪《兴宁县志》
光绪《叙州府志》
光绪《续修正安州志》
光绪《严州府志》
光绪《翼城县志》
光绪《应州再续志》
光绪《永嘉县志》
光绪《永平府志》
光绪《鱼台县志》
光绪《榆社县志》
光绪《郁林州志》
光绪《垣曲县志》
光绪《赞皇县志》
光绪《增修登州府志》
光绪《沾化县志》
光绪《漳州府志》
光绪《长乐县志》
光绪《长治县志》
光绪《镇南州志略》
光绪《直隶和州志》
光绪《重修嘉善县志》
光绪《重修曲阳县志》
光绪《重修天津府志》
光绪《重纂邵武府志》
光绪原稿本《台湾通志》

宣统《恩安县志》抄本
宣统《番禺县续志》
宣统《固原州志》
宣统《临安县志》
宣统《永绥厅志》
民国《安次县志》
民国《巴县志》
民国《柏乡县志》
民国《沧县志》
民国《曹集考异》
民国《昌黎县志》
民国《茌平县志》
民国《崇安县新志》
民国《崇明县志》
民国《当涂县志》
民国《德化县志》
民国《东莞县志》
民国《肥乡县志》
民国《奉天通志》
民国《福建通志》
民国《福山县志稿》
民国《高密县志》
民国《馆陶县志》
民国《灌县志》
民国《贵州通志》
民国《海宁州志稿》
民国《华阳县志》
民国《怀集县志》
民国《怀宁县志》
民国《淮阳县志》

民国《寰宇通志》
民国《黄陵县志》
民国《获嘉县志》
民国《建宁县志》
民国《建阳县志》
民国《交河县志》
民国《晋县志》
民国《莱阳县志》
民国《临川县志》
民国《临沂县志》
民国《临榆县志》
民国《灵川县志》
民国《灵石县志》
民国《凌云县志》
民国《龙游县志》
民国《隆安县志》
民国《卢龙县志》
民国《陆川县志》
民国《闽侯县志》
民国《明溪县志》
民国《南皮县志》
民国《南平县志》
民国《宁冈县志》
民国《宁国县志》
民国《平谷县志》
民国《莆田县志》
民国《祁阳县志》
民国《青县志》
民国《清流县志》
民国《清苑县志》

民国《琼山县志》
民国《渠县志》
民国《衢县志》
民国《芮城县志》
民国《沙河县志》
民国《山东通志》
民国《沈阳县志》
民国《寿昌县志》
民国《双流县志》
民国《顺昌县志》
民国《遂安县志》
民国《台州府志》
民国《太仓州志》
民国《太和县志》
民国《同安县志》
民国《同正县志》
民国《铜山县志》
民国《万泉县志》
民国《万载县志》
民国《文安县志》
民国《吴县志》
民国《武安县志》
民国《霞浦县志》
民国《夏津县志续编》
民国《襄陵县志》
民国《新登县志》
民国《新乡县续志》
民国《新修阌乡县志》
民国《新纂云南通志》
民国《邢台县志》
民国《修武县志》
民国《徐水县新志》
民国《许昌县志》
民国《续修建水县志稿》
民国《续修醴泉县志稿》
民国《续修历城县志》
民国《溆浦县志》
民国《宜春县志》
民国《宜阳县志》
民国《永春县志》
民国《永泰县志》
民国《元氏县志》
民国《岳阳县志》
民国《增修胶志》
民国《长汀县志》
民国《重修安泽县县志》
民国《重修什邡县志》
民国《涿县志》
民国十五年手抄本《崇信县志》
民国《萧山湘湖志》

五、综合

后晋·刘昫等《旧唐书》
元·脱脱等《宋史》
宋·欧阳修、宋祁《新唐书》
宋·王钦若等《册府元龟》
宋·范仲淹《范文正公文集》
宋·吕祖谦《宋文鉴》
宋·李昉等《太平广记》
宋·欧阳修《五代史记注》

宋·吕陶《净德集》
宋·苏颂《苏魏公文集》
元·脱脱等《宋史》
《永乐大典》
明·何出光等《兰台法鉴录》
明·焦竑《献征录》
明·陶望龄《陶文简公集》
明·许应元《陭堂摘稿》
明·黄九皋《黄竹山人集》
明·黄宗羲《宋元学案》
明·胡俨《颐庵文选》
明·田艺衡《香宇集》
明·祁彪佳《祁忠敏公日记》
嘉靖《南雍志》
明天启刻本《南京都察院志》
崇祯九年《皇明通纪法传全录》
《明实录》
《前明山东历代会试录》
清·鄂尔泰、张廷玉等《词林典故》
清·张维屏《国朝诗人征略》
清·田士懿《金石著述名家考略》
清·叶昌炽《缘督庐日记抄》
清·阮元《两浙輶轩录》
清·潘衍桐《两浙輶轩续录》
清·法式善《清秘述闻》
清·沈德潜《清诗别裁集》
清·陶元藻《全浙诗话》
清·徐松《宋会要辑稿》
清·陆心源《宋史翼》
清·李光地《安溪李文贞公解义三种本》
康熙刻本
清·陆心源《宋诗纪事补遗》
清·法式善《清秘述闻》
清·钱仪吉《碑传集》
清·徐世昌《晚晴簃诗汇》
清·王端履《重论文斋笔录》
清·戴熙《古泉丛话》
清·王宗炎《晚闻居士遗集》
清·徐世昌《清儒学案》
清·阮元《两浙金石志》
清·汪士铉《秋泉居士集》
清·葛祖亮《花妥楼诗》
明·吴宽《匏翁家藏集》
清·杨钟羲《雪桥诗话余集》
清·周广业《过夏杂录》
清·邹钟《志远堂文集》
《清实录》
《爵秩全本》
章太炎《太炎先生自定年谱》
日本法政大学史资料委员会编《清国留学生法政速成科纪事原〈法政大学史资料集〉第11集》
《申报》
王启兴《校编全唐诗》

人名索引

本索引收录书中列举的萧山历代科举人物（不包括《萧山明清武举登科简表》中的人物），大体以拼音排序。书中人物条目有互见者（如举人又详见于进士），若人名相同，则只列一条，分别注明页码；若人名不同，则各自单列。